除了野蛮国家,整个世界都被书统治着。

后浪工作室
诚挚出品

尘封的纪念物、挚友与梦

维斯瓦娃·辛波斯卡
诗传

[波] 安娜·比孔特　尤安娜·什琛斯纳
著

赵祯　许湘健
译

PAMIĄTKOWE RUPIECIE

Biografia
WISŁAWY SZYMBORSKIEJ

BY

Anna Bikont
Joanna Szczęsna

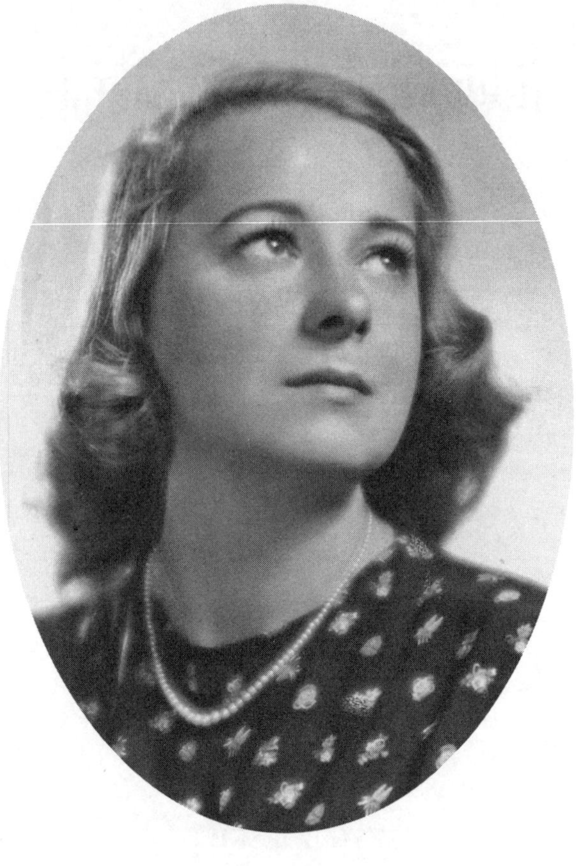

推荐序　诗歌是诗人的传记

黄礼孩

世间最迷人的事情之一就是阅读具有传奇风采的诗人传记，在他人的生命里多活一次。在或真实、或灵动、或深邃的文字里，我们参与他们别致的人生，那瞬间的在场或者不在场，都已开辟出许多新的视域与场域，令人类的心灵空间更个性化。杰出的传记都是生命的实验品，其中的经验是对生活的捕捉、对生命完整的记录、对过去的再相遇、对当下的提示、对未来的期许。传记里的亲切叙述或意外引领，都会给无数的人提供光照，建立起新的心灵之乡，去尝试谋求更有价值的生活。

今天遇见的这本《尘封的纪念物、挚友与梦：维斯瓦娃·辛波斯卡诗传》，充满了魅力。它是诗人生命的历程，也是岁月流逝后留下的珍贵影像。此书拥有广阔的文化视野，这不仅是对诗人的一生全面、深刻、生动的描绘，同时从另一个角度塑造了波兰诗歌的心灵史，甚至波兰20世纪以来社会生活的面貌。

波兰诗歌于我们而言，是一种心灵状态。至今，波兰已经有五位诺贝尔文学奖得主：亨利克·显克维支、弗拉迪斯拉夫·莱蒙特、切斯瓦夫·米沃什、维斯瓦娃·辛波斯卡、奥尔加·托卡尔丘克，他们的文本构成了杰出的文学世系。以比例如此之小的人口拿到比例如此之大的文学奖，实在不辜负布罗茨基说的那句话："某种意义上来说，20世纪的文学从波兰开始。"而至少自20世纪以来，诗歌在波兰占有特殊的地位，辛波斯卡是其中独一无二的创造。

"我偏爱写诗的荒谬/胜过不写诗的荒谬"(《种种可能》),诺贝尔文学奖得主辛波斯卡,大概是中国读者选摘或者仿写最多的诗人之一。自1996年辛波斯卡获得诺贝尔文学奖以来,她辛辣、幽默、冷静、讽刺及日常奇迹抒情的诗歌风靡全世界。之前,她抓住时代情绪的诗歌在中国只是为诗人们所珍藏,直到2012年去世后,更多她的诗歌被翻译成中文出版并热销,创造了诗集发行的奇迹,仿佛一夜之间,她成了来自异域的文学女神。

了解辛波斯卡,最好的方式是深入阅读她的诗歌。尽管如此,我们对辛波斯卡依然所知甚少。孟子曾经说过:"颂其诗,读其书,不知其人,可乎?是以论其世也。是尚友也。"2024年,东方出版社推出《尘封的纪念物、挚友与梦:维斯瓦娃·辛波斯卡诗传》,对于热爱辛波斯卡的读者,去阅读她的诗歌,就能达到知人论诗的可能。这是关于辛波斯卡的唯一一本传记。今天这本传记中文版本的出版,对于读者与研究者来说,是一份没有缺席的丰盛礼物。同时,如果有人对辛波斯卡的作品有不解之处,也可以在书中找到答案。

从某种角度来说,辛波斯卡是一个不主动为自己做传播的诗人。她没有委身于功名荣誉,就像她诗集的名字一样:"万物静默如谜""我曾这样寂寞生活"。万物充满了神,静默是诗人通过写作去对自然生活做深入的体验,同时又在隐秘处开放。关于辛波斯卡的资料非常之少,即便传记作家去采访她,她也惜字如金。她的言行有点像诗人策兰,不是一个"内心生活公有化的朋友"。20世纪50年代,她写过不少政治抒情诗,但很快就意识到这种谄媚主流意识形态的诗歌的危险性。她警醒过来,去写有关人与生活、自然、历史的诗歌,走向幽默、嘲讽的传统。在战后的废墟与混乱中,她清晰、凝练、灵敏地绽放。她的优雅、美丽、低调加上神秘,使得她不但被称为"波兰的萨福",也被誉为"诗歌界的莫扎特"。隐秘的阅读与静谧的写作,正是辛波斯卡在沉默中获得的激情,是她的自我控制力量。

"她在自己的诗里静默，她不会把自己的生活写进诗里。"米沃什曾经这样说过。也正如本书作者所说，辛波斯卡不喜欢别人窥探她的生活。她从没想过拥有一本"别人为她写的传记"，她一直认为，所能言说的关于自己的一切都已蕴藏在诗文之中。她把诗歌当作生命的回答。诗歌是诗人的生活方式。每个诗人都是自己的代言人。这应对了作家保罗·鲍尔斯说的："一个人写的任何东西从某种程度上来说都是自传，这是当然的。不是从事实的角度来说，而是从诗意的角度来说。"每一个丰饶的诗人都有自己内心的戏剧生活，辛波斯卡也不例外，静默恰好是她最佳的生存状态之一。所不同的是，她怀着热情的生命之爱。"你或许有机会结识我，但你永远无法彻底了解我。你面对的是我的外表，我的内在背离你。"尽管辛波斯卡如此缄默，但安娜·比孔特和尤安娜·什琛斯纳这两位作家还是从最少的资讯中看到了最多的辛波斯卡，从而完成了一部出彩的传记，一本关于她的美丽人生。

我自己也是辛波斯卡迷，辛波斯卡的整个世界对我有着天然的吸引力。20世纪90年代，我在澳门买过台湾版的辛波斯卡诗集，我的写作在某个时间段也受到她的影响。除了辛波斯卡外，我对波兰当代诗歌产生的热爱，也包含了米沃什、赫贝特、扎加耶夫斯基等诗人带来的别处的阳光。2014年，我有幸邀请扎加耶夫斯基来到广州，把第九届"诗歌与人·国际诗歌奖"颁给他。当时扎加耶夫斯基带来了一部关于他的纪录片，里面有很多辛波斯卡的镜头，听他讲述和辛波斯卡交往的故事，令我感到一个陌生的人生在真诚地敞开。身边人的故事与诗歌一起引发了一种神奇的冲动，对我来说，辛波斯卡已不只是我于时空中追逐的诗人，而是平添了一份"诗人朋友的朋友"的情感。2015年，波兰格但斯克大学出版社出版我的诗集《谁跑得比闪电还快》波兰语版（乌兰译，扎加耶夫斯基校对），我受邀去参加该书的首发式。前往欧洲诗歌之国波兰，将是一场鲜活的心灵之旅，出发前，我们就计划好了去拜谒米沃什和辛波斯卡。

多年后的今天看到这本关于辛波斯卡的传记,那趟旅程还历历在目。辛波斯卡出生的波兹南,她少年时代生活过的托伦,她就读的雅盖隆大学等,我们都去了,尽管诗人已经不在人世,但还是有着跟随诗人的脚步行走之感。这些地址之于诗人是生命里永恒的地理,它们是温暖的,藏在诗歌里。"人生,无论有多长,始终短暂,短得让你来不及添加任何东西。"在辛波斯卡《我们祖先短暂的一生》这首诗歌里,她对祖上的回眸是无尽的伤感,是漫长的回溯之旅。辛波斯卡离世后,不是葬在名人公墓,而是葬在家族的墓地。从出生到逝去之后的安息之处,她都没有离开她的家族。

那年5月,我与艺术家夏天来到文化名城克拉科夫,内心油然想起兰波那句诗:"拂晓,满怀着火热的坚韧之心,我们将进入那壮丽之城。"我们原本计划先去拜谒米沃什,不巧到的时候有些晚了,也没预约上,就直接去寻觅辛波斯卡所安息的拉科维奇墓园。那天,我们先坐计程车,后转公交车,继而步行寻找,一路询问,十分艰难地在傍晚前找到了目的地。本来我们可以寻求乌兰教授的帮助,但她居住在别的城市。我知道来自中国的翻译家乌兰曾经四次见过辛波斯卡。有一次,在米沃什诗歌节上,辛波斯卡对乌兰说,不要谈翻译的事情,别的都可以。辛波斯卡去世后的2012年2月9日,乌兰还参加了她的葬礼。乌兰说,辛波斯卡下葬那天,大雪纷飞,很多人排着长队为她送行,那雪花就像书页间听不见的落泪。

那是一座普通的墓园,偶尔有人来送鲜花及点灯,没有恐惧感。看起来还很崭新的大理石上刻着辛波斯卡的名字和生卒年。我们送上黄色的鲜花,在她的墓碑前静默。想起她的《墓志铭》——"不如读她的诗歌吧。"我这样说。夏天随即用手机录下了我用方言朗读辛波斯卡诗歌的那个难以忘怀的瞬间。那一刻,四野宁静,一种难以言喻的深情在生发,人与万物仿佛都在细心品味。"取出你随身的计算器,用半分钟,测算一下辛波斯卡的命运。"人生的某种时刻比别的时间更真实，在墓地读诗，所有的情感仿佛在抵达的迂回之处，有一份温柔的怀念在补偿着生命，在呈现生命无眠的在场。

"当她和米沃什、扎加耶夫斯基一起签售自己的诗集时，后面排起了近两千人的长队。"在本书中读到此处，我的嘴角露出笑意。辛波斯卡可谓是扎加耶夫斯基的老师，也是朋友。如果我没记错，扎加耶夫斯基的第一首诗歌是辛波斯卡发表的。2014 年，扎加耶夫斯基来广州时，我们还展出了版画家王巍创作的有关扎加耶夫斯基的版画，还有辛波斯卡等波兰诗人的肖像。之后那年去波兰时，我的内心还闪过一个念头，要是辛波斯卡还健在，请扎加耶夫斯基和乌兰引荐，也许能拜访到她。认识与被认识是不会消散的现实。不过，也许更多的阅读而不是相遇才是生命之谜，才吻合辛波斯卡的个性。

一个诗人传记的写作，除了主人公之外，其他部分则由主人公身边的关键人物构成，写人与人之间的联结，再由此生发扩展。写辛波斯卡的传记，自然离不开她的秘书鲁希涅克。本书的第 20 章"女诗人的秘书"，就写得细致、感性。外国一些著名的作家、诗人一般都有自己的秘书，以便处理信件、会议、拜访等事宜。辛波斯卡获得诺贝尔文学奖后，难以招架各种汹涌而至的事务，急需一位秘书。鲁希涅克是辛波斯卡的朋友特蕾莎·瓦拉斯的学生，正是由于瓦拉斯的推荐，令鲁希涅克成为一位出色的秘书，并在后来成长为诗人与作家。2019 年 12 月 15 日，鲁希涅克应邀来到广州图书馆做了一场关于辛波斯卡的讲座，讲叙了他与辛波斯卡之间的点点滴滴。本书中所写到的，与我在现场听鲁希涅克讲述的一模一样，从某种意义上来说，这本传记的真实度非常高，值得信赖。鲁希涅克先生还送了我一本《种种可能：当波兰诗歌来到澳门》的画册，里面重点介绍了辛波斯卡的成就及她的拼贴作品。拼贴作品就像她的诗歌，她的图像一如词汇，充满了温暖、幽默、想象和好奇。这些寄给亲朋好友的拼贴明信片，不仅是辛波斯卡生活的一部分，是她与朋友们友谊的存证，也是一个热情灵魂的外显。

　　传记的使命在于真实还原历史的瞬间，同时为读者竖起一面镜子，看到那个不在场的人，也看到作者与读者。这里是私密的，又是共谋的，但也是有趣的，就像一位知情的隐秘朋友在讲故事。本书的第19章"在斯德哥尔摩与国王抽烟"，简直就是诺贝尔文学奖颁奖典礼的"纪录片"，比如颁奖的各种规定动作、晚宴的规格、媒体采访等。获得诺贝尔文学奖之后，辛波斯卡要履行与诺贝尔文学奖得主相关的职责，比如发表演讲，艰难地选出十位诗人、作家、评论家一起去斯德哥尔摩参加颁奖典礼，做讲座，签名，参加各种庆典活动，这些都令辛波斯卡头疼。大家戏称她得了"诺贝尔奖病"。对于辛波斯卡来说，获奖带来的烦恼是一种幸福的折磨。

　　这本传记，我之所以看得津津有味，还因为不时看到书里写到我去过的地方与熟悉的朋友。辛波斯卡获奖后的几年，她又有瑞典语版的诗集出版，于是再次前往斯德哥尔摩，再次去了诺贝尔奖那家餐厅。这令我想起自己2011年去参加"环波罗的海诗歌节"的往事。诗人、翻译家李笠带我们去斯德哥尔摩拜访诗人特朗斯特罗姆，我们一行还去了诺贝尔奖那家餐厅。在诺贝尔奖广场的小插曲与本书中的描述有异曲同工之处，令我倍感亲切。这样美好的感念之于我的触动，一如书中的片言只语："12月8日，他们在波兰驻瑞典大使馆享用午餐。辛波斯卡与诗人托马斯·特朗斯特罗姆会面，后者在十五年后也获得了诺贝尔文学奖。"2011年10月，特朗斯特罗姆获得当年的诺贝尔文学奖，而在这之前的3月，他先获得了我颁给他的第六届"诗歌与人·国际诗歌奖"，这在当时的中国诗歌圈成为美谈。阅读辛波斯卡，她的朋友扎加耶夫斯基、特朗斯特罗姆、鲁希涅克都与我有过交集。这本传记的关键词"友谊"，也印刻到我的心灵维度上。

　　辛波斯卡的星座是巨蟹座，朋友很多。她是一个大方的人，一个生活在烟火中的人。辛波斯卡每到国外旅游或者参加文学活动，都会买一些礼物，回去送给朋友们。关于这点，我想起了扎加耶夫斯基的夫人玛雅与我们说过的细节，她在辛波斯卡去世后的抽奖纪念活动中，抽到了辛波斯卡祖母传下来的戒指。

我们不清楚辛波斯卡结婚的时候是否戴过这枚珍贵的戒指，但她有着绵长的爱。1948年4月，辛波斯卡和亚当·沃德克结婚。沃德克当时在波兰是很有名望的诗人，尽管他只比辛波斯卡大了一岁，却有着完全不同的地位。遗憾的是，他们的婚姻仅仅存续了六年。尽管婚姻失败，但辛波斯卡对这段情感没有抱怨。沃德克去世后，她还为前夫编过文集，做过纪念活动。辛波斯卡再没有结过婚，但后来她在生命中遇见了一位非常有魅力的作家菲利波维奇，那是陪伴她一生的灵魂伴侣。

当我们说辛波斯卡是20世纪波兰文学现象，这里面包括同样杰出的一代诗人鲁热维奇、赫贝特等，还有早在1980年获得诺贝尔文学奖的诗人米沃什。米沃什不是克鲁普尼察路那段文学生活的常客，却是辛波斯卡后来的挚友。之前，辛波斯卡在不同的场合见过米沃什，但她觉得米沃什是大诗人，自己胆怯不敢上前打招呼。直到米沃什发现辛波斯卡禀赋非凡，并把她的诗歌翻译成英文介绍出去后，二人的来往才多起来，逐渐成为相互欣赏的好朋友。米沃什从来不吝啬对辛波斯卡的赞美：她为这个世界，特别是祖国波兰提供了一个可供呼吸的世界。所有真实的人生皆是相遇。与米沃什的邂逅改变了辛波斯卡，尽管他们的写作欲望不尽相同。

"克鲁普尼察路文学公寓楼里的夫妻"这一章，刻下了波兰一代诗人的珍贵记忆。这样相互包容、相互渗透、疲惫不堪、泥沙俱下的文学生活，更好地解释了波兰诗歌在全世界的发光之处，而辛波斯卡作为一个美貌与才华同在的个体，是其中的光源之一。如果你是20世纪70、80、90年代生活在中国的文学青年，读来一定感慨良多。对这个时间段的中国诗歌来说，几乎在每个大城市里都有一个类似克拉科夫的克鲁普尼察路文学公寓楼的地方，生活着众多为理想、为诗歌、为未来聚集在一起，渴望改变现状的青年，就连空气里也弥漫着激情。这多像吉利安·延代尔所说的："如果让文学中的一个郊区，存在大概一代人左右的时间，它就会像真实生活过的地方一样被人感知到。"

辛波斯卡这本传记，不仅仅把辛波斯卡的一生和盘托出，把她的喜怒哀乐写出来，也把她喜欢与厌倦的呈现出来。比如辛波斯卡不喜欢拍照、不爱旅游、讨厌噪音、抗拒聊谁是文豪，热爱托马斯·曼、欣赏肖邦，对记者敬而远之，出门旅行必须有人陪同，痴迷打油诗，热爱拼贴艺术，爱干净，是细节控等，这一切都在不经意之间透露出来。当然，这本书更多的价值不在于茶余饭后的谈资，它还让我们看到辛波斯卡在《文学周刊》当编辑时的生活。更精彩的是，这本书不时突出她在文学创作中的真知灼见。"我经常从结尾开始写起，之后要攀上诗的开头是很困难的。"类似这样有着个人写作观念的语言遍布全书，这令这本传记的文学性更为浓郁，对于读者来说，会更明了辛波斯卡的写作理念，也给我们带来写作的启发。

出版如此厚重的一部传记，除了东方出版社的慧眼之外，也得益于赵祯和许湘健两位优秀译者准确、生动、形象的译文。这些饱含深情的文字和亲切的笔调，塑造了一条路径，抵达辛波斯卡的个人生活、文学生涯及完整的精神，引导我们去见识优雅、丰富、栩栩如生的辛波斯卡，看到由她构成的波兰诗歌及之外的世界。这里面隐藏着契机、热情、希望及想象，我们不知不觉获得了融合、醒悟与认同，从而感受到伟大的辛波斯卡是如何生成的。读此传记，我们收获了一个新的辛波斯卡，感受她对这个世界友好又幽默的拥抱，感知到她那隽永的魅力，还有她生命的荣耀。

2024 年 3 月

目录

第 1 章　为诗人画像　001
第 2 章　追溯父母和祖先　012
第 3 章　辛波斯基家族传承　028
第 4 章　童年、小矮人和惊悚爱情故事　040
第 5 章　战时的克拉科夫和早期诗歌　066
第 6 章　战后：诗歌首秀　077
第 7 章　克鲁普尼察路文学公寓楼里的夫妻　091
第 8 章　信仰时代　109
第 9 章　《文学生活》十五年　122
第 10 章　在"抽屉"里居住的时光　141
第 11 章　《非必要阅读》，向下跃入中生代　153
第 12 章　旅途中的诗人　171
第 13 章　如何"攀上诗的开头"　199
第 14 章　与科尔内尔·菲利波维奇有关的日子　226
第 15 章　尘封的纪念物、挚友与梦　251
第 16 章　地下诗歌　276
第 17 章　诗歌的翻译　294
第 18 章　诺贝尔文学奖获奖前夜　313
第 19 章　在斯德哥尔摩与国王抽烟　329

第 20 章	女诗人的秘书	347
第 21 章	克拉科夫的两位诺贝尔奖得主	373
第 22 章	毫不夸张地谈论死亡	391

参考文献与人名译名对照表　411
大事记　413
鸣谢　431

第 1 章　为诗人画像

维斯瓦娃·辛波斯卡不喜欢别人窥探自己的生活,哪怕是在身故之后。她从没想过拥有一本"别人为她写的传记",她一直认为,所能言说的关于自己的一切都已蕴藏在诗文之中。当辛波斯卡获得诺贝尔文学奖并被一群记者包围时,记者们从她口中得知,她并不喜欢回答关于个人生活的问题,也无法理解那些什么都往外说的人:是什么驱使他们这么做呢?辛波斯卡曾在许多不同的场合说过,公开谈论自己会消耗内在能量:

> 将私事公之于众会让一个人丢失灵魂。有些东西应该留给自己。不是所有事都适合被大众知晓。[1]

> 尽管这是当下的一种流行趋势,但我并不认为所有与他人的共同经历都可以拿来贩卖。毕竟,有些经历只有一半属于我。而且我觉得,那些与亲近之人相关的记忆还未最终成形。我经常在脑海中与他们对话,在对话的过程中,始终有新的问题和答案出现。[2]

> 我能怎么办,关于自己我只能说这么多。确实有点无情,但是请理解,其他的事并不多,且都是私事,我的、你的、他的……就像秘密文件夹。没什么好说的。[3]

我当然对自己做过的不好的事了如指掌，我对自己的意见也不小。我对自己和自己的生活一点儿都不满意，起码对生活中的一些小插曲不满意，但这些都是很私人的事，我没办法在公众场合讨论，因为这会消耗我的内在能量。我尝试在诗中——至少是一部分诗中融入一些个人经历。有时可行，有时不可行。但是直接说出那些事不是我的风格。[4]

辛波斯卡对我们说过："我是一个老古董，在言说自己的时候总忍不住想要刹车，或是有抵触情绪；又或许正相反，我是个先锋派，没准在下一个年代，对着大众袒露心声的潮流将不复存在。"[5]

诗人乌尔舒拉·科齐奥乌曾说，她与辛波斯卡之间的谈话经常是这样开始的："现在我跟你说说我的生活。"这是她们之间的私人玩笑，是交流的标志，她们彼此理解，但她们的友谊并非建立在相互袒露心声上。

在获得诺贝尔文学奖之前，也就是在人生的前七十三年里，辛波斯卡接受过的采访不超过十次，大部分都十分简短，其中并没有足够多的信息能够支撑起一部人物传记：辛波斯卡没有给出事实，也不记得日期。这也难怪在字典词条中，她的官方简介少得可怜。

波兰语言文学教授、诗人爱德华·巴尔切然在20世纪90年代初时曾打算为辛波斯卡写一部传记。在收集材料的过程中，他也向辛波斯卡本人寻求过帮助，希望她能帮自己整理一份简短的生平大事清单。巴尔切然事先强调不用写任何私人信息，只须提供类似什么时候第一次出国、与哪家杂志在何时开始合作以及何时结束合作关系等信息。辛波斯卡在他的要求下越来越不耐烦，最后摊牌道："既然您读了我的诗，那您就应该知道我对这类问题是个什么样的态度。"[6]

巴尔切然没能完成这部传记，尽管辛波斯卡最终提供了自己的生平大事清单和创作年表等必要的信息。巴尔切然试图在纸堆中帮我们寻找那些资料，但没有找到。而且，他后来完全站在了辛波斯卡那边。1995年，当波兹南密茨凯维奇大学授予辛波斯卡荣誉博士学位时，巴尔切然在典礼上说："凡是读过《写履历表》这首诗的人，以后在面对任何跟人力资源部门打交道的工作时都不会再有心平气和的感觉了。"[7]

写份申请书，
就得附带履历表。

不管人生多长，
履历表必须短。

应该精简，而且对事实要进行筛选。
用地址代替风景，
用无可动摇的日期代替模糊易变的回忆。

所有的爱情里只算结婚的那个，
所有的孩子里只算出生的那些。

谁认识你比你认识谁更重要。
旅行也只写出国的。
隶属什么组织，不用写理由。
还要写勋章，但不用写贡献。

用一副从未与自己对话、
一见到自己就远远躲开的样子去写。

沉默地略过狗、猫和鸟，

还有尘封的纪念物、挚友与梦。①

——《写履历表》，出自《桥上的人们》(1986)

当我们着手写作这本书的时候（它的第一版是在1997年出版的），对人物自传所需细节的寻找始于《非必要阅读》。这本书是辛波斯卡在三十多年的时间里连载或发表于各类书评专栏的文章合集，它们先后刊登在《文学生活》《文稿》《奥得河》《选举报》等刊物上。这些文本出人意料地提供了许多关于辛波斯卡本人及其品位、观点和习惯的信息。

辛波斯卡欣赏约翰内斯·维米尔的画，不喜欢玩《大富翁》游戏，不喜欢噪声，不屑于看恐怖片，是考古博物馆的常客，难以想象别人家的书柜里没有查尔斯·狄更斯的《匹克威克外传》，深爱米歇尔·德·蒙田，爱读塞缪尔·佩皮斯的日记，不喜欢拿破仑，欣赏细节控，不认为谚语是民族的智慧，认为叶螨是最傲慢、最有魅力的生物，常用半躺的姿势写作，是检索、注释、引语、符号、超链接、索引和参考书目的爱好者，有时会去看歌剧，对鸟、狗、猫及整个大自然态度友好，坚信人类在宇宙中独一无二。除此之外，辛波斯卡还喜欢过博洪②和夏洛克·福尔摩斯，她喜欢的导演有费德里科·费里尼，也曾是艾拉·费兹杰拉的狂热粉丝，一度想为她写一首诗，但只撰写了一篇专栏文章（后来还是为她写了一首诗，但那已经是21世纪的事了）。她还喜欢乔纳森·斯威夫特、马克·吐温和托马斯·曼——后者是唯一一个她直接在诗中致敬过的作家。回想青年时期读过的书，辛波斯卡第一个想到的就是托马斯·曼的《魔山》。托马斯·曼的存在被辛波斯卡誉为一种奇迹，她还因其存在而歌颂大自然的进化：

没错，大自然允许这样奢侈的场景出现，

---

① 书中所有诗歌的译者均为赵祯。——编者注
② 波兰作家亨利克·显克维支的长篇小说《火与剑》中的哥萨克青年。——译者注

比如哺育幼崽的鸭嘴兽。
它也可以不让这样的景象出现
——而又有谁能够发现，
自己被剥夺了这样的权利？

而最好莫过于，
它略过那一刻：一只哺乳动物出现了，
他的手上完美地武装着一支万年笔。

——《托马斯·曼》，出自《一百个笑声》（1967）

尽管我们可以从《非必要阅读》和一些诗文中获得不少信息，但真正填补了辛波斯卡履历上那些空白的，是她不同时期的熟人和密友所讲述的故事（我们有幸结识了上百个这样的人），以及一些老照片。通过这些材料，我们眼前渐渐浮现出一位热衷于创作五行打油诗，并勤奋地拼贴明信片以替代书信寄给亲友的作家。这些明信片上画着的有运动员，有在空中飞翔的天使、漂泊的鬼魂，有起舞的芭蕾演员，有伸懒腰的猫，还有向地面倾斜的比萨斜塔，有时还会出现与她的某些诗相关的主题，如类人猿或是叩问存在问题的尼安德特人，有时也会出现一些收信人读得懂的文字。斯坦尼斯瓦夫·巴兰恰克是诗人和翻译家，在出版了汇编多部经典的文集《上帝、象鼻与祖国》之后，他收到了辛波斯卡寄来的大象明信片，上面写着"一看就知道是波兰人"；德国纪录片导演安杰伊·科谢克则收到了一个拼贴着闷闷不乐的鬼魂的画作，上面写着"一箩筐的烦心事"①。

这部由各种趣闻和照片拼凑成的人物传记变得越来越详尽，我们知道了越来越多的事实、事件甚至具体的时间节点，只剩下诗人自己的声

---

① 这是一个文字游戏，"科谢克"在波兰语里的另一个意思是"箩筐"。——译者注

音了。而对于会面的邀请，辛波斯卡并没有说"不"（肯定是因为亚采克·库隆为我们写的推荐信），但她也没有急着定下会面的日期。

直到1997年1月，我们于《选举报》上刊登了这本书[8]首版的片段，辛波斯卡才拿着我们理出的树状人物关系图和连她自己都没见过的父母照片，给我们打来了电话。

"读关于自己的文字，这感觉很吓人。"她说，"但既然各位已经这样努力了，那也不错，之后我们就让它变得更'准确'吧。看来你们已经读透了《非必要阅读》。"

1997年年初，当辛波斯卡最终与我们在约定的时间会面时，她表现出了超常的耐心和气度，回答了我们提出的各种各样的细节问题。她更正了书中的一些错误，增加了一些内容，又修订了一些内容。总的来说，她修改的初衷是不冒犯别人。关于我们写的这本书，她只想表达一个观点：

> 我以前就知道，我的整个人生没有什么戏剧性可言，就像一只蝴蝶的一生，仿佛生命只是抚摸了我的额头。这就是我的画像。但这画像又是怎么来的？难道我真是这样吗？我的生活实际上很幸福，但其中又包含许多死亡、许多困惑。但我肯定不愿意讲述我自己的事情，也不怎么喜欢别人言说我的事情。当然，身故以后就是另一回事了。我面对别人时有着另一副面孔，所以他们展示的都是我的趣闻逸事，把我描述成了一个快乐的人，只会琢磨游戏和玩乐。别人这样看我是我的问题，因为我努力了很久才树立起这样的形象。其实我经常情绪低迷，有很多愁绪，但我不会把它们展示给别人看，我不会展示自己悲伤的一面。
>
> 你们可以认为我有些精神分裂。在对我友好的人面前，我是一个样，而当我独处的时候，又完全是另一个样：阴沉、痛苦、对自己意见颇多。我时常悲观地认为，诗有时可以陪伴人类渡过苦痛挣

扎,却无法避免苦难的发生。[9]

辛波斯卡"两副面孔"的线索也出现在了诗文中:

> 我知晓如何拼凑脸的线条,
> 才能不让别人注意到悲伤。
> 　　　　——《致不幸的女恋人》,出自《向自己提问题》(1954)

又或者:

> 哦不!哦不!尽管在错误的时间,
> 也要维持脸上的表情!
> 　　　　——《花腔》,出自《盐》(1962)

编辑伏沃基米日·马琼格教授是辛波斯卡在《文学生活》编辑部相处了二十五年的同事。他告诉我们,辛波斯卡平日少言寡语,总是克制地躲在名为修养的帘子背后:"她身上有种贵族气质。她认为情感不应当外露。这既与生俱来,也是后天的修养。"

波兰语言文学教授特蕾莎·瓦拉斯同样认为,好友辛波斯卡克制情绪的自我要求定是来自严格的家庭教育:"要说辛波斯卡是哪个世纪的人,我认为是18世纪。她受到法国文化的熏陶,但不包括糜烂的那一部分。她有着皮埃尔·高乃依般的古典主义灵魂。她从不倾吐心声,也从不流眼泪。她爱干净近乎洁癖。养她长大的老父亲想要的是个儿子,我都怀疑他可能是把辛波斯卡当男孩子养了,经常教育她:别哭,别弄脏东西。"

亚当·扎加耶夫斯基眼中的辛波斯卡亦是如此:"有时候我都觉得她是从18世纪的巴黎舞会走出来的人。我们都知道,在那些舞会上,领舞的总是女人。辛波斯卡对启蒙运动和理性主义有着很高的评价；在我们充斥着浪漫主义的狂热文化中，她代表着另一种价值，另一种温度。在她身上，包括她的品位和言谈举止，以及她的诗文，都透露着一种优雅。她珍视秩序，我觉得她无法忍受混乱。而她完美的幽默感仿佛也来自启蒙时代。"[10]

诗人阿尔图尔·勉泽热茨基透露说："辛波斯卡对情感有着与生俱来的审慎态度，所以类似先锋主义者们带着饱满的热情喊出的'情感羞耻'对她来说就实在过于直白了。'情感羞耻'何须喊出来？这是辛波斯卡正常的诗作调性。"

但是，辛波斯卡有时也会将克制情感的特性同先锋主义者们前所未有的高昂热情结合起来：

> 我的影子，如同女王身后的弄臣。
> 当女王从椅子上起身，
> 墙上的弄臣就变得魁梧，
> 那愚蠢的脑袋便撞上天花板。
> ……
> 那个愚人换了姿态，
> 语气庄严，毫无羞耻，
> 承担了所有我无力承受的
> ——皇冠、权杖、国王披风。
>
> 我将，啊，微微耸肩，
> 啊，轻轻转头，
> 国王啊，我们挥手作别，
> 国王啊，在火车站台。

国王啊，此刻是这个弄臣，

国王啊，卧在了铁轨上。

——《影子》，出自《盐》（1962）

从《非必要阅读》中我们知道，辛波斯卡欣赏肖邦，说他"很少倾吐心声，因为他的灵魂十分坚强"。她也欣赏卓别林及其在讲述自己创作的痛苦时的那种矜持感："这位艺术家的个性中从来没有过分的大惊小怪。……卓别林很少谈论创作的痛苦，这令我印象深刻。"[11]

法国大革命的牺牲者罗兰夫人也是辛波斯卡的榜样。在赴刑场前，罗兰夫人在监狱里写下回忆录，平静地回忆了自己的童年和青年时期。辛波斯卡写道："说到底，那就是每天都在战斗，但每天都会胜利的景象。作者（罗兰夫人）必须同自己的怯弱、监狱里艰难的环境以及死亡的恐惧作斗争。文字记录下来的并不是最重要的，重要的是文字没有记录下的。而这也是作者为了坚持到最后一刻，坚决不让自己表露的东西。"[12]

辛波斯卡写到托马斯·曼的夫人卡蒂娅·曼时也是连连称赞，后者在自己回忆录中的形象是一位忠诚的寡妇，并且恪守与丈夫的约定，不越界一步。"她肯定知晓其他作家的夫人都是怎么说的，比如托尔斯泰、陀思妥耶夫斯基以及康拉德的夫人，但她对自己说：不行。"[13]

相反，辛波斯卡并不欣赏米娅·法罗所写的关于伍迪·艾伦生活的回忆录："我承认，我本以为她会写出更高级的东西。"

那么，当辛波斯卡在记录自己儿时青涩感情的诗作中流露出一种好似背叛了"那个小女孩，当初的自己"的意味时，我们应不应该感到诧异呢？

我说，

她如何爱上同学，

这意思是她想，

让他看一眼自己。

……
你最好归去,
朝着你来的方向。
我不欠你什么,
我只是一个普通的女人,
只知道,
何时
泄露别人的秘密。

——《笑声》,出自《一百个笑声》(1967)

在与辛波斯卡的对话中我们发现,我们对别人所写的关于她的传记的了解要多于她本人。她的回忆只是从过去抽取了某些单个的景象,或是一些小细节。她没有同我们讲述"自己的一生"。"自传"只展示了她想要展示的。她还会不时强调"我的记忆很快会处理掉这样的事情"或者"这件事等我死了再说吧"。

某一刻,她向我们讲述了这样一个故事:

> 我曾在路易斯·布努埃尔的电影中看到过这样一个场景。电影的主角是布努埃尔最喜欢的男演员费尔南多·雷伊,他总是留着胡子,有点纸醉金迷的感觉。电影场景里,他在街上走着,墙角坐着一个披散着银发的老妪。老妪手里拿着绣花框,上面撑着一块滴着脏水的抹布。她咧着没牙的嘴"咯咯"地笑着,用上等的丝线在抹布上绣着百合花。我一直对朋友说,就是这个场景,为电影院的存在正了名。后来,这部电影在电视上播放了。我一看,雷伊走在街上,根本没有什么老妪,只有一个女人,还挺年轻,绣花框上是头纱。所以我丑话说在前头:我很有可能信誓旦旦地说出根本就不存在的事情。

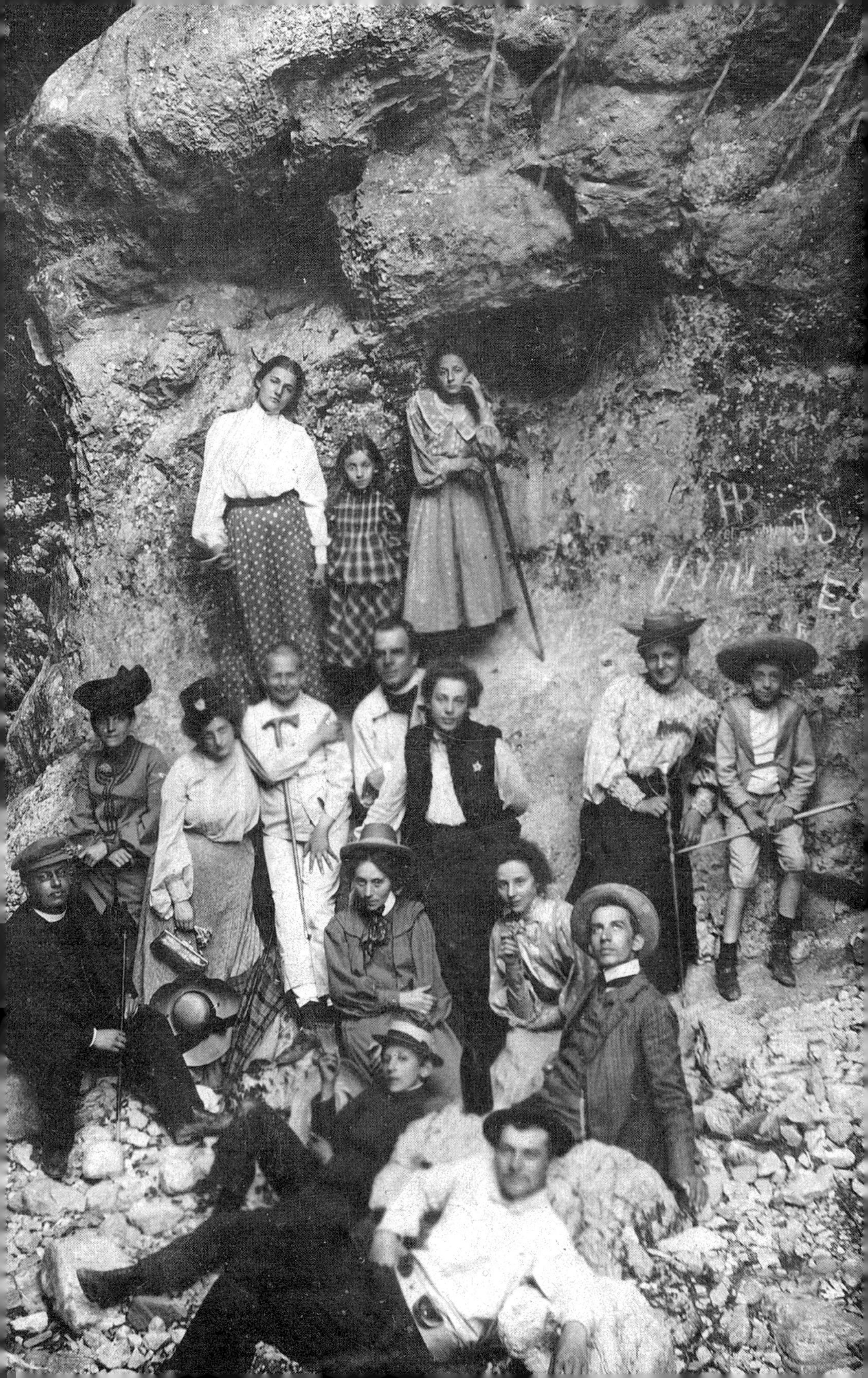

第 2 章　追溯父母和祖先

一切是这样开始的。在伏瓦迪斯瓦夫·扎莫伊斯基伯爵的领地扎科帕内，从布克维纳到库希尼采，一阵阵旋风刮倒了上万棵云杉。管家文森特·辛波斯基必须考虑如何妥善处理损失，以及如何将被刮倒的树木送去锯木厂。战争已经持续了三年（这场战争后来被称为第一次世界大战），它导致了严重的劳动力匮乏。辛波斯基在写给伯爵全权代理人的信中抱怨道："我们只有六十名俄国俘虏，而且他们都是很麻烦的工人，尤其是在难以买到食物的情况下，因为他们的饭量大得可怕……还有一些人因为没有合适的鞋穿，就不想出去工作了。"而且"在粮草不够的情况下"饲养马匹也"完全不划算"。最后他出人意料地留下一句话："这种种原因使我头脑混乱，于是……我结婚了。"[1]

八十多年后，维斯瓦娃·辛波斯卡写下：

就差一点，
我的母亲可能就嫁给了
兹敦斯卡沃拉的兹比格涅夫·B先生。
如果他们有了女儿——她就不会是我。
……
就差一点，
我的父亲可能就会在同一时间娶了

扎科帕内的雅德维嘉·R淑女。

如果他们有了女儿——她就不会是我。

……

她们甚至可能相遇在

同一所学校，同一个班级。

但从来不是一对儿，

也从来不是家人，

她们在集体照上站得很远。

——《不在场》，出自《冒号》（2005）

由于战争，卡齐米日·卢博米尔斯基大公的办公厅撤到了位于扎科帕内附近的库希尼采。就在那里，在办公厅工作的"亭亭玉立的淑女"安娜·玛丽亚·罗特蒙德走入了文森特·辛波斯基的视野。

"她觉得战争过后就剩不下什么男人了，于是决定嫁给一个老男人，只要不成为老处女就行。"随后，辛波斯基在信中解释了安娜·玛丽亚的决定，"因为只要是女人想干成的事，老天都会帮忙，所以我就在（1917年）2月17日娶了她。我自然也没要她提供嫁妆。"[2]

当时新郎四十七岁，新娘二十八岁。看起来不像是伟大的爱情，但是多年以后，他们的女儿这样写道：

优秀的孩童不需要它的帮忙就降生于世。

它从来学不会停留，

毕竟它也很少会停留。

——《幸福的爱情》，出自《可能》（1972）

婚礼和喜宴皆在沙伐利的牧师的房子里举行，新娘的叔叔莫里西·罗特蒙德是那里的牧师，他与新郎在波兰民主运动中结识。

辛波斯卡的母亲安娜·玛丽亚·罗特蒙德（摄于1911年）和父亲文森特·辛波斯基（摄于1918年前后）。

对肺结核的恐惧将这位未来诗人的父亲赶到了扎科帕内，因为他的母亲斯坦尼斯瓦娃就死于肺结核。辛波斯基于19世纪90年代初定居于此，并迅速适应了当地的环境。他结识了伏瓦迪斯瓦夫·扎莫伊斯基伯爵，后者拥有扎科帕内的大片土地，而伯爵买下这片土地的初衷，是将它们从"外人"手里解放出来。

1888年，当这片土地被新塔尔格的副市长和当地造纸厂厂长雅库布·古德菲音格买下的时候，波兰大众马上拉响了警笛，高喊着"犹太人要把森林都砍光了"，他们认为，砍伐森林会导致如今所说的生态危机。因此，交易被迫取消。一年后，扎科帕内的土地又一次被拍卖。华沙日报《词语》刊登了由K.多布然斯基撰写的拍卖会实时记录，而藏在笔名背后的是常常到扎科帕内来的亨利克·显克维支。[3]

伯爵的全权代理人获得了参与竞价的允许。然而，他加价一分，古德菲音格也加价一分。幸好，后者在竞拍价格达到460002.02兹罗提的时候放弃了……于是扎科帕内连同它毗邻的所有土地都成了扎莫伊斯基伯爵的私人财产。

"如果十年前我没有来扎科帕内，"扎莫伊斯基伯爵在信中提起这次拍卖会时写道，"坐在波兰最高峰上的就会是那个德国犹太人，他会从山顶朝波兰吐口水。扎科帕内也有可能变成一个小什恰夫尼察，像是加利西亚的耶路撒冷。为了从犹太人手中买下我们国家仅剩的一片土地，我欠了一屁股债。我下那么大的血本令我的家人目瞪口呆。……我的全部财产都被犹太人收入了囊中，工厂、森林、镇政府、生意、酿酒权……犹太人统治了整个镇子，而我们的县长还要亲吻犹太老妇人的爪子。"4

伯爵新买下的土地情况并不十分理想，据显克维支说："上百块耕地被荒废搁置，堆满了弯曲的朽木。"这种情况下，还要满足那些爱国者的期待，因此就需要一个既有效率又有精力的管理者。1904年，伯爵将这一任务交给了文森特·辛波斯基。对这位从1892年起便在伯爵名下的地产行政处工作的三十四岁办公室职员来说，这算是一次大幅度的晋升。

从那时起，对扎科帕内的每一次投资建设，无论是修建教堂、学校、塔特拉博物馆，还是发电站、庇护所、水利设施，甚至哈布福卡—扎科帕内的铁路等，几乎都要倚仗伯爵的慷慨资助和辛波斯基的辛勤劳动。

在辛波斯基写给扎莫伊斯基伯爵的信中，保存完好的最早的一封写于1901年3月28日，信中写到因修建为扎科帕内本地供电的发电站，他们要建一条通往发电站的铁路，并讨论了为此购买铁轨、螺丝和钉子的相关事宜。我们在库尔尼克城堡的几百封信中找到了这封信，这些信的收件人包括扎莫伊斯基伯爵本人和他的全权代理人、库尔尼克图书馆的主任齐格蒙特·蔡利霍夫斯基。

辛波斯基尽职尽责地为伯爵描述了发生在这片土地上的一切，包括在被之前的土地所有者砍伐一空的斜坡上种植树木的事情，强风刮倒了一万五千多棵云杉的情况，造纸厂和锯木厂的运作情况，工人制造的麻烦，以及对身为将军夫人的伯爵母亲扎莫伊斯卡所创办的"家庭主妇工作机构"的资助情况（机构的负责人朱莉娅·扎莱斯卡之后成了维斯瓦娃·辛波斯卡的教母）。在这些枯燥的没有感情色彩的信息背后，隐藏着辛波斯基在前行路上所秉持的信念，这也是他和他的雇主所共同秉持的信念。波兰人在民主运动中激发出的爱国主义充满了反犹主义色彩，扎莫伊斯基伯爵和辛波斯基当然也不例外。

听从伯爵的指令，辛波斯基开始修建从扎科帕内通往"海洋之眼"①和科什切利斯克的路，以便使坡德哈莱处于与斯毕什②和奥拉瓦③往来的交通网络中。此举为的是"让奥地利占区的波兰人与波兰本地人民更多地接触，以便让他们的波兰民族意识更快觉醒"④。同样，创办苏打水厂、获得酿酒权（同时也是卖酒许可）、组织"贸易公司"为波兰实业家提供低利率贷款，以及成立"贸易之家——波兰集市"，这一切都是为了与犹太人进行生意竞争，而最后也取得了成功。某一时刻，辛波斯基写信给伯爵说，扎科帕内的犹太人都去找波波瓦的神人拉比抱怨他，"并就如何与想置他们于死地的地产部门抗争一事，请求对方指点一二"。

当毗邻扎莫伊斯基伯爵名下土地的亚沃日纳被匈牙利权贵克里斯蒂安·霍亨罗赫-欧灵根买下的时候，为了争夺"海洋之眼"的归属权，奥地利皇室和匈牙利皇室持续了将近百年的争斗升级了。为了在波兰重获独立时得到"海洋之眼"的管辖权，双方就塔特拉山脉边界的相关土地展开了争夺，辛波斯基也参与了这场争斗。

霍亨罗赫-欧灵根大公下令移走了加利西亚的界碑，并在建于争议领域的林务官的官宅内安排了匈牙利宪兵。辛波斯基通过自己的心腹掌握了他的每一步动向，并将情况汇报给了扎莫伊斯基伯爵。最后，在1902

---

① 塔特拉山脉最大的湖泊，位于波兰扎科帕内塔特拉山脉。——译者注
② 历史上存在的区域，位于西喀尔巴阡山脉。——译者注
③ 历史上存在于斯洛伐克和波兰交界地带的国家，位于奥拉瓦河流域。——译者注
④ 19世纪的波兰经过三次瓜分后，主要分为三块：奥地利占区、俄罗斯占区和普鲁士占区。文中此举为的是国家和民族的复兴。——译者注

年，于加利西亚和洛多梅里亚王国①的国家议会上，波兰议员们提议在格拉茨成立和解法庭的方案最终通过，瑞士担任仲裁国。辛波斯基从朋友梅达尔德·科兹沃夫斯基那里拿到了会议记录的第一手材料，后者是会议的记录员。在法庭下令执行实地考察期间，山民们不断发起爱国示威游行，很难想象辛波斯基没有参与其中。而且在仲裁取得了较为有利的结果之后，他很有可能与扎科帕内的居民们一起唱起了歌："只要波兰民族一息尚存/波兰就决不会灭亡/拿回山区理所应当/海洋之眼也回到身旁。"②

辛波斯基积极地融入扎科帕内人民的生活。1909 年，他签署成立了"塔特拉山区救援自助队"。一年后，他成了"加利西亚森林协会"的成员。他还参与修建了雪橇赛道。他也不拒绝政治活动，早在第一次世界大战前，他就是民主运动的活动家。他肯定认识罗曼·德莫夫斯基，后者自 1900 年定居克拉科夫以后，就经常到扎科帕内举办讲座。我们在库尔尼克图书馆找到了文森特·辛波斯基与他人的合照。这些照片都拍摄于 1911 年 6 月，画面中是辛波斯基与他的党派同胞——未来扎科帕内市的市长和众议会议员梅达尔德·科兹沃夫斯基，以及商人和扎科帕内贸易公司的主席弗兰齐什科·科辛斯基。辛波斯基穿着灯笼裤（但是上半身穿着西装外套、马甲，还系着领带）和便于登山的系带鞋，半靠着某个山丘摆着造型。

1892—1922 年，当文森特·辛波斯基为扎莫伊斯基伯爵效力的时候，几乎整个波兰贵族阶层的知识分子都到过扎科帕内，但是根据家族流传的信息，其中既没有辛波斯基认识的人，也没有人同他见过面。他肯定同第一次世界大战期间驻留扎科帕内的长官扬·卡斯普罗维奇或者为毕

---

① 成立于 1772 年，领土包含如今波兰南部和乌克兰西部，奥地利皇帝兼任国王。1918 年，奥匈帝国解体，随后其领土先后被划入乌克兰人民共和国、波兰第二共和国和乌克兰苏维埃社会主义共和国。一部分领土在第二次世界大战后被划入波兰人民共和国。——译者注
② 改编自波兰国歌《波兰没有灭亡》。——译者注

苏斯基军团宣传的卡齐米日·普热瓦-泰特马耶尔见过面。当时在扎科帕内聚集着来自各个被占区的饱受战争惊吓的波兰人,而各种各样的爱国主义活动也于此地交汇。人们在19世纪90年代相对自由的政治环境中设立的各种国家民族纪念日,包括起义爆发日、五三宪法日以及伟人的诞生日等,都被重新启动了。伯爵支持所有和独立有关的运动,而他把这一切都交给了他的执行官辛波斯基来实施。在资源和劳动力短缺的战争时期,管理财产的工作让辛波斯基吃了很多苦头。他必须投入大量精力,才能让伯爵的地产免于充公——身在巴黎的扎莫伊斯基毕竟还是法国公民,而法国当时正陷入与奥匈帝国的战争中。

关于父亲在扎科帕内的活动,辛波斯卡所知不多。但神奇的是,她知道很多关于爷爷安东尼·辛波斯基的事情,虽然爷爷在她出生四十年前就去世了。这大概要归功于父母家中保存下来的爷爷的回忆录。辛波斯卡的姐姐在整理母亲的遗物时,在吊柜的小行李箱里找到了它。

爷爷安东尼出生于1831年,是个遗腹子。他的父亲也叫安东尼,牺牲于格罗霍夫战役中。他的母亲将他养大,并给他进行了性启蒙教育。在安东尼十六岁生日的时候,母亲带他去了华沙收治性病病人的医院。

"虽然在那里看到了恐怖的景象,但他并没有失去对女人的兴趣,"辛波斯卡对我们如是说道,"他的回忆录里出现了很多女人。比如他写道,在某个酒馆,他'掐了'端酒小妹的'小脸儿'。他用'捏脸颊'的方式吸引她们。他喜欢女人。"

1848年革命时期,为了参加波兹南起义(又名"大波兰起义")而逃出家门的安东尼爷爷只有十七岁。之后,他在贝姆将军[①]领导的匈牙利革命中当上了军官。再后来,他的足迹遍布欧洲——德国、意大利、瑞

[①] 指尤瑟夫·贝姆。辛波斯卡在获得诺贝尔文学奖的前两年向某匈牙利出版商承诺出版安东尼爷爷日记的这一部分。1997年年初,她才发现只有这一段文字不见了,诗人不得已在获得诺贝尔文学奖后的忙乱中抽时间找寻爷爷的日记。"我没想到匈牙利人记性这么好。"当秘书鲁希涅克再次向她提起当年的承诺时,她叹了口气说道。

士、法国、西班牙——甚至美国，他来到了淘金热风靡的加利福尼亚。回到波兰以后，他想过安定的生活（他甚至从国王手中买下了奥波奇诺县的一片土地），但是"一月起义"①随后爆发，于是他抛下所有，站在了起义军队伍的前头。

在起义爆发一百周年纪念期间，安东尼·辛波斯基回忆录的大部分内容都被刊登在了《文学生活》上。安东尼爷爷是个善于讲故事的人，他对起义过程的描述既足够客观，又包含了很多令人回味的小细节。他不仅描写了战争和冲突，还花了不少篇幅描述"波兰的无政府状态"：

> 有太多自发组建的委员会，有很多积极的密谋活动，它们轻易地获取了更多人的信任。国家的钱基本上都花在了吃喝玩乐上。待在克拉科夫的这段时间让我产生了与其旁观罪行发生、听别人的谎言，还不如去死的想法。用来买武器的钱发了三次，而普鲁士居民每次去看信箱都是空的。那些委员会的类似行为和争斗让我一回想起来就感到恶心，我不希望它们脏了我的文字。不幸的波兰民族失去自由太久了，已经无法重拾自己的民族尊严了。无政府状态一直在持续。[5]

当时辛波斯卡并没有透露回忆录的主人就是自己的爷爷（文章的注解里只写了文章来自私人档案馆），而出版这本回忆录的就是她自己。

"他就是纪尧姆·阿波利奈尔的先驱，"辛波斯卡开玩笑地说道，"他写作不用逗号或者句号。他拼错了自己的姓氏。如果需要描写风景和城市，他就像个孩子一样手足无措。'我来到佛罗伦萨，城市挺大，还干净。'对其他城市的描述也就这么多：又大又干净。"

若不是孙女获得了诺贝尔文学奖，安东尼爷爷的回忆录很可能就

---

① 1863年1月，由波兰国内外渴望国家独立的军官、学生与激进政治家组建的"红党"宣布成立临时民族政府，发动反抗俄国的大起义。起义最终因沙皇的残酷镇压而失败。——编者注

不会出版。在标志出版社主编耶日·伊尔格对辛波斯卡的软磨硬泡下，《动荡的命运：1831—1881年的回忆录》终于在2000年出版了。后来的事实证明，关于爷爷的写作风格，辛波斯卡夸张了一点儿，因为安东尼·辛波斯基只是用"又大又干净"形容了一座城市，描写另一座城市时写了"又绿又漂亮"，还有一座城市写的是"又美丽又狭长"。

起义失败以后，安东尼·辛波斯基在华沙齐塔德尔防御城堡的监狱里待了两年多。他甚至被判了绞刑，但不知是不是奇迹显灵，他最终逃过一劫。当遇到自己未来的妻子斯坦尼斯瓦娃——起义烈士艾拉兹姆·普萨尔斯基的孩子时，他刚过四十岁。他们于1868年结婚，两年后，他们的儿子文森特出生了。二人的婚姻并不幸福。某一天，安东尼·辛波斯基的岳母直接坐马车来，把女儿和六岁大的文森特带回了自己生活的察尔特卡村。

"她是一个有名的精力充沛、喜欢背后说人闲话的女人，"安东尼这样回忆他的岳母，"最绝的是做什么都得依着她。我就成了她的受害者。她从来就没有同意过我们的婚事，而且她还当着我们的面发誓，跪在圣人的画像前说她一定会拆散我们。而她如愿以偿了。"

"照片上的安东尼爷爷是一个满头金发、留着麦茬胡须的帅小伙子。或许他真是一个糟糕的丈夫，所以肥胖的曾外祖母才会把女儿和外孙带回了自己身边？"维斯瓦娃·辛波斯卡试着理解发生在一百多年前的家庭矛盾。

她推测，爷爷多年独自在外，肯定很难忍受琐碎的日常生活。而且，他也没有强烈的家庭观念，因为他只提过一次自己的母亲和姐妹，而她们回国以后，他也没有寻亲。除此之外——辛波斯卡继续放任自己想象的思绪——作为一个天生善于讲故事的人，他喜欢不断拥有新的听众，而且"相比于看守家业"，他肯定"更喜欢在周围的人家轮流做客"。

辛波斯卡同样乐意了解另一方的观点，吊柜的小行李箱里还存放着奶奶斯坦尼斯瓦娃的小日记本，但是，这本日记只记录了她的年少时期。

辛波斯卡在《非必要阅读》中回忆道："奶奶十六岁的时候写下了这本日记——说实话，我在这个年纪都不会像她那样写得既明了又客观。"[6] 我们不清楚斯坦尼斯瓦娃是否在嫁人以后也写了日记，但是这本日记保存下来的只有十几页。"有人把其他页撕走了。不知道是谁。我只能猜测，那些被撕掉的日记记录的是她与爷爷结婚前后的故事。"[7] 辛波斯卡在日记出版后说道。

爷爷和奶奶她是没有办法认识了——两人在她尚未出生的19世纪就去世了。"爷爷很晚才娶妻，很晚才有后代。父亲结婚的时间更晚。按照数据分析，我们家比别人家少了两代人。"她在与伊尔格对话的时候解释道。

而辛波斯卡的母亲一方——罗特蒙德家的情况就不一样了。童年时期，辛波斯卡几乎每个假期都住在博赫尼亚的外婆卡罗琳娜·罗特蒙德家。由于外婆一直活到了1948年，所以辛波斯卡在成年之后也经常去看望她。不过我们没有听辛波斯卡提过那位在火车上当列车长的外公扬·罗特蒙德，可能是因为他很早以前就去世了。但是辛波斯卡提到过比外公年轻很多的他的弟弟莫里西·罗特蒙德。他是沙伐利的牧师，家里的孩子都叫他"老爷爷"，假期的时候，辛波斯卡也会去探望他。辛波斯卡记得他喜欢跟每个人唠闲嗑，教区的居民都很喜欢他。

莫里西毕业于神学院，他甚至在罗马学习过，家中六个孩子

辛波斯卡的曾外祖母娜塔莉亚·普萨尔斯卡和她的外孙、辛波斯卡的父亲文森特·辛波斯基（摄于19世纪末）。

只有他和后来成为化学家的老大尤利安接受过高等教育。因为莫里西性格有些叛逆，所以他在教会里并没有什么大作为。从1902年直到去世，莫里西一直生活在沙伐利教区。帮他管理家业的是家中终身未婚的长女尤瑟芬娜。总之，家族的会面、洗礼和婚礼都在沙伐利教区举行。

辛波斯卡的母亲安娜在家中的昵称是安嘉，除她以外，辛波斯卡的外祖父母还有四个儿子。"男孩们都在婴幼儿时期死于肺结核，而我妈妈逃过了一劫，"辛波斯卡告诉我们，"外婆一直沉浸在儿子们早夭的悲痛中。只有一个儿子塔戴乌什活到了可以留下后代的年纪。他留下的后代就是我的表弟雅西，他是名医生。在外婆家度过假期的时候，我们经常见面。他后来有两个儿子，塔戴乌什和耶日，他们都是医生。"

"当我们还是孩子的时候，所有以前发生的事情都显得很遥远，"辛波斯卡接着说，"当父母健在的时候，我们没有准备好问任何问题。当我们成熟了，准备好了的时候，他们却又不在了。他们留下的只有相册，照片上的人的具体身份全都无从得知。妈妈确实和我说过，但我当时不大关心。相册里的照片应该署名。我只能认出爷爷奶奶、外公外婆，其他亲戚我就认不得了。"

或许正因为沉迷于翻阅家族相册，辛波斯卡才写下了这首诗：

> 家族中无人因爱而死。
> 发生的业已发生，没有什么传奇可言。
> 得肺结核的罗密欧？得白喉的朱丽叶？
> 有些人甚至活到了耄耋之年。
> 没有人临死前都等不到
> 滴满泪痕的信的回音！
> ……
> 没有人在漂亮的衣柜里窒息而死，
> 当情人的丈夫突然归来！

没有人在意鞋带、袖口、褶边，
在照片上的不修边幅。
灵魂里从来没有博斯创造的地狱！
也从来没有带手枪冲进花园！
……
甚至那头顶神圣盘发
双目充血如从舞会归来的人，
涉过流淌的血水
并不是走向你，舞伴，也不是因为悲伤。
可能她走向的是某个生活在照相术发明之前的人——
因为相簿中的人，据我所知，都不是那个人。
悲伤笑了，时光一日继一日飞逝，
而他们，得到了安慰，在流感中消逝。
——《家族相簿》，出自《一百个笑声》(1967)

当人们问辛波斯卡，"涉过流淌的血水"的人是不是她的外婆时，诗人的回答是肯定的。她的外婆死于肺结核，但是照片上的外婆并没有"头顶神圣盘发"。但是当塔戴乌什读了姑姑的诗以后确认，这首诗写的就是罗特蒙德家族，因为他们家有很多人死于肺结核。

在辛波斯卡位于霍奇姆斯卡大街的房子的过道墙上，一个毛绒玩具猴的上方挂着一幅老旧的平版印刷画，那是爱德华·罗特蒙德的画像。但是辛波斯卡本人对罗特蒙德家族的祖先所知并不多。"有人曾经给了我一份复印件，上面记录了在克莱查顾尔纳当司膳总管的某个姓罗特蒙德的人，"她告诉我们，"我都不知道这是十字军骑士的姓氏还是荷兰姓氏。德国人第一次调查我们的家族档案是在被占时期。第二次有人可疑地调查我母亲娘家的姓氏还是在1968年。第三次是在我获得诺贝尔文学奖之后。"

卡罗琳娜·罗特蒙德,辛波斯卡的外婆(摄于20世纪30年代)。

罗特蒙德家族。左起坐着的是维斯瓦娃·辛波斯卡的外公扬·罗特蒙德和他的妻子卡罗琳娜。旁边是他们的两个儿子,脚边坐着的是他们的女儿——辛波斯卡的母亲安嘉。右起第二个坐着的是神父莫里西·罗特蒙德——辛波斯卡的舅姥爷(20世纪初摄于克拉科夫)。

辛波斯卡母亲一方的家族史多半是由在华沙皇家城堡当了多年主任的安杰伊·罗特蒙德讲给我们听的。他收集了许多文件，还知晓从16世纪起的家族谱系，也就是在那时，斐迪南一世给这个家族颁发了贵族勋章。安杰伊的奶奶亚尼纳·罗特蒙德是辛波斯卡母亲的堂妹和闺蜜，她婚后没多久就过世了，在儿子出生时死于难产。当孩子的父亲也去世后，孩子的舅舅们收养了他，所以安杰伊的父亲就随了母姓。

安杰伊·罗特蒙德还知道家族另一分支的历史——不是扎瓦德克那一支，而是克莱查那一支。美景宫起义者爱德华·罗特蒙德正是来自这一支。1830年11月29日和30日，为了杀死康斯坦丁大公，爱德华同一群军官学员朝美景宫行进。他的堂弟也是起义者，之后移民去了比利时，在那里，他为刚刚独立的国家①组织了军队。

辛波斯卡外祖父的曾祖父尤瑟夫·罗特蒙德曾经是靠近瓦多维察的扎瓦德克那片土地的主人。他的儿子安东尼·罗特蒙德，也就是辛波斯卡外祖父的爷爷，是华沙公国的一位军官，他在登记簿中出现时就已经是克拉科夫公民，而并非地主了。然后他的儿子尤瑟夫·安东尼·罗特蒙德，也就是辛波斯卡的曾外祖父，和她的曾祖父一样，是"一月起义"的参与者。

几年前，当我们把梳理好的族谱图交给辛波斯卡的时候，她兴味盎然，甚至是有些小心翼翼地端详着。和她在诗中表达的观点相比，这是我们没有料想到的反应。

　　我就是我。
　　难以理解的巧合
　　就像每个巧合一样。

---

① 1831年，比利时独立并成为永久中立国。——译者注

别人的祖先

也可以是我的，

而我也本可以从别的鸟巢

飞出，

从别的树干下

披着鳞片爬出。

……

我能成为别人

远不那么特别的人。

某个来自浅滩、蚁丘、蜂群的人，

成为被风撕裂的风景画的一角。

……

我可以成为自己——但是不必惊奇，

这也意味着，

我是个完全不同的人。

——《在众生中》，出自《瞬间》(2002)

事实上，辛波斯卡总是对遥远的祖先感兴趣：

我甚至都不清楚我的爪子放在了哪里，

谁穿着我的皮毛，谁住在我的壳里。

当我爬上岸时，我的兄弟姐妹都死了，

只有某块骨头在我体内庆祝这一纪念日。

我从皮肤里跳出，退化了脊椎和腿，

很多次，我丧失了神智。

对于这一切，从很久以前我就半阖了第三只眼，摆了摆鳍,挥了挥树杈。

——《失物招领处的谈话》,出自《可能》(1972)

在评论鲁道夫·德日斯莱尔的《冰川期的维纳斯》这本书时,辛波斯卡写道:"它让人们更加确信,在世代与世代、时代与时代、文化与文化之间,在现代人和几万年甚至几十万年前的人类智慧之间,并不存在巨大的鸿沟。"她承认,尽管"一些人认为尼安德特人两眼一抹黑地走入了演化的死角"[8],但她还是能够感觉到自己与尼安德特人之间的血缘关系,认为他们也是自己的祖先。

维斯瓦娃·辛波斯卡(在婴儿车上)和姐姐玛丽亚·纳沃亚·辛波斯卡(1924年摄于库尔尼克)。
辛波斯卡将这张照片赠予了许多亲朋好友,并附上不同的献词。这张照片上的签名是献给尤安娜·什琛斯纳的。

第 3 章　辛波斯基家族传承

在一张存放于塔特拉博物馆，由某位摄影爱好者于 1918 年 10 月 13 日拍摄的照片中，我们只能认出斯泰凡·热罗姆斯基立于人群之中的魁梧身影。他正站在讲台上演讲。不过，在他附近的某个地方，肯定站着作为波兰民主运动人士代表参加国家议会的文森特·辛波斯基。在索库电影院的大厅举办的公民大会上，五百名与会人员票选热罗姆斯基为大会主席，民主运动人士代表文森特·辛波斯基则被推选为副主席。会议还通过决议，"即时起我们就是自由独立统一的波兰之公民"，扎科帕内共和国①政府当即成立，辛波斯基便是政府的工作人员之一。

扎科帕内共和国存续了三十三天，直到波兰宣布独立。后来回忆起这段时光，热罗姆斯基说："他们几乎将扎科帕内连带周围附属山谷的全部管辖权都交给了我。我管理了这个令人难忘的、既可笑又让人自豪的政府十一天，直到'奥地利母亲'②坍塌成废墟。我隆重地宣誓将军队、警队、情报局、市政当局、邮局和电报局都交给新成立的国家，我为了抵挡捷克的入侵而宣战，夺回了果杜夫卡和苏哈古拉村。"[1]

辛波斯基对待自己管理的政府是否比热罗姆斯基还要认真呢？只可惜在战乱时期，他绕路经过瑞士给身在巴黎的扎莫伊斯基伯爵寄的信，

---

① 成立于 1918 年 10 月 13 日，是波兰第二共和国成立前的临时过渡国家政体。——译者注
② 此为说话人的反讽，奥地利在 18 世纪末瓜分了波兰南部包含扎科帕内在内的一大片领土。——译者注

并没有在1919年随伯爵一道返回波兰。但作为民主运动阵营的活动家（没过多久辛波斯基就成了新塔尔格县政府的领导），他肯定为民主运动人士在共和国成立之初的巨大影响而感到自豪。

辛波斯卡说："父亲是第一批民主运动浪潮的孩子。这原本是民主的组织，但是后来，到了20世纪30年代，它开始往错误的方向发展，年轻人之中也出现了一些恐怖主义的倾向。父亲在这时抽身离开了这个党派，再也不去开会了。"

因为与辛波斯基合作多年，伯爵始终同他保持着很好的关系。但回到波兰以后，伯爵的身边围绕着许多新人，而他也乐意搜集各种各样的小报告。于是，这位多年的管家，一个说一不二且有着一套不招上司们待见的看法的人，终于失宠了。二人的通信中出现了全新的对话模式，比如1942年，辛波斯基在给伯爵的信中这样写道：

> 对于您卖掉便携式发动机并停掉镇上光电照明项目的行为，恕我不能冒损失个人名誉的风险参与其中，望您将此事交与别人完成。我本可以列出许多反对这些观点的论据，但这只会徒增烦恼，而为您效力多年的我早已心力交瘁。[2]

尽管多年来，二人只就关键问题联络，但现在辛波斯基觉得有必要对那些在某些角落里流传，而他认为是恶意中伤的谣言做出回应：

> 有人说我的全部财产都是靠您的施舍和宽宏大量积攒下来的，对此污蔑我嗤之以鼻。我确实用从您这里贷下的4.5万克朗买下了玛丽亚木屋客栈，但我也从塔布丛那里贷款了，因为我有意不想从您这里贷下数额过大的款项。战争期间，我得到了老谢奇卡的资助，从他那里拿到了扎利奇卡协会20万克朗的贷款。多亏了如此这般的投机买卖，我赚够了养老的钱，我想我不用去救济院了。我觉得我

个人也有一份努力在里面，因为我一直节俭地生活，没有浪费父母留给自己的那一小笔资产，还让它增了值。整件事就是这样，就像每句流言蜚语一样不值一提，而我提起的目的是平息工厂内完全不符合基督教教义的妒忌之情，使工厂里的人免受干扰。我非常感谢您真心实意地待我……我知道自己的缺点，也明白自己受人指摘的地方不止一处。但到目前为止，我一直很幸运，而我也敢说，为了让您的资产增值，我真的鞠躬尽瘁了。我不知道自己算不算是一个明智的谋士，但我可以肯定自己一直是一个忠诚的谋士。您莫名其妙地拿我撒火，我屡次隐忍。我并不总能赞同您说的话，以博取您的欢心，我不是一个阿谀奉承的人。我有过不止一次调解您与社会民众关系的痛苦经历，而且也不止一次在面临这样的情况时将打落的牙齿吞进了肚子里……我不像围在您身边的人那样喜欢向您献媚。我觉得我是在给自己写讣告！又或者说这话为时尚早？³

不知在五十一岁时写下这封信的辛波斯基是否读过自己父亲的回忆录。安东尼·辛波斯基在回忆录的一开篇就强调这是为儿子所写，他在回忆录中教导自己不满十岁的儿子，让他记住："财富才是永远的统治者，它将永远统治世界。""已经变成富人的人，是连看都不会看一眼那些需要帮助的人的。"安东尼写下这些是想让儿子不要像自己一样度过一生。安东尼提醒道："朝着这个方向走，以便避开令人恶心的处境。"他想让自己的儿子少受点罪，因为这些苦难他都经历过。当失去土地，而后又没钱付租金的时候，他成了社会地位不断下降的管家。他甚至为了"给儿子上一课"而写出了"管家理论"——管家是一个"满身挂满亮片、圆环、钩子、绳子、布料和洞的独立个体①"：

---

① 原文为拉丁语"individuum"。——译者注

管家应该站在玄关或者走廊，半鞠躬，应该注意到老爷、夫人、小姐们、女亲戚们、女客人们、衣帽间的仆人们、清扫房间的女仆们以及厨娘们的好情绪，因为所有人都有权利对他所做的一切做出评价并要求他注意礼仪礼节。每个人都有权批评他，说些有的没的并且指手画脚。……（管家应该）优雅地鞠躬，稳稳地坐着，听到笑话要笑出声，附和没逻辑的话——然后千万不要有遗漏，要眼观六路、耳听八方，大事小情都要汇报。作为有效管理的奖励，门旁的小凳子则是管家的专座。当预估的总收入没达到预期的时候，管家应当，或者说必须被克扣薪酬。如果他鞠躬姿势不对，或是在那里傻站着，或是没眼力见儿，或是回答问题的时候态度不好，总之因为任何一个原因，他都可以被解雇。[4]

安东尼爷爷用活力满满又讽刺幽默的方式描写了自己"可耻的屈辱"和别人对自己的"轻慢对待"，他的文笔着实不赖。

文森特·辛波斯基并没有听从父亲的建议。在卡利什念完初中之后，他开始学习农业。但当妈妈去世后，当把他养大的外婆娜塔莉亚·普萨尔斯卡（比亚沃斯库尔斯卡家族分支）也去世之后，他不得不放弃学业，寻求生计。至于他是否觉得在扎莫伊斯基伯爵的地盘上当管家是一种耻辱，我们就不得而知了。但辛波斯卡对我们说，她父亲并不觉得这是耻辱，他们一家人总是很敬仰扎莫伊斯基伯爵。

辛波斯卡的父母婚后住在库希尼采的独栋小楼里。1917年12月，他们的大女儿玛丽亚·纳沃亚在此地降生。辛波斯卡学生时期的女同学曾经开玩笑说纳沃亚是在"波兰海拔最高地出生的淑女"。

文森特·辛波斯基在1920年1月30日写给齐格蒙特·蔡利霍夫斯基的信中说道："扎科帕内的房子我本打算卖掉，但一想到它会落入犹太人之手，我就感到不安，于是我毁约了……这里发生着可怕的事，山民们不光会把土地卖给自己人，还会卖给犹太人。"[5]

1922年的某一天，文森特·辛波斯基病了，医生断言是心脏的问题（"我得了心绞痛"，"但疼痛并不反复出现，只不过手脚很烦人地不听使唤"），而且待在山上不利于他的健康（"M医生说我得这个病百分之五十应归因于扎科帕内，无论如何都应该离开此地"）。在伊沃尼奇疗养院治疗的过程中他写道："最困难且最无法忍受的莫过于禁烟——我每天只能抽五根。"[6]

扎莫伊斯基伯爵于1923年1月派遣自己的管家到库尔尼克，让他处理库尔尼克地产的财务问题。辛波斯基的妻子则带着女儿纳沃亚在库希尼采待到了4月份。那时他的妻子已经怀上了辛波斯卡，当丈夫的肯定不希望妻子大冬天忍受迁移之苦。

"我还在妈妈的肚子里时，就从扎科帕内转移到了库尔尼克。"辛波斯卡如是说。

辛波斯卡于1923年7月2日出生在库尔尼克。大人们给她取了玛丽亚·维斯瓦娃·安娜这个名字。

"我有过很多乳母，因为我总是哭闹，没有一个乳母能受得了。"她对我们说，"我从出生起就神经紧绷。或许是因为母亲怀孕的时候父亲病得很重？或许我感受到了母亲对深爱之人的担忧？总之父亲不来，我就睡不着。"

年过半百的辛波斯卡在库尔尼克度假的时候参观了城里的城堡和图书馆。①

这里的图书馆很符合她的品位："就像是大杂烩。那里的瓷砖很单调，

---

① 1969年6月，维斯瓦娃·辛波斯卡来到库尔尼克，参加由诗人雷沙德·克雷尼茨基在城堡里组织的"作家之夜"，当时克雷尼茨基正受雇于库尔尼克图书馆。辛波斯卡还与库尔尼克高中的学生们见了面。波兰语教师兹基斯瓦夫·诺斯科维亚克和她的数学家丈夫耶日·诺斯科维亚克非常兴奋。他们认为城堡里的观众不够积极，所以从早上就开始帮学生们做准备，并与他们一起思考问题。最后辛波斯卡在他们的日记本、笔记本上留下了字迹，因为学生们没有她的诗集。库尔尼克文化协会（耶日·诺斯科维亚克经常活跃其中）后来邀请辛波斯卡参加一年一度的"木兰节"，辛波斯卡于1980年5月来到这里。耶日·诺斯科维亚克已经复印好了她的书，以便能够让她在自己诗集的副本上签名。

没有什么贵族徽章。扎莫伊斯基家族的人连画像都省了。这是一种恪守爱国主义原则的表现。"

但是她没看到藏于库尔尼克图书馆里的父亲与他人的通信。她自然也没看到1923年父亲写给波兹南林业局主任表示同意林业员候选人当选的那封信。在那封信中，她的父亲提了一句："我的女儿出生了，是个很美丽的小淑女。"之后他还写道，期待主任的儿子能做自己未来的女婿。[7]

库尔尼克文化协会的耶日·诺斯科维亚克是布宁孤儿院的主任，他后来将这封信的复印件寄给了辛波斯卡。"她回信说，"诺斯科维亚克告诉我们，"很感谢自己能收到父亲写的这封信，'有点新内容，尽管这内容已经不新鲜了'。"

1992年，辛波斯卡访问波兹南的时候，也去了库尔尼克。她说："突然站在自己出生的房子前，感觉实在很奇妙。我那一代人里很少有人住这样的房子，四周环绕着我们出生前就已昂然挺立的树。"[8]

1995年，她在波兹南密茨凯维奇大学获得荣誉博士学位时说："我出生在大波兰这片土地上。正是在这里，在这片土地上，我每次都能找回人生中第一次看到的风景。这里曾经有（现在也有，只不过少了些）我的第一片湖泊、第一片森林、第一片草坪和第一片云朵。它们就在记忆的最深处，是一个被守护着的巨大而让人幸福的秘密。"[9]

辛波斯基夫妇带着两个女儿住在公园对面，位于库尔尼克和布宁交界处的一栋房子里（因此两地也曾争夺过辛波斯卡出生地的归属）。库尔尼克只在辛波斯卡的诗中出现过一次，而且还是在瑞典语的翻译版本里：

  面对孩子的诞生，
  世界从来不曾准备好。
  ……

> 我们不知在尼尼微①应该相信哪群人,
> 红衣大主教②的情况将是如何,
> 又是谁的姓氏出现在贝利亚抽屉中。
> ……
> 肆意点火的时刻即将来临。
> 让我们用电报召唤扎别若夫的奶奶。
> 让我们解开毡包缰绳上的结。
> ——《有了个开头的故事》,出自《桥上的人们》(1986)

该如何翻译"让我们用电报召唤扎别若夫的奶奶"?"扎别若夫"这个难读的地名在瑞典会引发"拼读恐惧"。斯德哥尔摩一所大学的斯拉夫语教授莱昂纳多·内奥格建议瑞典翻译安德斯·波德嘉尔德随便用一个瑞典地名代替,因为毕竟召唤奶奶就意味着已经确定顺利生产。但是当波德嘉尔德向辛波斯卡提起这件事时,她说既然如此,那就改成库尔尼克吧。[10]

库尔尼克波兰科学研究院树木研究所的生物化学家卡齐米日·克拉维亚什是个专门收集文森特·辛波斯基人物传记材料的历史学爱好者,他曾透露,辛波斯基是他所供职的研究所的发起人。辛波斯基得知美国有这样一个机构存在后,便向扎莫伊斯基伯爵提议在波兰也创立一个研究树木的机构。

卡齐米日·克拉维亚什认为辛波斯卡继承了父亲的天赋。而当他将这句话说与辛波斯卡听的时候,她只是笑了笑。"我只是想说,"克拉维亚什向我们解释道,"她诗歌中的细腻、用词的严谨正符合她父亲管理伯爵财产以及写信的方式,而不是说她的父亲也写诗。但我确实知道辛波

---

① 西亚古城,名字最早出现于《圣经》。尼尼微人以残暴著称。——译者注
② 指波兰罗马天主教红衣主教亚当·斯泰凡·萨皮阿,史学界认为他是20世纪上半叶波兰天主教最伟大的人物之一,人称"毫不动摇的大主教"。——译者注

斯基在扎莫伊斯基伯爵死后刊登在刊物《苍蝇》上的颂文：'终于，在彼岸的阴影将你笼罩前／你还给了祖国万亩良田／库尔尼克和扎科帕内／而今你已下葬入殓／你爱着的国家，是否会将你常记心间？'"

读完安东尼·辛波斯基的回忆录后，我们认为辛波斯基家族的成员早在上一代就展现了文学天赋。我们就拿他描写位于别兰内的嘉玛道理会教堂举办的主保圣人节的场景来举例："各式各样的旋转木马，旋转着、摇晃着的秋千，还有不少变戏法、耍杂技、看相算命观星象的人，军乐和民乐，笛子、手摇风琴、单簧管和风琴的声音，弹班杜拉琴、吉他还有吹号角的演奏者……"[11] 毕竟，像这样频繁且紧凑的列举，在辛波斯卡的诗歌以及散文中也出现过。

辛波斯基一家并没有在库尔尼克待很久。1924 年，扎莫伊斯基伯爵去世，依照他的遗愿，扎科帕内的土地被赠予国家。政府成立了库尔尼克基金会，但此时已没有了文森特·辛波斯基的工作岗位。于是在五十六岁的年纪，他退休了。基金会保证他在去世之前，每个月都能拿到三百兹罗提，这在当时是一笔数目不小的补偿金。

当我们告诉辛波斯卡，库尔尼克基金会并没有完全支付她父亲的补偿金，而是推迟了发钱的时间，并直接将金额削减了一半的时候，辛波斯卡回答说，这并不是家长会当着孩子的面谈论的话题。成年人或许会就此事展开讨论，但是当家里来客人的时候，孩子们会跟着乳母走开，等到吃甜点的时候才被叫回来。

辛波斯基接受了补偿金被克扣的事实，从 1931 年起，他每个月只能领取一百五十兹罗提。1936 年 9 月 9 日，他因心脏病在克拉科夫去世，就在库尔尼克基金会完全停发他的补偿金之后不久（辛波斯卡的母亲为此同库尔尼克基金会打了好几年的官司，最后胜诉并得到了补偿）。当时辛波斯卡只有十三岁。

辛波斯基夫妇和他们的女儿维斯瓦娃·辛波斯卡以及孩子的乳母（1923—1924年冬摄于库尔尼克）。

"这是我众多乳母中的一位，"辛波斯卡看到这张照片时说，"我从出生起就神经紧绷，经常哭闹，让乳母们难以忍受。"

尽管父母在她出生之前就离开了扎科帕内，但辛波斯卡对波德霍尔[①]有着深厚的感情。自1952年成为波兰国立作家协会的成员之后，她每年秋天都会去一趟扎科帕内，并在去往比亚维哥的路上，在阿斯托里亚文学创作之家停留一段时间。她在那里结识了许多朋友，和很多人都成了熟人。

每年一到这个季节，维斯瓦娃·辛波斯卡和诗人玛丽亚·卡洛塔–什曼斯卡、记者米哈乌·拉德过夫斯卡以及华沙一个无线电设备专卖店店长兼工程师米哈乌·理姆沙就会在餐厅的一个餐桌旁碰面。

"我们四个人都喜欢10月的扎科帕内，"米哈乌·理姆沙回忆道，"人群早已散去，而夏天还在山间徘徊。"

他们一起去比亚维哥山谷、霍霍沃夫斯卡山谷和科室切利斯卡山谷

---

① 扎科帕内位于波德霍尔地区。——编者注

散步。有时理姆沙也会开车带他们去郊游——去扎沃亚、什恰夫尼察、巴比亚山或者斯洛伐克。

"但是辛波斯卡也喜欢独自散步,"玛丽亚·卡洛塔-什曼斯卡说,"当她想要思考什么东西的时候,她更愿意一个人待着。"

如果辛波斯卡从阿斯托里亚出来往库希尼采的方向走,几百米后就会经过塔特拉国家公园的办公处,也就是她父亲以前的顶头上司扎莫伊斯基伯爵的府邸。接着再走几百米就能抵达山脚下一家库希尼采的餐厅,这家餐厅所在的位置就是以前她父母所住的地方。她知道姐姐纳沃亚出生于此,而母亲也是在这里怀上她的。

如果她向反方向走去,在克鲁普鲁夫基路上会看到一座扎科帕内风格的房子,这是由商贸公司——公司总裁是她父亲的好友弗兰齐什科·科辛斯基——在20世纪初建立的,路边还有为波兰集市而建的贸易之家,以及包括食品店、蜂蜜铺子和珠宝店在内的一众新兴商店。后来,这附近建成了艺术展览中心,科辛斯基的儿子扬·科辛斯基曾多次在此地展出自己的画作。[12] 沿克鲁普鲁夫基路继续往前走,就能走到科室切利斯卡街。街角的某一处就曾矗立着辛波斯卡父亲名下的玛丽亚木屋客栈。但要说起克鲁普鲁夫基路上哪一栋房子曾属于自己的父亲,辛波斯卡就不知道了。

辛波斯卡童年时就记得弗兰齐什科·科辛斯基,还经常去他位于赫朗姆促夫基的庄园。

"他就像教父一样[①]邀请我和姐姐一起去度假。"辛波斯卡在接受《波德霍尔周刊》的采访时说,"我和姐姐睡在大堂。墙上挂着亚采克·马尔切夫斯基和尤利安·法瓦特的画,还有很多画着哥萨克人的画。在第一次世界大战时期,科辛斯基帮助了许多艺术家,却不求回报,所以他收

[①] 与辛波斯卡的记忆相反,弗兰齐什科·科辛斯基并不是她的教父,也不是纳沃亚的教父。根据辛波斯卡于布宁圣沃依切赫教堂的受洗记录,她的教父、教母是来自拉泽维茨的弗兰齐什科·捷林斯基和来自库尔尼克的朱莉娅·扎莱斯卡。

到了很多画。多亏如此，这些艺术家才能有口饭吃，而他则收藏了一批绝妙的好画。"[13]

辛波斯卡与科辛斯基一直保持着联系，直到1950年科辛斯基去世。科辛斯基还是辛波斯卡母亲的朋友，经常去克拉科夫看望她。

"他知道我在《波兰日报》刊登作品之后，"辛波斯卡告诉我们，"就问我能不能发表他写的关于列宁的回忆录。当然，为什么不行？我当时特别喜欢列宁，而科辛斯基正好会写作，他写的信很美。后来有一次他到克拉科夫来的时候顺便看望我们，还给我们读了一篇描写列宁如何在他的店里挑选了一盏灯的专栏文章。"

"写得不错，于是我就说这肯定能发表。而他却说'不说这个了'，然后就把文章塞进了口袋。之后再也没提过。"

辛波斯卡从来没有和父亲一起去过扎科帕内。但是她记得父亲讲过自己夏天的时候每天都去"海洋之眼"里游泳——他是一名游泳健将。有一次他在水里抽筋了，很艰难才游回岸边。然而，有意无意地，辛波斯卡一直都跟随着父亲——她人生中第一个赞助者的脚步。在辛波斯卡的童年时期，父亲有时会花费二十格罗希，让辛波斯卡写几首应景的诗。他还对诗作的调性有所要求：要轻松诙谐，千万别是什么倾诉衷肠或哭天抢地的挽歌。

维斯瓦娃·辛波斯卡和姐姐纳沃亚(1926年9月4日摄于托伦)。

维斯瓦娃·辛波斯卡和玛丽亚·卡洛塔—什曼斯卡在扎科帕内阿斯托里亚文学创作之家的台阶上。

第 4 章　童年、小矮人和惊悚爱情故事

伊赫娜、伊赫努夏——这是辛波斯卡在童年、小学和初中时期，家人、同学和老师对她的昵称，而她真正的教名是玛丽亚，于是又有了"玛丽赫娜"这个称呼。文森特·辛波斯基退休后，一家人搬去了托伦，那时辛波斯卡还不满三岁。从那时起，父亲就有了充足的时间陪伴她。父亲会读书给她听，带她去散步，解答她的问题。辛波斯卡记得父亲时常伏案看书、学习百科知识、浏览地图集——他的挚爱便是地理。《塔杜施先生》他倒背如流。当辛波斯卡还是个小学生的时候，就时不时地查看某个百科词条，然后去问父亲。父亲什么都知道。

文森特·辛波斯基与库尔尼克基金会的通信上写明的退信地址是"托伦，莫斯托娃街 18 号"。[1] 但是多年以后，当维斯瓦娃·辛波斯卡同住在托伦的玛丽亚·卡洛塔–什曼斯卡沿着莫斯托娃街散步的时候，她们并没有找到辛波斯卡童年时住过的房子。她跟我们说，记忆里的小窗户没有任何一扇为她打开。她只记得和父母一起去做弥撒的教堂以及自己家门前院子里的木廊，但是莫斯托娃街上的那些木廊早就没有了。

辛波斯卡一家离开托伦之前，在某个公园里拍了一张照片，但由于曝光过度，显得有些模糊。照片上最突出的人是身材魁梧、留着浓密的银灰色胡子的文森特·辛波斯基。辛波斯卡和姐姐坐在船形的巨大秋千上。秋千的另一边则是她们的母亲安娜·玛丽亚·辛波斯卡。

关于辛波斯卡一家人离开托伦的时间，在众多信息来源中，1931 年

最常见，也有说 1932 年的。但是辛波斯卡的姐姐在搜索了登记簿之后确定，其实早在 1929 年，他们家就已经搬去克拉科夫了。托伦的选民登记表也显示了同样的结果，辛波斯基夫妇的名字只在 1925—1929 年出现在了名单里。

在克拉科夫，他们一家住在市中心位于拉齐维沃夫斯卡路铁轨护坡旁的一栋老式公寓里。这座公寓建于 1896 年，十分典雅。

"父亲的投资收益一年比一年少，"辛波斯卡如是说道，"他不是这块料。"

损失最严重的可能是在托伦糖厂的股份。辛波斯基于 1928 年入股，没过多久，经济危机便来了，股份变得一文不值。①

"不管买了什么，卖掉的时候都会亏损。"辛波斯卡接着说，"位于托伦的两栋房子最终变成了拉齐维沃夫斯卡路上的一栋旧公寓。"

辛波斯基夫妇将整个一层的六个房间都划给了自己一家。又大又宽敞的房间、有纹理的天花板、老式家具、地毯、钢琴——这是一栋典型的地主阶层知识分子的住宅。没有洗手间，但是厨房里有浴缸。女孩们住在一间房里，她们的乳母住在用人房里，门廊上的楼梯直接通到这个房间。

当被问起最早期的童年时光，辛波斯卡对我们说："孩子有最丰富的想象力这种说法是不对的。想象力会随着年岁的增长而增长，直到特定的经历、苦痛、折磨为它开启新的维度。孩子想的从来不是要记住或欣赏什么事情，因为他们过一会儿就忘了。孩子并不珍惜奇迹。当我还是孩子的时候，我并不会像今天这样沉浸式地体验世界。"

但是她写了一首诗来歌颂儿时的想象和对世界的痴迷：

难以捕捉世界的另一面，这是真理。

---

① 这个信息来自对纳沃亚的邻居和朋友扬·平德尔的访谈，他是从纳沃亚那里听说这件事的。

……
　　哪怕在突然翻开的童话书里，
　　公主也总是来得及在插画中端坐。

　　他们觉得我是外来者——大师叹道——
　　他们不想外人加入游戏。

　　因为想要所有一切，不论什么都存在，
　　就必须只能以一种方式存在，
　　只在糟糕的情况下，因为无法逃脱自己，
　　没有停歇和变化？顺从地从这里——到那里？
　　捕蝇网里的苍蝇？捕鼠器里的老鼠？
　　从来没有被解开隐蔽锁链的狗？
　　什么都做不成的火，
　　是如何又一次灼伤了大师信任的手指？
　　……
　　不——大师叫道——然后开始跺脚，
　　动用所有的腿——还如此绝望，
　　因为哪怕像甲虫有六条腿也觉得不够用了。
　　　　　　　　——《与孩子交谈》，出自《可能》(1972)

在她之后的诗歌中也提到了童年的情感：

　　我清楚地记得童年时期的那种恐惧。
　　我会绕开水坑，
　　尤其是那种雨后的新坑。
　　毕竟其中有一个可能没有底，

尽管看上去和别的水坑一样。

——《水坑》，出自《瞬间》（2002）

"很早以前我就把它记在了笔记本里，想着要写一首诗。"辛波斯卡说，"我以前总是绕过水坑，害怕某一刻会掉进某个水坑被永远困住。这是我童年真实的恐惧。"[2]

辛波斯卡反复说自己有着幸福的童年，因为父母会同她聊天，给她读童话故事。她将自己形容为一个小恐怖分子，逼着周围的人给她读故事。[3] 她在自己的专栏文章中经常提到童年时期的读物。于是我们得知，辛波斯卡一直都觉得玛丽亚·科诺普尼茨卡的《小矮人们和孤儿玛丽夏》是"感性与智慧的杰作"，她对恩斯特·霍夫曼的《胡桃夹子和老鼠国王》赞不绝口，欣赏汉斯·克里斯汀·安徒生在《安徒生童话》中用严肃的态度对待孩子的方式，他敢于让故事以悲剧结尾，而《被诅咒的王子》这一故事让辛波斯卡十分入迷，以至于某一天她带着"没用的骑士精神"去亲吻了花园里的青蛙。

辛波斯卡总是很喜欢小矮人的形象。"当我们还是孩子的时候，根本无心听什么雪人和稻草人的童诗，"她在给向《文学生活》投稿的儿童诗作者们回信时写道，"至于锅盖对锅说了什么、锅又回答了什么，我们一点儿兴趣也没有。但是我们会觉得一个个独立的人物历险故事（以小矮人的故事为首）很有趣，能让我们害怕或者发笑的故事也很有趣。到现在为止，我们的趣味也没有改变。"[4]

事实上，她几乎一有机会就会回到小矮人的话题上来。当她读《格列佛游记》，得知身形大小与身体机能之间的联系（身形越小的动物，物质转化越快，呼吸和脉搏频率越高，并且吃得越多）之后，便给出如是评价："我到现在都觉得斯威夫特笔下的利立浦特人的特殊之处在于它们完全不存在，而不存在的原因仅仅是它们本就不存在。而现在我必须承认，它们不存在是因为它们根本不可能存在。这是很大的差别，这意味着永远不可能有小矮人这种生物了。"让她感到高兴的是,照这么说,科诺普尼茨卡童话故事中贪吃的波琼梅克则更有可能是真实存在的。⁵

《萨瓦尔特与世界》杂志的资深编辑卡塔日娜·齐梅尔勒生活在克拉科夫的萨瓦尔特区,她在女儿年幼时曾写过一篇专栏文章,讲述关于自己与小矮人之间发生的各种曲折故事。⁶"我总是把自己的文章发给维斯瓦娃女士,"她告诉我们,"因为我知道她喜欢这些。'希望你能够一直发表。'她有一次这么跟我说。或许我并不应该炫耀这些,但是怎么可能不炫耀?每一期杂志出版之后我都感到幸福,维斯瓦娃女士发来的卡片让这种幸福感加倍了。卡片上写着她喜欢《萨瓦尔特与世界》对小矮人的友好态度,尽管小矮人带给她的烦心事也不少。住在她那里的小矮人有那么几个,但没一个有用的。如果我没记错的话,有一个酗酒,有一个参加了什么民族天主教党派,剩下的,还没有完全腐败的,倒是在写作,但是会署上自己的名字出版,而不是帮她写诗。"①

当辛波斯卡在小矮人的陪伴中长大以后,开始读起了儒勒·凡尔纳。她在长大成人后同样喜欢阅读凡尔纳的书,因为"他的想象不会过时":"我见过一幅插画,以想象的方式描绘了凡尔纳小说中的世界,画上所有的东西都是条纹状的:土地是条纹状的,月亮是条纹状的,海是条纹状的,在白云底下随浪潮升起的轮船的船帆是条纹状的,喷出一股股不祥黑烟的烧炭炉是条纹状的,北极火山发现者的耳罩是条纹状的。而当我在学校里学到北极根本没有什么火山的时候,我很不情愿地接受了这个事实。"⁷

童年时期这一对条纹状插画的喜好甚至被她写进了名为《种种可能》的诗中:"我偏爱条纹插画。"

从辛波斯卡那里我们得知,她小学一年级的课程是父母在家里教的。到了1930年,她在位于波德瓦莱路上的尤瑟夫·尤泰伊科小学上了二年级。

---

① 这些小矮人都是辛波斯卡想象的产物。——译者注

辛波斯卡、姐姐与父母（1926年9月4日摄于托伦）。

辛波斯卡、姐姐和母亲在绿荫道上（1939年前后摄于克拉科夫）。

这所小学是精英学校，而且作为一所专门培养女性教师的学校，它很受欢迎。在这里上学的都是家境优渥的女孩。辛波斯卡就读的班里有地方骑兵团的创立者、克拉科夫市市长伏瓦迪斯瓦夫·贝利纳-普拉什莫夫斯基的女儿和后来在卡廷惨案中被杀害的米耶奇斯瓦夫·斯莫拉文斯基将军的女儿。

《非必要阅读》里还写有辛波斯卡上学时期的回忆，我们从中得知她并不喜欢几何学。在提起毕达哥拉斯、泰勒斯、欧几里得、阿基米德、阿波罗尼奥斯这几个名字的时候，她写道："我对他们已经没有意见了，学校造成的创伤好像已经愈合了。"相反，她喜欢收集"无用"的知识。有时她不听课，不在意对所有学生来说既熟悉又亲切的单细胞生物草履虫，而是在想别的事情："我曾经觉得它是无趣的生物，也不知道为什么要在笔记本上画它。它繁殖的方式还不至于让我觉得震撼。分裂就是分裂。对我来说更有趣、更加猜不出答案的问题是，我是否可以和闺蜜玛乌戈夏·S一起偷偷去看大人们不准我们看的《思想与责任的戏剧》，它就在开心事电影院上映。草履虫直到很久以后才在我的想象中争取到了一席之地。大自然刚开始的想法都是些什么啊！它创造了一个活着却根本不正常出生，又不像大家一样义务性地死去的生物。"[8]

位于斯塔罗维希尔纳路的开心事电影院直到波兰第三共和国成立以后才关门。而同辛波斯卡一起分享对电影的热爱的同窗玛乌戈夏，她的大名是玛乌戈热塔·斯坦尼斯瓦夫斯卡（夫姓舍尔霍娃），是《波英大词典》的作者扬·斯坦尼斯瓦夫斯基教授的女儿。第一部在她们心中激起涟漪的电影是莉莉安·哈维主演的音乐喜剧《龙翔凤舞》。两个女孩迫不及待地看了许多她们这个年纪不该看的电影，比如《摩洛哥》和《蓝天使》，但她们没看成玛塔·哈丽的电影。她们喜欢葛丽泰·嘉宝和玛丽娜·迪特里西。为了能够顺利入场，她们穿上了大人的衣服。埃罗尔·弗林、加里·库珀、泰隆·鲍华是她们曾经的偶像。她们从《电影》杂志上把这些明星的照片都剪了下来。辛波斯卡经常同小伙伴们一起在电影工作室里玩耍。那时她们才十一二岁，但已经知道给自己取艺名了。玛乌戈夏的艺名是丹妮娅·阿让，辛波斯卡的艺名则是特莉娜·德庞顿。这些艺名取自她们在圣诞节的凌晨4∶45时得到的娃娃，当时正在学习法语的纳沃亚给这些娃娃取了法语名字。特莉娜会嫁给一个名叫德瓦隆的男士，而这位男士由达努塔·米哈沃夫斯卡扮演，她总是被分配扮演男性角色。情节剧、爱情剧，充满各种三角关系，而且都发生在上流社会。

辛波斯卡（左）与同学玛乌戈热塔·斯坦尼斯瓦夫斯卡和达努塔·诺瓦科夫斯卡（1935年摄于克拉科夫，位于斯瓦夫科夫斯卡路和圣福里安街之间的老城广场 A-B 线）。

"我们最喜欢瓦维尔宫,那时比现在进出方便很多。"未来狂想曲剧院的创立者和创作者之一、克拉科夫戏剧学院教授达努塔·米哈沃夫斯卡说,"以前还可以在斯特凡·巴托里城堡的小院花园里玩耍,现在那里则成了考古发掘地。瓦维尔宫周围的环境跟以前比很不一样:以前我们奔跑在城墙旁还没有被拆除的犹太式小白房之间,也穿梭于春天盛开的紫罗兰、报春花、黄款冬的花丛中。"

三十年后,当辛波斯卡随作家代表团访问丹麦并参观了赫尔辛格的城堡时,她认为这座城堡比不过瓦维尔宫。她告诉亚历山大·耶姆内,她本以为会被惊艳到,但是这里让她失望了,尽管莎士比亚用《哈姆雷特》将想象填满了这座城堡:"这座坐落在波涛翻涌的海峡边的皇家城堡,是经过文艺复兴时期建筑大师们的规划而有条不紊地建造出的作品。反观我们小小的瓦维尔宫,几个世纪以来命运多舛,反复扩张又缩减,从罗马时期就开始了繁盛然后又凋敝的过程。"[9]

除了瓦维尔宫,辛波斯卡和同学们玩耍的地点还有约旦公园、柯斯丘什克山丘、普兰提公园和波尼亚公园。天气不好的时候,她们就会在斯坦尼斯瓦夫斯卡家或者辛波斯卡家演电影。女孩们换上窗帘做的服装道具,钢琴底下就是地牢的入口。

"我本来想成为电影明星,"在拿到诺贝尔文学奖之后的谈话中,辛波斯卡袒露道,"我和我的伙伴们会假装自己是蛇蝎女人。后来战争爆发了,就没有时间留给这些愚蠢的幻想了。"[10]

战争爆发前玩过的成千上万次的童年游戏,在她的诗中留下了一些余味:

> 小小的女孩们
> 精瘦又从不相信
> 雀斑会从脸颊上消失,
> ……

从餐桌前，
从书桌旁，
从镜子前，
她们被掳去特洛伊。

在宽敞的衣帽间眨一眨眼，
她们摇身变成美丽的海伦。
……
电影里的黑发人，
女同学们的兄弟，
照片里的男老师，
啊，都死在了战场上。

——《特洛伊城中的片刻》，出自《盐》（1962）

学校在大卡西纳也有校区，女学生们每年会在那里待上几周。今天的人们肯定会称那里为"林间学校"。

"某个周日，一个女同学十三岁的哥哥来探望她，而我们所有人都爱上了他。"达努塔·米哈沃夫斯卡说，"他平和、帅气、有教养。我们强迫他玩印第安人的游戏，我们让他当奴隶，把他绑在树上并把他留在那里。晚上我们聊天，讨论谁最爱他。为了证明自己的爱情，玛乌戈热塔用剪刀戳了膝盖。我们对爱情历险故事有着丰富的想象力。辛波斯卡写的一首诗让我们立刻想起了十一二岁时的自己。"

曾经的我，那个女孩——
当然，我认识她。
我有几张照片
记录着她短暂的一生。

我产生了慈悲之心，
要写几行诗，
我记得几件事。

但是，
为了让此刻我的伴侣
能笑着拥抱我，
我只回忆一个小故事：
这只丑小鸭的
童年爱情。

我说，
她如何爱上同学，
这意思是她想，
让他看一眼自己。

我说，
她如何跑向他
毫发无损的头上缠着绷带，
就为了让他，哦，只是问一句，
你没事吧。

——《笑声》，出自《一百个笑声》(1967)

在瑞典导演拉尔斯·赫兰德拍摄的纪录片中，辛波斯卡提到了一个当初爱上她的男孩："我当时可能十二岁，那个男孩好像比我大一两岁。他总要在我的窗边站一会儿，用眼神锁定我，还跟着我大老远地跑到学校。有时他鼓起勇气走到我跟前说几句话。但这是没有回应的爱，对他，我深感抱歉。我尽可能地躲着他，因为我替他感到不值。直到有一天我收到了他的来信，从此便放弃劝说他的念头了。他在信中写道：'我爱你胜过生命。为了你我愿意翻过最高的山峰，蹚过最深的河流，同老虎搏斗。如果天空放晴，我明天就会来到你的窗前。'"

某天，辛波斯卡随班级一起参观反酗酒主题的展览。之后她在评论伊莲娜·兰道的书《波兰人统计数据》的专栏文章中也提到了这件事，因为这是她第一次接触统计数据。"展会上有一些图表和数据，具体的我已经记不清了。但我还清楚地记得酗酒者的彩色肝脏模型。我们都围在那个肝脏模型周围。然而最吸引我们的还是每两分钟就闪一次红灯的黑板。标语解释说，世界上每两分钟就有一个人因酗酒而死亡。我们震惊得一动不动。我们中只有一个女孩有真正的手表，她专注地计算着红灯闪烁的频率。当时表现得最得体的却是佐夏。她在胸前画了一个十字，然后开始念'安息祷告'。"[11]

辛波斯卡的女同学们记得展览是在斯卡尔波娃路上的库兹诺维奇神父的居所里举办的。佐夏就是佐夏·沃伊切霍夫斯卡，这是一个瘦弱的女孩，梳着长长的麻花辫，非常虔诚。不过说到底，那时所有的女同学看上去都差不多是一个模样。

佐夏和展览在辛波斯卡的记忆里留存了一辈子。而此后见过的其他统计数据——就像辛波斯卡自己说的那样——再也没有给过她如此直接的震撼。有一天，一个与她交好的人在《统计年鉴》的借阅名单里发现了她。辛波斯卡对这位友人的震惊感到奇怪。她说不论什么事，都值得研究一番：

一百个人里

胜人一筹通晓一切的
——五十二人；

辛波斯卡与父母和姐姐。

每走一步都犹豫不决的
——几乎剩下的所有人；
……
单独一人时无害，
集结成群时跳脚的人
——肯定一半有余；

因形势所迫
而残忍的人
——这最好别知道
哪怕是估计也不要；
……
注定死亡的人
——百分之百。
这一数字到现在也没变过。

——《对统计学的贡献》，出自《瞬间》(2002)

关于童年和青少年时期的辛波斯卡，我们还能从《非必要阅读》里知道些什么呢？

罗曼·布兰德斯塔艾特的书《我是"婚礼"中的犹太人》勾起了辛波斯卡的童年回忆。那时一连几周，斯坦尼斯瓦夫·维斯皮安斯基剧本里拉结的原型佩帕·辛格——布罗诺维采客栈老板的女儿都会出现在她家位于拉齐维沃夫斯基路的房子里。辛格当时是一名护士，辛波斯卡记忆中的她"骨瘦如柴，个子不高，鼻子上架着夹鼻眼镜，一头银发梳得一丝不苟"。她来给生病的母亲打针，顺便和父母聊聊天。辛波斯卡不是很喜欢她的到来，因为这位"拉结女士"总是询问她学校里的事和课程表现。"我当时已经到了无法忍受这些问题的年纪，也因此有好几次'拉结女士'来访时，我就自己待在用钩子锁上的房间里。如今我很后悔，我有一种尽管迟来很久却很强烈的兴致，想要回答这位高尚的'拉结女士'所有的问题。哪怕是那些最难回答的问题——7乘以8等于多少，或者霍丁战役发生在哪一年。"[12]

辛波斯卡在八九岁时第一次读到了哥特式爱情小说。她已经不记得书名了，可能是因为那本书被一代又一代迈向成熟的少女们传阅，早已没有了封皮和扉页。但辛波斯卡忘不了当时阅读那本书时的激动心情，以及故事接近尾声时的绝望。她从那时起就想写一本自己的小说。她怀着同理心写下评论安·拉德克利夫的《意大利人》的专栏文章时，提起了这件事："我兴致勃勃地准备写书，削尖了铅笔，打开了空白的笔记本。女主角的名字不用想，已经准备好了。我记得某本杂志里名为'花园里的田园生活'的插画。画中有几朵开在灌木丛里的热恋玫瑰，但我觉得，伊黛拉①是女孩的闺名。于是小说的第一句就是：'浅棕色眼睛的伊黛拉从日出的时候就开始看着地平线，邮差带着未婚夫的信从地平线走来。'随后情节陡然紧张，有人突然出现在了伊黛拉的身后，不知是谁的丑陋爪子重重地搭在了她的肩膀上……很可惜到这里，文字被打断了。之后我就不知道故事该如何发展了。"[13]

辛波斯卡上学时期的闺蜜回忆了她们一起读过的其他书：露西·莫德·蒙格马利的《绿山墙的安妮》和伊莲娜·什切潘斯卡的《长翅膀的历险记》——发生在女子学校的故事。她们虽然都说自己会写诗，但只有辛波斯卡有画画的天赋："她会根据我们写的剧本画场景，她画的电影明星都十分有魅力。"

辛波斯卡的父母经常送她去学校，也会参与班级郊游。当玛乌戈热塔·斯坦尼斯瓦夫斯卡第一次见到辛波斯卡的父亲——一位拄拐杖的老人时，她还以为这是辛波斯卡的爷爷。

---

① 此名字在波兰语里与"田园生活"是同一词。——译者注

辛波斯卡和她的同学们。

"那是20世纪30年代的过渡时期，现代主义大爆发的年代，"达努塔·米哈沃夫斯卡说，"我奶奶的胸前还戴着褶边领巾，穿着束胸，但是很多年轻女人，比如我的妈妈，都已经穿上了带腰带的及膝裙子。辛波斯卡的母亲则介于这两者之间。她总是戴着复古的帽子。"

1935年秋天，辛波斯卡开始在斯塔罗维希尔纳街的乌尔舒兰卡女子中学上学。同小学时一样，在这所中学就读的女孩也大多家境富裕。克里夏·波托茨卡每天坐着马车上学。著名的内科医生马利安·切希凯维奇（20世纪80年代，百岁高龄的他还在为病人治病）的女儿安娜·切希克耶初夫纳（夫姓格德斯卡）每天坐着欧宝奥林匹亚汽车上学，但她的父亲会在哥白尼路上把她放下来，让她自己走去学校。

辛波斯卡的同班同学都清晰地记得在乌尔舒兰卡女子中学的日子。这些同学包括伊扎·维耶伦斯卡（夫姓米哈尔斯卡）、伊莲娜·丁斯卡（夫姓普塔克）以及安娜·切希克耶初夫纳。安娜还记得中学一年级的时候，辛波斯基先生会送辛波斯卡上学。修女们都说他看起来是名副其实的贵族。

　　乌尔舒兰卡女子中学要求学生们每天穿校服上学。校服上衣的蓝色海军领上有三条白线，周末的校服则是白色的衣领上有三条蓝线；袖子上有个天蓝色盾牌，那是校徽；校服裙是深蓝色的百褶裙；帽子是带有"U"形标志的贝雷帽。冬天的时候，学校要求学生们穿深蓝色的大衣。学生放学后也必须穿校服，只有放假的时候才可以不穿。这是所谓的"民主共和习惯"：女生们应该统一着装，任何人都不能炫富。但是校服的面料却大有文章。

辛波斯卡穿着假日校服（1935年摄于克拉科夫）。
她告诉我们："记得小时候我从来不梳辫子。"

"初中的校服是最糟糕的,"辛波斯卡说,"它分为上下两部分:两边有拉链、腰部有松紧带的紧身上衣,以及过膝的灰色裤子。过膝是为了每次锻炼的时候不让膝盖露出来。我们所有人都被这些校服折磨过。"

那时学校的设备还很现代化:宽走廊、设备齐全的教室、宽敞的体育馆,还有电梯。在花园里有圣母玛利亚大门、耶稣圣像、果树、硕大的木兰花丛。战争结束以后,乌尔舒兰卡女子中学被音乐学院取代。1989年,音乐学院搬到了波兰统一工人党省委员会的旧址,乌尔舒兰卡女子中学也重新回到了原来的位置。自始至终,木兰花都盛开在学校的花园里。

和在别的学校一样,女孩们每次课前都要祷告。

"那时在学校,宗教还没那么难以忍受,"辛波斯卡说,"在种下怀疑的种子前,我也有过一段虔诚的日子。但我的宗教信仰危机并非缘于得知教区牧师和家庭妇女偷情的事实。我的怀疑都以理智为前提。"

> 请问神父传教士,
> 伊萨克都干了些什么?
> 是他用足球砸坏了邻居的玻璃?
> 还是他穿过篱笆的时候,
> 刮坏了新买的裤子?
> 偷了铅笔?
> 吓跑了老母鸡?
> 还是悄悄说了什么话?
>
> 那些大人
> 就待在自己愚蠢的梦里吧,
> 今夜我

必须守夜到清晨。
这夜晚沉默，
但是只对我沉默，
而它黑得纯粹
就像亚伯拉罕虔诚的心。
……
古老的历史，
上帝如果愿意，可以让它重焕生机。
于是我在霜冻的恐惧中，
将毛毯拉过头顶。

——《夜晚》，出自《呼唤雪人》（1957）

"我并不完全认同陀思妥耶夫斯基的观点，他认为上帝既然不存在，那么万事皆可做。"辛波斯卡接着说，"这是让人厌恶的想法。毕竟还有世俗伦理，它在几个世纪的苦痛中孕育而生，这当然在很大程度上归功于《十诫》的存在。信仰不一定要被框在教条里。任何人都不可能是什么都不相信的人。"

她在这一时期读了阿纳托尔·法朗士的书。多年后她说，正因如此，她会在地狱里同他碰面：

我对大师阿纳托尔喊道：
就是你，就是你以前写的书！
请允许我靠坐在你的膝头。
虽说你如今在地狱里备受煎熬，
但就让它成为共同的命运吧！

而我们在这里对视之后，

突然爆发出一阵笑声，
它像宽轮子一样滚动，
永恒的小口袋，被回声充满，
破裂。

这都发生在早晨八点之前，
当她满腹心事地去上学，
沿着栽满枫树和栗树的绿道，
肩上有个蓝色的盾。
她是凡人，她在下方签了名。

——《会面》，出自《呼唤雪人》(1957)

"从来没有人给我们展示，也没有人告诉我们学校的规章制度，"辛波斯卡学生时期的同学说，"但这些规章制度一直在执行。"

"阿纳托尔·法朗士算是我中学时期最喜欢的作者之一，"辛波斯卡回忆道，"书是我从借阅室借的，并不是从学校图书馆借的。我那时读了很多书，尽管都是小说。我以为自己读过的书的每一位作者都是已经过世的人，而且过世了很久。十四岁的时候，我已经读完了陀思妥耶夫斯基的所有著作，尽管后来我还得再读一遍。"

"比起陀思妥耶夫斯基，我更喜欢狄更斯。"辛波斯卡在《种种可能》这首诗中写道。就像她说的，她从一开始就喜欢读查尔斯·狄更斯。从她经常回味的《匹克威克外传》开始，每当感冒将她困在床上，她就会读这本书。

"学校强制我们'热爱'上帝、家庭和祖国，"安娜·格德斯卡说，"1939年，我们开始为军队造飞机筹钱。"

"少去一次电影院，为造飞机做贡献""少去一次甜品店，省下钱来造飞机"——学校里挂满了这样的横幅。学生和家长的奉献有了成效：

1939年6月18日，在克拉科夫的波尼亚举办了盛大的飞机交接仪式，乌尔舒兰卡女子中学将捐赠的飞机移交给了议会主席爱德华·雷兹-希米格维将军。红衣主教亚当·斯泰凡·萨皮阿主持了庆祝典礼。

乌尔舒兰卡女子中学是一所费用高昂的贵族学校，每个月的学费就要四十兹罗提。但是穷人家的女孩也享有学费优惠政策，此外还可以参加免费的郊游，甚至还有经济资助。辛波斯卡的姐姐纳沃亚也是从这所学校毕业的。辛波斯基夫妇在女儿们的教育上花了很多心血。

"教我们历史的是玛丽亚·特拉柴夫斯卡，后来她与别人共同翻译了托马斯·曼的《约瑟夫和他的兄弟们》。"辛波斯卡回忆道，"总是面带微笑的波兰语老师忒奥朵兹雅修女评价我的作文'非常好'，只是拼写'十分糟糕'。"

她的同班同学也记得忒奥朵兹雅修女，这位克拉科夫热爱者和青年波兰[①]诗歌的忠实拥护者。

辛波斯卡曾在《文学生活》里抱怨过第二次世界大战之前的教育，她和同班同学的诗歌学习停留在斯坦尼斯瓦夫·维斯皮安斯基的层面，塔戴乌什·派柏和尤利安·普热波希的名字只在课堂上出现过一次，学的还只是他们诗歌的片段。

在乌尔舒兰卡女子中学读书的女孩要学习艺术史和音乐——看着五线谱唱歌，还有法语课和每周四个小时的拉丁语课。她们的老师是康斯坦汀娜修女和亚历山德拉·米亚诺夫斯卡，后者在提起"那位得了诺贝尔文学奖的女士"时，什么也不想同我们说，因为她一直觉得辛波斯卡写的诗是属于斯大林时代的。她只强调辛波斯卡上学时没什么特别出彩的地方。

从辛波斯卡在《非必要阅读》里写下的那些关于古典文学的文字，我们可以得出这样的结论——她中学时期的拉丁语水平肯定不错。"我

---

① 19世纪末、20世纪初出现在波兰文坛上的一个现代主义文学团体，包括印象主义和象征主义等风格。——编者注

并不是精通拉丁语的人,"在评论《每日拉丁语》的专栏文章中她澄清,"但是到现在我都能回想起很多连词典里都没有收录的拉丁语格言。"[14]

学生时期所受的教育、所学的知识以及无聊的体验,都被辛波斯卡加工成各种形式,写入了诗歌。爱德华·巴尔切然教授曾写道:"辛波斯卡诗中出现的'学校世界'往往就是它字面所代表的意思。死记硬背乘法表、书写练习、课本里和作文里的老生常谈、课上练习的语言……都能成为诗歌的养料。有时她诗中稀松平常的谈话都能让人联想到在黑板上答题的经历。语法课和历史课有时会放在一起上。"[15]

> 谁,亚历山大国王,用什么,用剑
> 劈砍,什么,戈耳狄俄斯之结。
> 没有想过,为了谁,谁也不为
> ……
> 够了。国王戴着战冠向下看,
> 骑上马,动身上路。
> 在他身后的号,号角吹响,军鼓擂动。
> 谁,军队,由什么组成,绳结组成,
> 为了什么,征战。
>
> ——《课》,出自《盐》(1962)

有时在她的诗中,学生时期的噩梦又会回来:

> 这就是我长眠时的毕业考试:
> 两只猴子拴着铁链坐在窗上,
> ……
> 我正回答着人类史的问题。

> 我磕磕绊绊，我艰难前进。
>
> ——《布鲁格的两只猴子》，出自《呼唤雪人》（1957）

放学后女孩们会去斯普兰迪甜品店买巧克力。回家的路上，她们先是经过有着片片绿荫的波托茨基路（今维斯特普拉特路），然后是哥白尼路。辛波斯卡最先与大家分开，她会拐进拉齐维沃夫斯卡路，然后这一小撮人越来越少。还有一部分女生住在学校。

"女校学生根本遇不到男生，能见到的可能就只有学校对面楼里《每日插画邮报》的年轻男编辑。他们会到屋顶上，还会同我们挥手。"伊莲娜·普塔克说，"没有人告诉我们应该怎样面对生活。"

在辛波斯卡的中学时期，她家的经济状况每况愈下。她还记得，当时家里出现了一些经济问题，公寓的收入也就那么一点儿，而父亲的补偿金总是延迟发放。

"库尔尼克的日子不复存在了，"辛波斯卡回忆道，"那段日子的生活水平完全不能和之前相比。"

但是她并没有把父亲的去世——1936年9月他因心脏病逝世——同经济问题和家庭收入危机联系在一起。

而当我们问，在她的童年回忆中，为什么父亲比母亲更有存在感时，她回答说："父亲存在于对话之中，而母亲更多是在照顾我们长大，给我们洗衣领、洗袜子。我的妈妈并不是个很有趣的人。她很坚强，会同战争时期变得更加艰难的生活相抗争。她要照顾我们姐妹俩，那时经常有人站在窗前，为我们两个而来。而面对那些来找我们的男孩，她浑身是刺。但是随着年龄的增长，她变得越来越柔和，越来越善解人意了。"

拉尔斯·赫兰德导演告诉我们，在拍摄辛波斯卡的纪录片时，没有用到的素材里有一篇写她父母的小说。赫兰德还说，辛波斯卡对母亲的爱规规矩矩，而对父亲的爱近乎疯狂。

安娜·辛波斯卡于1960年去世，去世前过了二十四年寡妇的生活。

在母亲去世几年之后，辛波斯卡写了一首诗，这首诗被尤利安·普热波希誉为"回忆梦的杰作"[16]：

> 记忆最终拥有了，它一直寻找的东西。
> 我找到了母亲，也看到了父亲。
> ……
> 直到现在我才能讲述，
> 他们在多少梦里游荡，而我又是在多少旁观的人中
> 将他们拽出，
> 在多少折磨中，他们又多少次从我指尖溜走。
> ……
> 终于，
> 在某个平凡的夜晚，
> 从平常的周五到周六的早上，
> 他们忽然这样走来，与我想的并无二致。
> ……
> 画面深处所有的可能性都消失了，
> 巧合缺少了必要的形状。
> 只有他们美丽闪耀，因为他们相似。
> 在我眼中，他们度过了一段很长的幸福时光。
> ——《终于，记忆》，出自《一百个笑声》(1967)

辛波斯卡的同学说，战争开始之后她们各奔东西，重逢已是20世纪60年代末，是很久以后的事了。女巫们的安息日——辛波斯卡这样称呼她们每一次的会面——每两个月轮流在两个"女孩"的家里举办。她们一个从沃基斯瓦夫西里西亚来，另一个从克鲁齐伯莱克来。她们都不记得辛波斯卡是从什么时候加入的。会面的时候不允许谈论有关政治和疾

病的话题，否则就要罚款。但是有一次，一个同学从一开始就将钱放在了桌子上，决定放任自我。她说了一堆关于自己家里人生病的事。

在克拉科夫乌尔舒兰卡女子中学的档案室里，存放着编号为262的学校年历。包着书皮的A4纸大小的笔记本里存放着班级照片、辛波斯卡画的画和学生们的作文，其中包含用绿色墨水写下的1938—1939学年的作文。作文的要求是："为纪念某物而写的演讲提纲"。

四年级B班的学生辛波斯卡写道：

完美的人儿啊！你总是将头发缝儿分得对称，总是将胡子梳理整齐，总是将指甲磨得锃亮。你总是用卡乐冬牙膏刷牙，总是用欧沃马汀尼勺吃早餐。你从不买彩票，也从不支持不正规的机构。

你每天都有详细到每一秒的计划，恐怕没有什么能让你失去平衡，因为对你而言，一切都像钟表指针一样精准。……你每年看两次牙医，看一次医生，总是跟着广播里的指令锻炼身体。你不知疲倦地收听着波兰所有电台播放的经济访谈，在听华沙爱乐乐团音乐会时，你也从不打盹儿。

完美的人儿啊！愿埋葬你的土地不再那样沉重。

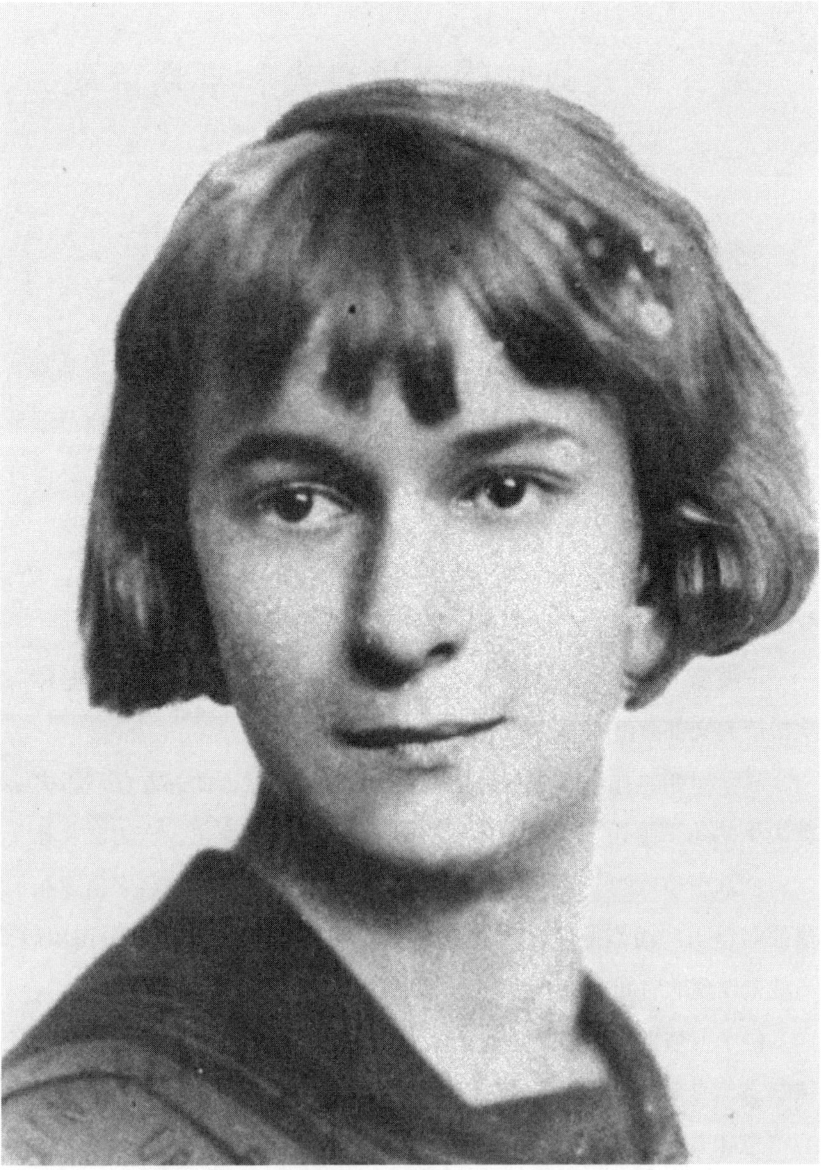

第5章 战时的克拉科夫和早期诗歌

战争开始后的第二天,当十六岁的辛波斯卡从拉齐维沃夫斯基路的房子的窗户向外看时,她看到了满大街的牛车,上面躺着缠满血色绷带的士兵。在回忆这个画面的时候,她说自己有一种奇怪的感觉,好像身体里藏着一个对这种景象司空见惯的人。

"我不知如何理性地解释这种感觉……就好像内心有个声音说:'哈,又来了。'"她对着拉尔斯·赫兰德的镜头说道。

辛波斯卡告诉我们:"垫着稻草的牛车,被血渗透的绷带,这是每一次民族起义都会出现的景象。"

战争伊始,扎莫伊斯基伯爵的全权代理人、父亲的好友蔡利霍夫斯基医生的儿子维托尔德·蔡利霍夫斯基躲藏在她们家里。作为波兰独立以后波兹南市的第一任市长,维托尔德·蔡利霍夫斯基的名字出现在了逮捕名单上。而当德国人占领了拉齐维沃夫斯基路上的大部分房屋后,离他被发现的时间也就不远了。

位于斯塔罗维希尔纳路的乌尔舒兰卡女子中学一开始还维持正常开课状态,直到1939年11月20日才被迫关闭。"我以前不喜欢上学,因为这意味着要向集体生活的苦涩低头。"辛波斯卡对我们说,"但是那天我一回到家就哭了。我感觉有什么东西结束了,再也回不到从前了。"

乌尔舒兰卡女子中学的修女们很快便组织起了秘密学习小组。辛波斯卡与同班同学扬卡·克日沃热卡-维特科夫斯卡、克里斯蒂娜·古尔斯卡-文朵尔夫以及特蕾莎·米耶塔-米克瓦耶维奇组成了一个学习小组。课程多半在特蕾莎家进行，她家在奥尔沙，那里是波托茨基家族的领地，特蕾莎的父亲在那里当管家。课程每两天一次，每次只上一门课，因为要确保每次只有一名老师来。为了打掩护，桌子上会摆些卡牌。修女们经常在修道院里上法语课和拉丁语课。除了音乐课、绘画课、手工课和体操课没有条件上，其他所有科目都包含在课程之内。1941年春，辛波斯卡和同学们一起参加了高中毕业考试。笔试科目包括波兰语、数学和法语，口试科目包括波兰语、法语、拉丁语和历史。

特蕾莎·米耶塔-米克瓦耶维奇在战争时期一直坚持写日记，她记录了放学路上的一次惊险遭遇："那时还是初春，应该说是早春，正在消融的冰雪让通向我家的路变得非常难走。这天下午，伊赫娜着急回家，便没等别的同学，一个人往家走。公路两旁是深深的水沟，里面都是水，表面结着冰。她踏了上去，然后冰就碎了。"

同学们还保存着落水者本人所写的一首长诗《溺水者》，诗里描写了她是如何溺水的，她的学生贝雷帽如何漂在水面上，之后修女们和同学们又是如何去参加了她的葬礼。落款地点是克拉科夫-奥尔沙，时间是1942年2月20日：

啊，是谁在歌唱不再悔恨，
死亡准备的这不幸的匆促。
……
尤瑟夫修女带领
穿着朴素制服的人们，

欢快的说话声在他们耳畔环绕，
因为早上有葬礼，所以也不用上学。
……

秘密学习小组成员。左二为辛波斯卡（1941年摄于位于拉齐维沃夫斯基路的辛波斯基夫妇家）。

辛波斯卡（左）和特蕾莎·米耶塔—米克瓦耶维奇。

已经没有伊赫娜，只剩坟墓，

哀悼她的死亡吧，向别人诉说她的事。

此外，同学们也保存着她的诗《太阳底下并无新事》：

一切都不是新的，一切都早已存在。
太阳也会像它以往升起那样升起。
……
大战也不是例外，
该隐亚伯开了头……

所有人民——只要还活着
都打过仗。毕竟现在还在打仗。
……
总有人在死去，总有人在新生，
总有人即使抱怨也要上学。

总会因为作文里犯的错，
被学校，或者被家长惩罚……

虽然诗作的内容很稚嫩，但人们能感觉到，是它拉开了辛波斯卡一个创作主线的帷幕，它好像未来音乐家练习时用的全音域音乐。半个世纪以后，辛波斯卡在诺贝尔文学奖获奖感言中重提"传道者"[1]的那句话："'太阳底下并无新事。'传道者，你曾经说过这样的话。但你自己就诞生于阳光之下啊。"

---

[1]《圣经·传道书》的作者，自称传道者。——译者注

辛波斯卡告诉我们，到了战争时期，家里更加拮据。母亲靠卖饼干或变卖家中东西来赚钱，比如画作或挂毯，而姐妹俩也尽可能出去打工，以贴补家用。

我们都知道，辛波斯卡很有画画天赋。① 扬·斯坦尼斯瓦夫斯基通过自己的女儿玛乌戈热塔邀请辛波斯卡为《学英语的第一步》画插画。斯坦尼斯瓦夫斯基给学习小组的众多学生上英语课，自己写的教材被翻阅得破破烂烂，无法再看。于是他依靠出版商好友的帮助，秘密出版了新的教材。在战争过后，这本教材还被他用了好几年。而纳沃亚则同丈夫一起做鞋子赚钱，买家主要是他们的朋友。

"当时的鞋鞋底有弹性，前后缝的都是皮面。"战争时期，玛乌戈热塔·舍尔霍娃穿过纳沃亚做的鞋，她告诉我们，"鞋匠是按照纳沃亚的剪裁做的鞋帮。"

辛波斯卡回忆姐姐在战争时期举办的婚礼时说，当时新郎只有一双穿得出去的鞋，但这双鞋也需要再让鞋匠钉一下鞋底："当他在圣坛前跪下的时候，我在鞋匠新钉的鞋底上看到了用白粉笔写下的价格。"

1943年，为了不被送往德国当劳工，辛波斯卡开始在铁路部门做公务员。

"1943年的夏天，除非必要，人们不会出门。"维托尔德·泽亨特尔于二十年后在《文学生活》的专栏文章中写道，"人们避开了咖啡馆、绿荫道上的长椅，也不进行非必要的闲逛。克拉科夫和平安定的神话结束了。这可能是最糟糕的一年，在大街上抓壮丁、入室搜查、人们无端被捕和遭到枪杀的情况愈演愈烈。"[1]

这当然只是居住在"雅利安区"②的居民的回忆，而对居住在克拉科

---

① 在接受《文学日记》（第17期，1991年）的采访时，维斯瓦娃·辛波斯卡告诉记者亚当·米哈伊沃夫："事实上，我想成为一名漫画家。当然，得是一名好的漫画家，就像安杰伊·斯托普基或者卡齐米日·希呼尔斯基那样……如果有人能够用最简单的笔触准确地捕捉现实，同时又显得十分艺术，那会让我羡慕。如果可以的话，我想勾勒出整个世界。"
② 指犹太隔离区以外的区域。——编者注

夫的犹太人来说，城市被占领之后，他们每时每刻都感受着不安。1943年夏天，他们中的大多数人要么被杀，要么被拉去了集中营。

我们问辛波斯卡，她在波兰被占期间有没有碰见过犹太人。

"我记得他们在路上扫雪的身影，袖子上都打着补丁。"她说，"我也记得住在我们公寓里的一对犹太夫妇，战争刚一爆发，他们就把所有值钱的东西都交由我母亲保管了。整个被占期间，母亲都在担心我们会被赶出去，担心应该怎么处理那些东西。幸好最后他们俩都活了下来，丈夫在战后又活了很多年，妻子生前一直都去参加我的'作家之夜'。"

那位犹太妻子可能在"作家之夜"听辛波斯卡朗读过这首诗：

密封的车厢
载着一群人名从国土驶过，
而它们将要去哪里，
又在什么时候下车，
你们别问，我不说，我不知道。

名字纳坦用拳头捶墙，
名字伊萨克疯了似的在唱歌，
名字萨拉要了点水给
快要渴死的名字阿龙。
……
塔克托，塔克。车轮敲响。没有空地的森林。
塔克托，塔克。承载呼叫的运输车驶过森林。
塔克托，塔克。半夜醒来的我听见，
塔克托，塔克。寂静在敲击寂静。

——《然而》，出自《呼唤雪人》（1957）

但是在辛波斯卡关于战争的记忆里真的没有犹太人的存在。阿尔图尔·桑达乌尔写道："(辛波斯卡)这首记录围捕和运送犹太人的令人震撼的诗歌写的并不是对事实经过的描述，而是她对这件事的无知。她努力回想着这个在记忆中只剩名字的民族的零星片段，这是一个现代波兰人在夜晚进行的反思。"2

塔戴乌什·科维亚特科夫斯基是克拉科夫一个地下剧院的创办者。他告诉我们，在1942年或者1943年的时候，他拜访了维托尔德·卡乌卡。当时，这位华沙爱乐乐团未来的总指挥（战后他改姓洛维茨基）坐在钢琴前，旁边站着一位年轻苗条的女士。"她就是维斯瓦娃·辛波斯卡。卡乌卡在介绍她的时候突然说，她写得一手好诗。我看了一眼她拿给我们的诗，轻快、机灵又充满诗的激情。那些诗的风格和感受我一直都记得，我很喜欢。"3

这段时期，辛波斯卡也尝试创作更加严肃的题材。她写了一些关于占领问题的小说（其中一篇在战后发表于学生的一日杂志上），但随后便否定了它们。多年以后，她在搬家时又在某个文件夹里发现了这些小说，但仍旧觉得自己当初的评价没错——它们特别糟糕。这段时期辛波斯卡也在写诗，然而这些诗也没能通过时间的考验。一些战后出版的诗落款时间是1944年，但是没有一首诗被收录进她之后出版的诗集。

"战争加剧了我之前就经历过的宗教危机，"辛波斯卡告诉我们，"这样的危机肯定会出现的，毕竟，上帝怎么会允许现在正在发生的这种事情发生呢？"

辛波斯卡很少提起战争时期的经历。乌尔舒拉·科齐奥乌还记得她说起过一段回忆，是关于恐惧的。那是一个美丽的春天，战争即将结束，克拉科夫城里也没有了德国人的身影。辛波斯卡同好友徒步去了克拉科夫城边的避暑胜地。那里远离钢筋楼房，她们随便走进一处森林，随后就发现自己身处军队的营地。转身逃跑是不可能了，她们只能提心吊胆地穿过营地。结果她们做到了——就好像没人看得见她们一样。

辛波斯卡（右；1940年摄于克拉科夫）。

辛波斯卡与同学在河边，同学抓着她的裙摆。

辛波斯卡在某处文字中不经意地提到,那个在战争伊始爱过她的男孩死在了普罗科西姆集中营;又在另一处文字中提到,她的教母扎莱斯卡的儿子罗曼·普兰克耶维奇成了华沙起义的烈士。她告诉我们,当时她最爱的人身负重任,被波兰国家军派到了维尔诺:"那是1943年,也有可能是1944年。从那以后,他一封信都没有寄来过。我四处打听、寻找,但再没发现他的踪迹。"

> 我的烈士,我化成灰的人,我的大地,
> 装扮成了照片上的样子:
> 脸上有一片叶子的阴影,手里拿着贝壳,
> 来到我的梦里。
> ……
> 他出现在我的眼皮里,
> 出现在这唯一他能出现的世界。
> 他被射穿的心脏跳动着。
> 第一缕风吹散了他的头发。
> ……
> 我们靠近彼此。我不知是在流泪,
> 还是在微笑。还有一步,
> 我们就能一起聆听你手中的贝壳,
> 听那成千上万个乐团的演奏,
> 和我们的婚礼进行曲。
>
> ——《梦》,出自《盐》(1962)

无论是在战争刚结束时,还是在那之后写的诗中,辛波斯卡都没有鼓吹英雄主义。甚至在提起自己的家族参加起义的传统时,她都只是把它们放在括号里,就好像要与它们保持距离:

家族中无人因爱而死。

……

（他们因脑袋中弹而死，但那是出于其他原因，
他们在战场的担架上死去）。

——《家族相簿》，出自《一百个笑声》（1967）

我们问过辛波斯卡，按照出生年月计算，她出生在战乱年代，又成长在被占领时期，怎么可能对这段经历的书写如此之少。她回答说，诗歌的内容很难平均分配，那个时候写下的诗大多被扔进了垃圾桶："从这一点来说，我从来都比不上塔戴乌什·鲁热维奇或者兹比格涅夫·赫贝特，他们对烈士的回忆一直是鲜活的。读他们的诗让我明白，他们在以一种无可比拟的方式讲述自己的经历，而我也没有什么可补充的了。"

1945年1月下旬，苏联元帅伊凡·斯捷潘诺维奇·科涅夫及其军队解放了克拉科夫，在这座极度缺乏文化活动的城市，人们立即组织起了清晨读诗会，当然，辛波斯卡也赶去了现场。

位于什切潘斯基广场旁的老剧院里没有供暖设备，但观众席上异常拥挤。所有的椅子、椅子中间的过道都被占满了，休息厅和楼梯上也都挤满了人。所有人都被大衣、帽子和围巾裹得严严实实的，他们对着冻僵的手掌哈气，呼出的水蒸气飘在人群的上空。读诗会开场后，塔戴乌什·布雷扎和斯坦尼斯瓦夫·迪迦特首先介绍了被占时期华沙的文学生活。随后切斯瓦夫·米沃什、尤利安·普热波希、斯坦尼斯瓦夫·皮耶塔克、亚当·瓦热克、耶日·扎古尔斯基、维托尔德·泽亨特尔朗读了自己的诗歌。而不在克拉科夫的诗人米耶奇斯瓦夫·雅斯特伦和斯坦尼斯瓦夫·耶日·莱茨，还有因为舞台恐惧症而无法上台的亚当·沃德克，他们的诗歌则由表演者朗读。每次朗读结束时都会响起雷鸣般的掌声，最后，为了同诗人们拥抱，向他们献花，观众们都挤到了舞台上。

辛波斯卡在远处悄悄地看着这一幕。几年以后，她嫁给了那个得了舞台恐惧症的诗人。半个世纪以后，给她留下印象最深的诗歌的作者切斯瓦夫·米沃什，成了她的朋友。

亚当·沃德克，维斯瓦娃·辛波斯卡未来的丈夫。

照片背面赠言：亲爱的维塞乌卡[①]！——早在1940年我就有预感，你肯定会喜欢小猴子的。亚当，1969年11月26日。

---

① 这是维斯瓦娃的另一个昵称。——译者注

第 6 章　战后：诗歌首秀

诗人亚当·瓦热克身着上尉军服，怀揣着卢布林政府的委任书，随红军抵达了克拉科夫——这座在战争中几乎安然无恙的城市。他个人从驻扎在城市的苏联军队手中接管了位于克鲁普尼察路的 22 号公寓楼，并将它用于接待从波兰各地来到克拉科夫的作家。他还创立了《波兰日报》。日报创刊不久，他又创设了《战争》周刊作为副刊，周刊的编辑工作交给了全心投入共产主义事业的年轻人亚当·沃德克。[①]1945 年 3 月 14 日，就是在这份报纸上，第一次刊登了署名为维斯瓦娃·辛波斯卡的诗作。

在沃德克的回忆录《我们的战利品》（这个书名还是借自辛波斯卡的诗）中，他在提到辛波斯卡交给编辑部的青涩诗篇时写道："这些诗一点亮眼的地方也没有。不仅如此，它们甚至没有可取之处，根本不出彩，我们一首也用不上。而且我们也没能与作者取得联系，因为她从上次拜访编辑部之后，就再也没有出现过，也没有留下通信地址。"[1]

但《波兰日报》的编辑维托尔德·泽亨特尔则明显在其中看出了一个"刚起步的诗人"的身影，坚持至少要发表其中一首诗。针对那些批评诗作"太过冗长"的声音，他建议删去一部分，缩写一部分，但至少要保留一部分。事实上，他们也是这样做的：占据整整两页打印纸的诗

---

① 副刊由沃德克和塔戴乌什·严查里克共同编撰。

被裁去了一半，处理后的短诗被附上了标题"寻词"：

> 我挑选要说的词，我从词典里窃取，
> 测量、称重还研究——
> 没有一个
> 适合。
> ……
> 我们的言语无力，
> 它的声音——突然贫乏。
> ……
> 我希望，哪怕只有一个词，
> 被鲜血浸透，
> 就让它像刑场的墙，
> 容纳所有
> 万人冢。
>
> ——《寻词》，载《波兰日报》（1945年3月14日）

诗作被刊登之后，它的作者出现在了编辑部。她问："我应该能拿到这首诗的稿费吧？"

"那时，只有泽亨特尔一个人没有笑话我。"辛波斯卡告诉我们，"在去《波兰日报》的编辑部之前，我不认识任何一个认为我的诗有点儿价值的人。"

十年后，辛波斯卡在《波兰日报》的纪念期刊上回忆道，《战争》周刊汇集了克拉科夫当时在文坛上初露锋芒的一批年轻人，这也是她接触的第一个文学群体。正是在这样的氛围中，辛波斯卡第一次考虑专职写诗："我不知道这是如何成真的，但直到现在我都坚信，如果第一次的尝试以失败告终，我就不会有勇气再给任何人看我写的诗了。"[2]

四十年后,辛波斯卡几乎又将这话复述了一遍:"如果他们否定了我刚开始写的那些稚嫩的诗,我可能就直接放弃写诗,转而去写小说了。至少我当时有这样的感觉。如果他们不接受,那便是我去编辑部的第一次,也是最后一次。"[3]

在1945年就遭遇停刊的《战争》周刊上,辛波斯卡一共刊登了四首诗,主题都是围绕战争和祖国被占领展开的。她觉得只有一首诗值得收录进书中,它在将近二十年后,被收录在了波兰国家出版社出版的《诗选》中:

> 我们曾毫无章法地理解世界
> ——它非常小,可以放在手中,
> 简单到可以用微笑来形容,
> 平凡如祈祷声中古老真理的回声。
> ……
> 历史并没有以胜利的姿态迎接我们;
> 她用脏沙子迷了我们的眼睛。
> 在我们面前的道路遥远而盲目,
> 毒井,苦面包。
>
> 我们的战利品是关于世界的知识
> ——它太大了,两只手就可以握住,
> 如此之艰难,可以用微笑来形容,
> 如此之奇怪,就像祈祷声中古老真理的回声。
> ——《无题》,载《波兰日报》(1945年5月2日)

当时辛波斯卡还为亚当·沃德克写的童书《鞋子里的小猫咪》画了插画。

《战争》周刊停刊之后,沃德克周围的年轻诗人开始在由信息与宣传部出版的双周刊《克拉科夫活动室》上发表作品。在那里,辛波斯卡得到了编辑部秘书的工作,并开始在这份报纸上发表诗歌和戏剧短评。在那些短评里,她之后被我们熟知的笔调已初步成形。她在讨论莫里哀的戏剧《无病呻吟》时写道,很难在莫里哀的作品里找到一部不讽刺先进医学和医生的,而他的讽刺发挥了重要的社会作用:"莫里哀的放血玩笑,比詹纳发明的牛痘疫苗救活的人还多。"[4]

1946年冬天,一群克拉科夫的年轻人去华沙参加作家和科学家的见面会。没过多久,在双周刊《年代》上就刊登了两首辛波斯卡的诗——《放雕塑的地方》和《乡间路》,它们就像是辛波斯卡去了一趟还是一片废墟的华沙的收获。亚采克·波亨斯基在这次旅途中记得辛波斯卡是一个很漂亮的女孩:"我们战争年代的青年诗人和作家都是在这次旅途中相互认识的。那时我们还寂寂无闻,就是一群愚蠢又急切的小年轻。就是等待记录的一张张白纸。"

战争结束后,辛波斯卡马上开始了在雅盖隆大学的学习生活,她先学了一年波兰语言文学,之后又学了两年社会学。[5]"我没有完成学业,"她对我们说,"1947年的时候,社会学变得无聊至极。我中止了学业,因为我必须赚钱养活自己。"

当辛波斯卡在《文学日记》上发表了《学校的周日》("书架上的地球仪无事可做/上面还有明天研究的对象/还有鸟,被木屑/夺去了受惊的心脏")这首诗后,编辑部收到了许多读者来信。他们在信中攻击她,因为她写的诗让人看不懂(这首诗被这么说倒是情有可原)。这些攻击都是直截了当的,也是意识形态方面的:如果辛波斯卡(还有普热波希、雅斯特伦以及鲁热维奇)同弗拉基米尔·马雅可夫斯基的写作风格相同,那么"不论是哈萨克斯坦的牧羊人还是库姆的伐木人"都不用动脑子去想她写的是什么了,然后他们就能"丰富自己的思维和阶级意识"。这一情况自然而然地引发了一场关于"如今我们需要什么样的诗歌"的讨论,亚当·沃德克总结道："文学，就像斯大林曾经准确描述的那样，应该内容上是无产阶级的，而形式上是民族的。"[6]

之后辛波斯卡承认，那首诗确实"矫揉造作，以一种不自然的方式复杂化，装腔作势"，她还补充说在这次批评浪潮过去之后，她几乎两年没有写诗。[7]

但是这期间，辛波斯卡在为自己处女诗集的出版做准备。沃德克认为自己已经预见到这部诗集会有个无聊的名字——"诗集"，批评家塔戴乌什·德莱伏诺夫斯基则认为这部诗集的名字应该是"缝制旗帜"。这些信息都是在华沙波兰作家协会藏书馆的档案里发现的。据辛波斯卡提交的调查问卷显示，1950年的时候，她正在完成一部以战争和国家被占为主题的诗集《缝制旗帜》。[8]

这部诗集从来没有出版过，很明显里面收录的诗歌并不符合1949年在什切青召开的文学大会上对文学提出的社会现实主义要求。不久之后，辛波斯卡也接受了这一事实。她加入了波兰统一工人党，同选举人见面讨论有关"国家前线"的项目，到处宣传在工厂举办的"作家之夜"。

我们问过她：像她这样出身上流阶层的女孩为何会如此快速地接受社会主义？

"还在打仗的时候，我接触过一群年轻人建立的左派组织。"她回答，"他们坚信共产主义是波兰唯一的出路。多亏了他们，我才开始关注并思考社会问题。"

"您的父亲在战前拥有一栋公寓，这样的出身对您有影响吗？"

"我从来没有因此遇到过什么麻烦，虽然我从没掩饰过我的父亲是谁。可能因为这是在克拉科夫。亚当·波莱福卡负责入党程序，他到处拉人入党。就是他劝的我。"

1951年年初，克拉科夫有了一本新的刊物《文学生活》（之前的《复兴》被停刊了），按照波兰统一工人党中央委员会的指示，这本刊物应该"将文学融入六年计划的斗争中"。《文学生活》的第一任总编辑亨利克·马尔凯维奇——继任者是伏瓦迪斯瓦夫·马赫耶克——对辛波斯卡的印象是一个初出茅庐的同事。"我和她碰面的机会并不多,因为她当时有很多编辑工作上的琐事要做。"

在新出版的编号为 1 的刊物上就刊登了她的诗:

> 不要因为惧怕而心跳如雷。
> 为愤怒!为愤怒!
> 不要因为惧怕而心跳如雷。
> 为正义之怒火!
> 监狱之门洞开,
> 谋杀犯重获自由。

——《关于战争的歌》,
出自《我们为此而活着》(1952)

对和平情有独钟的苏联以及来自资本主义世界的战争犯和煽动战争者的形象不仅经常出现在辛波斯卡那时写的诗中,也出现在了她发表在《文学生活》的文章中。英国作家亚瑟·库斯勒曾这样描述 20 世纪 40、50 年代之交的情形:"那是全世界都在参加保卫和平运动的年代,在毕加索和平鸽的旗帜下,数百万人被成功说服,认为和平可以依靠铁幕、地雷区和铁丝网获得。"[9]

扬·尤瑟夫·什切潘斯基是《普世周刊》的签约作者,他因 1951 年的五一游行而记住了辛波斯卡,这次游行以诺瓦胡塔的建筑工人为首。"在雅盖隆大学图书馆旁边的荣誉讲坛前,作家们结队走过,队伍中就有辛波斯卡,年轻漂亮又活力四射。我们在那里相识。我会记得这一幕是因为那是我有且仅有一次参加的五一游行。"

直到 1952 年 2 月刊出版之前,《文学生活》编辑部同许多诗人都约了稿,要他们对当时还在准备期间的新宪法项目进行评论。尤利安·图维姆和其他诗人用的都是非诗体形式，只有辛波斯卡用诗歌形式完成了自己的任务：

> 你们尽情对比，考量：
> 我的青春和你们的青春——
> 就像得了一场重病后
> 第一次出门。
>
> ——《人民宪法产生时一个老女工的回忆》，
> 出自《我们为此而活着》（1952）

辛波斯卡出版第一部诗集的时间正好是斯大林主义发展的顶峰。在她1952年出版的那部诗集里，单单是那些诗歌的名字都很能说明问题：《苏军战士在解放之日对波兰儿童说》《致建设诺瓦胡塔的青年》《列宁》《我们的工人谈帝国主义》《致美国母亲》。

除了一首有大幅删减的诗，这部诗集没有收录任何她早期写的诗。亚当·沃德克对辛波斯卡的早期创作和未发表的诗作了如指掌，也知晓她诗歌抽屉里的存货到底有多少——这并不只是因为沃德克是辛波斯卡的丈夫，更重要的原因是辛波斯卡相信沃德克对诗的直觉，把自己所有的诗都拿给他看过。沃德克发现，多年以后，辛波斯卡又利用了这些早期、战时和战后初期创作的诗，将它们当作灵感的源泉，以创作新的、更完美的诗。① 顺便提一句，相比于诗，沃德克对辛波斯卡战时创作的自认为"还不错"的小说的评价要高很多："从严格的技术层面来讲，那是合格的非诗体创作，而且从心理层面来讲，这一评价也成立。"[10]

---

① 在之前引用的《梦》这首诗中，就能找到很多辛波斯卡早期诗作的影子，比如《音乐家扬科》（"我会祈祷你回归 / 向世界上所有的神"），《所有灵魂》（"用冷杉和紫菀的小插画 / 拥抱你丑陋的坟墓"），《胜利》（"这是贝壳渴望大海的声音"）以及整首《悲伤重返》（"我再也认不出这片森林了 / 我找不到天空中的标记 / 天堂和森林已被缝合至死 / 不属于谁的土地：你的和我的 / 你经过的云 / 最后的想法我不知道 / 萨尔沃从未听说"）。

在首次出版的诗集中,诗人兼文学评论家亚采克·乌卡谢维奇写道:"斯大林格勒战役的英雄和克拉科夫的解放者代替了波兰国家军年轻的烈士们,在书中回忆起的战争是朝鲜战争。"[11]

> 有人戳瞎了男孩的眼睛。戳瞎了眼睛。
> 因为这双斜吊的眼睛充满愤怒。
> ——让他白日暗如黑夜——
> 上校自己笑得最大声,
> 施暴者自己把一美元放入手中,
> 然后把前额的头发拢向后方,
> 为了看清男孩
> 伸出双手向四周摸索着离开。
>
> 五月,在一九四五年,
> 我过早地告别了我的仇恨,
> 将它同强奸、恐惧、耻辱之时
> 所留下的纪念物放在一起。
> 今日我又在为仇恨做准备。
> 我需要,也将会需要它未尽的余火。
> 我也要为它向你道谢,
> 上校,爱恶作剧的可耻之人。
>
> ——《来自朝鲜》,出自《我们为此而活着》(1952)

因这部小诗集的出版,辛波斯卡被邀请加入了波兰作家协会。

当亚当·沃德克于1953年1月跳槽去文学出版社工作时,辛波斯卡接替他成为《文学生活》诗歌版面的负责人。任职期间,她得知了斯大林的死讯。

辛波斯卡不得不为特别刊邀约诗稿——从第一首到最后一首都以斯大林为主题。同一时期，政府要求所有杂志刊登编辑部署名的悼文，且都要进行审查。《普世周刊》拒绝了这一要求，结果被停刊，其主体被移交给了与政府合作的和平协会。①

辛波斯卡用一首诗告别斯大林。她告诉我们："我写下这首诗时内心一片赤诚，那种心情现在很少有人能理解。"

> 还有铃声，尖锐的铃声在耳中鸣响。
> 是谁在门口？带着什么样的消息，这么早吗？
> 我不想知道。可能我还在梦里。
> 我不过去，我不开门。
> ……
> 只要你们之中没人说第一句话，
> 不确定性就是希望，同志们……
> 沉默。他们知道我不想听到的是什么，
> 我必须从低下的头中读出什么。
>
> 什么样的命令传达给我们，
> 革命旗帜上的第四面画像②？
> ——强化革命旗帜下的护卫队！
> 强化所有城门的护卫队！
>
> 这就是党——人们的目光。

---

① 当《普世周刊》在政府的掌控之下时，曾经刊登过对辛波斯卡的诗集《向自己提问题》的评论文章："这不算启示，但重要的是，作者抛弃了怀疑主义者的冷漠态度，并在意识形态上定义了自己。"作为证据，文章引用了她的诗歌片段："党派／属于它／与它一起行动／与它一起做梦。"兹基斯瓦夫·亚斯特热布斯基，《关于辛波斯卡和她的新诗》，载《普世周刊》，1955 年 9 月 4 日。
② 指斯大林，前三面画像分别是马克思、恩格斯和列宁。——译者注

这就是党——群众的力量和良心。

他的一生不会被忘记。

他的党将扫除阴霾。

——《这一天》，出自《向自己提问题》（1954）

在编辑的职责范围内，辛波斯卡还为《文学生活》创作了具有深度的媒体概览，她写过一篇报告文学和两篇社论——一篇写在五一劳动节，一篇写在新年。

虽然在1954年出版的第二部诗集《向自己提问题》中收录了充满模式化的意识形态作品，比如《入党》，但也有几首诗，尤其是情诗，如今看来依旧不过时：

曾有一把钥匙，又突然没有了钥匙。

我们怎么回家？

可能有人找到了丢失的钥匙，

仔细看了看——他能看出什么？

他走了，把它随手丢弃，

就像丢一块废铁。

如果我对你的爱，

发生了同样的事，

不光我们：全世界

都会失去这唯一的爱。

——《钥匙》，出自《向自己提问题》（1954）

辛波斯卡本人对自己早期和政治活跃时期所写的诗很严苛，但在

1956年之后,她承认那时写的诗中有几首值得再版。其中一首,也是诗集的收尾诗——《热爱祖国大地的谈话》,成了刊印次数最多的诗,还被收入了学校教材。[1] 而诗集的第一首诗被刊印的次数几乎一样多:

> 比候鸟还要清楚自己的路的人
> ——我写信给你,我的父亲,城堡主。
> ……
> 我看见家的城堡
> 带着枫叶花环。
> ……
> 你们想要自由——是的,
> 但只为自己。
> 你们用图章戒指叩响
> 它紧闭的大门,
> 而人群——就让他们
> 在奴役中沉默。
>
> ——《爱德华·邓波夫斯基致父亲的信》,
> 出自《向自己提问题》(1954)

哲学家、散文家、文学评论家、反叛者、奥占区激进独立运动活动家、1846年在奥占区尝试领导起义的爱德华·邓波夫斯基,走在农民起义队伍的最前面,而奥地利军队的子弹击中了他。他那时仅有二十四岁。人们称他为"红色的城主儿子",因为作为巨额财富的未来继承人,邓波夫斯基并不仅仅是为了从侵略者手中解放波兰而战斗,也是为了让农民恢复自由。那么在写下这首诗的时候,辛波斯卡有没有想过,在成为工人

---

[1] 安娜·扎日茨卡仔细计算了《热爱祖国大地的谈话》这首诗的刊印次数,结果有近五十次之多,还不包括合集和学校教材。载安娜·扎日茨卡,《辛波斯卡的革命:1945—1957》。

阶级拥护者的同时,她已经抛弃了自己原有的社会阶级,违背了家族传统呢?

"没有,完全没有。在经历了我个人人生中和历史上的大风大浪以后,我觉得这首诗颇有煽动意味,且并不友好。但多年以后,正在为反对宪法修改而收集民众签名的亚当·米赫尼克出现在了我家门前,我有幸认识他,他说这是他最喜欢的诗之一。我很震惊他居然还记得。"

我们询问辛波斯卡,她的家人是如何看待她积极参加政治活动这件事的。

"妈妈很不高兴。但她并不是政治天才,不懂得和我聊这些。我的所作所为她都容忍了。我推测如果父亲还在世的话,他是绝对不会接受的。那时我觉得共产主义就是波兰和广大人民的救命稻草,而我也坚信自己是占理的。一些人企图说服我,但我对自己说,我知道得更清楚。"

1954年,辛波斯卡被授予克拉科夫市文学奖。1955年,她被提名国家奖,最后获得了特殊荣誉。

那么,在一众追随新信仰的年轻诗人中,辛波斯卡真的那么出众吗?路德维克·弗拉申认为是的。他在为《我们为此而活着》所写的书评里用那个年代的话语写道:"这部诗集中没有小资诗人不切实际的矫情,没有来自资产阶级视角的理解,也没有社会主义先锋诗人的悲情和凌乱。这些诗纯洁、明快、平衡。这是一部成熟的诗集。"[12]

后来也有一些人维护那一时期诗歌的艺术价值,比如马切伊·斯沃姆钦斯基。

"从形式上看,辛波斯卡的诗比那一大堆差劲儿诗作的平均线要高得多。甚至在20世纪50年代的'自由欧洲',都有某位评论家曾说过,在这一片'共产主义意识形态'中,辛波斯卡以卓越的修辞和类韵独醒。她没有成为宣扬信仰的标杆,因为她太优秀了,做不成。她没有俸禄,也没有拿到一流的奖项。她以工匠精神从共产主义的背景中脱颖而出。"

"以斯大林为主题的诗没有那么糟糕。"比辛波斯卡年轻一代的文学评论家塔戴乌什·尼切克这样说道,"它与辛波斯卡后期创作的一些诗有很相似的结构:因为不在场而去怀疑。"

扬·布翁斯基曾写过:"在动员诗盛行的年代,辛波斯卡的诗带着某种精练、专注和逻辑。在当时的诗歌背景下,她的诗并不那么让人抗拒。当然,那些诗也并没有撑过时间的考验。"[13]

《给每个人的不幸消息》的作者阿尔图尔·桑达乌尔是出了名的"毒舌",他曾评价辛波斯卡的作品是完美的,但是关于她在那个年代写的诗却并不能确定:"事实上,她的两部早期诗集里的诗在当时的创作背景下丝毫没有突出点,甚至低于平均线,因为用女人的嗓音去模仿马雅可夫斯基和伏瓦迪斯瓦夫·布洛涅夫斯基的低音更加搞笑。"[14]

当时辛波斯卡产出不多,尽管之后也一样,所以她的社会现实主义作品并不多:十几篇宣传文章,十几首诗,一篇关于自己创作的题目很正的文章——《多亏党才让我充分认识了真理》。①

---

① "我加入了党,又空手而去,"她这样写道,"发表了十几首诗,有些形式非常复杂,仅此而已。我没有将这些诗里的任何一首选入之后出版的《我们为此而活着》——它们与我之后所写的诗无论从内容上还是从形式上都如此不同。这些诗没有明确的写作对象,没有与读者建立亲密的联系,不知道为谁而写也就不存在任何文学发展的可能。我对这个真理的充分理解应归功于党。"载《克拉科夫报》,第59期,1954年。

在民政局低调结婚后,维斯瓦娃·辛波斯卡和亚当·沃德克又为克鲁普尼察路文学公寓楼里的朋友们举办了一场更像样的婚礼。

第 7 章　克鲁普尼察路文学公寓楼里的夫妻

1948 年 4 月，维斯瓦娃·辛波斯卡搬离了位于拉齐维沃夫斯基路的老房子。和亚当·沃德克结婚以后，她搬去了克鲁普尼察路 22 号第二个侧楼的阁楼里，这是她丈夫的房间，这里也是所谓的"文学四连房"。

沃德克尽管只比辛波斯卡大一岁，却有着与她完全不同的地位。战争时期，沃德克就同共产主义地下党统一了战线，而且作为"诗人图书馆"系列的编辑、地下文学生活的参与者，他在当时的文学界是很出名的。

"婚礼办得并不喧闹，只是邀请同志们去喝了杯咖啡和红酒，我们没什么钱。"辛波斯卡这样对我们说，"亚当在自己的房间里堆满了书，只有一张铺开的军旅床。结婚那天晚上，大概 11 点的时候，我们听到了敲门声。门外是穿着睡衣的塔戴乌什·派柏。他问亚当：'同志，今晚我家有一位从卢布林来的客人，您能借我一张床给客人睡觉吗？''当然了。'亚当回答。我们可能就这样成了世界上最特别的新婚夫妇，结婚当晚还被人借走了唯一的床。"

之前辛波斯卡经常来克鲁普尼察路，不仅是为了去未来的丈夫家，还因为要参加每周五举办一次的青年作家见面会。就在这个会上，汉娜·耶德利兹卡——当时还姓皮耶卡尔斯卡，记住了辛波斯卡是小说《那雨》和讽刺独幕剧的作者。独幕剧的故事发生在伦敦的移民群体中，讲的是当一名军官向一个波兰女孩求婚时，她打了个嗝。

当辛波斯卡搬去克鲁普尼察路时,22号楼已经因为战后驻扎于此的几十位作家、诗人、翻译家而成了传奇。在那里,耶日·安杰耶夫斯基创作了《灰烬与钻石》(在《重生》上以"等到战后"为题连载)。在那里,康斯坦丁·加乌琴斯基创作了《伊佐尔达的耳环》和《魔法马车》,耶日·沙尼亚夫斯基创作了《两个剧院》,卡齐米日·布兰迪斯则创作了讲述自己童年的《木马》。名人作家的遗孀们也住在那里,比如维特卡茨①的妻子雅德维嘉·乌恩鲁格、斯坦尼斯瓦夫·布热佐夫斯基的妻子安东尼娜·布热佐夫斯卡。对其中一部分人来说,这里只是他们返回华沙前的落脚地,而其他人则在这里生活了很多年。

"那些聪明一些的,或者更有经济头脑的都逃走了。"尤安娜·洛尼可尔告诉我们,"我还记得当我去华沙拜访小时候的玩伴基拉·加乌琴斯卡的时候,横亘在我们的贫民窟生活与他们的华沙新家生活之间的鸿沟。"

那时还是少女的尤安娜·洛尼可尔同她的母亲汉娜·摩尔特克维奇-奥尔察科娃住在一起,和她们同住的还有她的外婆亚尼纳·摩尔特克维初夫纳,她是在战前和丈夫一起经营出版社,出版一流波兰文学作品的传奇人物。多年以后,洛尼可尔在《普世周刊》上撰文描述了同别的租客一起租住的这个集体农庄样式的"四连房":"如此多的人因机缘巧合聚集在此,被迫忍受恼人的亲密,不停地在走廊里相互错开身子。每个人都有一段属于自己的被占时期的残酷经历,都在害怕能否拥有足够的力气让生活从头再来,都对能否赋予这生活以意义而感到绝望。体力和精力的透支,基本生存条件如衣服、鞋子、药品和钱的缺失,能让这种共存变成地狱的理由有很多。"但幸运的是,它并没有变成地狱。"可能只有我觉得那段战后的窘迫时光是一段美好的田园时光。"¹她这样写道,"最小房间的窗户对着经常溢满垃圾、臭气熏天的垃圾桶,年轻的塔戴乌

---

① 斯坦尼斯瓦夫·伊格纳西·维特凯维奇,艺名维特卡茨,波兰画家、作家、剧作家和哲学家。——译者注

什·鲁热维奇就住在那里。当他重新提起那个地方和那段日子带给他的绝望情绪时说：'一切都永远地结束了，不管我将做什么，我都是死的。谁又在这里聊音乐？谁又在谈诗歌？谁又在讲审美？谁又在说人闲话？谁敢说闲话？多么滑稽，如此喜剧。亡者们，我与你们同在。多好。'"2

令辛波斯卡印象最深刻的是笼罩着他们阁楼的那令人难以忍受的寒冷。当他们搬去二楼康斯坦丁·加乌琴斯基留下的房间时，夫妻俩着实松了一口气。新房子由两个房间组成，其中小一点的房间墙上留下了前任房客抄写的拉丁文，还画了一个大大的带火焰的金色太阳。当他们翻新房子时，特意嘱咐油漆工不要把这些东西盖住。那些笔迹和画作直到下一任房客入住时才被清除。

文学之家由一栋公寓楼的主楼和两栋侧楼组成。一层的正面是食堂，楼里的住户和城里的文学家们都在这里用餐。那里摆放着被涂成棕色的厚重桌椅，看起来就像巴伐利亚风格的德国酒馆。那里也是作家协会开会的地方，曾举办过各类会议、"作家之夜"，还有卡巴莱歌舞表演，每周六还会举办通宵舞会。

尤安娜·洛尼可尔说："战争时期，这栋房子被德军占领，改造成了为高级军官们工作的低级职工的居住区，厨房和大部分洗手间都被拆除了。烧水的灶台都在屋外的公厕里，所有人都只能在食堂吃饭。我童年的不幸就是放学后从来没能同妈妈和外婆说一说学校的事情。我们会在吃午饭的时候见面，当我在想"千万别有人坐过来"时，马上就有人坐了过来。一会儿是加乌琴斯基，一会儿是维特卡茨的遗孀，一会儿又是阿丽娜·希维德尔斯卡，她是一位杰出的意大利语翻译。妈妈说：'我跟你说，希维德尔斯卡女士说的东西可有趣了，她以前曾和斯坦尼斯瓦夫·维斯皮安斯基一起上过舞蹈培训班，她可不喜欢跟维斯皮安斯基组对了，因为他老是踩她的脚指头。'"

塔戴乌什·科维亚特科夫斯基曾经写过一本关于克鲁普尼察路文学公寓楼的回忆录，他记得食堂旁边的厕所墙上写满了诗，他还记下了几句:"这里每个人都用自己的雅鲁·库莱克小便。""屋外公厕停水,放放阿尔图尔·马利亚诗里的水。"① 亚当·波莱福卡是电台广播栏目的作家,专门谈论克拉科夫人的保守无知、小市民品性、反动、宗教迷信和固执盲从。他当时负责管理公厕的翻新,经常坐在食堂里,观察进出公厕的都有谁。尽管如此,他也没能把写这句诗的人抓个现行:"嘿,波莱福卡,不要变成斯瓦沃伊/不要站在公厕的前面。"³多年以后,路德维克·弗拉申承认那是他写的。

"我不记得辛波斯卡在舞会或玩游戏的时候出现过。她不太愿意出门。我在那时同她结识,这段友谊持续了很多年。"阿涅拉·科特(家人和朋友会亲切地叫她拉鲁特卡)告诉我们,"我们常常去敲对方的门。在文学之家,大家经常说笑,还会互相借面粉或者糖。一部分人比较和气,另一些人不那么好相处,但是几乎所有人都用'你'相互称呼,只有同耶日·沙尼亚夫斯基和阿尔图尔·古尔斯基说话的时候,我们才会说'您'。甚至连斯泰凡·基谢莱夫斯基都会用'你'来称呼波莱福卡,虽然基谢莱夫斯基不光在文字里攻击他,还在公厕的隔间里留言骂他。波莱福卡对党派很狂热,他负责管理作家协会的时候,曾有一次命令基谢莱夫斯基必须去食堂吃饭,作为他说斯大林是'傻瓜'的惩罚。"

战争一结束,波莱福卡就去省办公厅担任宣传部门的领导了,所以以前在《普世周刊》编辑部工作过的所有人都成了他意识形态上的敌人。但是当波兰作家协会成立了同志法庭,要将基谢莱夫斯基赶出协会的时候,只有波莱福卡力图为他辩护——基谢莱夫斯基这样记得,也是这样写的。基谢莱夫斯基在为自己辩护时说,他不认为斯大林是傻瓜,因为有斯大林,战争才会获得胜利,他最多只能说斯大林写了一些愚蠢的东西。这番话被波莱福卡认为是基谢莱夫斯基的自我批评,因而仅要求法庭判决暂停其一段时间的活动。⁴最终判决也是如此。

---

① 这是在讽刺雅鲁·库莱克和阿尔图尔·马利亚的诗。——译者注

辛波斯卡诗作的保加利亚语翻译布瓦佳·迪米特洛娃曾去克鲁普尼察路拜访过辛波斯卡，她记得辛波斯卡是"一个温柔的女孩，得体地避开了那些人人都在谈论的不接地气的话题，比如新生活、新文学、新建筑，可以说是所有新的东西"。辛波斯卡不参与当时关于马雅可夫斯基的争论，也不讲述被占时期自己所经历的苦难，这让她显得与众不同。"在诗歌中，她为那个时代交了税。"但是私下里，辛波斯卡就像她在之后的年月里那样，不爱与人打交道。迪米特洛娃接下来写道："她就像一个没有生平履历的人，从与她同名的河上的雾气中走来，又向着更加模糊不清的远方的未来走去。"[5]

"我们的房间还不错，朝向楼房正面，只不过厨房和厕所是连在一起的，而且食堂总是飘来煮酸菜汤的味道。"常年居住在克鲁普尼察路那栋房子里的特蕾莎·科尔察科和耶日·科尔察科夫妇告诉我们，"以前每到五一劳动节前夕，波莱福卡就会来我们家，他用'你'称呼我们，还要求我们用纸剪和平鸽，还要在窗户上挂国旗。"

耶日·科尔察科永远记得加乌琴斯基有一次喝醉后大吼大叫的样子："你们以后都不会在，我也不在，留下的只有那些合作公社。"还有人民军的上校斯坦尼斯瓦夫·斯康奈齐内闯入邻居家，将一把手枪放在桌子上，然后念起了自己写的两百页长诗《霍德尔的神父》。

"每周我们都会约定某一天举行所谓的开放之家活动，"辛波斯卡在2000年出版的关于沃德克的回忆录《献给亚当的时刻：回忆、诗歌与译作》里写道，"想来的都可以来。此外还举办了许多文学比赛、游戏和诗歌朗读活动。经常来我们家拜访的人之中就有亨利克·福里斯特，他那时努力想争取一份新闻行业的工作，但后来很快便去了以色列。那时的工作申请表附带的调查问卷要填得非常详细，而且阶级敏感一直阴魂不散：父亲战前是做什么的？战争时期是做什么的？现在是做什么的？福里斯特的回答是：父亲战前在克拉科夫圣福里安街上经营一家名为'波兰画家'的出版社；战时他去了苏联，并死在了那里；现在他已不在

辛波斯卡和耶日·科尔察科（20世纪50年代初摄于扎科帕内）。

人世了。然后计划中的铁饭碗就这样打了水漂。"[1]

"一开始，大家固定在每周五的晚上去沃德克和辛波斯卡家。"安杰伊·克罗米奈克回忆道，"我们不像吉卜赛人那样会把屋子搞得一片狼藉，通常只是喝茶。尽管如此，客人们还是会留到很晚。直到主人们有些受不了这种整晚整晚的霸占，于是他们把定期会面的时间改在了周日中午。他们邀请客人们12点来，因为大家都知道，2点的时候就要出门吃午餐了。……在他们家中的聚会非常有意思的地方就是斯瓦沃米尔·姆罗热克和莱舍克·赫尔德根的戏剧创作。他们二人原本还是高中生，后

---

[1] 维斯瓦娃·辛波斯卡，《无题》，载《献给亚当的时刻：回忆、诗歌与译作》，克拉科夫，2000年。在亚当·沃德克1951年10月写给亨利克·福里斯特的信中，辛波斯卡附加了一句："迅速回信的奖赏是我们邻居最新创作的精彩打油诗，我们会完美地誊写给您。请从速，非常值得！"出处同上。

来一个成了新人记者（姆罗热克），另一个成了演员学院的学生（赫尔德根）。……我不知道这是否就是亚当·沃德克的主意，毕竟他有一次宣称，既然有人在公厕里乱写那些反动的诗句，不如就用反向宣传作为回应。有一段时间，辛波斯卡和沃德克的客人们像孩子一样忙着在公厕里拼拼图似的写诗，有几句反帝国主义的诗我还能背下来，但是可以出版的就只剩下反教权的'教权滚出茅坑'了。"[6]

宛达·克罗敏科娃记得有一个住户不喜欢克鲁普尼察路文学之家那里的氛围。他说："这像话吗！对每个人都微笑，就不用管阶级斗争了吗？"克罗敏科娃每周日都去克鲁普尼察路沃德克夫妇家里做客。他们同马切伊·斯沃姆钦斯基和他当时的妻子莉迪亚·扎姆科夫以及莱舍克·赫尔德根、斯瓦沃米尔·姆罗热克一起表演各种不同的小戏剧。有一次，斯沃姆钦斯基连上了他们的邻居——一位人民作家的广播喇叭（当时就叫广播喇叭，现在叫广播），然后这位邻居在广播里听到他说自己的文学作品获奖了。

"我们和辛波斯卡做了两年门对门的邻居。"马切伊·斯沃姆钦斯基告诉我们，"她是一个安静却总是在微笑的女孩。我记得她穿着睡袍读法国文学的样子，她在精神上就能自给自足。但这对年轻夫妇一直顶着压力，因为楼下波兰作家协会的大厅里举办了各种各样的意识形态学习班，而我们却在楼上玩照片模仿秀。"

另一位当时住在克鲁普尼察路文学公寓楼里的住户埃乌艮纽什·哈盆还记得，辛波斯卡是一位十分友好的女主人，他们常在她家玩戏剧表演。"当时姆罗热克还有一个外号叫'末代艺术家'，他瘦得像根杆子，经常扮演无产者，而我则经常扮演戴高顶礼帽的资本家。"

在辛波斯卡的相册里，自己丈夫的照片就是在玩这些游戏的时候照的：沃德克穿得像个女人，戴着假发，脖子上戴着串珠项链，背后是露背大领子；或者穿得像个牧羊人；又或者穿得像个资本家——戴着黑色圆顶礼帽，胡子是画上去的。

斯瓦沃米尔·姆罗热克和莱舍克·赫尔德根在克鲁普尼察路那栋房子的房顶上（20世纪50年代摄于克拉科夫）。

辛波斯卡和莉迪亚·扎姆科夫（1951年摄于克鲁普尼察路）。

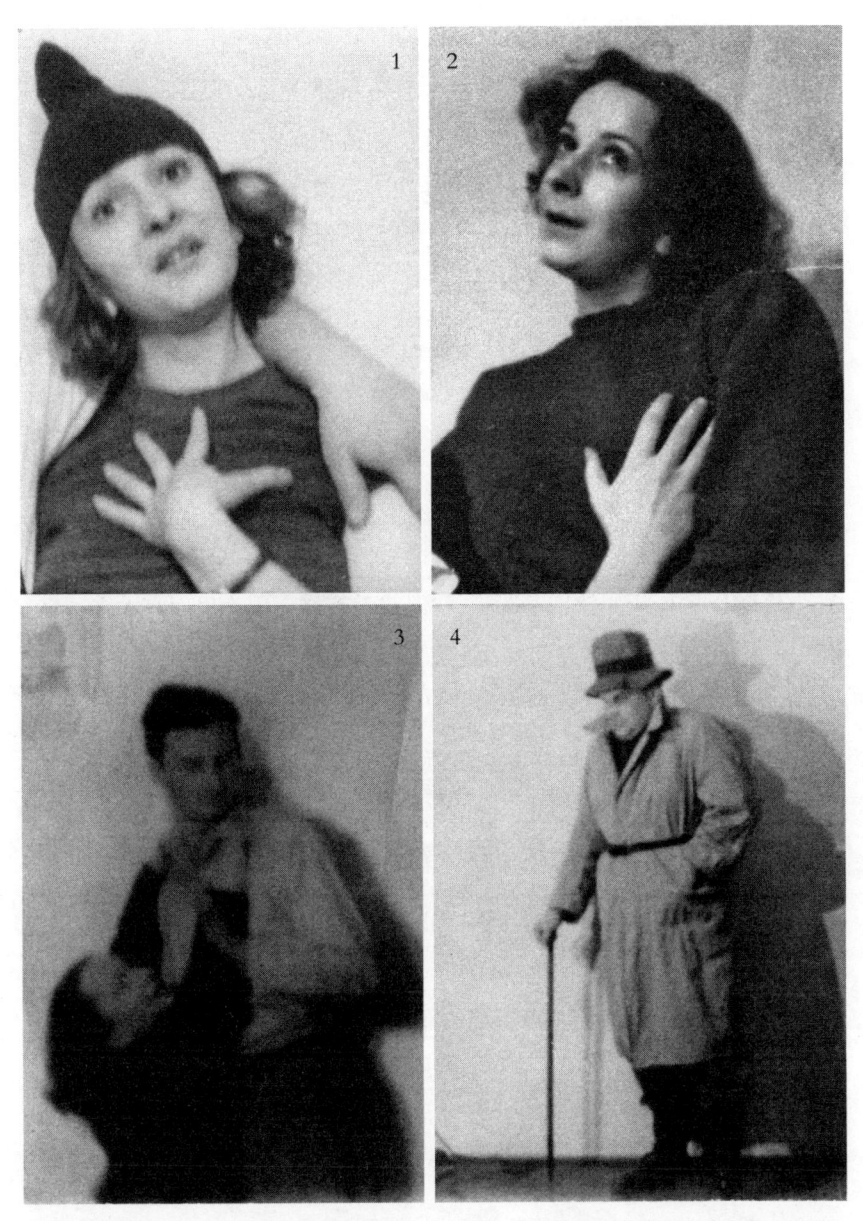

在辛波斯卡和沃德克居住的克鲁普尼察路的房子里,文学家们经常举办文学比赛、游戏和照片模仿秀。

照片1和照片2中,放在辛波斯卡身上的手是沃德克的;照片3是辛波斯卡在掐着斯瓦沃米尔·姆罗热克的脖子;照片4是沃德克扮成了一个资本家。

"那时没有任何迹象表明,"耶日·科尔察科说,"住在克鲁普尼察路的那群人里,辛波斯卡和姆罗热克会有之后那样的成就。如果说姆罗热克有什么突出点,那就是他的细致,比如他把所有周日营业的酒馆都记了下来。要说辛波斯卡有什么突出的地方,那就是魅力。她是一个很可爱的女孩,没有一般女性的轻浮。我们都知道她很优秀,但是我们当时还没在她身上发现那种灵气。"

斯沃姆钦斯基在20世纪40年代初至50年代末期间,曾有上百首短诗被刊印,他从记忆深处挖掘出了一首诗的开头:"某个从库尔尼克来的女诗人 / 她的偶像就是矿工领军人……"后面他就不记得了。①

"那些短诗辗转于一些文件夹中,有好几次,我都想直接把它们烧掉,因为我不知道我的孩子和孙子们在我死后翻看这些短诗时会想些什么。"多年以后斯沃姆钦斯基写道,"但我没有烧,因为里面有太多回忆。如果烧掉了,那么克鲁普尼察路上那些有趣的日常聚会就没有一点存在过的痕迹了。聚会时,每个人都可以随便说一个地名,然后就会有人自告奋勇在十几秒的时间里作一首短诗作为回答。参加那些聚会的人都已经不在人世了。只剩下我和一个年轻漂亮的女孩,那女孩总是小酌一杯伏特加,在听到每个连混蛋惯犯听了都会脸红的字眼时,会笑出声来。"7

"尽管辛波斯卡之前没听说过讽刺短诗,但是她迅速成了我最聪明的学生。我经常对她说,讽刺短诗不仅要在第一行诗中包含地名,要有a-a-b-b-a的韵,还应该带点下流的意味。"斯沃姆钦斯基补充道。

谈起斯沃姆钦斯基时,辛波斯卡就像在说自己崇拜的大师,说他只要在房间里走两圈,一首短诗就张口而来了。

---

① 斯沃姆钦斯基那时还没有完成这首诗的创作,但半个世纪后,辛波斯卡的出生地被她的朋友、斯拉夫语学者、外交官亚采克·巴鲁赫写诗铭记:"出生在库尔尼克悲惨的棚屋里 / 她不习惯生活在烛台上。"

辛波斯卡与马切伊·斯沃姆钦斯基（摄于20世纪50年代初）。

"如今很难重现那时的氛围，但是战后我们渴望人与人之间的交往，我们幸存了下来，这就是快乐。"那时作家协会的秘书塔戴乌什·科维亚特科夫斯基说。

当我们同克鲁普尼察路文学公寓楼里的居民们聊起20世纪40年代和50年代时，他们都不记得当时自己的政治立场了，相反他们会满怀伤感地回忆起那时生活里与他们毫不相干的好玩的事，而且他们经常重复提起的趣事总是那几件。比如有一次，楼里一个特别喜欢搞恶作剧的人在天蒙蒙亮的时候就把其他人都从床上叫了起来，谎称有外国作家使团要接待，还把他们派去了火车站。他们跟那些党内的积极分子说来的是苏联作家，而跟其他人则说来的是法国作家。

人们都试图忽视或用笑声来对抗战后的现实，这种现实与文学之家里的游戏氛围之间的不协调成了玛尔塔·维卡的论文《文学之家作为"世界之画"——关于切斯瓦夫·米沃什在克拉科夫的日子》的主题。

"两次世界大战期间,一群时而欢乐、时而荒唐的人聚在一起形成的这种'游戏和玩乐'的文学生活习惯……那种特定环境下的'不严肃',在战后完全没有消减。"维卡写道,"多年以后,当那些参与者回忆起文学之家的社交生活时便证明了过去那种搞笑的习惯力量是多么强大,而他们又是如何尝试将其延续下去的,尽管他们已经觉得好像没什么好笑的了。但实际上还是有的……游戏和玩乐的传统得到了延续,尽管那时的幽默和笑意已经成了逝去时代的遗物。"[8]

维卡的文字是在歌颂米沃什的智慧和明察秋毫。米沃什在离开波兰的时候,也放弃了克鲁普尼察路上的房子(尽管只是象征性的,毕竟那个为文学家们争取来这栋房子的瓦热克,也在别处给他安排了一栋独立的房子)和那里的游戏与玩乐。他厌恶这些,也不想掩饰。他更喜欢成为悲剧的一部分,而不是悲剧中的闹剧。米沃什在多年以后这样评价自己在华盛顿创作的长篇诗歌《欧洲的孩子》:"这首诗或多或少表达了对一切事物、对世界的恐惧和厌恶,因为战后的日子里有那么多的谎言。"

维卡在自己的分析中直接将这首诗同克鲁普尼察路——当然是被看作"世界之画"的克鲁普尼察路联系了起来:"看起来在所有描述文学之家的历史语境中,这首诗并不是最糟糕的,尽管它是与历史的苦涩斗争。"

> 过了谎言之日我们就会合成精选的圈子,
> 当有人提起我们的行为,我们拍着腿大笑。
> ……
> 我们是从犬儒主义中抓取欢愉的最后一群人。
> 我们是最后一群圆滑差一步就是绝望的人。

严肃至极的一代已经出现，

那些我们会一笑而过的东西，被逐字逐句地当真。[9]

米沃什于1946年创作了这首诗，而在克鲁普尼察路的文学公寓楼里，人们仍旧在玩闹。哪怕都在害怕，他们也会用笑声驱赶恐惧。

辛波斯卡在谈到自己当时的丈夫时说："他早年是一个虔诚的共产主义者，同我们这一代的大多数作家一样，坚信人民幸福的秘诀掌握在意识形态之中。在作家生涯发展的黄金期，我们所有人都将想象力浪费在了创作不同的宣传文章上。我们觉得自己是在做必须做的事情，但与此同时，在谈论或是评价诗歌的时候，沃德克从来不用意识形态的标准。当然，我们所有人都很喜欢马雅可夫斯基，但同时我们也很喜欢阿波利奈尔。"[10]

安杰伊·克罗米奈克如此回忆亚当·沃德克的专注态度："当有个人在绝望地哭诉自己在有生之年绝对看不到一本高等审美水平的文学著作出版了的时候，我记得他的反应。'没办法，'他回答，'我们的年代没有给个体的崩溃和虚弱留下空间，也没留下时间，某一时刻，我们的后继者将会品尝纯粹审美的甘甜，但是我们不可以。'"[11]

1950年4月，维斯瓦娃·辛波斯卡和亚当·沃德克一起入了党。安娜·扎日茨卡在对辛波斯卡早期作品的研究中写道："他们二人在杂志的同一专栏里发表文章，有段时间他们的文章甚至被刊登在同一页上。"[12]扎日茨卡引用了他们去钢铁工业区诺瓦胡塔旅行时创作的诗歌为例。亚当·沃德克写道："对我们来说是骄傲和喜悦，是荣幸，是力量/'快乐国家'从心到心传递/给我们计划、机器、原料/从马格尼托哥尔斯克/从库兹涅茨克搬来的——诺瓦胡塔诞生了。"然后他的妻子附和道：

有着错误记忆的阶级——死去。

我们选择更可信的记忆

——自己像书一样摊开
　　在最常被阅读的地方。

　　如今的年轻人们，城市的简历
　　开始为我们，伴我们，从我们谱写。

——《致建设诺瓦胡塔的青年》，
出自《我们为此而活着》(1952)

　　在上交给波兰作家协会的文件中，辛波斯卡汇报她正与马切伊·斯沃姆钦斯基和亚当·沃德克一起编写有关诺瓦胡塔的书和关于"六年计划"主题的诗集（这两本书均未出版）。[13]那时在什切青举办的关于"消除文学中存在的一切特殊"的会议已经结束，每个人都必须根据社会现实主义的模板来规范自己的文学作品，再花大把的时间开会，整个大会充斥着自我批评和小报告。

　　克鲁普尼察路文学公寓楼的食堂已不仅仅是举办欢快舞会的地方了，毕竟在斯大林主义最鼎盛的时期，很多事情没那么好笑，人们也不总是那么开心了。1953年2月8日，在食堂聚集参会的作家们签署了一份决议，谴责克拉科夫教廷的神职人员，主张对他们判处最高处罚甚至死刑。这些神职人员在一场官方主导的庭审中被控叛国。"我们表示无条件谴责祖国的叛徒，他们利用自己宗教神职的便利和对天主教青年协会部分活跃青年的影响，施行与民族、国家和人民敌对之事，他们收了美国的钱，进行间谍和分化活动。"[14]

　　辛波斯卡在1954年与亚当·沃德克离婚。她诗作的德语翻译卡尔·戴德尤斯记录了20世纪50年代中期自己与辛波斯卡相识的场景："她一直为那段与当地文学家兼理想主义者之间的失败婚姻而痛苦，战后那几年，她始终在青涩情感的岔路和死胡同之间徘徊。从《相爱的人》《任何事物都不会发生两次》《喜剧演员》这几首诗中就能窥见一二。"[15]

先是逝去了我们的爱情,
然后过了一百、两百年,
我们又将会在一起:

女冒牌货和男冒牌货,
观众的宠儿,
在剧院里扮演我们。

短短的闹剧一直在对对子,
有一些舞蹈,有很多笑声,
有对风俗习惯的精准刻画
和观众的掌声。

——《喜剧演员》,出自《呼唤雪人》(1957)

"有一次我斗胆问了辛波斯卡,女人们到底看中沃德克什么?他并不属于英俊的美男子,不仅又矮又胖,而且没有车也没有钱……一点儿也没有能吸引女人的地方。"亚采克·巴鲁赫写道。辛波斯卡回答说:"他存在的方式非常真实自然,坦坦荡荡,而女人在他面前也不需要装。他给人一种平静和安全的感觉。"[16]

辛波斯卡写道:"我们做了不到六年的夫妻,从1948年到1954年,我们协议离婚,相互之间没有埋怨,但所知之人甚少。我们离婚后也保持着友谊。"[17]

辛波斯卡不常参加克鲁普尼察路那栋楼的集体生活,但她有时会参加食堂里举办的聚会。她还记得那次去参加萝拉女士的退休宴会。"她的演讲太精彩了,换作是我,根本就做不到。"她告诉我们。

萝拉女士,也就是卡罗琳娜·苏鲁夫卡,她在克鲁普尼察路那栋楼里担任信差、后勤和房管,为文学家们烧锅炉,从贩酒窝点搬运伏特加。布罗尼斯瓦夫·马伊在20世纪80年代住在那里并认识了萝拉女士,多亏如此,他才能在亨利克·乌尔班克的文学之家纪录片里为萝拉女士配音,有时还会演绎萝拉女士的独白——"我如何与文学和艺术共同生活"。马伊在标志出版社创社四十周年的庆典活动上演了一段关于萝拉女士的小品——"作家们写作吧",将这位衣帽间管理员塑造成了一个狂热的经典人物,也是那个地方和那段日子的象征。"萝拉女士虽然很八卦,但她的好奇心还没有大到去读与自己熟识的作家的书。"他告诉我们。

"她丑得像黑夜,但她很幸运。"辛波斯卡说,"她很幽默。以前在那栋楼楼下的台阶上,经常坐着她的追求者。当听到吉他声时我们就知道,那些追求者之中又有人从监狱里出来了,或者拿到了通行证。"

离婚以后,辛波斯卡继续住在克鲁普尼察路的那栋楼里,而沃德克则得到了诺瓦胡塔一处两室的房子,还附带厨房。但不久之后,他就搬去了戈热古什基的一处单身公寓,那里只有二十平方米,只因沃德克不忍心看着自己的熟人在那间小房子里同妻子、女儿和岳母一起生活,于是和对方换了房子。[18]之后,他就一直生活在那间位于达申斯基路7号的单身公寓里,直到生命的最后一刻。

"我记得耶日·扎古尔斯基的妻子玛丽娜·扎古尔斯基有一次问我:'维斯瓦娃,你平时都在哪里吃饭?'我回答在克鲁普尼察路那栋楼的食堂,因为方便,只要下楼,饭就是现成的。而她却问:'那食堂的酸菜炖肉还是那么臭吗?'"

辛波斯卡从来没有在别处提起过这个自己住了十五年之久的地方,只在"文学信箱"的匿名栏里提过一次。当时她匿名给一位说自己想当作家的读者回信,信中,这栋楼匿名出现,成了一栋长期处于全楼整修状态的公寓。"几十个工人在楼里穿梭。敲门后,门里人问:'什么人?'他们不说'泥瓦工'或者'瓦炉工',而说'修管道的''修天花板的''修暖炉的'。可惜泥瓦工这份职业有着体面的传统,但是'修天花板的'这份职业没有，未来也不会有。"[19]

从辛波斯卡那里，我们得知亚当·扎加耶夫斯基也曾在一篇回忆录里完美地重绘了克鲁普尼察路那栋楼的食堂。

"'那些气味、闲谈、菜肴、萝卜、同甜菜根搅拌在一起的半生不熟的菜和肉末饼、用李子做的水果茶。'他在自己的新书发布会上读了这段话。之后我提醒他有一件事没有注意到：在李子茶的杯子里总是有一个李子，却有两个果核。那么问题来了——第二个李子在哪里？"

在《新来的小拉鲁斯》中，扎加耶夫斯基还回忆起除了甜菜根和肉末饼，还有清汤寡水的蘑菇汤、寡淡的罗宋汤、干干巴巴又生无可恋的猪排。他写道："'文学之家'是苏联人的发明。凡是读过布尔加科夫、曼德尔施塔姆或者帕斯捷尔纳克作品的人肯定都记得小说里描写的文学公寓和房间，还有打字机比灶台还要多的独栋房子。"[20]

"克鲁普尼察路并不是能够久待的地方。"辛波斯卡说，"走廊上有公共的卫生间，每个人都有钥匙。我居住的最后一间屋子已经发霉到让我严重过敏的程度了。后来我每次去那里探望别人时，还是能感受到那种强烈的湿气。真是可怕的地方。"

1996年冬，我们去那里实地考察了一下。破败的公寓楼墙体斑驳，楼梯上充斥着霉臭。一部分屋子里没有水，窗框的颜色也早已脱落。面向庭院的阳台之间连接着被称为"涡形梯"的消防楼梯。只有通过这些生锈的、结了一层冰的楼梯才能到二楼拥挤不堪的小房间，这间房里当时还住着九十岁的萝拉女士，她从1945年起一直住在这里。她认识在这栋楼里住过的每一个人，但我们去时，她已经什么都不记得了。

"克鲁普尼察路变成了传奇，但是这整个地方就像晴天里的电闪雷鸣一样阴郁。"亚历山大·耶姆内告诉我们，"恶意的流言一直在盛传，还有那没有尽头的无聊会议。一边是已经适应了新时代的文学家，一边是独居在那里的女翻译家们，她们经常穿着带蕾丝褶皱花边前襟的衣服下楼吃饭，她们讨厌大锅炖的土豆，并且经常怀念以前的御厨。有一次，一位贵族出身的老先生走到康斯坦丁·加乌琴斯基的餐桌旁,然后礼貌地询问:'您好,请问今天是什么汤?'加乌琴斯基回答说:'垃圾汤。'关于克鲁普尼察路的一切就是这样。"

第 8 章 信仰时代

查理·卓别林的一部电影里，有一幕收拾东西的片段：他先是坐在行李箱上，继而在上面跳来跳去，而当他终于合上了行李箱时，仍有一些内衣衣角、背带和被夹住的衣领露在外面，于是他拿起剪刀，把所有露在外面的地方都剪掉了。维斯瓦娃·辛波斯卡记得这一幕，并在1991年8月，在法兰克福圣保罗教堂发表歌德文学奖的获奖感言时提到了。"当我们满心想着把现实装进意识形态的行李箱时，往往就会这样。"

"有时现实显露的一面如此混乱，让人根本无法理解。"她说，"人们总想从中找到稳定而长久的秩序，分辨出什么重要、什么不重要，什么已过时、什么尚新奇，什么带来妨害、什么带来帮助。这是危险的诱饵，因为那时在世界和进步之间，总有一些信誓旦旦说能将一切进行分类解释的理论和意识形态在见缝插针。"[1]

以这种方式，辛波斯卡首次在公众场合就自己曾经的政治立场发声。或许她认为这富有声望的奖项将她变成了一个公众人物（不论她希不希望），因此她有责任对此做出表示。

1991年，她在与沃伊切赫·里根扎对话的时候也承认："没有那些经历，我可能永远都不会真正知道信仰某个唯一真理的感觉是什么样的，也不会明白，只知道自己想知道的东西是多么简单，也不会知道在面对别人的不同立场时，人们会有怎样神奇的思维跳跃。"[2]

还是在1991年，辛波斯卡与亚当·米哈伊沃夫对话的时候说："我属于相信过的那一代人。我相信过。而当不再相信的时候，我就不再写那些诗了。……战后，我们假装已发生的事就是最好的安排。我们真的不是什么都知晓。从某种程度上来说，我们非常傻、非常幼稚，但我们鄙视物质的东西，在意的不是生存条件，也不是谋得某个职位。这听起来很好笑，但是我曾经鄙视那些穿晚礼服参加舞会的同事——怎么能穿成这样！我们这边还在为更好的世界打拼，你们怎么可以穿什么晚礼服？我们有着高度的奉献精神，憧憬着伟大的东西，尽管所有的一切没人愿意去面对。我带着'我所做的就是正确的'这种信念完成了自己的'诗歌任务'。"[3]

1955年5月，辛波斯卡还依照惯例为《文学生活》写了一篇评论文章，表达对红军和科涅夫元帅解放克拉科夫的感谢。[4]不满一年之后（在波兹南六月事件发生的两个月前），《文化概览》就刊登了她的自我清算诗：

> 是时候捧起自己的头颅，
> 对它说：可怜的尤里克①，你的无知去哪了，
> 你的盲目相信去哪了，你的无辜去哪了？
> 你船到桥头的自信和灵魂在
> 没验证和验证过的真理之间的平衡又去哪了？
>
> 我曾相信他们背叛，他们不值得拥有姓名，
> 既然杂草在讥讽他们无名的坟墓，
> 乌鸦还在嘲笑，雪暴在嘲讽，
> 但他们是，尤里克，虚伪的见证者。

---

① 莎士比亚喜剧《哈姆雷特》里的小丑，他的头颅被从坟墓中挖出来，引发了哈姆雷特关于人的生命之脆弱的思考。——译者注

死者的永恒会一直持续，

只要人们还用记忆向他们付账。

摇摆的货币。任何人都有

失去永恒的那一天。

如今关于永恒我知晓更多：

可以将它给予和收回。

谁被叫作背叛者——他

就会同名字一起死去。

……

他们正向我们走来。像钻石一样闪耀

——在反光的橱窗上，

温馨小家的窗户上，

粉色眼镜的镜片上，玻璃做的

头，心之上，静静燃烧。

——《恢复名誉》，出自《呼唤雪人》（1957）

这首诗的主角对自己一点都不仁慈，她不为自己的信仰或者无知开脱，她承认自己的无力——对所造成的伤害无力弥补，每每想起都会一阵战栗。她写下的是意识和记忆中无法治愈的伤痕（她称自己为"被贬入诗歌地狱的西西弗斯"）。

《恢复名誉》可能是辛波斯卡所写的诗中最糟糕的一首，尽管从那时起，辛波斯卡的写作特点就已开始显现，比如诗的概念、诙谐幽默或者讽刺，但这些都无法软化这首诗主旨的尖锐。

我构思世界，第二版本，

第二版本，改良版

……

时间（第一章）

有权力介入，

不论是坏是好的一切。

但是啊——那让山川崩塌，

海洋移位，那

伴随斗转星移的时间，

将不会有哪怕一丁点儿可能

掌管爱情中的人，因为他们过于赤裸，

拥抱得过于紧密，灵魂紧张得

就像停在肩上毛发蓬乱的麻雀。

衰老只是从

罪犯人生中总结的教训。

啊，于是乎所有人都是年轻的！

磨难（第三章）

并没有折辱身体。

死亡，

当你沉睡时，降临。

……

世界只是这样。只是这样

活着。也就这样死去。

其他的一切——就像用锯子

短暂一刻拉响的

巴赫名曲。

——《我致力于创造一个世界》，出自《呼唤雪人》(1957)

这样的清算诗只有几首（她出于某些方面的考虑将其发表在了华沙

的《文化概览》，而不是她的"本家"《文学生活》上），但是每首诗都有其重要性：《葬礼》的灵感来源于对共产主义人士拉舍尔·拉耶克尸骨的挖掘和重葬，他在1949年公开庭审时被判处死刑（因为审查，诗歌题目中的人名被删掉了，但当时的读者都心知肚明）；还有《致友人》，这些友人同辛波斯卡一样潦草地经历了催熟的"速成班"，但是"在从错误到正确的道路上，他们已不再年轻"；还有《布鲁格的两只猴子》中那句后来被多次引用的开头"这就是我长眠梦中的毕业考试"；最后还有一首看起来简单的无题押韵短诗，描写的是与历史的重大冲突，除了死亡别无逃脱之法：

> 慢吞吞的历史
> 吹着号角为我伴奏：
> 城市，我生活过的城市，
> 叫作杰里科。
>
> 墙一个接一个，
> 忒啦，嗒，嗒，从我身上慢慢掉落。
> 我赤裸地站着
> 在空气的制服之下。
>
> 你们吹响号角吧，还要有序，
> 你们跟着民乐队一起奏鸣吧。
> 直到皮肤褪去，
> 骨骼为我洗刷罪名。
>
> ——《无题》，《呼唤雪人》（1957）

就像文学评论家斯坦尼斯瓦夫·巴尔布斯所说的那样，辛波斯卡的

诗集《呼唤雪人》一经出版，立刻成为"'十月事件'之后波兰诗歌死而复生的最重要影响因素之一"。⁵

《呼唤雪人》在1957年秋天出版之后，辛波斯卡就同她的诗人朋友斯瓦沃米尔·姆罗热克和塔戴乌什·诺瓦克一起赴法国留学了。

某天，那时已是1958年的1月，辛波斯卡同扬·尤瑟夫·什切潘斯基一起从圣拉扎尔火车站坐上了火车。25分钟后，他们来到了迈松拉斐特。接着他们又沿着勒克雷尔将军路走了20分钟，来到普瓦西大道91号，那是一栋长满葡萄藤的漂亮的独栋花园房。巴黎著名的《文化》杂志总编耶日·盖德罗伊茨在门口迎接他们。在他们之前，来过这里的波兰人只有几十个，而在他们之后，来这里的波兰人增加到了几百个。

"这次拜访之前我们也很担心，"扬·尤瑟夫·什切潘斯基同我们说，"但是好奇心战胜了恐惧。我作为无党派人士，冒的风险最小，姆罗热克和诺瓦克那时是有党派归属的，辛波斯卡也是党员。我觉得我们让盖德罗伊茨失望了。他问了非常具体的问题：谁在什么时候说了什么？在高层又有什么事情发生？我们之中没有一个人能回答。"①

耶日·盖德罗伊茨不记得后来的诺贝尔文学奖得主曾去过他那里。"1957年的时候，"他来信时写道，"从波兰来我家里做客的作者有一大帮人。"⁶

"盖德罗伊茨可能不记得了，"辛波斯卡说，"但我清楚地记得那次拜访。他只对政治感兴趣。尤瑟夫·查普斯基当时不在，我还挺遗憾的。之后就再没有机会认识他了。"

1957年秋，当推动"十月事件"的杂志《就这样》停刊之后，亚当·沃德克退出了党派。

---

① 1958年1月12日，扬·尤瑟夫·什切潘斯基在日记中记录了这次访问："两天前，我和几位克拉科夫的作家一起去了迈松拉斐特。当谈及波兰这个国家时，盖德罗伊茨和他的朋友们充满了想法，他们对波兰正在失去一个很好的机会而感到不安，并且正在努力弥补它。而我们能做的只是摊开双手。最后我们沮丧地离开了，为了安慰自己，我们去看了脱衣舞表演。扬·尤瑟夫·什切潘斯基，《日记》（第二卷），克拉科夫，2011年。

辛波斯卡与兹比格涅夫·赫贝特的表妹达努塔·赫贝特—乌拉姆（1958年1月摄于巴黎）。

辛波斯卡与斯坦尼斯瓦夫·莱姆（摄于20世纪50年代末）。

"十月事件"之后,波兰迎来了一段辛波斯卡所谓"对向内的灵魂来说友好的日子",辛波斯卡的诗也开始更加贴近她的本性。在《呼唤雪人》之后出版的诗集中,已经没有任何清算诗了,没有政治,只有她,独自一人,与众不同又私密的辛波斯卡。

> 在赫拉克利特的河中,
> 我是一条鱼,独特的一条鱼
> (最起码区别于树鱼和石鱼)
> 在某些时刻我匆匆地
> 画下银色的小鱼,如此匆忙就好像
> 这是黑暗在无措中眨了一下眼睛?
> ——《在赫拉克利特的河中》,出自《盐》(1962)

辛波斯卡在送给文学评论家好友雷沙德·马图舍夫斯基的诗集上写了这样一句赠言:"请收下这本诗集,它会填补横亘在莎士比亚和赫尔曼奈基尔达·科丘宾斯卡①之间令人沉痛的沟壑。"

辛波斯卡从来不在乎奖项。"我还很庆幸自己不属于获得国家级奖项的那群人。"她告诉我们,"我知道我有几次得到了提名,但总有反对的评审人出现。我不知道他们的姓名,但时至今日我仍旧很感谢他们。"

1964年,在伏瓦迪斯瓦夫·哥穆尔卡执政期间,有三十四位作家和学者联名发表公开信,抗议政府对印刷书籍所用纸张数量的限制以及对审查制度的加强。在"自由欧洲"广播电台公开了这封信的内容后,政府组织了大规模的宣传反击和收集反对签名的活动。

"我们,如下签名的作家,坚决反对在西方媒体以及在'自由欧洲'这种混淆视听的广播电台里企图诋毁波兰人民共和国的行为。"波兰作家

---

① 波兰作家康斯坦丁·加乌琴斯基的迷你剧作《绿鹅》中的人物。——译者注

协会的成员这样写道。这一运动发展迅速，到后期，抗议信上收集的签名达到了六百个——占作家协会成员总数的百分之六十。他们的信被刊登在波兰各大日报上。除了那些受命活跃于文学一线的同志，还出现了一些优秀作家的签名，比如尤利安·普热波希、塔戴乌什·鲁热维奇、雅罗斯瓦夫·马莱克·里姆科维奇，还有维斯瓦娃·辛波斯卡。[7]

抗议信的内容在收集签名的过程中变动了数次，而且发起者经常懒得通知签名者内容已经变更，所以经常发生签名者明明签的是第一个版本，却在最终版本上也发现了自己的签名这种事。波兰作家协会克拉科夫分会修改了抗议信的第一句话，但是克拉科夫作家们的签名还是被印在了"全国版"抗议信的下面。

维斯瓦娃·辛波斯卡在给波兰作家协会的信中写道："我震惊地看到自己的名字出现在从来就没有签过的抗议信下面。我签的是另一个版本。如果那个版本有任何不妥之处，也请至少告知并说服我本人，而不是直接甩给我既定的事实。"[8]

两年以后，1966年，莱舍克·科瓦科夫斯基在华沙大学"十月事件"周年纪念日上发表讲话，提出诉求：重新拿回国家主权，消除经济乱象，确保批评和组建协会的自由，实行政府对社会的责任制度，取消文化创作领域扼杀一切的教条内容。

这是"十月事件"的群情激愤平息之后，第一次有人公开讲出这些事，尽管之前也有人提及，但都仅限于亲朋好友之间。政府对此的反应是开除科瓦科夫斯基波兰统一工人党的党籍。

为了表示对科瓦科夫斯基的声援，辛波斯卡归还了党员证。

她预想自己会被工作单位开除，但后来她淡定了。她计划好了，如果以后只能喝酸奶、吃粗碎的谷粒，那么以她的积蓄能维持两年，甚至三年。

就在那时，20世纪60年代中期，辛波斯卡结识了比自己年轻二十几岁的艾娃·利普斯卡，那时利普斯卡还与亚当·沃德克处于一段关系中。

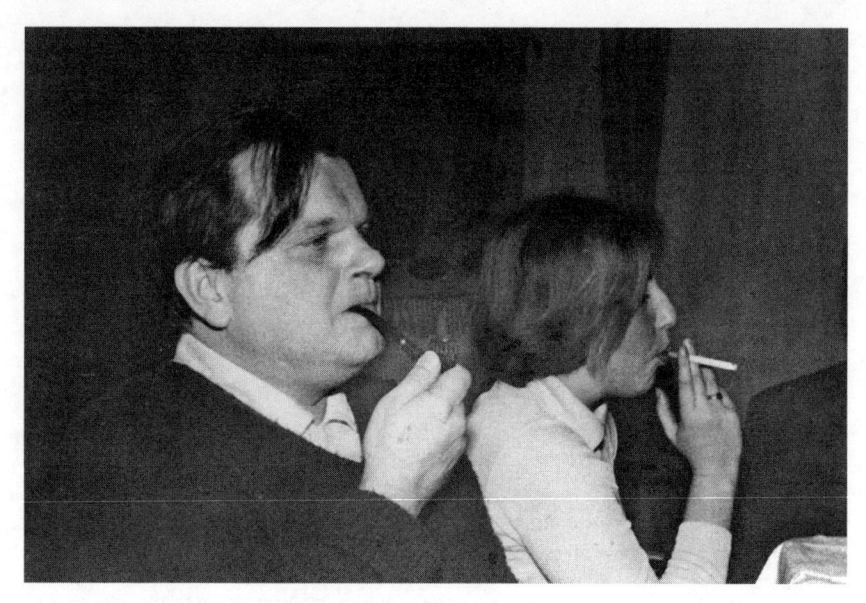

艾娃·利普斯卡和亚当·沃德克（摄于20世纪60年代）。

"我见证了他们美丽的友情。"利普斯卡说，"他们没有一天不交流。不管谁在广播里听到了什么，都会打电话分享给对方。那时不像现在，什么信息都能在网上找到。他们喜欢互相开玩笑。他们不会马上说，而是让另一个人猜发生了什么。亚当·沃德克在辛波斯卡和我的生命中扮演了重要的角色。他有着天才一般的直觉和诗歌评价上的独特天赋。"

当沃德克还是波兰作家协会克拉科夫分会青年作家协会监管者的时候，认识他的人都说他有这种天赋。"沃德克能在诗和诗人周围创造不同寻常的氛围，类似一种自成一体的诗歌宇宙。"莱舍克·A.莫楚尔斯基回忆起他时说道，"他很有天赋，也有令人惊异的共情能力，或者更应该说是前瞻的智慧。他能预见我们每个人作为诗人，能够在哪些地方、哪些领域、哪些层次寻找到最重要的关键词或者能让我们在未来创作出引人入胜的有趣作品的萌芽。"[9]

"我从来没给别人看过自己的诗，我不乞求任何人的帮助。"辛波斯卡告诉我们，"只有一人例外——亚当·沃德克。他永远是我诗歌的第一个专注的读者。"

艾娃·利普斯卡说："有很多优秀的前辈伴我成长，也正是他们的前车之鉴让我成长为现在的模样。我很幸运，生在一个历史无暇将你审查的时代。我们这一代所获得的东西是建立在前一代人的经验之上的。"

"如果一个人想要坚信不疑，那他就会坚信不疑并且无视反对的意见。"辛波斯卡这样向我们解释意识形态的盲从机制，"但我并不后悔有过那段经历，尽管它持续的时间过长。多亏了那段经历，我如今才能明白某些情感状态，我知道强烈地信仰某件事，并对别的意见和事实视而不见是什么意思。"

20世纪90年代末，当讲起自己脱离意识形态队伍的经历时，辛波斯卡重申，甚至更加强调："我并不认为自己浪费了那些年。它让我不会再受到任何剥夺人独立思考能力的教条的影响。我明白那种感觉——只看得见自己想看见的，只听得见自己想听见的，并有效地打压一切质疑的声音。"[10]

从坚信自己真理的人变成怀疑者——这一转变在下面这首诗中得到了证明：

> 我偏爱自我喜爱
> 而非自我爱恋的人。
> ……
> 我偏爱不向我保证
> 任何事的说教者。
> ……
> 我偏爱保留意见。
> 我偏爱混乱之地狱而非秩序之地狱。
>
> ——《种种可能》，出自《桥上的人们》（1986）

在谈及这一蜕变时，辛波斯卡引用了俄罗斯的天才幽默作家阿尔卡迪·阿维尔沉珂的名言："批发使人们变傻，而零售让人们明智。"她还补充道，变傻总在转瞬间，而回归理智的过程——绵长又痛苦。

她这样描述："可能开始于一些论据。这些论据在每一个令人困惑和道德不明的问题上都坚持不懈地出现。我们知道波兰为什么嫌恶地放弃了马歇尔计划，还有其他一些事情。我们清楚地知道为什么苏联军队没能来支援华沙起义，尽管我们很想让他们来，为什么当时许多备受瞩目的活动家一夜之间就变成了人民公敌。令人不安的是，这类需要复杂解释的问题不见消减，反而一直都在出现。别误会，我们并不是愤世嫉俗之人，我们梦寐以求的是那种自明其意的事情，不需要辩证法的花样。刚开始这让我们很厌烦，后来让我们很疲惫，最后让我们很厌恶。我记得当时我们听到对所谓'波兹南意外'的宣传评论时已经很愤怒了。就在那一时期，我们开始回想之前发生的事件所用到的解释的可靠性，我们开始思考。"[11]

这可能是辛波斯卡唯一一次在讲述自己时使用第一人称复数。"我们"指的是她和亚当·沃德克——她在有关沃德克的回忆中写下了整件事，而"我们"也指她那一代曾经有过信仰的青年作家和诗人。

亚当·扎加耶夫斯基写道："重要的是怎么从这样的胡同里走出去，而不是反思当初是怎样走进来的。无论是从个体还是从诗人的角度来看，维斯瓦娃·辛波斯卡都是一个渴望真相的人，很真诚，很睿智。年轻时的这件事对她来说不仅成了一次小教训，更成了一节重要的人生课程。她在对那些年和那些她再也不想重提的诗的反思中建构了自己后来的成熟创作，而那对我们来说肯定比'20世纪50年代初的维斯瓦娃·辛波斯卡'来得更有趣，更值得深思。"[12]

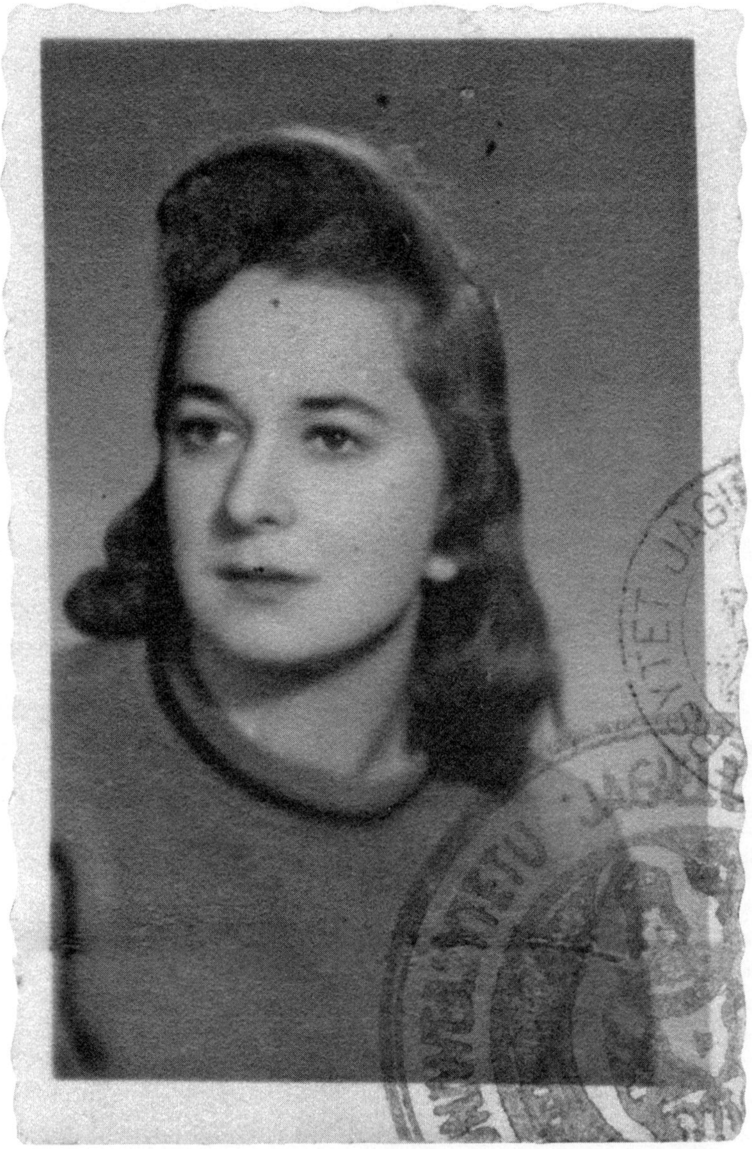

第9章 《文学生活》十五年

1955年冬天,《文学生活》上演了一场轰动一时却又姗姗来迟的诗歌秀:米龙·比亚沃舍夫斯基、斯坦尼斯瓦夫·切奇、博赫丹·德罗兹多夫斯基、耶日·哈拉辛莫维奇和兹比格涅夫·赫贝特的诗在被禁多年后首次刊登,附带知名诗人和文学评论家的点评。这是波兰解冻时期比较重要的历史事件之一。当时负责这一版面的就是已经工作了将近三年的维斯瓦娃·辛波斯卡,她在与我们谈话时谦虚地淡化了自己的功劳:"是阿尔图尔·桑达乌尔带着这个点子来到了编辑部,而我只是'表示支持'。"

《文学生活》编辑部的上班时间是上午11点到下午4点半。编辑部的同事回忆道,辛波斯卡话不多,在开会的时候很少发言。作为一个版面的负责人,她关心的是刊登作品的质量。诺贝尔奖颁奖仪式举办之后,在雅盖隆大学举办的展览上有她给康斯坦丁·加乌琴斯基和尤利安·普热波希写的约稿信。她也给雅斯特伦、雅罗斯瓦夫·伊瓦什凯维奇、鲁热维奇、扎古尔斯基寄过约稿信,还约过布沃克、赫莱布尼科夫、帕斯特尔纳克的翻译稿。但同时,就像她说的那样,她更关心新人:

尤其是那些不怎么自信,但又努力去理解我想要的是什么的新人。我并不需要他们马上适应我的要求。我还记得伊兰奈乌什·伊兰丁斯基第一次出现在编辑部时的情形。他双脚叉开,手揣兜,看着我,显然心里想着:"我倒要看看你这个傻瓜能说什么。"大多数人可能心里想的和他一样。只是他那时带来的诗本身就有出彩的地方。之后我们又见了不止一次面,一直保持着友谊。

有成群的新人到访过辛波斯卡所在的编辑部,其中有一些人还记得第一次到访时,辛波斯卡让他们感到局促不安的情形。亚当·扎加耶夫斯基告诉我们:"当时,作为一个初出茅庐的年轻诗人,我带了许多诗,她选中了其中一首。她友好地揶揄着我。莱舍克·A.莫楚尔斯基不敢把自己的诗拿给她看,但是他的同学文森特·法贝尔则将自己和同学的诗从校际文学俱乐部拿了出来,带到《文学生活》的编辑部。辛波斯卡用一整个专栏刊登了他们的诗。"

某一次尤利安·亚历山德罗维奇教授打电话给辛波斯卡,说自己认识一个得了严重心脏病的年轻女诗人,这位写得一手好诗的诗人当时在医院治疗。"就这样,我认识了哈琳娜·波希维亚托夫斯卡,她实非凡人,那是我迄今为止见过的最美的一张脸。"辛波斯卡告诉我们,"她十分向往生活,她想跳舞,想玩耍,但什么都做不了,甚至连恋爱都是危险的。1965年,我在巴黎同她见了一面,哈琳娜经常夜游城市。我记得她送我上公交车,给了我几朵紫罗兰,然后久久地立在车站,在我的视野里渐渐远去。"

不久之后,三十二岁的哈琳娜·波希维亚托夫斯卡去世了。辛波斯卡为她写了一首诗。这是她的诗集中唯一一首献词诗,而且献词不是出现在这首诗的前面,而是出现在诗末:

> 在危险中海参会断成两截:
> 一半的自己献给世界,
> 另一半的自己逃之夭夭。
> ……

海参的身体中间裂开了一条深渊，
　　深渊有两道马上相互分离的悬崖。

　　悬崖的一边是死亡，另一边是生存。
　　这里是绝望，那里是希望。
　　……
　　我们能够分离，哦真的，我们也能。
　　只是分离成身体和突然停止的低语。
　　身体和诗歌。
　　……

　　献给哈琳娜·波希维亚托夫斯卡

　　　　　　　　　　——《自体分割》，出自《可能》（1972）

　　还有一次，一个年轻人来到编辑部，留下了玛丽娜·茨维耶塔耶娃的诗的译作。这位年轻人没有自我介绍，行了个礼就匆匆离开了。辛波斯卡喜欢这些译作，但在不知道作者的情况下，诗作是不能刊登的。所以她拜托编辑部的同事——身为波兰作家协会青年作家协会监管者的斯泰凡·奥特文诺夫斯基，让他帮忙在协会会议上询问，诗作的译者是否就在会场。

　　"我参加了那次会议，"翻译茨维耶塔耶娃那些诗歌的医生尤安娜·萨拉蒙对我们说，"我马上告诉了辛波斯卡。她问我是不是也写诗。我说只是写给自己看的。她承诺如果我想出版诗集，她一定会帮忙。在那时，能遇到一个坚持自己的想法和意见，而不是单纯看关系的人很不容易。多亏了她，我的翻译才被收入了国家出版社出版的茨维耶塔耶娃诗作选集中。"

　　曾在《文学生活》发表过作品的斯坦尼斯瓦夫·巴尔布斯有一次去编辑部时，看到了如下一幕：秘书处的地板上躺着一位壮汉——那是编辑尤瑟夫·马希琳斯基，他来自维尔诺，是切斯瓦夫·米沃什的同学，而辛波斯卡正穿着拖鞋踩在他身上。"编辑大人，"马希琳斯基大喊，"我再也不敢拿我的诗来投稿了！"这个滑稽的场面吓跑了某些死缠烂打的作者。

"当《文学生活》编辑部搬到维希尔纳街之后，自1958年起，辛波斯卡便一直坐在这张办公桌的后面。在我的印象中，她在成堆的诗稿里翻找的时候，总是叼着烟。"伏沃基米日·马琼格告诉我们，"她看起来像是迷失在了信件、打字稿和香烟之中。"

她的编辑部同事齐格蒙特·格雷恩告诉我们，一次，雅罗斯瓦夫·伊瓦什凯维奇发来了一首名为《马褪色了》的手抄诗。辛波斯卡想，"褪色"一词是否应该是"淹死"。① 当时打电话没那么方便，需要预约，还得等，于是她发电报询问，结果得到作者的回复："只有女巫和女诗人才会被淹死，而马只会褪色。"于是这首诗就以"马褪色了"的标题刊登了出来。而当我们告诉辛波斯卡，在伊瓦什凯维奇的诗集中，这首诗的题目确实是"马淹死了"时，她震惊了。

"原来是这样。我都做了什么？我居然听不出那是在开玩笑。"

辛波斯卡补充说，尤利安·普热波希也经常发来诗歌手稿，因为他鄙视打字机。所以编辑如果有什么看错的地方，下一期的版面上就会出现一则勘误通知。

对于哪些诗马上就能刊登、哪些诗可以等一等、哪些诗可以直接扔进垃圾桶，辛波斯卡很清楚，但这样的"生杀大权"也让她很有负担。当1963年，普热波希提议让她担任诗人俱乐部在克拉科夫文学圈的代表时，她拒绝了。她解释道，首先她不适合"走在队伍的前面"；其次，在《文学生活》工作期间她就已经成了诗人同胞们的"压迫机制"，所以她并不想成为垄断者，那样还要在"作家之夜"之类的场合发言。1

---

① 在波兰语中，这两个词之间只有一个字母不同，"褪色"是"płowienie"，"淹死"是"pławienie"。——译者注

1961年1月,波兰电影年鉴摄影组借《文学生活》创刊十周年之际到访了编辑部。观众们看到了在堆满香烟盒的办公桌后面的辛波斯卡,同时听到旁白说:"《文学生活》诗歌版面的负责人是维斯瓦娃·辛波斯卡。这里曾刊登了许多诗歌,但是事实表明,在波兰,真正的诗人就那么几个。周刊以从不把任何一篇投稿作品扔进垃圾桶为傲。他们会用另一种方式解决问题。"这时镜头切换,大家看到了文学评论家伏沃基米日·马琼格的办公桌,而批评家本人正把一叠打字稿从办公桌上扔进壁炉里。

玩笑归玩笑,《文学生活》收到的来信实在太多了,于是在1960年年底,编辑部决定增加一个名为"文学信箱"的专栏,专门刊登编辑对投稿作者的回复。专栏作者没有署名,所以一开始人们并不知道是辛波斯卡在回复这些信件。

在早期刊物中阅读辛波斯卡"非必要阅读"系列的专栏文章(未全部收录进出版的书中)时,出于纯粹的机缘巧合,我们看到了刊物最后一页的"文学信箱"。在写给初出茅庐的年轻作家的回复中,我们看到了与《非必要阅读》相似的语言风格:睿智、诙谐又毒舌。比如下面这段话:"那些凝练的、充斥着宫廷浮夸情感的诗歌让我们想入非非。如果我们拥有一座带封地的城堡,那么您就是那个管理御前女诗官的人,她们歌颂着被苍蝇这不速之客盯上的玫瑰花瓣的忧伤,还会夸赞我们用温柔的手指从迷人的花朵旁把丑物赶走的做法。当然,那个指责我们用酸菜炖肉毒死十二个叔伯①的男诗人,只是一个待在地牢里的庸碌之辈。而且最奇怪的是,写玫瑰的诗能成为经典,而写叔伯的诗便是糟粕。是的是的,连缪斯女神都是非不分、喜怒无常。"

我们发现越是深入阅读,就越能证明"文学信箱"的作者就是辛波

---

① 指的是波兰传奇国王波皮耶。传说他残暴不仁,压榨百姓。他蛇蝎心肠的美艳妻子设计用蜂蜜毒死了十二位叔伯,受害者在将死之时诅咒这对夫妻以最凄惨的方式死去,于是出现了成千上万只老鼠,最后他们被老鼠咬死。——译者注

斯卡：一样的幽默感、风格、举例和对比手法；引用的是同一批作家——托马斯·曼、蒙田（当问起这个姓氏的正确读音时，辛波斯卡回答说："重音要放在最后一个音节上，念的时候还要单膝跪地"）、塞缪尔·佩皮斯、马克·吐温；一样的不安情绪（为什么他们要取消亲切的词语"邮差"，转而换成"送件人"呢）；有时甚至会出现一样的遣词造句。在撰写关于18世纪华沙的专栏文章时，辛波斯卡以这样一句话开篇："我们做梦，但是漫不经心，也不求梦得具体。"² "文学信箱"专栏的作者则在回信中指导说："诗人做梦应该做得实际。"辛波斯卡在《非必要阅读》里写道，年历需要经过严苛的审校，因为"哪怕是最细微的错误都能激起读者的想象。一想到一周内会出现两个周三我就害怕"。³ 而"文学信箱"的作者则解释说，如果日期没有经过严格审校，"一周出现两个周六，大家就不会注意诗歌的内容了"。辛波斯卡在《非必要阅读》中袒露："在那种情况下真的不值得死去。" "文学信箱"的作者则承认："这样的风俗习惯让人连死亡的欲望都没有了。"当然前一句话是在讽刺缩写"上月死"的使用，意思是"他上个月去世了"；而后一句话讽刺的是参加葬礼时念讲稿的风俗习惯，但结论都是一样的：死这件事没必要这么着急。

而直到我们读到这段话时，才有了十足的把握：

> 在绅士们的诗歌世界里，只有玫瑰生长，歌鸫伫立在不知名的枝丫上。还有蜜蜂，写的却是'密蜂'。① 鹤不算，因为它是桔梗。② 总而言之——一个贫瘠又单调的世界。在这里根本找不到迷人的植物，什么狐尾草、阿尔泰铁角蕨、班叶阿若母、珍珠薯，还有毒参。也没有那些极其可爱的小鸟，比如玫瑰琵鹭、乐园维达鸟、黑腹滨鹬、巨嘴鸟和鹊鸭。还有，那些以瘿蚊为首的数不清的昆虫在哪儿呢？

---

① 暗讽没文化。——译者注
② 因为在波兰语中，"鹤"一词多义，所以诗人一般不用。——译者注

这里的重点根本不是辛波斯卡在专栏文章和诗文中使用了无数次的写作手法——列举，甚至不是她看待世界和大自然的相同视角。重点是鹊鸭。这个鹊鸭我们在《非必要阅读》里看到过，在评论《波兰鸟类》的专栏文章中也出现过。文章中，辛波斯卡因诗人们或多或少不想把鹊鸭写进诗中而痛心疾首。这就是最终的证据。虽然鹊鸭是一种特别漂亮的小鸭子，但难道说在同一个编辑部里，它还能有两个拥护者吗？

而就当我们几乎肯定"文学信箱"的匿名作者就是辛波斯卡的时候，又在1964年刊发的其中一期"文学信箱"中看到了这样一句话："我自己也已经尝试了四十八年。"这句话又打消了我们的笃定，因为年龄不符合。这么说吧，为了打掩护可以改变性别，但是连年龄也要增加几岁吗？幸运的是，爱德华·巴尔切然教授当时正好从斯德哥尔摩举办的诺贝尔奖颁奖典礼上回来，他作为获奖者邀请的客人出席了盛典，并坚定了众人的信心，说这件事是多年前他跟辛波斯卡确认过的。我们的诺贝尔文学奖得主与伏沃基米日·马琼格轮换着回复"文学信箱"，为了加以区分，马琼格用第一人称单数，而辛波斯卡用的是尊严复数[①]。

"重点在于，"随后辛波斯卡向我们解释道，"我是编辑部里唯一的女性。如果我用第一人称单数，立马就会被认出来。"[②]

"刚开始我们互相假扮，什么是她该写的，什么是我该写的。"伏沃基米日·马琼格说，"之后变成了轮着来。我一直把这一专栏做到了20世纪70年代中期。辛波斯卡早在这之前就不做了。回复'文学信箱'的乐趣可能持续了有一年的时间，之后就变成例行公事了。"

但是在辛波斯卡的回答中却一点儿也没有例行公事的感觉。

[①] 尊严复数（拉丁语：pluralis majestatis，英语：majestic plural / royal we），又译权能性复数，是一种语言用法，一个在社会上拥有高位阶的人在说话时，以复数代词（例如英语"we"）来借指自己。这个人可能是拥有政权的政治领导者（国王、皇帝或苏丹），或是宗教领袖（主教或教宗）。——译者注

[②] 在波兰语语法中，动词的第一人称单数过去式包含说话人的性别信息。——译者注

"我们也不希望总是回答：不成熟、没营养、不成形。毕竟这个专栏不是为诺贝尔文学奖得主开设的，而是为那些以后可能会亲自赶赴斯德哥尔摩领奖的人开设的。"

我们很感谢投稿的诗文和一起寄来的照片。您的领结系得很漂亮。

抒情诗的对象——"浑身散发着投掷在他小小的灵魂上的可恶幻想的冰冷气息"，可能真的不值得您动笔写诗。

"即便电闪雷鸣，亲爱的，我也不会回到你身边。"这种做法是对的，自然界的异象并不应该决定我们的行为。

"女人把单身汉的生活变成了地狱。"这朴实的警句让人深感切肤之痛。

如果妻子说"别再写了"，那么从艺术形式的角度来讲，她不占理。但这句话的核心意思还是挺有道理的。

您在给主角起名字的时候显露了最多的智慧。但要想写一本像样的科幻小说，这还远远不够。目前您倒是能写一本有趣的电话簿。

您列了一个长长的作家名单，说编辑和出版商一开始并不认识这些作家，后来却恍然大悟，无地自容。我们立马就明白了其中的映射。我们带着对自己失误的适度愧疚通读了您写的专栏文章。这些文章不太合时宜，但这没什么。只要您未来能写出类似《傀儡》

或者《法老》①这样的作品，这些文章肯定会被编成"选集"。

要对您的作品进行实质性评估目前是不可能的。我们必须有关于超自然事件的真实经历。但我们刚刚跨出第一步。我们还没有超出灵魂合一②（而这种感觉出现的时间很随机）的范围。

将我们藏起来吧，造物主啊，躲开这些诗歌。到底为何要动西西里岛的卡玛丽娜湖③——祖先如果在世，可能就会这么说。谁要是感兴趣，就去查查《林德辞典》。但是我们要对淫邪者提前说一声，这可不是什么下流词句。

由于纸张有限，我们无法评论更多细节。

"成为诗人让我松了一口气。"有人在来稿中写了这样一句话。于是辛波斯卡这样回答："成为编辑让我叹了一口气。"

看过"文学信箱"中的文章之后我们发现，它的绝大多数读者都是反抗学校、课堂、读书和写字的高中生：

"对于现代诗人来说，扬·科哈诺夫斯基有什么用？"

能长见识。

话又说回来，年轻人，古诗必须读，哪怕是为了避免做无用功。

毕竟可能发生的是，当你写了《精神之王》④之后，伤心地发现前人

---

① 这两部作品的作者是波兰著名作家波莱斯瓦夫·普鲁斯。——译者注
② 指浪漫主义式的爱情，与所爱之人灵魂合一。——译者注
③ 传说西西里岛曾经有一座城叫卡玛丽娜，这座城位于与其同名的湖的岸边，城市居民将被污染的湖水放干了，最终干涸的湖床没能阻挡敌人锡拉库萨人的入侵。后来就形成了一句拉丁谚语：Camarinam ne moveas，意思是别动那卡玛丽娜湖，类似中文里的"不要引火烧身"。——译者注
④ 波兰浪漫主义诗人尤利乌什·斯沃瓦茨基的作品。——译者注

写了一首同名诗。

很美的故事,没想到我们已经出现在小学生的梦里了,还是以这样的形式——一个眼神就能将人杀死的美杜莎。我们本来也心存一点希望,想在别人梦里出现,但想的是在十六岁以上的人的梦里出现,而没想到还可以在十六岁以下的人的梦里出现。

某个青年写信吐露心声:"在开始写作之前,我就想认识文学的全貌。"辛波斯卡回信说:"我们被无数次捶打过的胸中发出了无声的呻吟。"尤其在春天的时候,辛波斯卡格外需要精神上的强力支撑,因为那时,"冷酷的女孩们抛弃了一批又一批诗人,不断创作,结果就是成倍的诗歌投稿",那些诗歌充满了"决心、苦涩、草率的誓言、对良心的谴责和友好的激励"。"所有的诗都反映人性,某种程度上讲也是迷人的。"她以妙语总结道,"但是每年春天,当每个编辑都会被成堆庸常的稿件唤起难以描述的恐惧时,还是会感到心力交瘁。"

辛波斯卡也抱怨过,在伟大人物去世时,投稿就会像雪片般飞来。"虽说这样的成效让人动容,但又不免让人产生怀疑。除了一些个例,赶时间的创作都是半成品。他们喜欢在诗中直呼仙逝之人的名字,就好像死亡不过是一个结拜仪式。"

尽管辛波斯卡评论诗人和诗歌的次数屈指可数,但是在1960—1968年,她以匿名作者的身份写了好多关于诗歌的有趣想法、诙谐看法,以及送给新人的睿智建议:

在关于等电话的诗中应该出现老加图[①]、抹了黄油的面包和甲壳虫。诗的开头总是应该出其不意。

---

① 罗马共和国时期的政治家、国务活动家、演说家。——译者注

我们担心您认为自由的无韵诗就是不遵守所有规范……诗歌以前是、现在是、未来也会是游戏，而没有规则的游戏是不存在的。孩子都明白的道理，为什么大人会不明白呢？

您没有注意到不规律的无韵诗所暗藏的陷阱。它有隐藏的铁律，比寻常的韵诗更需要乐感，一个多余的词恐怕都容不下，也容不下任何故弄玄虚的肤浅内容。那些在韵诗中有时会被忽视、有时可能因为漂亮的整体韵脚效果而妥协的地方，在无韵诗里都会变得突兀，此时无韵诗就会变得无力，百口莫辩。所以写无韵诗一点儿都不简单，这是每个诗人都懂的道理。但为了知晓其中道理，韵诗和无韵诗必须都会写。

早在上学时期，辛波斯卡就不喜欢现代主义诗歌的矫揉造作，所以经常批评那群未来诗人，说他们有青年波兰时期的影子：

您的每一个名词都要叠加两个甚至三个形容词，就像青年波兰时期的诗人普遍相信的那样，觉得形容词是诗歌的主力，只有它们才能还原诗歌的氛围。历史上没有任何一个时期如此尊崇形容词，因为其他时代的诗人都明白，想要精准描绘，就必须精简词汇——否则哪怕对诗歌进行了十分精心的设计，效果都会一落千丈，就像装满了水的舰艇，很难发挥自身的优势。刚开始写诗，往往会受到其他诗歌的影响。而您选了一个最差的模板。

有时她也会放纵自己，发发脾气（"您觉得您对 lamus 和 Camus 韵脚的使用无懈可击，但最后这是一首无韵诗"），有时候她无比严肃（"您把诗人想得太简单了，押几个韵从来都不是用手指数出来的，诗人天生要有乐感"），或者会提到一些原则性的问题（"'为什么'一词是地球上的语言中最重要的词语，也有可能是其他星系的语言中最重要的词语，诗人必须熟知它，也必须将其灵活运用"）。

她也提到不应该让自己过度情绪化，最纯粹、真挚的情感也有可能产出烂诗。"比方说，或许同某个名叫崩彼尼的少年为爱痴狂的炙热情感相比，弗朗切斯科·彼特拉克完全不值一提，但后者能克制自己的情感，写下绝妙的暗喻。"她建议推敲用词，在使用"伟大的词句"时要带着药剂师配药般的严谨心态。她写道："一首诗重要的是感觉。就是这些词语，而不是其他词语，经过千百年的等待，最终在诗中相遇，然后变成一个永不分离的整体。""这些词本是字典中没有生命的词，"她解释道，"或者只是以口语的形式出现在我们的日常生活中。那么它们怎么会在诗歌中熠熠生辉，就像刚刚被诗人发现一样呢？"

她指出教育的不到位：

> 您写道："他生气的样子让她想起了蒸汽火车。"那时还没有蒸汽火车。还有文中引用的十四行诗，说是来自17世纪，但按照当时的品位来看，感觉韵押得不怎么样。那时确实还没有编辑，但是基本的要求还是有的。

斯拉夫语学者亚采克·巴鲁赫曾经出于玩笑发给辛波斯卡一首诗，一首模仿塔戴乌什·鲁热维奇的诗。

"我当时正在写一篇学术论文，研究他（鲁热维奇）的诗歌结构以及将他的诗翻译成捷克语时遇到的问题。"巴鲁赫说，"我很好奇辛波斯卡的反应。我得到了回复：'您对鲁热维奇的模仿很熟练。'"

辛波斯卡还评论过非诗体的作品。她曾如此回复一位来自凯尔采、笔名"3333"的作者：

小说的主人公是波兰作家，一名才华横溢的作家。他的读者如此之多，知识如此之渊博，产出如此之丰富！幸运之子，命运之主，一个从白天到黑夜都被人捧在手心的人，一个从黑夜到白天都在汲取琼浆玉液的人。这样的人哪怕是丢了文件夹（里面装的是天才手稿），他幸运之子的双手也会马上将其找到。亲爱的奇幻作家，您不如写一写最近凯尔采怎么样，所有人都身体健康吗？

辛波斯卡拒绝了所有来信索要照片和手稿的请求。"文学信箱"的作者一直是匿名的，不管是对短诗、名言警句、剧本、故事、小说、十四行诗还是长诗的投稿人来说。这是因为发生过恐吓事件，曾有投稿人逼问编辑"为什么不选我的作品""编辑的标准是什么"，或者解释说，自己的未婚妻或妻子、同事明明都很喜欢自己的作品。辛波斯卡对此回答得真诚而严厉。她解释道，赞扬和鼓励是亲朋好友应该做的（"尤其在远亲口中，什么都是好的"），但是"更多的杰作之所以会出现，是因为作者拥有严苛的朋友，而不是空有热情的朋友"，而"能够对心爱之人坦陈他写的韵诗很糟糕的女孩都是真正的宝藏"。

辛波斯卡曾经决定在"处女作品栏"刊登一首名为《奶牛》的诗，结果这首诗引发了读者的抗议。她在"文学信箱"中回应道，这首诗很明显"挑战了读者的审美标准。在他们的审美标准里，诗中出现夜莺是合适的，出现蝴蝶是合适的，出现湖边的白桦树是合适的，但是奶牛，尽管它同样来自大自然的造化，同时也是大自然经过优胜劣汰的筛选后留下的杰作，却只能跟在数量词的后面，出现在国营农场的账单上。与用昵称'牛眼'赞美赫拉的古希腊人相比，这是多么大的品位倒退"。

或许那个时候，她就已经产生了用诗为奶牛正名的想法了吧？不管怎么说，十几年以后，她创作了这样一首诗：

平凡的奇迹：

有很多平凡的奇迹发生。

……

最伟大的奇迹：

牛还是牛。

——《奇迹市集》，出自《桥上的人们》(1986)

想成为文学家的投稿人通常很执着，也很坚定。

辛波斯卡说："有时候，我会对如此高的关注度产生很大的心理负担。而且诗歌这一领域是会吸引一些不正常的人的。疯子不会去写文学评论，马琼格就没有受到过那些已经熟络的评论家的攻击。我还记得一位优秀的年轻诗人，他因处女作崭露头角之后，便觉得我应当每周都刊登一首他的诗。可惜他是一名精神分裂症患者。他用血写信，把装满汽油的瓶子放在我的门前。随后他被送进了安东尼·肯平斯基教授的医院，经此一事还让我认识了这位教授。有一回我去他那里寻求建议，问他我该如何面对这样的诗人。而当教授听到我的名字时，他说：'啊，辛波斯卡，辛波斯卡，这里只有一个病房一直回响着你的名字。'教授建议我搬到别的地方住一段时间，我照做了。后来我接到了警察局的传唤。传唤文件上没有写明原因，我们都知道那时的政府就喜欢让人不安。结果是那位诗人自杀了，人们在沃尔斯森林发现了他的尸体。"

来编辑部看望辛波斯卡的朋友都记得，她会用图钉将那些自学成才的诗人的佳作钉在办公室的柜子上。只可惜没有人记得其中的任何一首诗了。但我们还是设法获得了一些相关信息：

俄罗斯人死命工作，/ 却会用茶炊煮茶喝。/ 西班牙人害怕，/ 却要骑带犄角的牛。/ 希腊人走路悄无声息。/ 法国人喝热咖啡时 / 不介意吃块饼干。/ 德国人头顶厚重的圆顶礼帽 / 觉得十分满意。/ 捷克人笑了 / 庆幸自己已被解放。/ 波兰人对此表示同意。

（辛波斯卡的评语：现在我们就得坐在编辑部的椅子上无所事事了。）

只因你不懂得如何爱我，/ 不轻抚我的头发，亲吻我时，/ 你只会轻擦鼻头 / 展示自己的亲密无间。/ 因为你的爱情很粗糙，/ 有时很恼人，甚至荆棘满布，/ 有时恐惧折磨着我，/ 怕这还只是表面现象。

（辛波斯卡的评语：哦，女孩啊女孩，你们有点良心，如果你们真的要折磨诗人，也请像玛里拉、劳拉那样折磨他们。[①]别轻擦鼻头。）

一些提议可能已经变成现实，/ 将猪的心脏移植给人类，/ 但是批评的人，总是在叫喊，/ 在这样的移植手术中他们总能看到不够完美的点。

（辛波斯卡的评语：我们引述这段，想要一起来看看，诗的"身体"会不会对这部作品产生排异。）

直到辛波斯卡不再是诗歌版面的负责人，离开"文学信箱"的岗位很久以后，她还在抱怨，说自己晚上做梦一直梦见那些诗人，还有他们的手稿。"我在《文学生活》诗歌版面的办公室待了十五年，早就受够了。"1971年，她在给耶日·扎古尔斯基的卡片上写道，"现在我不光会梦到德国军队抓劳力，还会梦到在旅行箱里塞满十四行诗的诗人。"[4]

三十年后，特蕾莎·瓦拉斯在翻阅早期的《文学生活》时，从中摘录了辛波斯卡在"文学信箱"的回复，将其汇总到名为《文学信箱——如何成为 / 不成为一名作家》的书里。这本书出版后好评如潮，只有耶

[①] 玛里拉，波兰文豪亚当·密茨凯维奇的心上人。劳拉，弗朗切斯科·彼特拉克的心上人。——译者注

日·皮尔赫一个人泼了冷水（不得不说这深得辛波斯卡精神的真传），他希望大家重视"被忽视的存在"——"文学信箱"的另一位作者伏沃基米日·马琼格，因为在这本书里，他的文字"消失得无影无踪"。

"我当然知晓统治文学世界的是无情的天赋丛林法则，我知道最有天赋的人会胜出，我也知道这样没错。"他写道，"但如今的情况十分特殊，所以请别对我说这没有任何问题，说我带着专栏文章特有的怨愤故意惹事。维斯瓦娃·辛波斯卡名为《文学信箱——如何成为/不成为一名作家》的书是怎么出版的？它当然是由作者（在她本人并不知情的情况下）自己写的。……但是这本书编纂而成的代价，是抹杀了很久以前编辑部其他成员的辛勤工作。他们被精准地剥离了出去，并在伟大文学的威严下，在出类拔萃的文学游戏的烟花中消散了。"[5]

在《文学信箱——如何成为/不成为一名作家》的新书发布会上，"文学信箱"专栏似乎重回了当年的境况。在那一晚，辛波斯卡同亨利克·马尔凯维奇、斯瓦沃米尔·姆罗热克、路德维克·耶日·柯恩以及玛尔塔·维卡重新坐在一起，煞有介事地评论着那些名著，仿佛它们是刚刚投到编辑部的稿件。

某个名叫荷马的人寄来的作品被评审团打回，因为稿件上没有写明寄件人的地址，还因为其在原创性上颇有争议（对《角斗士》这一类美国电影的模仿过于明显）。斯瓦沃米尔·姆罗热克对《哈姆雷特》的作者表示感谢并回复："我们不懂英语。请您用波兰语写些什么。"《法老》并没有获得路德维克·耶日·柯恩的认同："写得不错，但是祭司占了太多篇幅，写鳄鱼的片段太少了。还有掠食者。根本没有一丁点儿写蚂蚁的。法老蚁……我们都知道这纯粹是埃及瘟疫。文中也缺乏与旅游相关的信息。"投稿的"三部曲"引起了姆罗热克的怀疑："您是显克维支吗？请提供个人证件的复印件。"

辛波斯卡本人回复了两位剧作家、一位哲学家和一位小说家：

这位来自莫斯科的安东尼·契诃夫先生：每个果园的果农都会告诉您，老果园应该定期清理，在原来的位置上栽种新的树，或者重新规划它的用途。您可疑的多愁善感让我们觉得很无聊。

"等待戈多"——签名看不清楚。哦，不太好。让我们试想一下，一位观众在看完您的剧作的第二天上班时，他的上司突然没头没尾地让他复述昨天观看的作品。这人一定会身处不小的麻烦之中——但这不是他自己的错。写东西应该写得能够被概括出一些要点。

雅典的柏拉图：您为自己写的辩论找了一个无趣的辩论者。他没有工作，我们不清楚他是怎么生存的，他只是在城市里游荡，同别人闲聊。您问，您是否应该继续写作。既然您已经写了这么多了，就让这些经历变成您的闪光点。以此为目标，您必须有意义地结束整个故事。我们并不推崇极端的解决方式，但我们确实想到了一个。您推出的主角应该找一个与世隔绝的地方，还要受到严厉的惩罚，因为他将严肃公民的脑袋，更糟糕的是，还有青年人的脑袋，搅成了一团糨糊。

暂居加利福尼亚的托马斯·曼：用语言描绘音乐结果都不会太好。您力图用情节来丰富讲座的无聊，但是我的上帝啊，这情节——鉴于主角治不好的梅毒——真让人难受！可惜您在开始写这篇小说前没有征求我们的意见，否则我们肯定是不建议您写的。[①]

辛波斯卡在《文学生活》工作了十五年，期间出版了三部诗集：《呼唤雪人》《盐》《一百个笑声》。但是在这份刊物上，她每年刊登的诗只

---

① 源自雷沙德·科济克对当天活动情况的描述。《新人的艰难生活》，载《选举报》增刊，克拉科夫，2000年12月11日。

有三四首。齐格蒙特·格雷恩记得，每当他成功让辛波斯卡"挤点牙膏"出来的时候，辛波斯卡都会说："我只求别把它刊登在头版。"但她的诗有时还是会出现在头版。

对于辛波斯卡在编辑部的所有工作——管理诗歌版面，回复"文学信箱"，政治都无权干预，尽管《文学生活》作为官方刊物还是要向政府"朝贡"。经常执笔拍执政党马屁的是从业时间创下纪录的总编伏瓦迪斯瓦夫·马赫耶克：他经历了所有当权政府执政的变化，熬到了波兰统一工人党中央委员会副委员的职务，后来又在自己的位置上坚持干到1990年周刊停刊。在他手下工作过或刊登过文章的人都知道他作为上司和总编的种种优点。在他们的回忆里，《文学生活》也有过光辉时刻，刊登过超前于时代的大胆文章，还有许多优秀的文学评论文章。

同事们通常这样评价马赫耶克："梅胡夫城郊的共产主义农民""有野心、机敏、直接到粗鲁，也不缺乏幽默感"。总的来说，大家不乏对他的好感。但是在外人看来，马赫耶克的优点就不那么明显了。大家都记得，他总是活跃在党的一线，任劳任怨抢险救难，不管是要评论对主教的审判，还是加入反犹主义行动或者攻击团结工会的"极端分子"，他都十分积极。还有一条要给他加上：他总能在那些用来攻击党的敌对分子的标语和套话中加入自己独一无二的措辞。斯坦尼斯瓦夫·巴兰恰克在《最糟糕的书》中用一篇单独的文章写了马赫耶克语言的奇怪之处："马赫耶克式的语言最明显的特征是大而空，混合了农民游击式的粗鲁和强硬，以及官僚机构人员所特有的缺乏逻辑的空话，最终结果就是，一派胡言。"[1]

"辛波斯卡能在糟糕的马赫耶克那里创造一个真正的孤岛。"亚采

---

[1] 斯坦尼斯瓦夫·巴兰恰克，《马赫耶克创作伊始》，载《最糟糕的书》，波兹南，1990年。巴兰恰克这样写道："阅读古埃及的莎草纸，解读《塔木德》和卡巴拉，深入研究康德和海德格尔的作品——这些与我们在研读伏瓦迪斯瓦夫·马赫耶克的专栏时所遭遇的困难相比，可以说是微不足道。"

克·波亨斯基告诉我们,"她就像一位身处老农庄稼地里的女贵族:一闻到不对的味道,就会立马避开。"

"我受不了马赫耶克,辛波斯卡也不怎么待见他。"斯坦尼斯瓦夫·莱姆告诉我们。莱姆年轻时就对辛波斯卡有好感,因为当他还是个经常饿肚子的医学生,从没想过会成为一名作家时,辛波斯卡就把他推荐给了时评杂志《旅行者》,他在那里赚到了钱,"在维希尔纳街有两个风格迥异的编辑部。而我更喜欢《普世周刊》。"

波兰宣布战时状态时期,辛波斯卡第一次把自己的诗发表在了《普世周刊》上。

第10章 在"抽屉"里居住的时光

1963年秋,维斯瓦娃·辛波斯卡离开了位于克鲁普尼察路的文学公寓楼,搬去了斯蒂奇尼亚路(今王室路)18号,一栋位于斯蒂奇尼亚路和诺沃维耶斯基街交叉拐角处的六层公寓中。她的新家位于五层,墙外是永远在吵的电梯,屋里只有一个房间,带简单的厨房设备。房间太小,放不下任何市面上的成品家具,所以艺术家斯泰凡·帕普为她定制了一套家具。没有人能在她家的板凳和椅子上久坐,最多半个小时,就想离开了。

经常来辛波斯卡家做客的艾娃·利普斯卡回忆起前来打扫的清洁工玛丽夏女士说:"她经常点着头说'伊赫努夏什么也不干,只是写作',然后把书放在书架上,从小到大,整齐排列。"

"玛丽夏是我童年时期最爱的乳母。"辛波斯卡同我们说,"她来打扫时,如果看见有什么东西被乱摆乱放了,就会大喊大叫。她在我家里做什么都可以,显然每个人都需要一个出于真心而大喊大叫的人。"

辛波斯卡在专栏文章中谈及书籍《从巴黎出发到未来》时,赞扬其作者亚历山德拉·欧冷兹卡-弗里贝索娃描述老建筑的能力不可多得,她写道:"我知道,描述现代建筑的成功范例也不是什么样的笔力都可以做到的。但我住的那栋公寓楼除外,那栋楼如今只需要一句话就能概括——我们住在抽屉里。"[1]

辛波斯卡也曾用"抽屉"形容自己的房间。这个形容流传甚广,直到许多年后,她的朋友还会说:"当年辛波斯卡住在抽屉里的时候……"但是辛波斯卡挺满意自己的新房子,尤其满意其相比于在克鲁普尼察路那栋房子里居住时从未享受过的奢侈感觉:中央供暖和浴缸。

搬家那年,维斯瓦娃·辛波斯卡刚过四十岁,她告诉亚历山大·耶姆内,对诗人来说,这是最好的年纪。"这时的诗人已是有些见识的人了,但同时还能接受鲜活而强烈的情感。他们明白事物的复杂性,离放弃也还有一些时间。他们心中有苦涩和既酸楚又欲罢不能的各种滋味,其中也不排除对生活之美的感受。这微妙的,却也不错的平衡。"[2]

很多年以后,在 a5 出版社于克拉科夫举办的兹比格涅夫·赫贝特逝世纪念会上,辛波斯卡回想起赫贝特来"抽屉"拜访她时的情形。那一天刚好是她家装上电话的第一天,赫贝特宣布自己要为拥有电话举行一个典礼,然后就开始给住在克拉科夫的熟人挨个打电话。他变换着声音,说自己名叫弗朗茨科维亚克,是写过两千多首十四行诗的诗人,现在马上就能在电话里朗读这些诗,或者将诗带去当面读。在克拉科夫,消息是藏不住的,所以当他打电话给扬·布翁斯基的时候,只来得及说:"我叫弗朗茨科维亚克。您肯定没听过我的姓氏……"布翁斯基就打断了他:"听过,听过。"随后摔了听筒,挂断了电话。

朋友们都记得,从那个时候起,辛波斯卡的房间里就出现了猴子毛绒玩具。

"有一次在斯德哥尔摩,我看见了印有两只猴子的明信片,一只在挠头,另一只在嗅花。我马上就想到要把这张明信片寄给辛波斯卡。"宛达·克罗敏科娃说,"这是她的朋友都会有的下意识举动,因为我们一般都会通过明信片同辛波斯卡交流。"

我们询问辛波斯卡,她对猴子的喜爱从何而来,她只是回答:"很难说,只能说它们让我着迷。"

这种着迷也能在她的诗中见到。猴子经常出没其中,有时甚至成为诗的主角,就像在《布鲁格的两只猴子》《眼镜猴》《猴子》这几首诗中:

它先于人类被赶出乐园，

因为它有那样富于感染力的眼睛，

在花园中四处张望时，

就连天使都会陷入

无法预料的悲伤。

……

在童话中，它孤独又不自信，

用鬼脸填满镜子，

嘲笑自己，为我们树立好榜样，

它作为我们贫穷的亲戚了解我们的所有，

尽管我们见面时并不会行礼问候。

——《猴子》，出自《盐》（1962）

在她的诗中，一直找不到对"小稳定"时期①的追溯痕迹。我们就拿同一部诗集中的《水》来举例，它大可出现在别的地方、别的时间，要写出这首诗，需要的不过是一个地球仪，或者一张毫不费力就能在最小房间的地上摊开的地图：

雨滴落在手上，

来自恒河和尼罗河的水，

……

在我的食指上，

里海是开放海，

---

① 这一名词最初出现于塔戴乌什·鲁热维奇创作的戏剧《见证者们，或者说我们的小稳定》（1964），指的是1956年匈牙利事件之后，于1956—1968年发生在波兰社会和文化生活中的种种积极变化，但这些变化往往是短暂的。——译者注

而太平洋温和地流入鲁达瓦河

那条变成云朵在巴黎上空飘翔的河。

在七百七十四年

五月七日的上午三点。

……

雨滴里的东西如此之轻巧。

世界如此轻柔地将我触碰。

——《水》，出自《盐》（1962）

维斯瓦娃·辛波斯卡说：

我经常看着地球仪，总感觉还有很可怕的事情在世界的另一些角落里发生。经历了20世纪50年代的重度危机后，我明白政治并不在我的兴趣范围之内。我认识了很多人，他们可以说是非常睿智且优秀的人，终其一生都在沉思昨天哥穆尔卡说了什么，明天爱德华·盖莱克会说什么。所以我努力写诗，以此来突破眼界的局限。诗中当然有很多属于波兰的经历。如果我是其他国家的诗人，比如荷兰诗人，我可能不会写下这些。但是有一些诗我肯定会写，不论我生活在哪里，这里还是那里。因为我也不怎么在意这一点。

辛波斯卡从来没有对波兰人民共和国公民的身份有特别的认同，这一时期的现实生活也不经常出现在她的作品中——要么是在《非必要阅读》的小章节里，要么就是在"文学信箱"的回复中。如果有一天，所有20世纪60年代的文学作品都从地球上消失了，只剩下辛波斯卡的《非必要阅读》和《文学信箱——如何成为/不成为一名作家》，那我们会从她的文字中得知，波兰人民共和国原来曾经是这样的国家：

- 排队的人都低着头；
- 打印纸很难买到；
- 所有人都穿尼龙大衣；
- 喜欢社会现实主义建筑的恐怕只有麻雀、红隼和家燕；
- 新房子的地面总是会鼓包；
- 要在房间里贴墙纸总会因为工人人手不够或者材料不够而拖延数月；
- 名为《家庭事故》的指南书可能会以指导原子弹爆炸后如何逃生作为结尾；
- 约好的时间过了两周之后，修水管的工人终于郁郁寡欢地来了；
- 饭店老板，所谓的菜谱作者，绝非什么集体餐食专家，也从来没看过有关烹饪的书籍；
- 没有人听说过茄子、西兰花、菊苣、花莛、西葫芦、莱蓟、婆罗门参等诸如此类的"前卫"蔬菜；
- 餐厅里的菜单根本没法儿看，因为已经在复写纸上反复数十次复写过了（原件会送到财务处）。

看起来不多，但也足以满足我们对那个年代的想象了。在创作《非必要阅读》时，辛波斯卡有过摆脱波兰人民共和国时期日常生活的想法。有一次有人问她，是不是写诗写累了，就会写写专栏文章，辛波斯卡回答："不。如果说想要休息，肯定不是从诗歌创作中休息，而是从日常生活中休息。我们已经忘了，不停而徒劳地寻找需要的东西、解决各种琐事以及排队等待消耗了我们多少精力。"[3]

辛波斯卡的一个朋友还记得，有一次她的燃气灶坏了，来检查的工人说修好需要两周的时间。临走时工人问，维斯瓦克拉科夫足球俱乐部的那个姓辛波斯基的球员是不是她的亲戚。而当她突然来了兴致，调皮地假装说他们确有血缘关系之后，工人立马就把燃气灶修好了。

亚采克·波亨斯基从20世纪60年代就经常在扎科帕内和辛波斯卡碰面，同她一起散步，并一起去波莱依饭店吃松乳菇。让他印象最深的是，他发现辛波斯卡本人与她在诗中的形象没有什么差别。

"这一点不同寻常。通常诗人在自己的诗中是一副样子，在现实中却是另一副样子。辛波斯卡是个奇怪的人，她有外向的一面，却也有封闭的一面，她不愿离开自己的巢穴。"

20世纪60年代初期是电影放映的春天，弥补了电影十分匮乏的50年代的缺憾。伏沃基米日·马琼格回忆，在《文学生活》编辑部里，几乎每天都有人在讨论电影，他记得辛波斯卡非常喜欢《日落大道》。芭芭拉·查钦斯卡说她和辛波斯卡每周都会参加好电影俱乐部的内部放映。

辛波斯卡从来没有写过影评，但是《非必要阅读》里到处都是电影的影子。从青年时期第一次为电影折服起，她便借由各种话题提起电影。她特别喜欢战争尚未爆发时看过的一部关于舒伯特的音乐电影。直到四十年以后，她读了舒伯特的传记，方才意识到导演"按照'艺术家的爱情'这一套路拍了一部甜腻的烂片，他们仿佛认为伟大艺术家唯一可以被大荧幕表现的就是情爱故事"[4]。

在翻阅扬·德乌戈什的《编年史》时，辛波斯卡不由得赞叹，有些年代的场景就像电影桥段一样。在看罗伯特·格瓦索写的关于神秘学家卡格里奥斯特罗的著作时，她不由得想象，要是以此为剧本，费里尼能拍出多么疯狂的电影。她虽然很少提到电影，但提到的都是精品。迈克尔·柯尼斯的《鱼死之日》是一部关于"把田园诗派传统活生生放到我们原子弹年代的牧羊人"的电影。在看完希区柯克的《鸟》之后，她毫不恐惧，还十分想买一只小鹦鹉。哈罗德·劳埃德主演的《最后安全！》获得了她个人颁发的"被绑在高处的一只猴子"奖。她评说过卓别林、黑泽明、奥森·威尔斯，讨论过惊悚片、冒险片、故事片、历史片。关于历史片，虽然她并没有专门评论过，但她指出了其中缺乏现实主义、不符合生活的缺点。

她在《非必要阅读》中抱怨："从来没有龅牙的主角，没有满脸痘坑的女英雄，也没有斜眼的大艺术家。他们居住的房间里从来都没有苍蝇，家具总是剧情发生年代的款式，就好像以前祖父母和曾祖父母留下来的柜子都被扔出了窗外一样。"[5]

她也用列举法，说出了那些"被忽视的存在"：

> 却是谁悲伤又疲惫，
> 手肘破了个洞，还斜眼，
> 很显然没有这样的人。
> ……
> 哪怕小小的绞刑架，
> 对于最健康的眼睛来说，
> 也不会投射任何疑问的阴影。
>
> ——《中世纪插图》，出自《巨大的数目》（1976）

在20世纪70年代接受采访时，辛波斯卡说自己经常去电影院，但是会避开所谓的心理片，因为这一类电影已经讲无可讲了，而且所有的一切都已被文学说尽了，更何况文学表达得更好。[6]之后在《非必要阅读》中，她将电影和戏剧比较了一番，认为前者更胜一筹。"对电影来说不值一提的事，"她写道，"戏剧却可能永远实现不了，比如幽灵、相貌相似的人、突然的变形、突然闪现或消失的人或物。"[7]本书多次提及的诗《种种可能》的开头就是这样一句："我偏爱电影。"

"我爱电影，"她对我们说，"所以我对它很宽容。我不喜欢戏剧，所以对它就没那么宽容。这是喜爱程度的问题，它能决定宽容的程度。毕竟我对电影期待更多，戏剧跟不上生活的步伐。"

但辛波斯卡也说自己欣赏戏剧中一些电影无法表现的元素："只有戏

剧中才有我必须称为奇迹的东西,我没有更实际的语言可以形容它。"她在评论塔戴乌什·尼切克的《给文盲和知识分子的戏剧字母表》的专栏文章里写道:

> 我还记得,里昂·席勒的《田园诗》战后不久就上演了。某一瞬间,从舞台边上来一个牧羊人,他站在那里开始拉小提琴。除此之外他什么也没做:没有任何表情,也没有任何多余的手势。他就站在那里,微微低头拉着小提琴。尽管舞台中央摇曳多姿的剧情正在上演,但所有的观众都只看他。后来我从节目单上得知,那是一位我不认识的演员,名叫塔戴乌什·沃姆尼茨基。[8]

辛波斯卡的好友扬·帕维乌·贾乌力克也曾在《文学生活》就职,后来他在克拉科夫老剧院当了十几年的院长。连他都不能确定自己能否说动辛波斯卡去看《先人祭》和《解放》。他认为辛波斯卡根本就不喜欢戏剧,但是业余戏剧得到了辛波斯卡的特赦,根本原因是她喜欢"媚俗"。

宛达·克罗敏科娃说她们经常去克莱亚什的业余爱好者剧院,剧院的节目单上一般都是音乐喜剧和歌舞杂耍。那么辛波斯卡到底想在波亨斯基街那栋脏兮兮的剧院里寻找什么呢?

"传统的戏剧很无聊,戏剧里所有的东西都是神圣的、符合时代的。"她解释道,"但是相比之下,看18世纪的主角们在天花板下面荡来荡去或者趴在地板上大吼大叫更无聊。还有那些别人认为前卫的东西,我也无法忍受。但我喜欢看剧本,一边看一边自己导演。"

戏剧中,她最喜欢的东西被写进了诗里:

> 战争舞台演员复活,
> 整理假发、长袍,

把刀从胸中抽出，
把绳套从脖子上拿下，
在活人中间站成一排，
面向观众。

——《剧场印象》，出自《可能》（1972）

"我对业余戏剧尤其没有抵抗力。各种各样的业余戏剧、实验戏剧甚至学校的话剧我都看过。总之，我看过的所有戏剧，它们的存在单纯是因为人们热爱表演，而非应剧院之需的产物。"1957 年，辛波斯卡在对 38 号剧院上演的《等待戈多》的剧评中写道："我尊重经常只因为一部戏剧而聚在一起的团队。我喜欢粘得歪歪扭扭的假发和涂得闪亮的腮红。"[9]

或许是因为她每天都在出演名为"生活"的戏剧，所以才很少去剧院吧：

我不认得我扮演的角色。
我只知道这是我无可替代的角色。

艺术关于什么，
我必须在舞台上马上猜出。

完全没准备好就到达人生高点，
强迫我接受的进度我艰难接受。
我即兴发挥，尽管我厌恶如此。
……
我站在舞台布景中间，看见它如此坚实。
所有道具的精细击中我心。
旋转装置启动已有许久。

哪怕是最远的星云也被点燃。

哦，我不怀疑这是首演舞台。

不管我做什么，

都会永远改变我所做之事。

——《当你等待时的生活》，出自《巨大的数目》(1976)

在发表诺贝尔文学奖获奖感言时她说："不论我们对可以买票入场观看的层出不穷的戏剧有什么样的想法，票据的有效期都十分短暂，它被限制在两个不可变更的日期之间；而不论我们对这个世界有什么样的想法——它都是出乎意料的。"

在1966年退还党员证的时候，辛波斯卡就从伏瓦迪斯瓦夫·马赫耶克口中得知她不能再担任诗歌版面的负责人了。然后她就失去了《文学生活》编辑部的办公桌，也不再出现在编辑部了。不过她还一直回复"文学信箱"，直到1968年年中。

维斯瓦娃·辛波斯卡说："最后挺幸运的。我没有继续坐在办公桌后面，也不用再读以公斤论的大部分文笔糟糕的诗了。我随心写作。"

在离开编辑部之后不久，她就患上了肺病，于1968年去疗养院待了几个月。在那里，她得知波兰军队参与了对捷克斯洛伐克的军事行动。耶日·扎古尔斯基的儿子于三月事件后被捕，她便写信安慰他。

当时《文学生活》正进行着公开的无底线的反犹主义行动。辛波斯卡肯定松了一口气，因为她只会在拿《非必要阅读》的专栏文章去交稿时，才会去编辑部。在离开《文学生活》之后，她再也没有全职工作过。

从辛波斯卡居住的斯蒂奇尼亚路18号到《文学生活》编辑部，步行只需要20分钟。这条路她走了无数次，以至于在《关于大海的研究》里将其记录了下来。有一回别人请她为《诗人心海》文集写一篇文章。她写道，虽然她确实生活在内陆，但那地方以前是海，从她家的窗户可以望见建在石灰岩岗上，也就是由孔虫的壳形成的岩石上的瓦维尔城堡。

开场白过后，她继续写道："沿着斯蒂奇尼亚路和卡尔梅利兹卡路往老城广场走的时候，只要充分发挥想象力，我就能漂浮起来，漂向无尽的水面。又或者为了丰富路线，我的思绪就会跳到几百万年前，然后震惊于面前分流的大海。我看见了分割空间的浅湾。在络绎不绝的十字路口，在卡尔梅利兹卡路和舍夫斯卡路之间，我看见奇怪的生物在潮湿的沙滩上蜿蜒盘行。尽管红灯阻拦了行人的脚步，但这似鱼非鱼、似蛇非蛇的东西却优哉游哉地挤进前行中的货车车底，随后安然无恙地游出，心情舒畅地奔向水的方向。我想，多么幸运，这样的艺术每天都会在传统艺术之外的空间里上演！上天保佑，这只是时间和空间错位的想象，否则这属于我们祖先之一的生物便有可能面临车祸之灾……"[10]

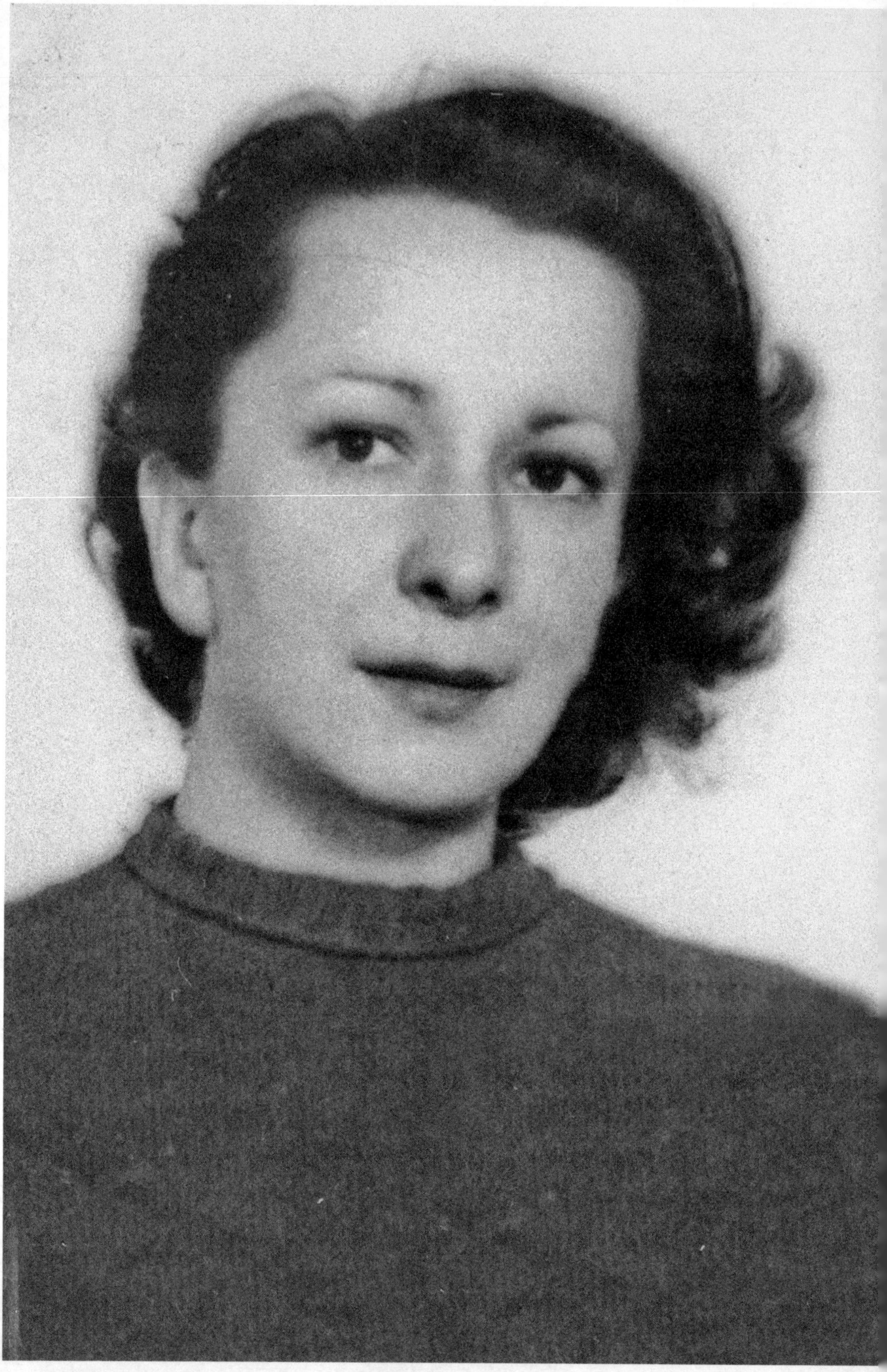

第11章 《非必要阅读》，向下跃入中生代①

如果说辛波斯卡创作《非必要阅读》的开始纯属巧合，那么继续创作下去便是她的主动选择了。伏瓦迪斯瓦夫·马赫耶克在她退党之后，并不希望她直接退出《文学生活》，于是建议她写一些专栏和评论文章。可以说，与促使辛波斯卡退党的莱舍克·科瓦科夫斯基一样，马赫耶克也成了《非必要阅读》的教父。这一系列的第一篇文章刊登于1967年6月11日。

"离职之后，有人劝她用评论文章赚稿费。"塔戴乌什·尼切克说，"于是她便看起了所谓的'便宜货'。"在波兰人民共和国时期，一些出版社给辛波斯卡所在的编辑部邮寄了成堆的书，其中较为重要的交给了书评人，其他的则待在书柜里，等待变成回收纸。辛波斯卡发现了这类文学作品的魅力。不管是写专栏文章还是写诗，她都在维护丢失的和被忽视的东西。

尼切克并不认为辛波斯卡会去书店专门搜罗《非必要阅读》的写作素材。他从来没在书店里看到过她悄摸搜寻的身影。他说："既然不管什么书都是重要的，那么又何必费心去寻找呢？等着随便一本书出现在她面前就行了。"

但与此同时，伏沃基米日·马琼格却说自己陪辛波斯卡去过很多书店

---

① 中生代是显生宙的三个地质时代之一，地质年代的第四代。——译者注

选书。这是因为，她慢慢地不再用那些在《文学生活》编辑部收到的书了。

艾娃·利普斯卡也说过，《非必要阅读》中被评论的书籍不是辛波斯卡随意挑选的。平日里，辛波斯卡的朋友要是发现了有趣的或是奇怪的书，都会拿给她。如果哪本书引起了她的兴趣，她就会收下。利普斯卡还记得，有一次自己的丈夫给了辛波斯卡一本有关在约旦公园举办犬类学展览的名录，她也为此写了评论。

辛波斯卡曾对特蕾莎·瓦拉斯说："至少迄今为止，我没有想过为了好书而抛弃差书。我写《非必要阅读》是因为，我觉得即使是最糟糕的书也能以某种方式引起人的思考：或是因为它的糟糕，或是因为书中没有成功表达的东西。我读书随遇而安，'来者不拒'。"[1]

瓦拉斯认为，《非必要阅读》里没有一篇文章的诞生是出于偶然。"表面上看，辛波斯卡给自己的定位是杂食读者。"瓦拉斯在《文学十年》中写道，"她出于纯粹的诚实，或者说不好听点儿就是出于仁慈，翻阅着堆放在'寄来的书'的书架上那些注定不会引起其他读者注意的书……但我们不要被这一表象欺骗了。辛波斯卡是老练的阅读冒险猎手，在所谓的随意选择背后，她其实进行过无情的筛选。"[2]

"我评论的书都是能流通的书，是有人会买的书，只不过官方并未对它们的文学性进行评价。"辛波斯卡说，"实话说，这些书都是其他类别的书，不在政治主流会感兴趣的范围内。人们需要这些书，他们已经受够了政治的影射。我要唤醒读者尚未投降于政治的那些脑细胞。如今人们还是宁愿读欧洲中世纪的瘟疫，也不愿意读当下的政治时事。"

"作品当然会被当成工具，就像里面的人、事、物一样。"关于《非必要阅读》，特蕾莎·瓦拉斯继续写道，"辛波斯卡会熟练地从书中提取细节，改变其内部比例，这里缩小一些，那里扩大一些。她能抓住作者无意间抛出的想法，拓展旁支情节，在毫无防备能力的文本中植入自己的联想。她从原来文本的蹦床上弹起，在话术的空间里翱翔。"[3]

辛波斯卡说过，在寄给《文学生活》编辑部的书中，能到她手上的只有之前同事没拿过的那些。她每个月也会自行购买五本书并通过编辑部报销。

尽管《非必要阅读》并无任何政治色彩，但它仍旧没能绕过审查制度。

"他们删除的内容让人不可思议。有一次我用火柴比喻一件事：如果每三根火柴里有一根点不着，那被砍伐的森林中就有三分之一会被浪费。就是他们把我的那片森林给浪费了。他们删除的有时仅仅是一些小问题，比如姓名。"

在《非必要阅读》其中一卷的前言中，辛波斯卡写道，她认为读书是人类能想出来的最美好的娱乐活动：

> "游戏的人"①会跳舞、唱歌、摆造型、变装、参加聚会并举办特殊的庆祝仪式。我并不认为这些娱乐活动没有崇高性……但这些都是集体活动，或多或少会被可感知的集体演练氛围所环绕。"游戏的人"同书待在一起就是自由的。……他可以在没有包袱的地方咯咯发笑，也可以突然停在一句话上，然后将它刻在脑子里一辈子。他还可以听一听蒙田在探讨什么，或者有那么一瞬间向下跃入中生代，这是其他任何娱乐活动都没法儿帮他办到的事。4

某一年夏天，辛波斯卡读了亚当·凯尔斯坦的书《1648—1668年卡齐米日的华沙》。那时正值酷暑，她整天都在想，那个年代的人穿戴着"铁链头盔、铁皮、波兰长袍、披风、土耳其长袍、匈牙利束腰外衣、波兰贵族长袍、短外套、高筒靴、手套、大帽和童帽、亮闪闪的帽带和带帽檐的帽子"，难道不觉得热吗？当她写下评论文章的时候，酷暑还没有消退，所以她心有戚戚地写下这样一句话："当时的人还十分相信地狱的

---

① "游戏的人"（Homo Ludens）是荷兰学者约翰·赫伊津哈在1938年的同名著作中提出的概念，类似于"智人"（Homo sapien）的说法，是对"人"这种"生物"或"生活型态"的概念化描绘。——译者注

辛波斯卡和母亲（摄于20世纪20年代末）。
维斯瓦娃·辛波斯卡从小就认为，读书是人类能想出来的最美好的娱乐活动。

存在，连他们憧憬未来的想法都被炙烤着……"[5]

在"文学信箱"中，辛波斯卡曾回复过一位为自己十一岁的儿子担忧的母亲，因为儿子总是看莎士比亚等人写的"严肃"的书。她安慰这位母亲，不要过度担心："这样好吗？肯定是好的。很显然您的孩子长大后不会成为拳击运动员，也不会用一记左直拳打遍天下无敌手。但这又如何。他已经游遍天下了。"[6]

在纯粹爱好的驱使下，辛波斯卡博览群书。"我对自然、历史、人类学的书籍感兴趣。我还看大部头的辞典、指南和专著。"她说，"但我会带着失落避开物理学的书籍，因为除了前言，我觉得自己根本没有能力理解更多的东西。有时我会看关于蝴蝶或蜻蜓的书，别的时候也会看旧屋翻新的手册，还有一段时间看了中小学教材。"[7]

但是多年以后，当她读了理查德·费曼的《物理学讲义》后，她告诉斯坦尼斯瓦夫·巴尔布斯，这是她读过的最令人愉悦的书之一。

而对于"带有现实主义说教色彩的非诗体文章",她就没有那么多同理心了。在评论《理想和英雄》一书时,她说写《尤利西斯》比写给青少年看的书更容易,因为写后者的时候,"总会陷入一堆艺术之外的责任中",会写一些"参加童子军和其他集体活动的老先生们在欢呼:'嗨,嗨,万岁!'"之类滑稽的句子。[8] 有位读者因为感到被冒犯而写信给《文学生活》,辛波斯卡在回信中解释,她只是在以玩笑的口吻描述写青少年书籍的难处,而且她认为"开玩笑真的不意味着'蔑视'或'背离尊敬和信任'"[9]。

耶日·皮尔赫曾向我们炫耀说,在某次宴会上,辛波斯卡曾对他的书《极致享受》的第一句话做了十分精彩的分析。"她先是对《灰烬》的第一句话嘲讽了一番。'这是什么句子啊,'她感到惊奇,'什么猎犬?谁的猎犬?什么森林?根本没有任何信息。应该写这是伯爵的猎犬,在某天……'之后她说:'你的小说的第一句话是真实的句子,里面有十二处信息,更何况还有那样的语调。'"皮尔赫回忆,"这本书是我的成名作。啊,如果她把这番评论刊登出来……但是她从不在刊物上评论自己的同事。"

辛波斯卡的写作也不怎么涉及政治。"聪明的皮尔赫已经注意到,我的那些专栏文章从来不涉及任何政治话题。"她在接受关于其写于波兰人民共和国时期的《非必要阅读》的采访时说。[10] 她保证(而且她也做到了),如果继续创作《非必要阅读》,模式还会和以前一样。

辛波斯卡收到了很多熟人写的书,但是,就像她说的,她很少评论这类书,因为熟人最难写。确实,在五卷《非必要阅读》中,我们只找到了几本与辛波斯卡熟识的人写的书。① 多说一句,在与我们相识以后,

---

① 包括:宛达·克罗敏科娃关于收养的著作;亚历山大·耶姆内的日记;塔戴乌什·赫沙诺夫斯基的《古波兰肖像》;安杰伊·克罗米奈克关于《横截面》周刊的回忆;耶日·菲措夫斯基关于维托尔德·沃伊特凯维奇的著作;瓦茨瓦夫·特瓦尔特克的《关于更仔细阅读古波兰文本并从中获得知识》;塔戴乌什·尼切克的《给文盲和知识分子的戏剧字母表》。

她在评论《土著神话》的文章里提到了我们。那篇文章讨论了如果澳大利亚土著到现在才被发现的话会如何的问题，辛波斯卡得出这样的结论：

> 成群的记者和新闻撰稿人会坐飞机过去，但是到地方以后发现也没什么。只是以后每年会发放一个通行证，第一个拿到通行证的肯定是雷沙德·卡普钦斯基。（至于什琛斯纳和比孔特女士，我就不知道了，肯定会有别的方法，但是她们可能早已登上了那片大陆，目的是探寻当地的土著人是否在写五行打油诗……）[11]

辛波斯卡厌恶窥探别人，包括那些作古的前辈的隐私，也就是她所谓的"彼岸的家长里短"，但这并不妨碍她翻阅那些人的信件或者日记。当然，作者们在创作这些日记的时候，已经考虑到了出版的可能，因此，它们并不会给作者造成"入土之后的问题"。

"更糟糕的是那些为自己而写，没有使用任何文学技巧，也没有进行任何自我审视的日记。他们只是为了梳理逝去的日子、缓解各种各样的压力而写的，连他们的亲人都不知道这些日记的存在。"辛波斯卡在写托马斯·曼的《日记》的书评时写道，"读者现在可以窥探他的内心，与这种窥探相联系的还有某种偷看和偷听别人秘密时所产生的巨大而暧昧的愉悦感。"[12]

她在别处承认过，当读到邪恶的泄密行为时，她会感到愉悦。有时她心中也会五味杂陈：带着兴味和不情愿的矛盾情感阅读自己的八卦。在看完芭芭拉·瓦霍维奇写的关于亨利克·显克维支一生中的五个玛丽亚的书之后，她写道："谁更加多愁善感，谁就会对这部著作中死去的主人公抱有仁慈，他的个人隐私成了别人为了畅销而不择手段的牺牲品。但是这种仁慈并不会阻止他看到最后一页。不——他一口气就读完了，同没那么多愁善感的人没什么两样。"[13]

在一次晚会上，当别人问她为什么不写正经的文学作品，而是去写什么科普读物和各种指南的书评时,辛波斯卡回答:"这类出版物往往结局都不好不坏,这是最合我意的地方。"她曾在别处写道,只读文学著作让她感到害怕。在读了一段内心独白以后,她喜欢读一下科普类的文字,比如写大象是如何打喷嚏的,或者蜈蚣到底有多少只脚的文章,来换一换脑子。她喜欢足够有趣的书籍,它们能让她远离日常的烦恼,但同时也可能让她昏昏欲睡,在某个恰当的节点,从她的手中滑落。

皮尔赫认为,辛波斯卡极具个人色彩的犹疑不定,来自她对阅读纯文学作品的意义的不确定,她坚信世界本身就是丰富的文本,所以当人们迷信文学经典的时候,她会反其道而行。这种观点不仅现于她的专栏文章,也现于她的诗歌之中。[14]

她在受《植物世界异闻录》的启发而创作的文章中写道:"生理学的酿酒厂。自由生长的植物。肆意侵略的植物。不断强大的植物和不计其数的植物。在夹缝中生长和无拘无束生长着的植物。肉食者和掠夺性丝毫不弱的素食者。大自然的凭空捏造。块根块茎们瞎编的故事。花瓣们的胡言乱语。浑身带刺的兔子和令人毫无防备的大块头。出人意料的奇怪生物。嶙峋的怪胎。瑰丽的异样篱笆。"[15] 文学评论家耶日·科维亚特科夫斯基在分析《非必要阅读》的时候写道,辛波斯卡有时会在专栏文章这个祭坛上摆放诗文,事实上,这篇文章就像是关于植物的一系列诗歌的草稿——说是草稿,是因为这样的系列诗歌从来没有出现过。[16]

"有些专栏文章和诗歌的片段可以被大胆地调换位置。"塔戴乌什·尼切克写道。他摘录了《非必要阅读》里的一段话:"我喜欢鸟……因为它们有毛茸茸的脖领、头冠、翎毛、前头骨、褶皱、坎肩、灯笼裤、扇羽和羽边。"还有一段被他当作范例的诗:

> 你脱下,我们脱下,你们脱下
> 大衣、夹克、西服、上衣,
> 毛的、棉的、混纺的,

> 半身裙、裤子、袜子、内衣，
> ……
> 是时候用还在颤抖的手系上、扣好
> 鞋带、按扣、拉链、搭扣，
> 腰带、纽扣、领带、领子。
>
> ——《衣服》，出自《桥上的人们》(1986)

在非诗体作品和诗体作品中重复出现的情节也可以证明《非必要阅读》和辛波斯卡的诗歌的亲缘关系。

"亚特兰蒂斯是否存在过并不重要，无论怎样对我们都有益处。它可以作为想象力的练习。毕竟，将丰富的想象全都浪费在现实问题上是多么不值啊。"她在聊到一部关于失落的海岛亚特兰蒂斯的书时写道。[17]她之前就用这座海岛练习过想象力了，那首诗就是《亚特兰蒂斯》：

> 它们存在或者不存在。
> 在岛上或者不在岛上。
> 海洋或者不是海洋
> 吞噬了它们或者没有吞噬它们。
> ……
> 就在这是又不是的亚特兰蒂斯岛上。
>
> ——《亚特兰蒂斯》，出自《呼唤雪人》(1957)

有时，曾经读过的书也会回响在辛波斯卡多年以后写的诗作中。在聊到斯坦尼斯瓦娃·维索茨卡针对戏剧发表的言论时，辛波斯卡提醒人们注意这位演出过伟大戏剧作品的悲剧演员，这位希望戏剧能够为公众提供片刻喘息的伟大的表演专家。"灵魂不光在笑声中休憩，还在纯粹的悲伤中休憩。"维索茨卡写道。"这句话让我深思。"辛波斯卡评论道，"它在第 31 页,从上往下数的第十行。"[18] 之后过了很多年（大概二十五年）,辛波斯卡又发表了一首相关诗作,这是她获得诺贝尔文学奖之后所作的第一首诗:

> 灵魂间或存在。
> 没有人能一刻不停
> 且永远地拥有它。
> ……
> 有时只在狂喜
> 和童年阴影中
> 停留稍久一些。
>
> 有时只在意识到
> 我们已老的震惊时刻。
> ……
> 在我们上千次的谈话中,
> 它只参与其中一个,
> 而这也不是必然,
> 因为它更喜沉默。
> ……
> 喜悦和悲伤
> 于它而言并非两种情绪。
> 只有在它们结合的时候,
> 它才会出现在我们身边。
>
> ——《谈谈灵魂》,出自《瞬间》(2002)

"我在一位文学评论家的评论里看到,他说这首诗写的是今人的灵魂危机。"辛波斯卡跟我们说,"但并不是这样的。不管是灵魂还是什么我们称为灵魂的东西,它们只是偶尔存在。在人们感到疼痛时,灵魂实际并未参与其中,它逃走了,只剩下疼痛的身体组织因疼痛而吼叫。我想表达的是,灵魂喜怒无常,一直在寻找合适的时机对外展示自己的存在。当一个人对某样高于日常生活的东西敞开心扉的时候,对我来说,这就是灵魂显现的时刻。"[19]

我们在翻阅辛波斯卡的文章时,几乎在每一页都能读到被严肃对待的关于幽默感的问题:"幽默是严肃的同胞弟弟""幽默是悲伤和欢乐的有机结合""博人一笑的艺术是极为严肃的能力"……

她写道:

> 托马斯·曼坚称自己是幽默大师,就像一直在强调自己写的东西是喜剧的契诃夫一样。很少有人会思考他们为什么如此坚持。幽默?这究竟是什么?在带有误导性的普遍认知中,幽默要么就是会编笑话,要么就是会制造一种愚蠢的欢乐。但是实际上,幽默是一种巨大的悲伤,只是能在悲伤中发现有趣的事情。[20]

幽默出现在辛波斯卡的诗作中、文章中以及生活中。布罗尼斯瓦夫·马伊曾经说,所有人都在看电视节目,但只有辛波斯卡预料到了它的发展走向:"就连上帝创造世界都能被拍成纪录片。"

辛波斯卡认为"幽默是某个时代的习俗中最温柔,也最不持久的对外界的反应",同时,她也痛心道:"历史为幽默创造了尤为糟糕的环境。"她看普劳图斯的《吹牛军人》并不是为了找乐子,而是为了知道,两千年以前的人们都会为什么发笑。"幽默主义是时隐时现的游荡的幽灵。"她写道,"事实上,我们很难在几个世纪以前艺术家为它安排的地方碰见它。"[21] 在刚开始阅读一本关于波兰哥特式艺术中的幽默主义的书时,她被悲伤所笼罩,悲哀于曾经让人发笑的地方如今不可避免地需要解释，然而即便解释了，人们也笑不出来了。但是她马上又脱离了悲伤，因为她并不是真的希望同中世纪的人一样，取笑那些残疾人、智障人士、矮子等有缺陷的人。²²但是在别的地方，为了维护班尼·希尔①并不怎么高端的幽默，她说："如果人类只发明了一种幽默，而这种幽默是高端、得体但单薄的，那么地球上最起码有百分之八十的人终其一生都不会被逗笑了。"²³

最能使她开怀的是英国作家写的《笑话诗集》和《荒谬国度》，尽管关于其内容，一直都存在着原创性问题。"但是英国人的功劳很大。他们让这个国度繁荣，他们用令人折服的缜密态度经营着国家，并让其子民的数量翻了一番。这是我听过的关于'殖民主义'②唯一正面的例子。"²⁴

《非必要阅读》让人毫不怀疑，此书的作者是一个女性主义者，尽管她和同时代的人一样跟女性主义保持着距离。"我明白这是大势所趋，"她跟我们说，"但我更希望独立于任何流派。我也会同情男人，他们也有自己的压力、恐惧和无奈，而且有时家里的妻子只会帮倒忙。"

"暴力反抗曾一度为女性争取到了平权的机会，但也只是在断头台上。"在为杰曼·德·斯戴尔的回忆录所写的书评中她写道，"之后又变回了老样子，女人的软弱伴随着男人的自信。男人的想法是想法，而女人的想法就只是心血来潮；与男人的强势意愿相对的，是专属于女人的固执；与男人的远见相对的，是女人的鼠目寸光；而在一些情况下，当男人被称为出色的战术家时，女人则是阴谋家。这种双标的概念有一些至今还残留在人们的意识中，我认同这种说法，但并不是以一名为理想而战斗的女权战士（上帝保佑我千万别走上这条路）的身份，而是出于调侃和就事论事。"²⁵

跟随书籍的步伐，辛波斯卡飞遍了所有国家，穿越了所有年代。她总是会带着幽默感，不着痕迹地在这里或者那里保护着女性，同情着女

---

① 班尼·希尔，英国喜剧演员，以表演闹剧、讲述低俗笑话及语带双关著称。——译者注
② 这里是在比喻英国作家以别人的作品为基础进行创作。——译者注

性，欣赏着女性，表达出她们的观点。我们也能在这首诗里找到类似的理解和共情：

> 我可能是出于好奇在寻找。
> 但除了好奇我也能有别的原因。
> 出于悲伤，我四处寻找银碗。
> 因为疏忽——在系凉鞋鞋带的时候。
> 只为了不再盯着我的丈夫，罗德①
> 那不偏不倚的后颈。
> 突然间确信，即使我死了，
> 他都不会停下来。
>
> ——《罗德之妻》，出自《巨大的数目》(1976)

辛波斯卡作品的译者比塞尔卡·拉契奇说，辛波斯卡在贝尔格莱德高水平的女性主义杂志《宁为女人》上是受人崇拜的对象。这本杂志刊登了她如下这首诗：

> 她幼稚，但能提最好的建议。
> 体弱，但是能托举。
> 没有经济头脑，但是会有的。
> 读雅斯贝尔斯和女性杂志。
> 不知为何要用螺丝却造出了桥。
> 年轻，一如既往地年轻，还将一直年轻。
> 将折了翅膀的小麻雀捧在手中，
> 将自己的钱花在远途旅行，

---

① "Lot"，亦有航班的意思。——译者注

辛波斯卡与黑猩猩齐吉姆在克拉科夫的动物园里（摄于20世纪60年代）。

"动物园园长把它借给我拍照。"辛波斯卡告诉我们，"我牵着它的手，它并不喜欢这样，会变得焦躁不安。抱着它的时候，能感受到它在用力，它的肚子硬得就像一颗椰子。"

"当别人把它放到长椅上时，我试着去拥抱它，而它却咬了我的手。我叫了一声，它看着我开始说话——好吧，它其实也不会说话，但是它伸出手掌，摘下几片叶子来碰我的嘴唇。它想让我停止尖叫吗？还是想要同我道歉？"

切肉的菜刀，药膏和一杯伏特加上。

——《一个女人的画像》，出自《巨大的数目》(1976)

辛波斯卡从不放过任何一个批判侮辱人性的事实的机会。几个世纪以来，女性一直都无法为自己做主，被剥夺了选择伴侣的权利。她曾多次提及猎巫①的问题。什么都逃不过她敏锐的双眼。

我们不妨以关于卡萨诺瓦②的书评为例。辛波斯卡在文中建议读者注意一个让人震惊的巧合：世界级风流情圣卡萨诺瓦的所有情人都没有想过让他留在身边，或者将他挽回。

> 每两个"科瓦尔斯基"③之中就有一个会因为小情人的难搞而大伤脑筋，而世界上最有名的花花公子在逃走的时候却不费吹灰之力，有些女士还会帮他……她们是对他感到失望了吗？厌倦了吗？还是觉得无趣呢？我很希望国际妇女年的庆祝活动上能积极地讨论这些问题。26

在写关于美国女性主义散文集《没有人生来就是女人》的书评时，辛波斯卡注意到，为撼动对女性身体和头脑根深蒂固的偏见而进行的斗争反而会引起强烈的反弹。"某些瞬间，这些论述让人想要叫停，想让作者向男人们伸出微弱的绅士之手，示意他们也来辩解两句。因为他们也不容易，或许他们也想从什么之中挣脱出来。"她还借此机会警示读者，不要将这本有意思的书当作"同自己丈夫打仗的教科书"，也不要将谁该给谁泡茶的问题上升到女性平权的高度。27

---

① 15—17世纪，欧洲断断续续地实行着猎杀巫师（主要为女巫）的行动。在发生灾祸时，天主教廷便会将责任推到巫师身上。共有数十万名女性因猎巫行动惨死。——编者注
② 贾科莫·卡萨诺瓦，意大利冒险家、作家，因一生有较多风流韵事而被誉为"情圣"。——编者注
③ 波兰常用名，类似张三李四。——译者注

伏沃基米日·马琼格说，有一次辛波斯卡揽过他的肩膀说："你看，你们男人马上就开始紧绷起来，大秀肌肉了。"

"她喜欢取笑阳刚之气。"他评价道，"毕竟她写过这样一首诗。"

> 他走出来时浑身紧绷，从脚到下巴。
> 他身上是橄榄色的苍穹。
> 唯一入选的，
> 就是这个像罂粟馅面包一样青筋满布的男人。
> ——《健美比赛》，出自《盐》（1962）

辛波斯卡告诉我们，有一次，她在扎科帕内看见了一张全国举重淘汰赛的海报，于是她试图说服那些阿斯托里亚的作家同事，希望他们之中至少有一个人，能够同她一起观看这场淘汰赛。

"然而事实上，尽管所有人的灵魂都很高贵，但只有阿纳托尔·斯特恩的遗孀阿丽琪亚·斯特尔诺娃积极地响应了我。然后我们就去了。我观看了举重选手三次走向杠铃却又退后的过程。我看见一个大块头没能成功举起杠铃，在教练的怀抱里泣不成声。一年的练习、忍耐和节食，却在一秒内全被否定。我也想过：'上帝啊，应该为这些可怜的力士写首独特的诗，那种会让眼泪在眼眶里打转的诗。'是的，是的，有些诗如今我会以另外一种方式去写。"

不管怎么说，辛波斯卡在《非必要阅读》中没有恶意讽刺肌肉男。"恰恰相反，我并不敌视健美运动员。"她写道，"我一点儿也不反感布满青筋的光滑肌肉。布鲁诺·米耶促果夫比我可要严格得多，他认为健美运动员就是'人类发展史中的化石'，人类学家根本不必再多此一举地拿着铲子在各种裂缝中寻找遗迹。"[28]

《非必要阅读》中有很多篇幅是描写动物的，尤其是狗和鸟。这花费了辛波斯卡很多心血。书中还收录了一封写给海豚的信（她称这封信为

"告发人类的小报告"），在信中，她告诫海豚要当心被人抓去做实验。"文学信箱"里的她也时不时化身动物代言人："在文学中有太多动物被要求说人话了。它们不光要说得有道理，还只能说重要的事情。这些可怜的动物必须变得搞笑、有逻辑、有深刻的思想，总之，对它们的要求比对人类自己的还多，后者则被允许在稀缺的打印纸上胡言乱语。"[29] 她在别处写道，幸好动物没有独立的意志，如果真的有，"世界上绝望的生物就更多了"。

在辛波斯卡同《文学生活》解除合作关系且战时状态时期结束之后，她停写了两年《非必要阅读》。在那之后一段较短的时间内，她曾在《写作》上发表过一些《非必要阅读》中的文章，偶尔几次也曾在《奥得河》上发表。她最长的一段休息时间有好几年，一直持续到1993年，直到塔戴乌什·尼切克突发奇想，要在《选举报》上重新设立专栏。辛波斯卡禁不住劝说，便以通信的方式，同当时文化版面的负责人安东尼·帕夫拉克敲定了这份工作的细节。比如她问，买书的钱要如何报销，毕竟时代变了，街边所有的书摊都开不了收据了。

当《选举报》文化版面的下一任负责人米哈乌·契黑将她投稿的第一篇文章进行了分段处理时，她提醒说，自己的文章总是只有一段，请不要做任何修改。但是有个问题，《选举报》的专栏文章总是以斜体字排版印刷，全篇只有一段话的文章很难阅读。于是美编便为《非必要阅读》选用了一种特殊字体。在之后的版式中，这一问题消失了，但文章又被加上了小标题。当契黑第一次为专栏文章加上小标题的时候，他收到了辛波斯卡的来信。辛波斯卡在信中说，虽然《选举报》做得非常好，但是她更喜欢用自己想出来的标题。

"《非必要阅读》的文章之所以只有一段，"辛波斯卡解释道，"是因为要给读者一种一口气写完的感觉。以此为出发点，文章应该简练，我必须把它放进一张打印纸里。我想要流畅感，给人主题统一的感觉。有时我确实做不到，所以在应该分段的地方我加了省略号。"

她写了三十年的书评，但在《非必要阅读》中谈到诗歌的次数寥寥无几，即便提到，通常也是为了传递如下信息："诗评并非我的激情所在。"在赞扬维克多·沃洛舍尔斯基的杰出诗选集《情诗册》时，她问道："如果爱情在一刻不停地创造新的诗人，那么为什么情诗不能创造新的诗歌读者呢？"

在辛波斯卡为创作专栏文章而挑选的几百本书中，只有寥寥几本是诗集（儒勒·拉福格、哈拉斯、艾略特、贺拉斯、萨福的作品）、诗选（保加利亚诗选、现代希腊诗选、古亚美尼亚诗选以及关于大海的诗选）和关于诗歌的散文（保尔·瓦雷里、米奥德拉格·帕夫洛维奇的作品）。

当《非必要阅读》结集出版时，辛波斯卡亲自对文章进行了筛选。

当被问到1993年在《选举报》重新刊登的《非必要阅读》是否仍旧是不涉及政治的，她回答说："是的。因为这方面的状况依然没有变化，政治仍旧是吸血鬼，想把我们体内的液体都吸干。我们自然需要有一些理想，一些经过深思熟虑的坚定想法，并试着与它们和谐相处。但是我们也应该从各种不同的角度看世界，读书也要用不同的方式。"[30]

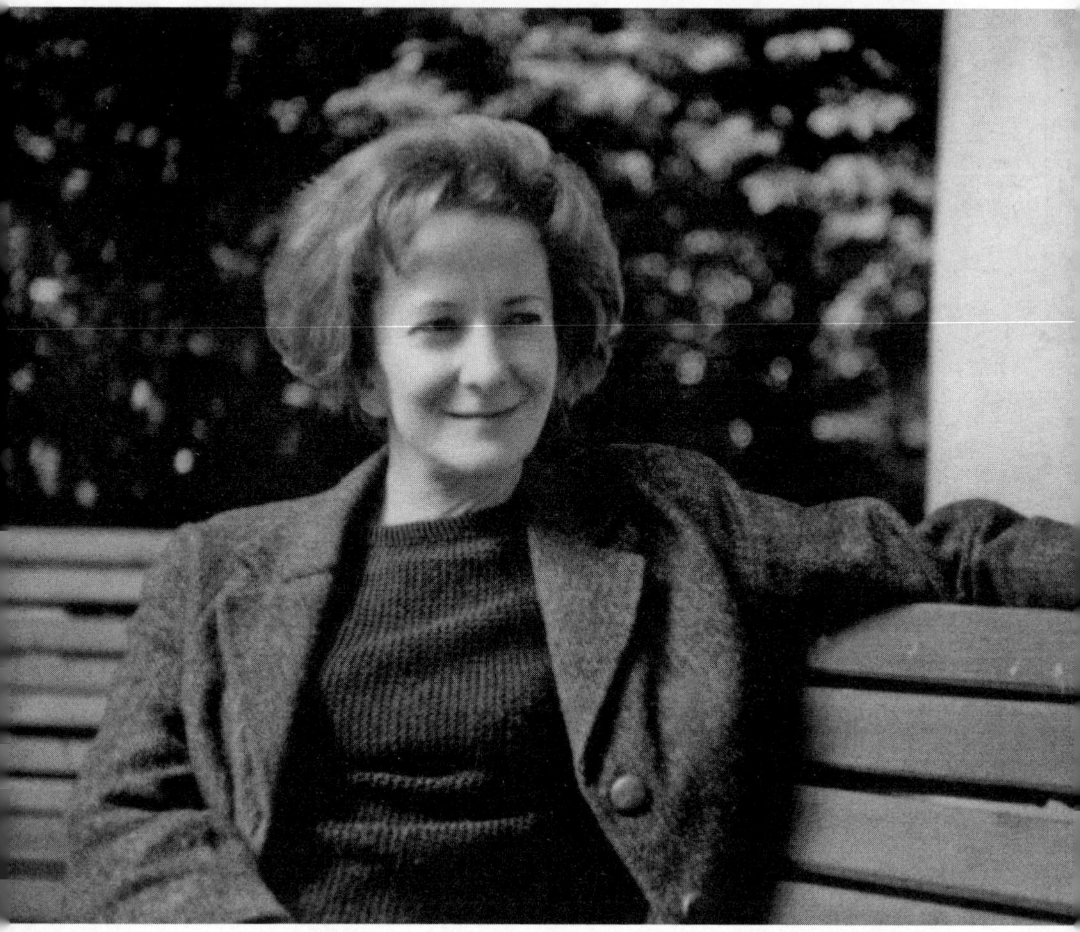

第 12 章　旅途中的诗人

1954 年，辛波斯卡第一次出国旅行，目的地是保加利亚。她记得萨莫科夫及其老城的木结构建筑、前廊、屋檐和雨；她还去了布尔加斯，在那里冻坏了。

"那时是冬天，"辛波斯卡回忆道，"而保加利亚人自认为是南方国度，所以没有任何供暖设施，水龙头里流的是冰水，而且旅店天花板上的灯经常乱飞，前台的人却说：'这没什么，只不过是稍微晃了一下。'"

辛波斯卡的导游兼接待者是布瓦佳·迪米特洛娃，她与辛波斯卡相识于克鲁普尼察路的街头。这位在 20 世纪 70 年代同别人一同创建民主运动组织的女诗人、翻译家和散文家，后来成了保加利亚的副总统。她将自己与辛波斯卡的旅行记录下来，已经是在辛波斯卡参加诺贝尔文学奖颁奖典礼之后的事情了：

> 按照我们的习惯，来保加利亚旅行的外国友人在游览时应该参观的地方越多越好，但看到的细节则越少越好。辛波斯卡用令人着迷的直率对此表示了反对，她将整个计划都颠覆了。我们经常坐车旅行，晚上出门，逛的都是狭窄的小巷子和坑坑洼洼的小路。我记得当她抱怨夜晚的外出历险时，突然爆发出一阵笑声："谁骗我说保加利亚是个小国家的？我们一直赶路啊赶路，根本看不到尽头！"她一直问："我们还没到吗？或许我们在这黑暗里已经穿越了国界，现

在天知道我们在哪里!"经过一整夜的车马劳顿,我们停在了某个还在睡梦中的乡下小旅馆。

"在保加利亚的两周,原本的计划是一个接一个地参观博物馆,"迪米特洛娃接着写道,"但为了同其他好说话的外国人有所区别,辛波斯卡直截了当地对普罗夫迪夫考古博物馆热情的导游说:'请您别再为难自己了!'然后她就跑到外面,深吸了一口气,喊道:'我受够博物馆了!那些老物件让我头昏脑涨!'"[1]

迪米特洛娃告诉我们,辛波斯卡因为观光游览而精疲力竭,但计划就是计划,她们没有落下保加利亚任何一家博物馆。"所以多年后,在翻译她的诗《博物馆》时,我立马就想起了我们的旅行。"

> 有盘子,但没有食欲。
> 有对戒,但没有交换。
> 这样持续了三十年了。
>
> 有扇子——是谁在脸红?
> 有剑——是谁的愤怒?
> 鲁特琴在黄昏时分也没有一声响动。
>
> 因为永恒的缺失而收集了
> 一万件旧物。
> ……
> 皇冠等待着脑袋。
> 手掌输给了手套。
> 右脚的鞋胜过了右腿。

> 至于我，我活着，请相信。
> 我与连衣裙之间的竞赛还在继续。
> 而它真是固执！
> 就好像它想活得更久！
>
> ——《博物馆》，出自《盐》（1962）

她们一起拜访了被纳粹主义者枪杀的共产主义诗人尼克瓦·瓦普察洛夫的母亲。辛波斯卡的朋友、《文学生活》编辑部的同事扬·帕维乌·贾乌力克还记得，辛波斯卡在说起这位单纯的农村妇女时有些担心，她说这位妇女就像一件博物馆展览品，放在自己的家里被展出。她还说在这里，官方叙事和真正的悲剧之间发生了碰撞。多年后，这次拜访成就了一首诗：

> 是的，她非常爱他。是的，他一直都是这样。
> 是的，她那时就在监狱墙外。
> 是的，她听到了处决的枪声。
> ……
> 是的，她有点累了。是的，她要走了。
> 起身。道谢。道别。出门，
> 在门廊处与下一波游客擦肩而过。
>
> ——《圣殇像》，出自《一百个笑声》（1967）

一年后，辛波斯卡赶赴斯洛伐克参加作家大会，但是真正的西方——法国，她直到回春①将铁幕稍稍掀起时才去。就是在那一次，她去迈松拉斐特拜访了耶日·盖德罗伊茨。

---

① 指赫鲁晓夫统治的解冻时期。——译者注

右起:布瓦佳·迪米特洛娃、尼克瓦·瓦普察洛夫的母亲、维斯瓦娃·辛波斯卡(1954年春摄于保加利亚班斯科)。

维斯瓦娃·辛波斯卡在扬·布仁科夫斯基家做客。辛波斯卡左边是尤利安·普热波希,右边是兹比格涅夫·赫贝特(1967年秋摄于巴黎)。

那一次，辛波斯卡同她在波兰作家协会的同事们一起住在圣路易岛上又破又小的阿尔萨斯旅馆。他们没有做任何旅行规划，每个人都有自己的安排。辛波斯卡经常去逛巴黎的街道，她后来也经常去巴黎，但只有巴黎圣母院的喀迈拉出现在了她的诗中：

> 在巴黎，从清晨到黄昏，
> 在巴黎如何，
> 在巴黎，巴黎
> （哦这幼稚的描写，帮帮我！）
> ……
> 他们像在棺材里一样睡去，
> 流浪汉、还俗的和尚、修行者。
> ……
> 灰色的喀迈拉凝固了
> （飘动的，低伏的，猴子状和飞蛾状的，
> 蘑菇状的，突兀的，
> 各式各样的，就像哥特式活泼的快板歌曲），
>
> 它们带着好奇观察他们，
> 这好奇没有分我们任何人半分。
>
> ——《流浪汉》，出自《盐》（1962）

扬·尤瑟夫·什切潘斯基还记得维斯瓦娃·辛波斯卡在巴黎热情满满地奔赴各个储藏室和商店的样子。后来在《非必要阅读》中，辛波斯卡提到了位于旺多姆广场旁的珠宝店。她说自己同斯瓦沃米尔·姆罗热克在巴黎肆意放纵了一番，几乎每天都去电影院看最新的片子，尤其爱看动画。她也一定参观了很多博物馆和画廊，看了各种展览。不久之后，

辛波斯卡回到波兰，便在《新文化》周刊上发表了上文引用的那首诗作《博物馆》。

辛波斯卡第一次去苏联是在 1960 年。当时她作为波兰作家参访团的成员，同行的有伏瓦迪斯瓦夫·布洛涅夫斯基、杰莫维特·费德茨基和斯坦尼斯瓦夫·格罗霍维亚克。1957 年，解冻后的第一次参访团中并没有辛波斯卡，那一次，波兰作家们应邀到身为翻译和编辑的玛雅·科涅娃家中参加了晚宴，她是科涅夫元帅的女儿。在那里，年轻的苏联诗人们朗读了自己的诗，其中就有叶夫根尼·叶夫图申科。回到波兰后，其中一位受邀者耶日·普特拉曼特向苏联大使馆打了小报告，状告叶夫图申科擅自朗读自己的诗，问题被上交给了波兰统一工人党的中央委员会。维克多·波里索夫时任苏联作家协会社会主义国家部主任，他记得 1960 年的作家参访团内也充满了紧张气氛，那次是因为伏瓦迪斯瓦夫·布洛涅夫斯基，他经常脱离既定的安排，一不留神就消失不见，然后在大街上朗读起自己的诗。波里索夫必须将所有的注意力都放在布洛涅夫斯基身上，所以当时的他不记得关于辛波斯卡的任何事情。

他们参观了莫斯科、列宁格勒和第比利斯。当时带着他们游遍苏呼米的是长篇史诗《格林纳达》的作者米哈伊乌·西威特沃夫，他们一同去了享有世界盛名的灵长类动物园。

"都说在那里可以看见自由荡秋千的猴子，"辛波斯卡说，"但是到那儿一看，所有动物都关在笼子里。当时我已经不惊奇了。"

在列宁格勒，令辛波斯卡印象最深的一幕是，当布洛涅夫斯基在彼得保罗要塞看到关押以塔戴乌什·科希丘什科为首的波兰人的牢房时，不禁抽泣了起来。

"他哭得像只河狸，不停地抽泣着。"[1]辛波斯卡同我们说，"他属于我

---

[1] 斯坦尼斯瓦夫·格罗霍维亚克这样回忆这一幕："他背对着我们，一动不动，双手顺着肩膀无力地垂下。两三分钟后，他转过身，粗暴地抹掉脸上的泪水。"引自马留什·乌尔巴内克，《布洛涅夫斯基：爱情，伏特加，政治》，华沙，2011 年。

不会高看一眼的那类男人，他们总是哭个不停。我要么在电影院里哭，要么在读书的时候哭，但从来不会在戏剧性的时刻，而只在开心的时刻哭。我认为在看到托马斯·曼的《约瑟夫和他的兄弟们》里重逢的场景时，哭泣才是让人心安的。"

距离第一次参访苏联过去半个世纪以后，辛波斯卡说自己曾在埃尔米塔日博物馆展出的伦勃朗的《浪子回头》前失声痛哭。"我也不知道为什么，我从来不是什么浪子，其中肯定有奇妙之处。"[2]

我们问辛波斯卡，她在列宁格勒时是否参观了冬宫，看到了之前在她诗中出现的画。那首诗是这样的：

> 当他们推搡至大理石楼梯，
> 镀金面的反光就像在烛台上一样盘旋，
> 枯黄的墙，枯黄的天花板，在震颤
> 脚步的回音在走廊里响起。
> 腐朽的世界啊，还债之夜即将到来。
> 面对被抹去又重生的人，你藏到了哪里？
>
> 库希马第一个用肩膀推开厅堂的大门，
> 而在大厅里——
> 人群，马，到处充斥着军队，
> 军团，军团站成紧凑的队形，军官
> 在马背上一动不动地待命，
> 他们上半身的勋章在闪耀，
> 比勋章还闪耀的是——武器的银光。
> 他在前面，一排排队伍都在看着他，
> 苍白的手紧拉马缰，他张开嘴
> ——只待佩剑指示和一声令下。

父亲库希马，这就是个空无一人的大厅，

这里没有活的灵魂。只有镜子

倒映着那面墙上的画。

你在第一时间想到：它们在阴森中崩塌，

用铁蹄踏平革命……

你对这些宫殿奇物太过大惊小怪了。

——《冬宫里的画》，出自《向自己提问题》（1954）

不，她没有去冬宫。她从没想过检验自己所创作的诗的场景。那首诗被标明"以真实事件为背景"，但是在哪里看见这句话的，她也不记得了。

左起：宛达·布洛涅夫斯卡、阿尔图尔·勉泽热茨基、维斯瓦娃·辛波斯卡、维克多·波里索夫和斯坦尼斯瓦夫·格罗霍维亚克（1960年摄于莫斯科克里姆林宫中庭）。

我们问了许多历史学家和艺术史学家，到底是什么画会把可怜的库希马吓成那样。历史学家黑洛明·格拉拉回复我们："如今，冬宫已经作为一个画廊被并入了埃尔米塔日博物馆。博物馆收藏的都是大型画作，其中有一半都符合对这幅画的描述。不过，说到一群闹事之人推搡着到了主楼梯口，那一定指的是'1812军事画廊'，也就是所谓的荣耀大堂。那里展出了超过一百位将军的画像，其中包括巴克莱和库图佐夫两位常胜将军的巨型画像、沙皇亚历山大一世画像的复制品，还有描绘四肢乱飞场景的战争画。这三面墙上的战争画、抛光的宝石、缎带和勋章都能在库希马心中激起辛波斯卡所描写的那种感觉。"[3]

之后，辛波斯卡又去过苏联两次。1967年，为了参加纪念绍塔·鲁斯塔韦利的活动，她同耶日·扎古尔斯基和尤利安·普热波希去了格鲁吉亚的第比利斯。最后一次去苏联旅行的经历则被她记录在了一篇专栏文章中，她在文中描述了从3000年前的坟墓中挖出的由金子制成的古格鲁吉亚青蛙项链。[4]

辛波斯卡向我们讲述了她在1963年与莱斯瓦夫·巴特尔斯基和蒂莫泰乌斯·卡尔波维奇一起前往南斯拉夫的旅行。他们被带去了达尔马提亚，坐着大巴车，沿着亚得里亚海岸前行。路的一边是大海、白色的岩石和海鸥，另一边则是老城堡的残骸。在路途中，后座同行者的谈话传到了辛波斯卡耳中："现在霍热路已经过不去了。""我当时还拿枪扫射了。""然后顺着下水道去了市中心。"①……辛波斯卡还回忆起地震后不久去的斯科普里，她在一家穆斯林的汽车旅馆发现那里没有停车场，只有给骆驼准备的马房。

她还记得1967年去过的地中海边上的小镇科利尤尔，那是西班牙诗人安东尼奥·马查多去世的地方。"有的诗人就是源头，"她在《文学生

---

① 霍热路在华沙起义失败后被烧毁，后两句均指华沙起义。——译者注

活》中这样形容马查多,"没有源头就没有河,而只有河才能跨越语言的边界。对我来说,马查多是当地的宝藏,是无法比拟的伟大人物,也是隐藏在西班牙风景线中的秘密。"[5]

1970年,辛波斯卡同乌尔舒拉·科齐奥乌一起去了比利时奥斯坦德附近的克诺克,参加当地的诗歌双年庆。

"辛波斯卡有给客房服务员留巨额小费的大男子主义习惯,结果弄得我们自己手里只剩下了几毛钱,只够买几枚邮票的。"乌尔舒拉·科齐奥乌说,"那里有各种社交和演出活动,比如贝嘉芭蕾舞团的演出,身材臃肿但相貌堂堂的让·马雷也在其中,辛波斯卡觉得很好玩儿。在别人朗读《领袖》的时候,我们想起了维斯皮安斯基的作品在青年波兰时期获得的评价,然后就开始爆笑。之后我们从庆祝会上溜了出来,在布鲁日散步,参观哥特式的建筑并欣赏古代大师的画作。"

"到最后我受够了诗人大会,简直让我反胃。"辛波斯卡告诉我们,"一个诗人,很好;两个诗人,也行。但是一百个诗人就好笑了。很久以前我就拒绝参加这样的活动了。"

我们向乌尔舒拉·科齐奥乌询问辛波斯卡旅行时都会干什么,她寄给我们一首短诗:"上帝习惯召唤维斯瓦娃/流向那天上树林间/啊,不——她回答/我感到疲惫/只有在家里我才觉得不似在凡间。"

有时辛波斯卡也会出国参加"作家之夜"。比如1992年,她去了布拉格和根特;1993年,她去了斯德哥尔摩和伦敦。

"辛波斯卡最喜欢游览观光,沿着大街小巷走,因为只有这样,她才能观察生活。"1992年,在弗拉芒大区举办的波兰文学日庆典上,文学评论家玛尔塔·维卡在关于辛波斯卡诗歌的主题演讲中如是说,"她的旅行风格就是在旅店里换上浴袍,拿出面包,往面包上抹点东西,给自己做早餐或者晚餐。我不知道身为荣誉嘉宾的她,在斯德哥尔摩时是什么感受。"

玛尔塔·维卡和维斯瓦娃·辛波斯卡（1992年摄于根特）。

　　玛尔塔·维卡还说，在根特，人们还为辛波斯卡准备了讲台，讲台上放了一张摆有蜡烛的桌子。活动在一所寒酸的公立大学举办，所以这张桌子也只是普通的小圆桌。人们用裁剪好的金色纸装饰了桌腿。辛波斯卡坐下来，往下一看，然后笑了起来，因为她看见了自己诗里曾经写到的小桌子：[6]

　　　　相比于穿着产于海乌梅克的鞋子
　　　　踏步时嘎吱作响，
　　　　拙劣地扮演天使
　　　　光脚会不会更好——

　　　　如果这条裙子能再长一点，再拖地一些，

181

> 诗不是从包里拿出,而是从袖子里,
> ……
> 而在演讲台上已有张小桌子在等着,
> 某种通灵的桌子,有着金色的桌脚,
> 桌子上的蜡烛在冒烟——
>
> 从上得出结论,
> 我必须在蜡烛边
> 读我在正常的电灯泡下
> 用嗒嗒作响的打字机写出的诗——
>
> ——《怯场》,出自《桥上的人们》(1986)

当时也住在根特的作家汉娜·克拉尔说:"辛波斯卡尴尬地坐着,不知道双手双脚该往哪里放。她穿着好像是从城市百货商场买来的正装,明显带有波兰人民共和国时期的风格。但是当她开始朗读自己的诗,波兰人民共和国的感觉就消失了。"

她对"作家之夜"点蜡烛这一惯例的排斥,我们在"文学信箱"中也见过:

> 在讨论"作家之夜"应该用灯泡还是蜡烛照明时,被邀请的专家有了仲裁权,我们表示更喜欢灯泡。烛光自下而上照在脸上,会让作者们看起来像是罗马尼亚电影里的阶级敌人。[7]

辛波斯卡在国外旅行时最常用的物品是一个其貌不扬的中式保温杯(她不光在波兰人民共和国时期按照标准省吃俭用,在获得诺贝尔文学奖之后也一样,尽管那时她会投宿于条件好一些的酒店),她一般会在晚上要一杯开水,为了早上能泡一个茶包。她的秘书米哈乌·鲁希涅克还记得在这位诺贝尔文学奖得主入住的豪华大酒店,服务员是带着怎样鄙视的表情接过保温杯,往里面装开水的。辛波斯卡对家用物品有很深厚的感情,她不喜欢把它们扔进垃圾桶——尤其是在用了好几年以后。鲁希涅克花了十多年的时间才把这个保温杯踢出她的生活。

"在我的邀请下,维斯瓦娃·辛波斯卡来过几次德国。为了避免误会的出现甚至错误的猜测,她总是与科尔内尔·菲利波维奇同行,"辛波斯卡诗作的德语翻译卡尔·戴德尤斯写信告诉我们,"如果记得不错的话,我陪同辛波斯卡女士(还有菲利波维奇!)去了汉诺威,还有莱茵兰。我们观光了吗?可能参观了博物馆,又或者去了咖啡店,要么就是小酒馆?谁知道呢,但都只是以调研为目的,为了调查哪家咖啡更好喝,哪家啤酒更棒。"[8]

辛波斯卡记忆里关于旅行的片段一般都是一些触动想象的小事,一些细节和小插曲——就像这首诗里准确描述的那样:

> 萨莫科夫只有雨,
> 其他什么也没有。

> 巴黎从卢浮宫到指甲盖
> 都覆盖了一层白翳。

> 圣马丁大街只剩下阶梯,
> 通往消亡。

> 桥之名城列宁格勒,
> 入眼的不过一两座。

> 可怜的乌普萨拉,
> 大教堂只剩一点点。

不幸的索菲亚舞者，

没有脸的身体。

……

欢迎，送别，

就在一个眼神间。

——《旅行挽歌》，出自《盐》（1962）

艾娃·利普斯卡记得，辛波斯卡在维也纳旅行期间看见佛登斯列·汉德瓦萨的先锋建筑时不由得发出了赞叹。

在乌普塞拉，18世纪的解剖室最让她感兴趣，她甚至感叹"都不愿意走了"。

特蕾莎·瓦拉斯被迫跟着辛波斯卡在伦敦的白金汉宫参观了皇室卫生间。

辛波斯卡和艾娃·利普斯卡（1995年5月7日摄于维也纳佩希托尔茨多夫）。

辛波斯卡和特蕾莎·瓦拉斯（1997年4月摄于德国）。

但是在伦敦，辛波斯卡第一时间参观的是位于贝克街的夏洛克·福尔摩斯的家。毕竟当她还是少女时，就迷上福尔摩斯了。关于这一点，她在《百年侦探》中就提过："夏洛克，坚强的骑士，自由的心。还有一件事让懵懂无知的我困惑：夏洛克好多年都和华生医生住在一起。"[9]

据耶日·伊尔格回忆，当他和辛波斯卡在开车往返威尼斯的路上经过捷克时，因为超速而收到了"赎罪券"，也就是罚单。辛波斯卡一直留着这张罚单。

卡塔日娜·科伦达-扎勒斯卡在拍辛波斯卡的纪录片时曾陪她出过几次国。据她回忆，在卡塔尼亚时，跟看古董比起来，辛波斯卡更喜欢逛鱼市；在阿姆斯特丹的博物馆里参观了两个挂满维米尔画作的展厅后，她表示受够了（她的说法是"脑子一团糨糊了"），然后她要求在名叫

"Baba"①的店的招牌下拍一张照片；而在博洛尼亚，她在看到名叫"Pupa Straci"②的店时笑了好一会儿。

她的朋友告诉我们，辛波斯卡从来不独自出游，必须有人陪同。这就是她的心理特点。

"我就是她的传声筒，同时也代表她实际的那一面。"特蕾莎·瓦拉斯说，"她阴晴不定，还有些喜怒无常，在观光游览时就像只小蝴蝶：这里待一会儿，那里待一会儿，一点儿也没有蚂蚁们那样的秩序。她参观的方式和她读书有点儿像。能引起她兴趣的是奇闻逸事和一个个珍珠般璀璨的人或物，这是她感知艺术的独特方式。"

辛波斯卡对旅行没有什么激情，因为就像她说的那样，她是典型的巨蟹座。"或许在未来的某一时刻，我们能够成功辨认出一些人身体里决定他们无法待在一个地方的基因。"她在收录于《非必要阅读》的文章《在食人族里——不凡女人的探险》中写道，"无法长时间待在一个地方的情况更常发生在男人而不是女人身上，但也有例外。至于我，这一基因在我身体的深处潜藏着，因为我不喜欢长时间的远途旅行。"[10]

辛波斯卡只表达过一次想去旅行的愿望，但那时没人回应。1971年发表的专栏文章《博娜王后》以这样一段话结尾："波兰作家协会应该派代表去巴里，在伟大的博娜女王的坟墓前献上一束花。是时候为尤瑟夫·克拉舍夫斯基写的《两位王后》向她道歉了，她在书中成了一位爱说闲话的女主人公。如果不是因为没人愿意陪我，我本可以亲自去的。"[11]

在一次出游前，当别人问她是否已经装好了旅行要用的所有东西时，她回答说："旅行时必备的只有回程票。"

对辛波斯卡来说，填表同样是个问题。在波兰人民共和国时期，她在每次出行前都要提交护照申请，回来后还要马上上交护照；而在填表

---

① 波兰语中也有"baba"一词，且有很多种解释，比如"娘们儿"、老妇人、芭芭蛋糕等。——译者注
② 在波兰语里意为"屁股丢失"。——译者注

时，还要填写所有之前旅行过的地名，甚至包括未能成行的旅行，也就是护照申请被拒的记录。"我胡编乱造了些信息，因为我根本想不起来什么时候去过哪里。"她告诉我们。在《非必要阅读》中，辛波斯卡承认烦琐的护照申请程序也经常让她打消出国游玩的想法。又或者，正因如此，她才为那些不在乎这些东西的人写了一首诗？二十年之后，她在发表诺贝尔文学奖获奖感言时，在结尾处朗读了这首诗，并认为这首诗太短了：

> 哦，人类国家的边界如此松散！
> 有多少云在它们之上逍遥飘荡，
> 有多少沙漠之沙在国界间散落，
> 有多少山石滚向别人生长的土地，
> 挑衅着蹦跳下来！
>
> 难道我必须一个接一个地列举鸟儿如何飞过边界，
> 或者如何落在放下的挡杆上？
> 就拿麻雀来说吧——它已长出邻国的尾巴，
> 尽管鸟喙来自母国。更何况它无法一直待在原地！
> ……
> 还有那应被谴责的横行的薄雾！
> 还有席卷整个草原的粉尘，
> 就好像草原从未被分为两半！
>
> 还有声音在顺从的气浪中扩散：
> 令人侧目的尖叫和意味深长的嘈杂。
>
> 只有人类才会真的变成外来者。

剩下的都是混杂的森林、暗地里的密谋和吹过的风。

——《赞美诗》，出自《巨大的数目》(1976)

关于跨越边境的问题，她在写《古波兰民间童话》的书评时也提到过一次：

当我知道以古波兰的现实为背景的那些童话其实是随着十字军而来的进口货，波兰国王也变成了苏丹时，这不足以让我心如刀绞。不管怎么说，童话们，出去游历吧，快去跨越一切边界。[12]

20世纪80年代，辛波斯卡没有出国，甚至都没有申请过护照，因为她心知拿到护照会很难。1975年，她在关于宪法修改问题的抗议信上签了名之后，就成了安全局密切关注的对象。安全局当即要阻止她去艾奥瓦城参加作家奖学金交换项目。许多波兰作家都去了，项目的赞助者也鼓励她提交申请。然而安全局并没有"得逞"，因为一位安全局工作人员在1976年5月20日写下的记录郁闷地显示："到目前为止，没有迹象表明目标者会参加这个项目。"

她自己也说，曾经有个安全局的人打来电话，告诉她护照申请通过了，可以来拿护照了，还想约她一起喝咖啡。"我回答：'啊，是这样，我被克拉科夫的一些事绊住了。'然后我就没去拿护照。这并不是因为我清高，而是因为我根本不在乎能不能出国。"

后来波兰边境重新打开，但辛波斯卡仍然没有丝毫旅行的冲动，每次出行都要经过别人好长一段时间的劝说。比如她到布拉格参访的那次，就是在亚采克·巴鲁赫还是波兰驻捷克大使、诗人兹比格涅夫·马切伊还是使馆秘书的时候。

那是在1992年5月，布拉格的波兰文化中心依然没有确定有没有资助费用。由于机票钱不能报销，他们只能坐车去。先是雅盖隆大学的伏沃基米日·马琼格教授开车将辛波斯卡和马切伊载到切申,之后俄斯特拉发领事馆的车再到那里把他们接走。他们在旅馆住了一晚,一大早便动身去了布拉格。

在路上,他们仔细观察了路标以及路过的地点的名称,为此创作了一首又一首短诗:

> 所有克罗梅日什的已婚妇女,
> 骶骨常有疼痛感。
> 所以为防万一,
> 她们总是带三个垫片:
> 分别由纸板、橡胶和青铜制成。
>
> ——维斯瓦娃·辛波斯卡、兹比格涅夫·马切伊

在穿过莫拉维亚的时候,他们路过了斯瓦维克,但是更符合诗歌韵脚的是它之前的名字——奥斯特里兹:

> 有个历史学家在奥斯特里兹
> 对皇帝一无所知。
> 多亏了这一无知,
> 他在剑下逃生无数次,
> 有时还能见到松乳菇子。
>
> ——维斯瓦娃·辛波斯卡、兹比格涅夫·马切伊

辛波斯卡和马切伊在这段旅程中创作了几十首短诗,在克拉科夫被传为经典。我们从辛波斯卡口中得知,有些诗根本没有写完,就只有前两句(比如"一位医生在帕尔杜比采/他知晓女孩们的要害")。

辛波斯卡喜欢在旅途中创作短诗,好让路途不那么无聊。这就像是

"英国文学花园里不听话的草药"。她于 2003 年在 a5 出版社出版的《给大孩子们的童谣》中介绍这类作品时说:

> 一般在旅途中创作,写诗的灵感就是路过的地名:第一行诗的末尾一定得是一个地名,之后按照这个地名作韵。坐汽车和坐火车旅行都能这样玩,最好是"走那种坑坑洼洼的边道"或者"坐某种每一站都停的动力小火车"。但是这样一来,晚间快车、深海方向的航运、高速公路,当然还有飞机,就都不行了。

作为诺贝尔文学奖得主,辛波斯卡外出的次数相比于收到邀请的次数真的不多,一年一次,最多两次。

"当她收到来自某个国家的有趣邀请,但是自己又不想出席时,"鲁希涅克说,"她就会向我道歉,说:'我知道您是愿意去的,但是我可能无法出席了。'"[13]

甚至在获得诺贝尔文学奖之后的一年里,每位诺贝尔奖得主都排满了各种见面会、采访、出行,而辛波斯卡只出了两次国——第一次是去领诺贝尔文学奖,第二次是受出版社和译者卡尔·戴德尤斯的邀请,赶赴美因河畔法兰克福的书展。在斯德哥尔摩评审团的裁定结果出来之前她就答应了他们,而诺贝尔奖得主应尽的责任她也不想推脱。

她说:"在参加书展的时候,他们给我们安排了离城市很远的酒店。于是我决定留个纪念。酒店的楼梯夹层上摆放着一个巨大的地球仪,我手工做了一个小岛,把它贴在了太平洋中间最空的地方,还加上了酒店的名称。我还想打电话给当时还是外交部部长的伏瓦迪斯瓦夫·巴尔托舍夫斯基,通知他有一座新的岛被发现了,我们可以与其建立外交关系。他肯定觉得这很好玩。如果有谁住在法兰克福城郊的威兹酒店,可以去看看我的小岛还在不在那里。"[14]

辛波斯卡不光感谢出版社,更感谢译者。

耶日·伊尔格说："她去意大利或者去瑞典完全是为了皮耶特洛·马尔切萨尼或者安德斯·波德嘉尔德，她觉得自己在某种程度上亏欠了他们，因为是她让他们的工作变得很辛苦。"

2000年春，当得知尤安娜·伊尔格和耶日·伊尔格夫妇还有玛丽娜·马库赫打算开车去威尼斯的时候，辛波斯卡出人意料地加入了队伍。"有好几次，辛波斯卡走进博物馆，观摩了两三幅画后便提议：'我们要不去喝杯咖啡吧？因为我开始有点头晕了。'"伊尔格说，"于是我们便出去了，将那两三幅画抛诸脑后。当初肯定不是我们决定参观威尼斯历史博物馆的。跟随直觉和对细节的兴趣，辛波斯卡首先选择去了那里。就在一楼大厅的某个展厅，她为玻璃展柜里展出的某个大主教留下的每日祈祷书疯狂地赞叹。那本祈祷书左半边是正常的祈祷书，右半边的中间裁出来了一个正好能放下一把银色小手枪的洞。对她来说，这样的细节里蕴含着威尼斯共和国的历史和日常生活最深刻的真理。"[15]

"梵蒂冈花园让人印象格外深刻，"米哈乌·鲁希涅克从罗马给我们发来的邮件中写道，"但是给辛波斯卡女士留下更深刻印象的是穿着紧身制服并配有武器的街头艺人。他们在斗兽场外站着不动任人拍完照之后，碰巧也来到了我们吃饭的小餐馆就餐。其中一人介绍说自己名叫尤利乌斯·恺撒，然后同辛波斯卡说了句'Ave'①。这时距离她去剧院参加"作家之夜"还有几个小时，她快速地回应说：'恺撒万岁，将死之人向您致敬……'美好的夜晚，狂野的人。"

2008年春，辛波斯卡的西西里岛之行被卡塔日娜·科伦达-扎勒斯卡拍成纪录片，上交给了波兰TVN电视台。辛波斯卡拒绝了在陶尔米纳古剧场的台阶上朗读诗文的请求（"不了，这里太漂亮了。表演出来的东西没得看"），但她同意去科莱奥内。多年以来，她一直都热衷于在最亮眼、最有特点的地名标牌下照相（她时刻准备着闪到一旁照相，就比如

---

① 意为"你好"。——译者注

在"Pcim""Hultajka""Piekło""Niebo""Zimna Woda"这些字眼下面，或者专程去找名为"Sodoma"或"Neandertal"的标牌①）。她不需要观光游览任何地方，能拿到照片就足够了。他们走了几十公里的盘山窄路。辛波斯卡站在标牌下面，对镜头鞠了一躬，然后读起了专门为此写的一首短诗：

　　在科莱奥内，
　　拳头会打到肺里。
　　小孩这样的行为
　　都是打娘胎里就会的，
　　与生俱来。

卡塔日娜·科伦达-扎勒斯卡的胃口可不止于此，她也成功地说服了辛波斯卡到爱尔兰的利默里克城②去（"去利默里克？哦，是的，这个想法得到了支持，因为它不像那些旅游手册上常常提到的那种老掉牙的地方"）。趁着这个机会，他们还参观了莫赫悬崖，辛波斯卡自然又会站在标牌下照相，并答应用相机记录下五行打油诗的创作过程（"有个法政牧师在莫赫悬崖 / 说：'我不信上帝，卡夏'"）。他们也去了阿姆斯特丹，在那里，辛波斯卡能看见自己最爱的维米尔：

　　只要那个阿姆斯特丹国家博物馆里的女人
　　在画上的寂静和专注中
　　日复一日地将

---

① Pcim 在波兰语中会让人联想到世界尽头闭塞的落后村落。其他地名均别有含义："Hultajka"意为"女混混"，"Piekło"意为"地狱"，"Niebo"意为"天空"，"Zimna Woda"意为"冷水"，"Sodoma"是《圣经》里的索多玛城，"Neandertal"是尼安德河谷，尼安德特人化石的发掘地，这也是其名字的由来。——译者注
② 在英文里音同"五行打油诗"。——译者注

罐中的牛奶倒入碗里，

世界末日

就不会来临。

——《维米尔》，出自《这里》（2009）

这些旅途最终被汇总成了名为《生活有时也可以忍受——维斯瓦娃·辛波斯卡的另一面》的纪录片。但是辛波斯卡拒绝了去纽约的邀请，哪怕是以同伍迪·艾伦和珍·古道尔会面为诱饵。

这已经不是第一次有人以伍迪·艾伦和珍·古道尔作为诱饵了。2002年，当辛波斯卡被我们问到最喜欢的人物时，她回答说，自己有幸认识了几个有着耀眼思想的伟大人物，比如耶日·图洛维奇、扬·尤瑟夫·什切潘斯基、扬·尤瑟夫·利普斯基、切斯瓦夫·米沃什、亚采克·库隆、耶日·盖德罗伊茨。她还说："还有一些人我想认识，并占用他们一点时间，而不是只说一句'你好'和'再见'，这些人是瓦茨拉夫·哈维尔、伍迪·艾伦和珍·古道尔。"

2007年，她同哈维尔见了一面。那时，哈维尔到克拉科夫参加由标志出版社组织的名为"哈维尔来瓦维尔"的活动，宣传自己的新书《只求短短一刻》。一见到哈维尔，辛波斯卡就感叹道："我还以为您有一个双胞胎兄弟来参加这次活动呢。"

热衷于举办文学和艺术论坛的作家劳伦斯·魏施勒渴望邀请辛波斯卡去纽约参加"作家之夜"。从我们这里得知她的梦想后，魏施勒便劝说伍迪·艾伦和珍·古道尔同辛波斯卡一起出席活动，这对他来说并没有什么难度。可即使这样，辛波斯卡还是拒绝了。但卡塔日娜·科伦达-扎勒斯卡并不想放弃让辛波斯卡同自己最喜欢的人见面的机会，于是她和鲁希涅克一起去美国拍摄了古道尔和艾伦。在纪录片中，我们看见了正在看录像的辛波斯卡。

"我能肯定，她在同我会面以后会很失望，因为我只有在保持一定距离的时候才有意思。"艾伦在影片中说,"我一刻不停地看她写的所有东西。别人都认为我是一个幽默的人,但是她的幽默感在我之上。她给我人生的快乐程度带来了很大的影响。……她完全符合我对艺术家的定义:深刻而敏锐,同时又很清楚自己的任务是取悦读者。"

在获得诺贝尔文学奖之后,辛波斯卡的每次旅行都有米哈乌·鲁希涅克陪同。他拥有一项任何人都没有的能力,那便是无论多奇怪的地名,他都能在将其运用到五行打油诗上的时候找到韵脚。

下面就是辛波斯卡和鲁希涅克去西西里岛时共同创作的一个范例:

> 路上有个村叫特拉比亚,
> 那里的旅行者会被残杀,
> 被均匀地分成四份,
> 然后人群会嘲笑他们的死亡时分,
> 问:"这是谁的腿,谁的腿啊?"

> 当我们在阿格里真托,
> 那里四百复兴[①]如荼如火,
> 人们一点儿也不知,
> 带着猎猎风声和隆隆响声,
> 五百复兴[②]已在征途。

辛波斯卡总共去过六次意大利。最后一次是在2009年的春天,目的地是博洛尼亚和乌迪内。

热那亚波兰文学教授皮耶特洛·马尔切萨尼告诉《选举报》:"我还记得她在博洛尼亚举办的最后一次'诗歌之夜'。我这辈子都没见过那样

---

① Quattrocento,指15世纪意大利的文艺复兴。——译者注
② Cinquecento,指16世纪意大利的文艺复兴。——译者注

的场面。会场里有将近一千五百人，第一排坐着翁贝托·艾柯，他一直在同辛波斯卡开玩笑。会场中有着不同寻常的专注氛围，几乎人手一本书，就像在举办某种宗教仪式。辛波斯卡在意大利没有读者，只有崇拜者。在外国诗人和本土诗人之中，她的诗集最为畅销。她的诗在政治演讲中常被引用。安东尼奥·塔布其出版的一本新书发行量高达40万册，而这本书的前两页，就是他对辛波斯卡的一首诗作出的评价。她的诗句被其他作者用作自己书名的情况也不少见。"[16]

辛波斯卡回到波兰后没多久就跟鲁希涅克说，不要再接受来自国外的邀约了。

鲁希涅克说："她说她再也不想坐飞机去任何地方了，坐飞机很累。但她并不是喜怒无常的人，要求也不高。相反，她是典型的波兰人民共和国逆来顺受的子民。我还记得2004年往返以色列的那次旅程，我们乘坐的是反人性的夜间航班，我自己都气得浑身疼，而她则在航班起飞前睡了一觉，在飞机的座椅上蜷缩着又睡了一觉，什么都没有抱怨。我觉得相比于航班本身，其他所有的程序，包括登机手续、过门安检和漫长的等待，可能更让她感到疲惫吧，又没有烟可以抽。但她不想为了加快办理进度而去申请贵宾待遇。她只享受过一次贵宾待遇，那就是从斯德哥尔摩带着诺贝尔奖回波兰的时候。"

在去过博洛尼亚后，辛波斯卡还去了布拉格的书展，但那次是坐汽车去的，坐车不会让她感到疲惫。他们参观了位于佩特任山、仿照埃菲尔铁塔建造的捷克塔，还去了捷克塔底下的雅拉·齐穆勒曼发明博物馆。雅拉·齐穆勒曼是一位生活在19世纪末、20世纪初的虚构人物，他不仅是捷克伟大的诗人、剧作家、作曲家、哲学家、数学家、运动员，还是理想韵律（用同一个词押韵）的发明者。他们在那里看见了很多发明，比如消防自行车，就是在两个轮子的中间装有灭火水管的交通工具，还有专门为自杀制造的电源插头，可以将手插入其中。对待雅拉·齐穆勒曼这个20世纪60年代想象出来的虚构产物，捷克人十分认真，他们会为他举办展览会和研讨会,并展出他的艺术品和发明。[17]

"这个人就好像专门为她而生的一样。"鲁希涅克说。

在人生的最后两年,辛波斯卡只会到自己每年都去的波兰南方进行短途旅行:夏天去卢波米日,秋天去扎科帕内。

谁知道她是不是这世界上最喜欢用手指在地图上比画,就当自己到那里旅行过了的人呢?总之,在她生命中的最后几首诗里,有一首就是关于这个主题的:

> 平摊的它平滑得像
> 身下的桌子。
> 在它之下什么都不动,
> 也不改变位置。
> 在它之上——我作为人的呼吸
> 并不会引起空气的旋涡,
> 也没有什么会浑浊它的颜色。
>
> 就连大海在撕裂的岸边,
> 都总是呈现友好的天蓝色。
>
> 这里的所有都小,触手可及。
> 我能用指尖按压火山,
> 不用戴厚实的手套就能触碰两极。
> ……
> 国家的边界依稀可辨。
> 就好像它们在犹豫——存在还是不存在。
>
> 我喜欢地图,因为它们不说实话,

因为它们不给咄咄逼人的真理以余地。
因为它们带着真诚的幽默宽容地
在我面前的桌子上摊开世界——
非此世界的世界。

——《地图》，出自《足够》(2012)

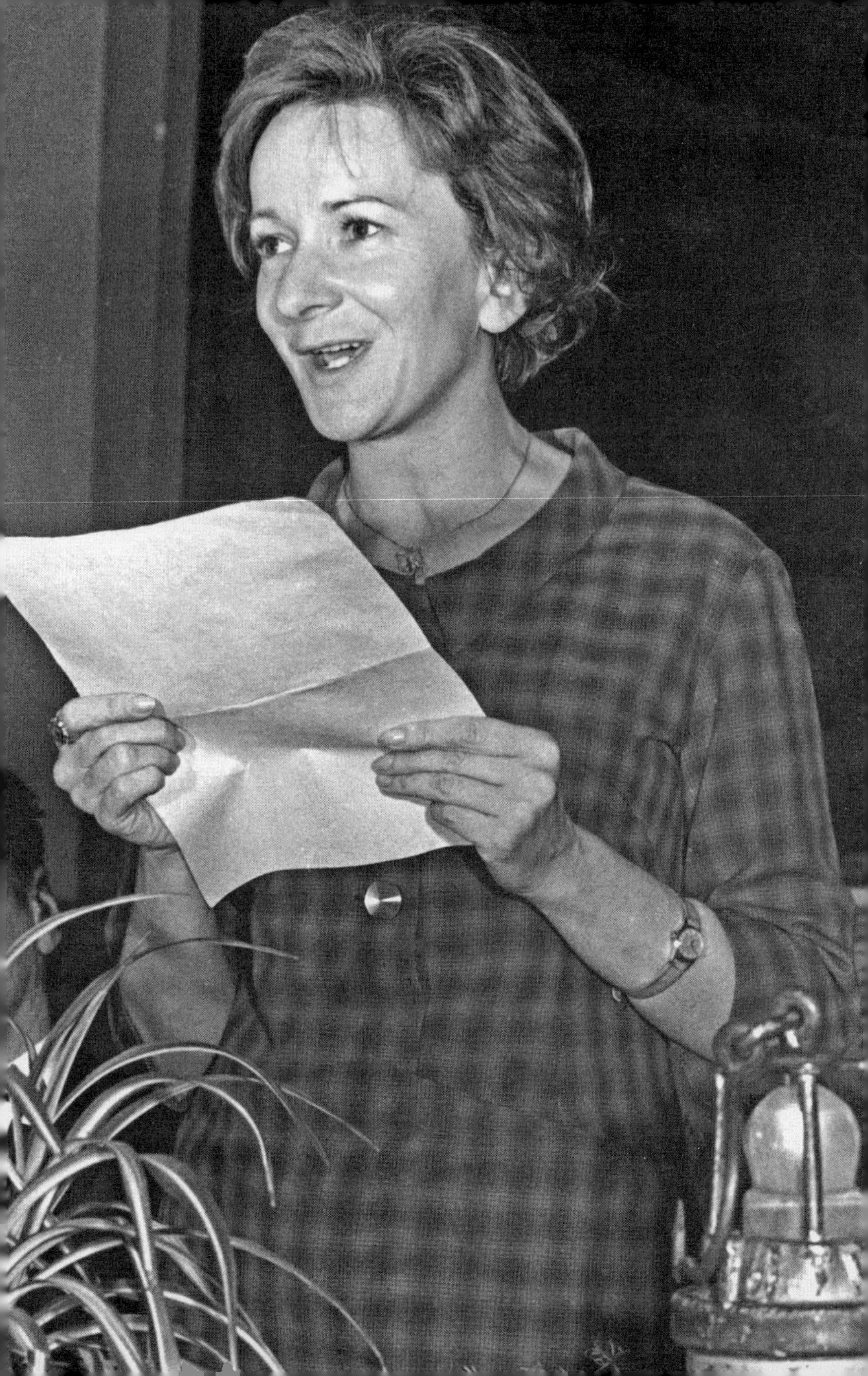

第13章 如何"攀上诗的开头"

维斯瓦娃·辛波斯卡的诗歌信条出人意料地被她写在了评论《中东古代史》的专栏文章中。她写道，诗人的本质在于相信"每个物体中都沉睡着神秘的力量"，坚信"推敲选择用词能够唤醒这一力量"：

> 诗人可能有七个专业的毕业文凭——而当他坐下来写诗的时候，理智的制服就开始勒得他难受。他会坐立不安，呼呼喘气，一个接一个地解扣子，直到最后完全从衣服里解脱，像一个穿了鼻环的赤裸怪胎。是的，是的，怪胎，不然又该怎么称呼那些用诗歌对死去的人和未出生的人、对树、对鸟，甚至对灯和桌脚说话的人……？诗人用画面思考。当读到比如某人的利益"与旁人的利益相冲突"时，他马上就会看见砍下的人头被一个个扔进竹筐里的画面。……诗人永远赶不上趟，诗人总是吊车尾。若要为他辩护，那就只能说，总有人必须吊车尾，哪怕单单是为了跟在客观真理胜利的游行队伍后面拾起那些被踩碎、被遗失的东西。[1]

辛波斯卡多次重复自己没有任何诗歌创作程式。她只有箴言，来自她所爱的蒙田。蒙田在自己的年代里呼喊："你们好好看看，这根棍子有几个头儿！"①这句箴言对她来说是"写作艺术无法企及的高度"，以及"对用思想超越想当然范畴的不停邀约"。[2]

在其中一部诗集的前言，辛波斯卡解释说，当她评论自己的诗时，觉得自己"就像一只出于莫名原因飞进展柜，然后把自己钉成标本的昆虫"。[3] 不论是在"作家之夜"面对读者，还是面对记者，她从不回答有关诗歌创作的问题，在访谈中，她总是回避或者完美地绕开这类问题。对此，她的朋友们口径几乎是一致的，全都重复地跟我们说根本不能同她聊任何有关诗歌创作的话题。问她关于她的某一首诗，或者仅仅是夸赞她的某一首诗，对他们来说都是根本不可想象的。

"我生来就不会应对采访，我也不接受采访。"辛波斯卡在 2005 年出版诗集《冒号》之后对伊丽莎白·萨维茨卡说，"我觉得诗人并不是为了谈论自己的作品而生的，他需要沉默。但是既然必须说点儿什么，那我还是想引用歌德的思想，当然我和他地位不同。这思想可能来自其与爱克曼的对话，内容大致是这样的：诗人知道自己是怎么想的，但不知道自己写了什么——我觉得这句话既睿智，又幽默，重要的是，我们真的不知道自己作品的所谓意义，只知道自己的写作意图。歌德说的另一句话也值得一提：'艺术家，去创造，别说话。'就这样，我就说这么多。"[4]

诗歌和诗歌创作对辛波斯卡来说就是沉默的领域。她害怕如果自己开始谈论这个话题，之后就不会写诗了。而当她已经开始写了，就更加不想聊这个话题了。

但是在诗中，她却不止一次发散思维，进行关于诗歌的随想：

> 只是诗歌究竟是什么。
> 对这一问题已有
> 不止一个摇摆的答案。

---

① 可引申至波兰俗语：Każdy kij ma dwa końce，意思是每根棍子都有两头，指不论什么事情都有好的一面和不好的一面。此处意在表达看问题不能只从一个角度出发。——译者注

而我不知，我不知但坚守，

如同抓住救命的扶手。

——《有些人喜欢诗》，出自《结束与开始》（1993）

偶尔，有人能够说服辛波斯卡接受访谈，或者听到她的一些内心坦白。她诗作的保加利亚语翻译布瓦佳·迪米特洛娃曾经从她那里听到过一个故事，是关于她在20世纪40年代初"为自己"写短篇小说的经历："那些小说越写越短，最后就只剩十几句话了。就这样，她的第一首诗写成了。如果我们更仔细地观察就会发现，她的每部作品几乎都有与'事件''事实''简短回忆'相关的元素。"[5]

关于辛波斯卡在通过诗来写小说的说法，就连她自己可能都深信不疑，因为在多年后的一次采访中，她又提起了此事："我在很长一段时间里都觉得我是个写小说的人。那些认为我有时在写缩小版的短篇小说、认为这些诗其实是有事件发生的小故事的评论家可能说的有道理。也就是说，我一开始就是这样写小说的，我没有放弃写小说。我只是换了一种方式。"[6]

克拉科夫第十二小学的学生们没想到诗歌讨论课能邀请到辛波斯卡。他们准备在课上分析她的《路德维卡·瓦夫任斯卡身后沉默的一分钟》。几个学生带着磁带录音机去采访了她几个问题，后来他们在班级里播放了录音内容。学生们问，现代诗歌中为什么没有韵脚了？辛波斯卡解释道，每种语言中的韵脚数量都是有限的，随着时间的推移，可以押韵的词会变得不够用，迟早有一瞬间会饱和，毕竟，"serce-kobierce"（内心—写信）这样的押韵词能用多少次？后来成为作家的耶日·皮尔赫是当时的学生之一，他同我们讲述了这个故事。他记得自己被辛波斯卡深深地震撼了：他在那之前从未思考过，有人竟能一边写诗，一边思考怎么写诗。

"同她聊诗是不可能的。她马上就会谈起自己的姐姐送来的饼干，或

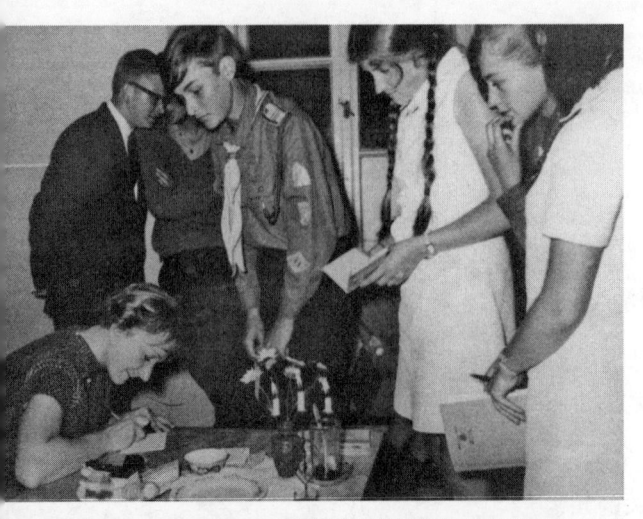

者她在商店时发生的好笑的事。"[7] 伊丽莎白·泽亨特尔说，她在小时候通过自己的父亲维托尔德·泽亨特尔认识了辛波斯卡。1957 年，她带着自己写的两首诗到《文学生活》的编辑部交给辛波斯卡。那时她 22 岁，与辛波斯卡第一次将自己的诗带到《波兰日报》拿给她父亲维托尔德·泽亨特尔时的年纪一样。"她当时刚从巴黎回来，戴了一顶好像是用黑色羽毛编成的帽子。我还记得她的点评，她说诗应该基于某种想法。她将我投稿的其中一首诗进行了浓缩，那首诗的大意是：我从生活中借来了快乐和爱情却无力偿还，我会因为这种亏欠而进入一座名

在库尔尼克普通高级中学举办的"作家之夜"（摄于 1969 年 6 月 12 日）。

为老年的监狱，不必再说什么之后我会满脸皱纹，等等。认识辛波斯卡三十多年后，我因读到她的诗《没有馈赠》而感到高兴。"

　　没有馈赠，所有都是借予。
　　我淹没在债款中。

> 我被迫用自己,
> 用自己偿还,
> 以命抵命。
> ……
> 我无法回忆,
> 在何地,何时又为何
> 准许自己开了
> 这张单子。
>
> 反抗它的
> 是我们称为灵魂的东西。
> 这是唯一
> 单子上的未列之项。
>
> ——《没有馈赠》,出自《结束与开始》(1993)

"我们天南地北地聊天,就是不聊诗歌。"艾娃·利普斯卡说,"这八成是因为我们会为自己在研究写诗而感到尴尬。我们灵魂上还年轻,尽管从年龄上看已是有身份的女士了,却一直写得像高中生。这毕竟是不严肃的,也是可笑的。"

辛波斯卡对这个观点再同意不过,但是她说:

> 我偏爱写诗的荒谬,
> 胜过不写诗的荒谬。
>
> ——《种种可能》,出自《桥上的人们》(1986)

不能排除的是,"成为诗人"本身就让她感到很好笑。在发表诺贝尔文学奖获奖感言,谈及诗人的"工作"时,她这样说道:"一个人就这么坐在桌前或者躺在沙发上，眼睛眨也不眨地盯着墙或者天花板，时不时写下七句诗，其中一句在十五分钟以后被画掉，然后又过了一个小时，什么成果也没有。"

"辛波斯卡是伟大的理性主义者，她对所有的非理性主义都怀有极大的不信任。"乌尔舒拉·科齐奥乌告诉我们，"至于诗歌，她坚持保守秘密。她认为创作就是秘密，是谜题。因此她总是例行避开关于理论的谈话，或者对自己作品的讨论。"

而玛丽亚·卡洛塔－什曼斯卡也写信告诉我们："辛波斯卡甚少谈论有关诗的话题，即使偶有谈及，也是保持距离。可能为了不触犯她的隐私，她的朋友们也不会聊这一话题。"[8]

不管怎么样，辛波斯卡主动向记者透露某一首诗的创作过程的情况十分少见。

"我看到某部诗集里，有一处因为编辑的失误出现了两个连词，一个在句末，另一个在下句诗的句首。"1973年，在接受《政治》周刊的专访时，她如是告诉克里斯蒂娜·娜斯图兰卡，这一次她没有在采访中回避关于诗歌创作的问题，"这样的重复会制造出一种动态的、荡秋千式的效果。当时我想写一首描述杂技表演费力的诗，但希望诗作能有一种轻盈感，而这种连词的平衡使用让人想起悠荡在空中的秋千。"[9]

> 从秋千到
> 到秋千，寂静中在
> 在突然静默的鼓声后，穿过
> 穿过受惊吓的空气，快过
> 快过身体的重量，身体又
> 又还没有掉落。
>
> ——《特技表演者》，出自《一百个笑声》(1967)

在《诗歌》杂志上讨论这首诗的时候,乌尔舒拉·科齐奥乌写道:"这就是我在看到辛波斯卡这首诗的第一眼时,所感受到的触动:'在……在'之后……之后''穿过……穿过',重复构建的动态结构感动了我。看不见的停顿在诗句与诗句之间填满空气,而悠荡的动作打破了它。大幅度的动作在空间内摆高,越来越高,直到模糊了诗的主人公的轮廓。"[10] 而对于辛波斯卡——她们当时私下里还不认识——科齐奥乌在心中袒露:"您的诗一直在我心里摇摆。"

"辛波斯卡的诗中所包含的,正是以往波兰诗歌里缺失的东西。"扬·贡多维奇在《可能》出版以后写道,"与意义重大事件的距离感,小事中的细节,对新事件的发现和对各种事件的思考。"[11]

辛波斯卡没有对分析自己诗歌的书评和论文发表过意见,也没有提到过任何读者的反应,有时从她说的某句话中可以得知,她对此其实一清二楚。比如在20世纪90年代初接受《选举报》的采访时,她说:"如果我被当成靠这种细微观察和细节描写生存的人,那我不会反对,因为事实就是这样。很久以前,有一次我很幸运能让尤利安·普热波希喜欢上我的诗。正是普热波希注意到,我写诗时就像一个患有近视的人,也就是说,我只有在近距离之下才能看清东西,大的全景我就看不清了。或许在这之中就蕴含着某种真相吧。"[12]

《世界的所有面——关于维斯瓦娃·辛波斯卡》的作者斯坦尼斯瓦夫·巴尔布斯(他将此书送给了辛波斯卡,并附上赠言:"献给维斯瓦娃,没有她,这本书根本就不会存在")回忆自己作为一个文学评论者同诗人辛波斯卡之间的联系:"她从来不纠正我的错误,而我也从来不问她什么——好吧,有那么两次我斗胆询问过。一次我问'眼镜猴'①这个诗名是怎么来的,是不是来自某个希腊哲学家,或者某个外交家。她笑了,说:'去翻百科全书以 T 开头的词条吧,你能找到它的照片。'她在百科

---

① 波兰语"Tarsjusz",听起来很像古希腊人名,巴尔布斯这么问可能是因为不知道词的意思。——译者注

全书里找到了这个小动物，喜欢得不得了，然后写了一首诗。百科全书、植物标本、词典、标本集，辛波斯卡能读着这些书入睡。"

> 我，眼镜猴，是眼镜猴的儿子，
> 眼镜猴的孙子，曾孙子，
> 小小的动物，由两个瞳孔
> 和明显只是十分必要的其他地方组成；
> 完美避开更进一步的加工，
> 因为我身上并无任何美味的地方，
> 有体型更大的动物可做成领子，
> ……
> 我们是——伟大的主——你的梦，
> 让你短暂一刻恢复无罪之身。
>
> ——《眼镜猴》，出自《一百个笑声》（1967）

巴尔布斯还曾追问，为什么《呼唤雪人》里的《仲夏夜之梦》这首诗的开头是"森林已在孚日山脉灿灿生辉"，而在之后出版的版本里却变成了"森林已在阿登山脉灿灿生辉"？而辛波斯卡只是说她在报纸上看到过光芒四射的孚日山的森林。

有一次辛波斯卡在欣赏阿特拉斯[①]的雕像。她想象他是如何扮演应该扮演的角色的：虚弱的瞬间，大地崩塌。她在诗中写下这一想法，然后收进抽屉，好久都没有动过。之后在某一个"作家之夜"，她听到另一位诗人为阿特拉斯写的诗。从此以后，她再也没看过自己写的那首诗。

"这证明，"她说，"不必急着发表。"

我们在许多诗人那里都寻找过这首写阿特拉斯的诗，直到在《共和

---

① 古希腊神话中的擎天巨神，被宙斯降罪肩扛苍穹。——译者注

国报》上读到了兹比格涅夫·赫贝特的系列诗，其中就有一首是写阿特拉斯的，诗中描述他不被人类重视，因为他的角色"在托举中黯然失色"，这是"不怎么华丽，并且有些普通的行为"。[13]

关于现代的波兰诗歌，尤其是辛波斯卡的诗人朋友们写的那些，她从来不发表言论。她也从来不参加关于诗歌的讨论——虽然有一回曾在辩论中提及相关话题。那是《文学生活》于20世纪60年代中期举办的辩论会，主题是关于布洛涅夫斯基、加乌琴斯基和图维姆的作品在波兰文学史中的地位。其中一位与会者辩称，学生必须对诗人生活和诗歌创作的时代有一定的了解，否则便无法理解为何在短短十年间，有个诗人会写出"抄起步枪砸向路上的砖"，而另一个诗人会写出"武装起刺刀"。但是辛波斯卡坚持自己的观点，认为应该单从哲学和语言的角度分析诗歌，而诗人的人生经历与此一点关系也没有。[14]

她曾多次重复这一观点，比如在《非必要阅读》里提到尤瑟夫·切霍维奇时便说："阅读的时候有种想法一直困扰着我，我觉得每一首诗，无论好坏，都有着丰富的创作背景。就算是三流诗人也是极其复杂的人，他的回忆也可以一一列举。但与此同时，一个诗人能将词语组合成一种生动且持久的关系，而另一个却不行，这样的分别就只能在任何人都无法触及的领域里完成了。"[15]

辛波斯卡不喜欢讨论关于谁是文豪的问题，但是有时——大多是在《非必要阅读》中——她也会列举自己喜欢的作者、喜欢的书籍。我们知道，她欣赏赖内·马利亚·里尔克、康斯坦丁·卡瓦菲斯、波莱斯瓦夫·莱希米安和切霍维奇（他拥有"继尤留什·斯沃瓦茨基之后波兰诗人中最敏锐的耳朵"），她认为亚当·密茨凯维奇的诗《当我陈尸于此》是当之无愧的杰作，而米龙·比亚沃舍夫斯基的《下楼去商店的歌谣》和弗朗齐歇克·哈拉斯的《老女人》尽管略逊一筹，也仍是杰作。

她在阿尔图尔·勉泽热茨基的汇编诗选集的序言中写道："我没有写诗歌评论的天赋。有时我只在小圈子里谈论诗歌，如果有谁的诗或者诗集因为某种原因让我觉得重要,那么我也只会说两句话:怎么,你们都还没看过?你们一定得看,因为值得。"[16]

辛波斯卡喜欢亲手在纸片上写诗,因为就像她说的,这能保证手与脑中所想内容的联系。以前她用的是钢笔,后来改用圆珠笔。

> 一滴墨水中,一群紧闭一只眼的猎人
> 蓄势待发,
> 准备好从倾斜的钢笔上俯冲下来,
> 包围狍子,集结起来射击。
> ……
> 如果我下令,此处永远无事发生。
> 没有我的允许,哪怕叶子都不能掉落,
> 哪怕秸秆也不会弯折于蹄下。
>
> 所以这世界是,
> 被独立的命运掌控的吗?
> 时间是我用字符连接而成的吗?
> 一直因为我的命令而存在吗?
>
> 写作的喜悦。
> 持久的能力。
> 凡人之手的复仇。
>
> ——《写作的喜悦》,出自《一百个笑声》(1967)

她对娜斯图兰卡说:

> 创作的重点在于扯下现实的某个碎片。……有时我简单地认为,

所谓"写作的喜悦"就是找到那个我认为需要的词，甚至不是找到，而是寻找的过程本身。而很多情况下并不存在这样的词，那就要把它创造出来，或者寻找某个文体的主角。……灵感有时就这么"凭空"而来，有时出发点就是两个词语的碰撞。比如我发现两个词在比邻的情况下能够增强彼此的效果。……

我努力在诗中实现绘画中明暗对比的效果。我想让高尚和平凡、悲伤和欢乐在诗中融于一处——或者甚至生长在一起……

某种东西如果被放在众多同类中就没有什么意义，而单独拿出来则会完全不一样。我们马上就会发现，单是其自然属性就非常奇怪复杂。诗歌必须超越理所当然，必须赋予它新的维度。[17]

20 世纪 90 年代，辛波斯卡在所谓的作家学校，也就是雅盖隆大学研究生院教过一段时间的课。她在课上对年轻的创作者再三强调，诗人最重要的品质就是学会删除，而诗人家中最需要的物件便是垃圾桶。"我发表的诗作不多，因为我只在晚上写作，白天则有个很可怕的习惯：阅读晚上写的诗。我认为并不是所有的诗都能在地球自转一周后通过考验。"她在一次早期采访中说道。[18] 在收到诺贝尔文学奖的获奖通知后，她又一次对记者们说："晚上写的诗总是通不过第二天一早的检验。春天的诗并不一定能经得起秋天的考验。我总是把诗留很久，为了仔细研读，我真的比别人以为的写的要多。只不过很多都被扔进垃圾桶了。"[19]

在课堂上，辛波斯卡和当时立志成为作家的年轻人们聊诗歌。[20] 她选了两首诗——维克多·沃洛舍尔斯基的《终于是件高兴的事》和伊丽莎白·毕肖普的《礼节》。

"老人你最好写一些高兴的东西 / ……我经常扪心自问 / 毕竟 / 你已经知晓 / 哪怕无常也有甜 / 无可挽回也有意义 / 一切终散也有鼓舞。"主持课程的布罗尼斯瓦夫·马伊朗读了沃洛舍尔斯基的这首诗。

"你的诗这么好，真是太好了！我要感谢你写的所有诗，但在这个时刻，我尤其要为《终于是件高兴的事》而感谢你。"在上课之前，辛波斯卡就写信给沃洛舍尔斯基说，"这首诗引起了我的共鸣。"[21]

"我也想写这样的诗，"她对学生说，"但是沃洛舍尔斯基已经写了。总是有些东西会让人疼痛、难受，让人在沉迷其中的混沌状态下忘记生活还是美丽的。他很擅长写这个，即使他已经病入膏肓。人毕竟不只有绝望。"

之后她朗读了伊丽莎白·毕肖普的《礼节》："我们一起坐上车辕 / 爷爷把缰绳攥在手里 / 说：'只须记住：要 / 同路上遇见的人问声好。'"

"我感觉伊丽莎白·毕肖普是辛波斯卡最喜欢的女诗人之一。"上过那次写作课的格热高什·努莱克写信给我们说，他是当时文学双月刊《学院》的编辑，"辛波斯卡提到的是一些日常的善意，包括在山上与人相互问候、对动物的尊重——比如对猫，应该在农家大院的大门或者栅栏上开一个方便猫进出的小洞。她说为了对抗糟糕的世界和自己的弱小，写欢快的诗十分重要。"[22]

辛波斯卡不喜欢聊自己的诗，但是她很乐意同熟识的编辑和出版商们聊封面、校对、排版和所有关于出版的细节。曾经是读者出版社诗歌编辑部主编的雷沙德·马图舍夫斯基还记得，辛波斯卡会与他探讨每一个细节。

"你肯定会战战兢兢地认为，我会把某首新诗加入诗集。"辛波斯卡在送给马图舍夫斯基的自制拼贴明信片的背面写道，"不会的。最近我只写出了一首诗，我脑中闪现的题目将作为纲领（因为我也有自己的指导纲领），适用于一部全新的诗集。我或许不会再给《可能》这部诗集添加新诗了。但是经过深思熟虑，我把一首诗誊写在了一处更宽敞的地方，因为这样的话，它就能自由呼吸，变得更加轻盈了。我还更改了诗里的两个词。我自然会担心诗行将因此而需要折行，那样的话就不好读了。所以我恳请能否换一个更小的字号，或者加宽版面，尽量不要出现折行的情况。"[23]

在阅读完《可能》之后，我们很清楚诗人把哪首诗誊写在了"宽敞"的地方：

> 我对不起偶然，把它叫作必然。
> 倘若我又弄错，我向必然道歉。
> 希望幸福不要生气，因为我将它据为己有。
> 希望死去的人忘记，他们在我的记忆里只剩那微微星火。
> 我对不起时间，因为瞬间错过了世界之多样。
> 我对不起早年的爱情，将新的爱情视为第一。
> 原谅我，远方的战争，将花朵带回家中。
> 原谅我，未愈合的伤口，我又扎到了自己的手指。
> 我对不起在深渊里号叫的人，因为自己的小步舞曲唱片。
> 我对不起火车站里的人，因为清晨五点我还在梦里。
> 请原谅我，被猎捕的希望，让我偶尔也能高兴一下。
>
> ——《在一颗小星星下》，出自《可能》(1972)

另外一首诗已经写好，但是辛波斯卡决定不把它寄给出版社的编辑，因为还有别的计划等着它——成为下一部诗集的第一首诗：

> 四十亿人在这个地球上，
> 而我的想象一如从前。
> 它处理不了巨大的数目。
> 它总是被个性所触动。
> ……
> 我的梦——哪怕它们并不像本应该的那样熙熙攘攘。
> 梦中的人群和喧闹不如孤独来得多。
> 有时，早已死去的人会闯入。

用一只手转动门把。

——《巨大的数目》，出自《巨大的数目》(1976)

当辛波斯卡被问到，什么时候会觉得自己"写完了一部诗集"时，她回答说："你们面前的这个人非常没有计划，什么汇编诗集的简单规则我都不遵守。有时我想加一点，有时又想删一点，而且这样的想法总是在书已付印之后才来。"

写完下一部诗集的时候，辛波斯卡写信给雷沙德·马图舍夫斯基："我很高兴你们喜欢我写家乡（波兹南）的那几页。那里的人不怎么灵活，但他们有纯净的耳朵，还会在年老时种树，知道这些树在他们死后仍会生长……那里很少有人写诗，因为种树才像是能为未来提供更多保障的事业（这也没错）。至于我，可惜我还在写诗，但是所幸写得不多。诗集还没有完成，我想将签合同的日期推迟到明年年初。我挺迷信的，更想在签合同的时候已经把诗集写好，最好能有多余的稿子可供删修。书名可能就叫'巨大的数目'（因为世界上已经没有小数目了）。"[24]

诗集的书名都是辛波斯卡自己想的。她生前出版的最后一部诗集《这里》，刚开始的书名是"细节"——至少她这样同我们说过，不知道是不是认真的："但是我突然联想到，X女士会问Y男士：'你手上有没有辛波斯卡的细节？'毕竟书名号在口语里不起作用。于是我就放弃了。但我为下一部诗集想了一个不错的书名——'足够'，当然，如果我还来得及写这样一部诗集的话。"

她的遗作的确用了这个书名。西班牙语的译本并没有采用这个书名，可能因为译者并不怎么喜欢"Basta"（足够）这个强硬的词。这也不是什么不寻常的事——辛波斯卡诗集的译本经常有不同于原版的书名。

当辛波斯卡把《π》投给《创作》杂志时，请求诗歌版面的负责人杰莫维特·费德茨基一定要把校对后的版本发给她，因为"这里有关于使用斜体的某些复杂情况"。[25]

"在我们同各位作者的联络中,"费德茨基回忆道,"只有与辛波斯卡的交流出奇地普通。什么都没有发生。我们喜欢她的诗,但她很少投稿。没有任何编辑会因为她的诗争论,没有任何纠葛,我们会立马刊登出版,然后请求她多发一些,但她一般不回应。"

尽管编辑们尽心尽力地为辛波斯卡服务,但可能波兰人民共和国时期粗制滥造的风格已经深深地印在了她的诗集里,于是乎,在写关于《青年波兰时期的字体排印艺术》的评论文章时,她充满嫉妒而又自暴自弃地回忆道,以前的书不仅得体,制作还很精美:"身为作者的我已经没有什么可要求的了。不管是在书封的问题,还是在排版的选择上。特别是排版,对诗歌来说并不是小事……特意使用长句的诗人想要避开换行,就必须把一句长诗分成两句或者三句。但愿不会有这样的事。短短的诗变成了两倍或者三倍长。只是这样改动以后,诗句便不再能正常、自然地呼吸了,它开始喘气。这改变了诗的内部急迫感,也可以说改变了原意。"[26]

1989年,辛波斯卡同不顾市场规律、坚持出版诗歌的小型出版社"a5"建立了合作关系。这家出版社在1993年出版了她的诗集《结束与开始》,在1996年出版了她的诗选集《一粒沙看世界》,并在她获得诺贝尔文学奖后,几经加稿和更新,出版了大部头《辛波斯卡诗选》。由于出版社规模较小,出版社的创始人克里斯蒂娜·克雷尼茨卡和雷沙德·克雷尼茨基夫妇同时也是出版社的编辑、校对和跑腿儿,他们所做的所有出版决策都是与辛波斯卡一同商定的。

"辛波斯卡寄来的已经是成型的书稿了,不需要再进行编校。"他们说,"通常我们会询问她喜欢什么样的字体,诗名是用大写的标题字体还是用与正文相同的字体。在排版和封面的问题上也会询问她的意见。就连封面用纸我们都会亲自送到克拉科夫,让她挑选。"

辛波斯卡通常会拒绝按主题选诗的要求,但1976年,她为动物破了一次例。关于动物的诗总共十一首,其中有"跟着节拍跺脚"的熊、"给小鸟喂奶"的鸭嘴兽、"上蹿下跳,手脚灵活又机敏"的猴子、"三对脚努力地蜷缩在肚子上"死去的金龟子,还有眼镜猴、大猩猩、墨鱼、章鱼、螳螂、蜂鸟、野牛、斑马、蜈蚣……这些诗都收录于诗集《眼镜猴》中,这部诗集一共印了860册,每一本都标了序号。

她尤其抗拒出版爱情诗集。爱德华·巴尔切然曾寄给她一篇自己的女学生所写的关于她的文章。辛波斯卡回信:"这位好心的年轻学生写的文章让我既感动又觉得好笑。她认为这么多年我写的都是同一段爱情,而我其实有很多段不同的恋情……所以毫不奇怪的是,所有情诗都不连贯,也不能形成一个整体。……曾经有一家出版社向我提议,出版一部只有情诗的诗选集。我回绝了,因为像这样将不同的人和与他们相关的事收进同一个口袋,我认为不公平,不论是对他们而言,还是对我而言。"[27]

但是出版商们并没有放弃。2002年,意大利人首次打破僵局,三年后,德国人又继续效仿。这给了雷沙德·克雷尼茨基向辛波斯卡提议出版波兰语情诗选集的勇气。他成功地说服了她,挑选诗歌并编排出版了《〈真爱〉和其他诗》——耶日·皮尔赫口中的"一部内容充实,内部充满终极紧张感,一首比一首、一页比一页沉重的诗集":"从本质上讲这是一部形而上的诗集,不仅如此,爱情的背景(包括肉欲的部分),在其强烈的克制与放纵之中更将形而上的性质凸显了出来。"[28]

在收录的这四十一首诗中,有一部分充满了成长于20世纪60、70年代的人能够感受到的情怀:

> 我们,赤裸着相爱的人,
> 在彼此眼中美丽——这就够了——
> 只把眼皮当覆盖的叶子,
> 躺在深夜中。
> 但它们已经知晓我们,

> 这房间的四角和第五个壁炉[①]都已知晓，
> 可猜到的阴影在角落里坐着，
> 而桌子停留在无须多言的沉默中。
> ……
> 鸟呢？别抱有什么幻想：
> 昨日我看见，在天上
> 它们如何在光天化日下目中无人地写下
> 我呼唤你时的名字。
>
> ——《光天化日》，出自《呼唤雪人》(1957)

辛波斯卡如果答应了什么事，就会做到底。2008年2月14日情人节，她出席了《〈真爱〉和其他诗》的新书发布会，并在发布会上朗读了一首她最近写的情诗——《记忆里的画像》。

跟随着同意出版情诗集的节奏，她又同意出版了关于自然环境的诗集——《植物的静默》（尤安娜·伊尔格告诉我们，这算是辛波斯卡送给她的礼物，因为辛波斯卡喜欢她拍摄的大自然作品，并允许她为诗集挑选诗歌）。

辛波斯卡从来不关心销量。20世纪70年代时，两家出版社——青年出版社和人民合作出版社都想出版她的诗选集，她只同意了一家。克雷尼茨基夫妇说她并不想举办《结束与开始》这部诗集的新书发布会，他们也就没有强迫。这部诗集在两周内卖出了一万册，然后又加印了三千册。不过，她在很长一段时间里都没有同意再版，理由是"市场已经饱和了"。

"我理解她。"雷沙德·克雷尼茨基说，"我并不认同约瑟夫·布罗茨基的观点，他认为诗歌应该在超市售卖。但我认为应该让读者花一点力

[①] 谚语，指家徒四壁的房间。——译者注

气才能读到诗歌,没必要强迫他们。"

"站在你们面前的是一个没有事业心的人。"辛波斯卡向我们坦白,"我总是想写好一点儿的诗,然后在改无可改的时候停笔。但是担心有人比我写得好的想法一直让我坐立不安。"

"每个诗人都会对自己的作品感到不安。"她说,"布洛涅夫斯基一直都会感到恐惧。我认识他的时候已是他生命的最后几年。他当时已被病态的不安控制了:他在后半夜打电话把人叫醒,给人读自己的诗,然后等待赞扬,等待别人兴奋的呼声。"

布洛涅夫斯基曾来过克拉科夫,邀请辛波斯卡参加自己在克拉科夫AGH科技大学举办的"作家之夜"。他们坐出租车过去,布洛涅夫斯基在车上读诗,而那位出租车司机能够准确地猜出作者。于是布洛涅夫斯基开始增加难度,读的诗句越来越刁钻,而司机一次都没有猜错:这是亚当·密茨凯维奇的诗,这是齐普里扬·诺尔维德的诗,这是尤留什·斯沃瓦茨基的诗,这是齐格蒙特·克拉辛斯基的诗。最后布洛涅夫斯基读了自己的新诗,司机皱起眉头说:"我知道,这是布洛涅夫斯基的诗,但我觉得他不行。"

"那一瞬间,我感到一股寒流爬上了脊背。"辛波斯卡回忆道。

在波兰人民共和国时期,辛波斯卡并不会因为"在隐喻诗中狡猾地成功夹带私货"而高兴。在某次"作家之夜",有人问她,当她在写《与石头交谈》时,心里想的是什么:

> 我敲响石头的门。
> ——是我,让我进去。
> 我因纯粹的好奇而来。
> 生命对我来说只有一次。
> 我决定穿过你的宫殿,
> 然后还要观赏一片叶子和一滴水。

我做这一切的时间不多了。

我终有一死，这总该让你动容。

……

石头说——我没有门。

——《与石头交谈》，出自《盐》(1962)

当她回答"在想石头"的时候，[29] 那个提问的人肯定很失望吧。

她为谁而写？她认为谁会读她的诗？她有自己的读者画像吗？

"他的生活并不十分富足。"她说，"我很难相信有人在配着泳池、喷泉等设施的别墅里读我的诗。我在那里看不到他的身影。我看见的读者，在买我的书时会检查零钱袋里还剩多少钱。"[30]

我们都知道，一首诗要在辛波斯卡的脑中酝酿很久才会成形，除此之外，她还要写很久，这些诗还要"躺"很久，以接受时间的考验。她生命中的每一年几乎都在写诗，然而在获得诺贝尔文学奖后的一段时间里，她没有发表任何一首诗，也就是说，她在那些年里没有写完任何一首诗。直到1999年秋天，《奥得河》才刊登了她的《舞会》和《谈谈灵魂》。

"从获得诺贝尔文学奖到1999年秋的这三年里，您是否并没有进行诗歌的创作？"

"我有一个很厚的笔记本。"她回答我们，"我在这个笔记本里记录了未来或许能成为一首诗的各种不同的词语、想法、主题。所以尽管我没写，但我一直都在记录，笔记本也被写满了。"

"诗就是这样写成的吗？以一个词语、句子为开端？"

"我不知道这是否可以说是开端。我经常从结尾开始写起，之后要攀上诗的开头是很困难的。有一些诗的创作时间很长，有时我会回顾，有时我会修改。前不久我销毁了一首诗，只在笔记本上留下了其中一句话。"[31]

尤利安·图维姆同样会记录自己写诗的灵感，并称之为"自由基"。据辛波斯卡的秘书米哈乌·鲁希涅克说，辛波斯卡最早开始在笔记本上记录是在20世纪60年代中期（那个本子老旧并且磨损严重，可以从她的笔迹认出，那时她的字体还是圆圆的，后来的笔迹则失去了圆润的形态；她写的字母像芝麻粒大小，很难辨认），第一个记录下的句子是"有人喜欢诗歌"。以这句话为题的诗出现在《结束与开始》这部诗集里，这意味着这句话从被记录下来到变成标题，经历了半个世纪的等待。

多年来，"水坑"这个词仿佛在笔记本上扎了根，不断地出现，因为辛波斯卡想写下从童年时起就跟随着她的恐惧：

> 踩上去，然后整个人立刻掉落，
> 我开始向下飞，
> 往更深处飞，
> 向着倒影中的云朵
> 或者更远的地方。
>
> 之后水坑干涸，
> 在我头顶关闭，
> 而我则连同抵达不了水平面的呼喊，
> 永远被关在了这个地方。
>
> ——《水坑》，出自《瞬间》（2002）

对某次见面的描写也在她的笔记本上停留了很长一段时间。

"好几年前，我有一次令人悲伤的经历。我近距离观察了一个人在得知亲人丧生于空难后的震惊状态。直到现在我才描述出了这一情形，对事实做了一些加工。"在诗集《这里》出版后，她如是对我们说。

> 我立刻放好茶壶。
>
> 洗了头，然后，然后什么，
>
> 我试着从这一切中醒来。
>
> 你来了，真好，因为那里很冷，
>
> 而他只躺在那胶皮睡袋里，
>
> 他，那个不幸的人。
>
> 我马上定好在周四，冲洗茶叶。
>
> ——《认领》，出自《这里》（2009）

在诗中用过的词语、短语和想法就在笔记本中被直接画掉了。

我们追问米哈乌·鲁希涅克，在几乎每天都会和辛波斯卡打交道的情况下，他能否偷看到她什么时候写诗，怎样写诗。

"我完全不需要偷看，她自己就会说。比如她会说她很忙，因为要写作，有时还会说在写什么。有时我也会得知某首诗又被扔进了垃圾桶。于是我威胁她说，我要和城市环保企业签协议，而她回答说她认真地把纸张都撕碎了。"

我们也追问过鲁希涅克关于笔记本的事。他也是机缘巧合之下才知道它的存在的。有一次辛波斯卡出门时，把它落在了办公桌上经常放着写给鲁希涅克待办事项的位置。"我马上反应过来，她肯定是忘拿了。但这并不是说她想故意把它藏起来。我觉得对她来说更重要的是，不应该有人看到诗的雏形或者什么其他的版本。"

"到你手上的诗就是最终版本吗？"

"按道理说是的。我收到的都是用打字机（起初打字机的牌子是弓兵，之后是艾莉卡）打在复印纸上的诗，那些纸是从旧纸堆里翻出来的，薄薄的，还泛黄。然后我会带着电脑打印的版本去找她，她有时还会用圆珠笔在上面做一些改动，有时甚至会把改动的地方粘上去。这样做一方面是因为好抄写，另一方面是为了遮住之前的版本。当我带着笔记本电脑去找她的时候,有时她会自己在电脑上完成修改(她会熟练使用翻页键)。"

"笔记本里存有'自由基',然后就是最终成形的诗。没有过渡。是这样吗?"

"就是这样。没有任何过渡,因为她都会把这些'中间'的东西扔进垃圾桶。有时她会修改那些在杂志上刊登过的诗,然后把它们放进书中出版。但这些改动都只是稍作修饰。"

根据鲁希涅克的说法,如果诗稿的雏形或者其他版本流落在外,辛波斯卡会非常在意。"在这世界上,只有三份与原稿有差别的手稿,没有更多了。我有一份,那是在帮辛波斯卡搬离霍奇姆斯卡大街的房子时在书柜后面找到的。这首诗不同于已出版的《哈尼亚》。我保存下来,没有销毁。但我也不会给任何人看,因为我知道,她不喜欢这样做。"

"有一次,"鲁希涅克说,"她在电话里念诗,让我听写下来。她当时正在卢波米日,想把那首诗加进诗集《瞬间》。但这种情况很少见。她会在电话那头给我念《非必要阅读》的稿子或者某些五行打油诗,看我会不会发笑。她通常会从卢波米日带回一些诗作,但不会第一时间给我,必须等一段时间。她开玩笑说自己有三首诗:一首写完了的,一首没写完的,还有一首已经完成了,却还没开始写。或者说:'我有三首诗,但是其中一首已经被扔进了垃圾桶。'《鞋里的小石子》就遭遇了这样的命运,它甚至已经有了标题。这并不常见,因为她通常最后才给诗加标题。"

鲁希涅克还告诉我们,2000年年中的某一天,正当他给自己一周岁的女儿喂早餐时,辛波斯卡打来了电话。接电话的时候,他用余光瞄见女儿娜塔莉亚马上就要把桌布拽到地上了,上面还粘着她的麦糊和他的咖啡。他对着话筒抱怨了一声,但没有听见安慰的话,反而听见辛波斯卡说:"你瞧,这就是一首诗的主题。"一年后,这首诗刊登在了《文学笔

记》上：①

连桌布
——如果被稳稳地抓住一边——
都会表达要走的愿望。

而桌布上的杯子，盘子，
奶壶，小勺子，小饭碗
更是会激动得颤抖。

很有趣，
它们会选择怎样的路径，
当它们已在边缘摇摇欲坠：
在天花板上走一遭？
在灯的周围飞一圈？
跳上飘窗，而后上树？

牛顿先生没有任何反对意见。
就让他在天上挥手看着吧。

——《小女孩拽桌布》，出自《瞬间》（2002）

辛波斯卡承认这首诗是为娜塔莉亚·鲁希涅克，那个被她称为"普查"②的小姑娘创作的，但是她又补充说，自己马上想起了其他拽掉桌布

---

① 《文学笔记》的编辑芭芭拉·托伦赤克给鲁希涅克写了一封信，承诺"如果以后您家孩子破坏了任何一样东西，而辛波斯卡为此写成诗歌并发表在了《文学笔记》上，我们会承担您所有的损失"。
② 意为包子脸。——译者注

的孩子，因为她的记忆中有类似的片段。

"有些诗综合了许多经历，而另一些诗则只源于一个印象。"在聊到2001年12月刊登于《纸张》上的写"9·11"事件的诗时，她说，"这首诗的灵感只来自杂志上的一张照片，我在照片上看见了停在空中的人影。"

> 他们从冒火的楼层跳下——
> 一个，两个，还有几个，
> 或高或低。
>
> 照片将他们定格于生前，
> 定格于
> 将坠地而不坠地之处。
> ——《"9·11"的照片》，出自《瞬间》（2002）

有一次，别人邀请她到一个盲人机构参加"作家之夜"。她尽管回绝了，但开始思考这件事，然后写了一首诗：

> 诗人为盲人读诗。
> 却没料到如此之难。
> ……
> 他觉得，每个句子
> 在此都经受了黑暗的考验。
> 它必须靠自己，
> 没有灯光和颜色。
> ……
> 但盲人的礼貌是伟大的，

他们的宽容和大度也是伟大的。
　　他们听,他们笑,他们鼓掌。

　　甚至有一位走了过来,
　　出乎意料地拿着一本翻开的书,
　　请求一个自己看不见的签名。
　　　　　　——《盲人的礼貌》,出自《冒号》(2005)

　　通常,辛波斯卡的诗作不会注明创作背景和日期。为什么不给诗作加上日期呢?她回答道:"如果诗中出现例如'罗兹,某年某日',读出来便会使我感到有些可笑。我希望诗作可以在没有时间背景的状态下也拥有完整的意义。此外,我也并不是依照时间顺序创作和整理诗作的,诗集的结构依照的是某种内容或思想顺序,且有时这些诗并非创作于同一时期。"[32]

　　辛波斯卡在《非必要阅读》中如是称赞耶雷米·普什伯拉的《几乎所有诗歌》:这些诗都没有日期。辛波斯卡沿用并修改了这句话,作为给诗标注日期一事的回应:"请注意,我的诗不仅没有日期,而且除了为哈琳娜·波西维亚托夫斯卡写的献词外,也没有其他任何献词,尽管有的诗可以有献词。我希望读者认为,我的每首诗都是写给他们的。诗歌属于正在读它的人,也应该献给正在读它的人。所以我不会改变这一决定,我不会给诗标注日期或地点,也不会把它们和具体的某处景色捆绑在一起。"[33]

　　我正走在披满绿植的山坡上。
　　草,草丛里的花
　　就像给孩子看的画。
　　……

> 就好像这里从没有过互相咆哮的
> 寒武纪、志留纪的岩石,
> 升起的深渊,
> 没有熊熊烈火中的夜晚
> 和黑暗乌云中的日子。
> ……
> 现在是当地时间九点三十分。
> ……
> 目之所及,一瞬间。
> 那些被请求保留下来的尘世时刻
> 其中的一个瞬间。
>
> ——《瞬间》,出自《瞬间》(2002)

辛波斯卡不情愿地承认,这首诗是在卢波米日写的。她说:"这可能会使读者产生怎样的感受呢?这首诗写的不只是久居或短居卢波米日的印象,也没必要对那里的风景进行还原描写。我希望每个人在看到和缓而绿意盎然的山丘时,都会想起这首诗。"

驻罗马波兰文化中心负责人、诗人雅罗斯瓦夫·米科瓦耶夫斯基讲述了维斯瓦娃·辛波斯卡和米哈乌·鲁希涅克于2007年的意大利之旅。他们一起参观了托斯卡纳并去了锡耶纳。在那里,他们参观了美术馆和市政大楼,这次旅行让米科瓦耶夫斯基认识到,何谓辛波斯卡"著名的旅行诗学":"端详一两幅画作上的一两处细节,仅此而已。"

他们一行人还去了大教堂。"辛波斯卡惊奇地打量着四周,不安地说:'不应该有世界末日。'"[34]

两年后,米科瓦耶夫斯基在诗集《这里》的一首诗末尾发现了这句话,这首诗描写的是维米尔画中的一个女人将牛奶从罐子里倒进碗里的场景。

辛波斯卡是如何从诗的最后一行"世界末日／就不会来临"回溯到诗的开头"只要那个阿姆斯特丹国家博物馆里的女人／在画上的寂静和专注中／日复一日地将／罐中的牛奶倒进碗里"的呢？这是属于诗人自己的秘密。

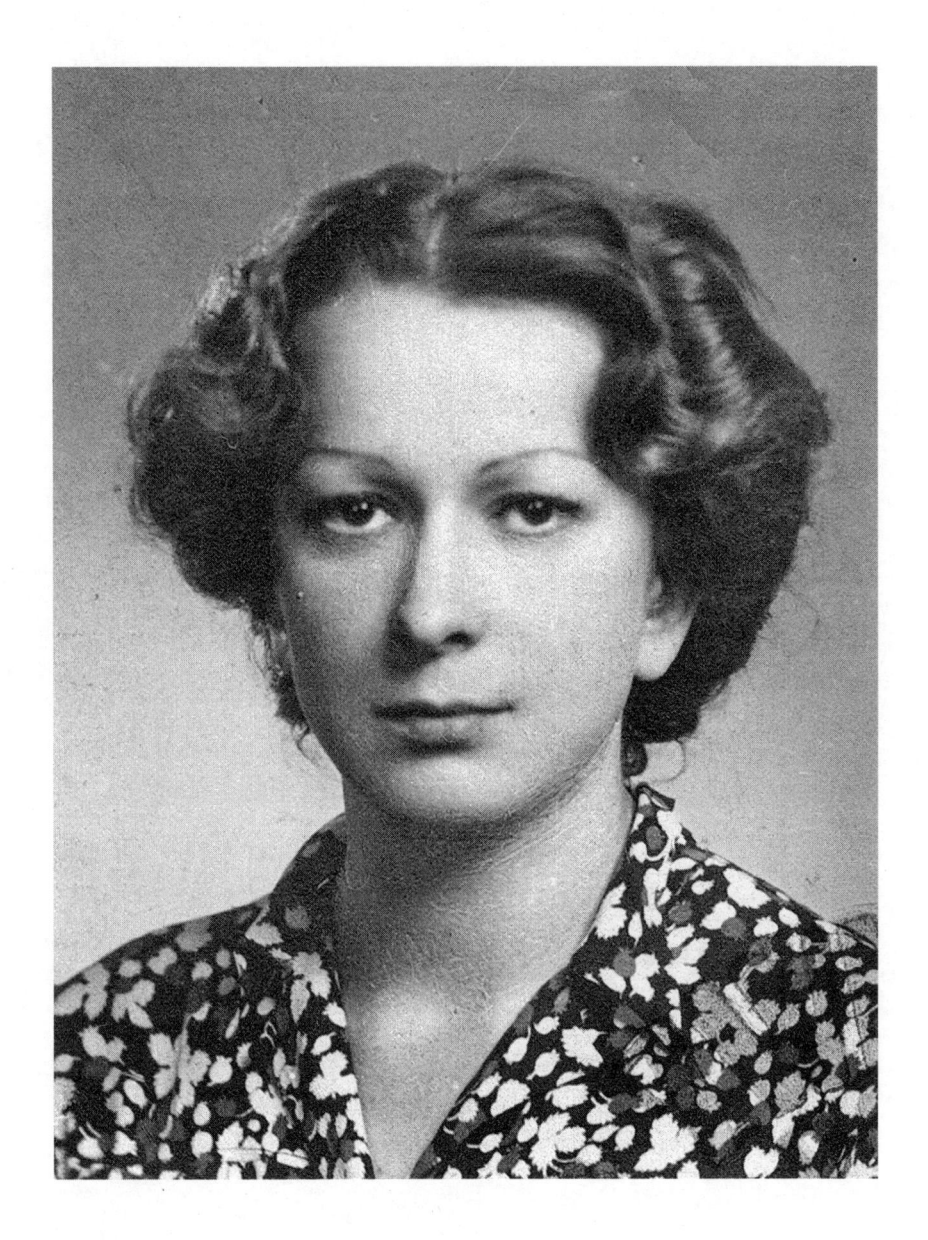

第14章　与科尔内尔·菲利波维奇有关的日子

　　维斯瓦娃·辛波斯卡将照片放在被塞得满满的灰色信封中，保存在抽屉里。童年时期的照片和亲友们的照片混在一起。有时，家庭照片中还会夹杂一两张尤瑟夫·毕苏斯基或莱赫·瓦文萨的照片。照片上几乎都没有日期和签名，偶有风景照，例如一张河边的风景照，背后会写着："在月亮上，1975年7月2日—15日。"

　　在科尔内尔·菲利波维奇粘贴生平照片的相册中，辛波斯卡出现在1969年。他的儿子亚历山大·菲利波维奇给我们看过十几次这些照片，每一张精心粘贴的照片都附有签名和日期，记录着这些照片来自哪一次漂流、五一旅行、周末出游、露营、钓鱼或采蘑菇活动等。照片上是数不清的"静物"：一条鱼或多条鱼，梭鱼和鳗鱼被从小到大排列起来。为了让人们知道它们的真正大小，照片里通常还会出现一盒运动牌香烟、一把小刀或是一块维德尔牌巧克力。

　　在我们查看辛波斯卡的抽屉和菲利波维奇的相册之前，布罗尼斯瓦夫·马伊凭借记忆向我们描述了一张自己和辛波斯卡的合影：两人坐在帐篷前，马伊坐在地上，辛波斯卡坐在一把折叠椅上。马伊一身猎人打扮，穿着敞开的法兰绒衬衫，戴着草帽坐在那儿，很像格里高利·派克；辛波斯卡却仿佛来自童话世界——锥形的西西里式裤子长及小腿肚，脚穿高跟凉鞋，头上是符合当时潮流的蓬松发型。为了保护发型，她还戴着一块方形头巾，系在下巴上。

辛波斯卡与菲利波维奇（摄于1971年）。

马伊对照片的描述是如此贴切，以至于我们能立即从辛波斯卡的抽屉中找出这张照片。在菲利波维奇的相册中，这张照片下写着"假期，1971年"。但马伊所说的场景在相册里更早两年的照片中体现得更加明显：穿着优雅白色裙装、颈下别着胸针的女诗人坐在独木舟上，她看上去不像在划船，只是用手握着船桨。

然而，正如之后几年的照片中所显示的，随着时间的推移，辛波斯卡换上了适合野营的衣服。

"20世纪40年代，父亲仍在组织大型的独木舟漂流活动，带着其好友塔戴乌什·坎托尔、塔戴乌什·鲁热维奇和斯坦尼斯瓦夫·鲁热维奇兄弟俩、阿尔图尔·桑达乌尔、约拿·斯特恩、我母亲玛丽亚·耶雷玛和她来自耶雷玛大家庭的亲戚们。"亚历山大·菲利波维奇告诉我们，"1958年，当我还是孩子的时候，母亲去世了。从那之后，父亲就再也无力组织这些活动了，不过他会和辛波斯卡到湖区租船。"

"我第一次见到科尔内尔是在1946年或1947年，"辛波斯卡如此告诉我们,"我不记得是在哪里,但记得他给我的印象。他有着浅金色的头发,小麦色的皮肤,穿着鲜艳的衣服:一件颜色正好的漂白黄上衣和蓝色的拼接长裤——那时还没有穿牛仔裤这种时尚。我想:'上帝啊,多么好看的男人啊。'但这在当时并不意味着任何可能。多年来,我们只是远远地看着对方。"

1968 年,辛波斯卡读了菲利波维奇的短篇小说集《带娃娃的女孩,关于悲伤和孤独的需要》,她想:"这就像我。我也需要悲伤和孤独。"[1]

> 他们会十分惊讶,
> 缘分戏弄他们
> 已经如此之久。
>
> 它尚未准备好
> 成为他们的命运,
> 让他们靠近又远离,
> ……
> 他转过她转过的门把手,
> 按过她按过的门铃,
> 行李箱在寄存处紧挨着。
> 或许有一晚做了同样的梦,
> 醒来后被黎明冲淡。
>
> ——《一见钟情》,出自《结束与开始》(1993)

第二次世界大战期间,菲利波维奇在位于克拉科夫沃布佐夫斯卡街的一家著名的古籍书店担任店长助理,那里的柜台下有关于阴谋论的出版物以及德国人列出的战前出版的书籍。他与一个组织地下文学生活的左派知识分子团体有联系,正是在那里,他接触到了辛波斯卡后来的丈夫亚当·沃德克。1944年春天，菲利波维奇被盖世太保逮捕，沃德克决定在自己经营的克拉科夫诗歌图书馆出版菲利波维奇的诗集《米贾尼》。早些时候，菲利波维奇送了他十份这本诗集的打字稿，封面用的是玛丽亚·耶雷玛的画。[2]

尽管菲利波维奇在战前发表过一些小说、几篇文章和几首诗歌（他还曾是《新表达》杂志的编辑），但他真正的处女作被认为是在1947年出版的短篇小说集《风景不可动摇》。

菲利波维奇在第二次世界大战时期的经历跌宕起伏——参加波兰战役、被俘、逃出战俘营、参加地下运动、被囚禁在蒙特鲁比茨监狱，还被短暂囚禁于格罗斯–罗森和奥拉宁堡的集中营，这本可以成为一部充满惊悚、悲情、苦难和体现爱国主义的小说，但这些都不是菲利波维奇书写的内容，因此，他和辛波斯卡有许多相似之处。卡齐米日·维卡将其评论菲利波维奇小说处女作的文章取名为《冷静的头脑和地质学家无情的反应……》。[3]

菲利波维奇的妻子玛丽亚·耶雷玛是先锋派画家。在艺术领域，菲利波维奇重视寻找新趋势；但在文学方面，他是传统形式的倡导者。他后期小说集的评论总是反复出现几个词：简单、简洁、谨慎、精确、直截了当、保守、禁欲、纪律、冷静、距离、日常、守旧。

在战后的波兰文学中，没有其他任何一位作家会以如此一以贯之的方式创作短篇小说。耶日·皮尔赫非常崇拜菲利波维奇，每年都会重读好几次菲利波维奇的部分作品，并评价道："他的小说永远都不过时。这是唯一向契诃夫学习写作并成功了的波兰作家，他是一个简单的人，写一个简单的故事，日常生活中的问题。这些事情是永恒的。我能够从他的所有作品中选出两部作品集那样多的精妙绝作。"

皮尔赫认为《我沉默的父亲》就是杰作之一，它写的是玛卡巴队和皮亚斯特队的足球比赛。

"为什么足球如此受欢迎？因为它简单粗暴：踢球，球要么进门，要么被弹出门外。"足球迷皮尔赫说,"在读这个故事之前,我从没想过围绕足球比赛还能写出伟大的文学作品来。但我错了。"

这个故事只有寥寥几页,梗概如下:一个小男孩看着自己喜欢的足球俱乐部遭受了毁灭性的失败,之后便加入了愤怒的球迷对犹太球员的攻击中,但这一举动没有赢得父亲的认可,而是遭到了批评。

翻译家卡尔·戴德尤斯早在20世纪60年代初就与菲利波维奇相识,在他的回忆中,菲利波维奇在辛波斯卡身边时非常快乐:"在我看来,他俩以前都是忧郁的孤独者。现在他们彼此吸引,就像雌雄银杏叶般互补,成为一个有机、统一的整体。"[4]

1972年,在罗兹举办的波兰作家协会大会上,乌尔舒拉·科齐奥乌认识了菲利波维奇,她也注意到了这一点:"他就像一个少年一样陷入热恋,发自内心地爱着。他厚着脸皮且有些挑衅地问我对辛波斯卡的看法,好像一个远古时代的游侠,准备同任何不仰慕自己心上人的人决斗。"[5]

> 虚无也为我改变了。
> 它真的翻了一个面。
> 我这是在哪里——
> 从头到脚在行星之间,
> 甚至不记得不存在是什么感觉,
> 哦,我在这里相遇的,在这里爱上的人,
> 我将手放在你的肩膀上猜测
> 另一边有多少空虚落在我们身上,
> 那里有多少沉默,这里就有多少蟋蟀,
> 那里缺了多少草坪,这里就有多少酸模叶,
> 还有如同补偿的黑暗中的阳光
> 蕴藏在一滴露水中——而那边的干旱如此严重!
> ……

而我恰好和你在一起。

说真的在我眼里，这

一点也不平凡。

——《无题》，出自《可能》（1972）

"我认为，只要我还在党内，我们之间就不会有任何可能。"辛波斯卡说，"虽然他的妻子也是波兰统一工人党的成员，但她专注于画画，所以不受关注。"

辛波斯卡于1966年退党，而她的诗集《盐》在一年后问世。诗集中的大部分作品都写于她认识这个高大的金发男人之后，而这个男人在这期间设法变成了一个全新的人，一个需要辛波斯卡重新认识的人。菲利波维奇在战前就是波兰社会党的成员，从未加入过波兰统一工人党。

艾娃·利普斯卡十八岁时得了重病，辛波斯卡经常寄问候卡片到她住过的各个医院和疗养院，为其提供精神支持。利普斯卡告诉我们："菲利波维奇和辛波斯卡以前就认识，他们经常同时出现在与作家协会有关的各种场合，然后突然就擦出了火花。我得翻阅一下辛波斯卡的信件，看看他们是从什么时候开始一起签名的，那大概就是火花擦出的时间。"

真爱。它是正常的吗，

严肃的吗，有用的吗——

大世界从两个只有小世界的人身上，

又能得到什么？

没有任何原因，被彼此置入心中圣地，

百万里挑一，而且他们深信不疑，

命中注定——这是什么样的馈赠？

没有原因。

……
来看看这些幸运的伴侣：
哪怕他们稍稍掩饰自己，
在他们的朋友面前假装沮丧！
听听他们的笑声——这是冒犯。
他们说什么语言——有些暧昧。
还有他们的庆祝，仪式，
凭空想出来的对彼此的责任——
明显是人类背后的勾结！
……
真爱。有必要吗？
理智和常识下令对此保持沉默，
就像对待上流社会的丑闻一样。

——《幸福的爱情》，出自《可能》(1972)

1972年春天，利普斯卡为辛波斯卡和菲利波维奇拍摄了一组照片。这组照片的拍摄地是卡齐米日区——当时克拉科夫非常破败的前犹太人居住区，而他们就坐在那里的一张石凳上。他们身后有一堵破旧的墙，上面布满了地衣，墙上的石灰已经松动。他们抽着烟，专心凝视着，这一场景应该是来自斯坦尼斯瓦夫·鲁热维奇当时正在拍摄的电影《玻璃球》，那部电影正是根据菲利波维奇的短篇小说《圣人》改编的。在这张照片中，他们两人背对着彼此，却看得出来心系一处。我们把复制的照片寄给了导演，他向我们描述了影片拍摄的细节和情况：

故事的体量很小，但"分量很重"，讲的是几个年轻人从中学毕业后，追随心中"圣人"的故事。"圣人"由弗兰齐什科·皮茨卡扮演。那天我正在拍摄一个叫克日什托夫的年轻人在"圣人"身后徘徊的场景。菲利波维奇一直对电影感兴趣,特别是电影技术。前一天他问我是否可以把朋友带来片场,结果他是和辛波斯卡一起来的,之前我只读过她的诗。他们看我们工作了两三个小时,辛波斯卡应该是第一次到片场来。看着这些我以前从未见过的照片,就像静默多年后的一次惊喜会面。[6]

20世纪70年代中期,当时还是五年级学生的塔玛拉·菲泽克(夫姓博尔科维奇)在外祖父的客厅里见到了辛波斯卡——一位拿着装满蘑菇的柳条篮子、穿着雨鞋前来造访的女士。她让人感觉似曾相识。菲泽克跑进房间,查看书架上诗集里的照片——没错,就是她,刚在学校里学过她的诗。然后菲泽克跑下楼开始背诵:"没有这份爱你也可以生活/拥有一颗像花生一样空洞的心。"辛波斯卡要来了菲泽克背诵的书,在这本人民合作出版社出版的《诗选》上,辛波斯卡把"空洞"一词画掉,改成了"干瘪",这是一处校对错误。从那之后,菲泽克多次背诵《热爱祖国大地的谈话》,背的都是更正过的版本。

菲泽克的外祖父莱赫·修达来自波兹南附近的布克,他是一名医生,爱好收藏精美的现代艺术品。他曾在克拉科夫拜访过菲利波维奇,因为他被耶雷玛的画作所吸引,想把她的画纳入自己的藏品。修达就是这么与菲利波维奇相识的。

"连续十几年,我都在为辛波斯卡女士和菲利波维奇先生安排假期,他们会住在奥莱尼察或帕皮尔尼亚的森林别墅或是夏季提供给游客的小屋里。"1997年,九十岁的修达回忆道,"夏天,他们会收拾行李乘火车到波兹南。我的女儿会把他们领到我这儿,然后我们一起到沃尔什丁和莱什诺等较远的地方去。我总是试图为他们寻找有很多鱼的地方,让菲利波维奇可以钓:鲈鱼、丁桂、鲤鱼以及他最常钓的梭鱼,而辛波斯卡则需要有美丽而免费的蘑菇和浆果可以采摘,毕竟她当时并不富裕。"

他们的假期总是在大波兰地区度过,营地总是设在新松奇,也就是杜纳耶茨河、拉巴河和斯卡瓦河的交汇处，这样就很方便菲利波维奇钓鱼。就是在那时，在国际性的净山活动尚未发起的时候，辛波斯卡就开始了"清理世界"的行动，她在《非必要阅读》中写道："到达营地后，我的第一项活动就是清理方圆两百米内的绿地。我收集到的垃圾数量惊人，我把它们放在一个专门挖的洞里。接下来的几天时间，大自然便会将美景馈赠于我。"7

文学评论家塔戴乌什·尼切克没有明确地谈论过与科尔内尔·菲利波维奇的交往对辛波斯卡诗歌的影响，但他这样回答：

在辛波斯卡20世纪70年代以后的诗作中，即从《可能》和《巨大的数目》这两部诗集开始，世界的无限感和所有事物都很重要的信念便成为她世界观的重要元素。无论这世界指的是自然界，还是文化界。除了恶习和罪行，世间万物都为世界增光添彩。这种观点与菲利波维奇的哲学观十分相似，他的作品也体现出这一点：每一个生命都很重要，因为它是属于世界的风景。作为一名渔夫、作家和钓鱼哲人，科尔内尔·菲利波维奇相信，被猎食的小小鲦鱼与猎食它的梭鱼存在的理由相同。但与人交往时，他不爱谈论梭鱼，更喜欢谈论八卦。① 辛波斯卡也是如此。

辛波斯卡对自然的热情会迸发在诗文之中：

刹那间，如此之多的事物填满了世界：
冰川、海鳗、海洋和极光，
火焰，和狐尾，和孤鹰和胡桃——
我该怎么安放它，我要把它安放在哪里？
这些灌木、毒蝮、鲷鱼和露雨，

---

① "梭鱼"波兰语为"płotka"，"八卦"为"plotka"，二者发音近似。——译者注

洋葵、螳螂——我要把它安放在哪里?

蝴蝶、螃蟹、绿铁和月夜——

谢谢你,有点多到不能再多了。

哪个水壶能放下牛蒡和心跳动的声响,

还有鲁冰花、惊吓、奢华和困扰?

蜂鸟带去哪里,白银藏在哪里,

要怎么处理这头野牛和斑马哩?

二氧化物已经是重要而昂贵的东西,

这里还有蜈蚣和章鱼!

价格我能猜到,虽然它已从星星上摘下——

谢谢,但我真的认为我不配拥有这些东西。[①]

——《生日》,出自《可能》(1972)

"我不断地在这个世界盘旋,在它之上不仅有我们,还有许多其他形式的生命,我尝试了解它们如何看待我们。而植物呢,对它们来说,我们不存在,它们为自己而存在。"辛波斯卡如此评价这首自己写于20世纪90年代的诗。

我与你们单向地相识

发展得还不错。

……

我知道你们的名字:

枫树,牛蒡,地钱,

石南花,杜松,槲寄生,勿忘我,

而我在你们那里,没有名字。

[①] 每一行列举的词都有相似的韵,翻译的过程会破坏这个结构,所以为尽量配合押韵,在语义上做了一些改变。——译者注

……
不会缺少话题,因为我们有很多共同的旅程。
……
我会尽可能地解释,只要你们提问:
我用眼睛看到了什么,
为什么我的心在跳动
以及我为什么没有根。
但是没有提出的问题,我该如何回答,
更何况对你们来说,
我籍籍无名。

——《植物的沉默》,出自《瞬间》(2002)

辛波斯卡承认,年轻时她厌烦书中的自然描写,所以背离了大自然。直到她开始阅读菲利波维奇的短篇小说,这一观点才有所改变。那时她理解了,这些描写不一定只是对情节的补充,还可以是——就像菲利波维奇所认为的——"情节本身,发生本身"。辛波斯卡认为菲利波维奇的作品是伟大的艺术品。[8]

艺术史教授塔戴乌什·赫沙诺夫斯基说,一天黎明,在前往火车站的路上,他惊讶地看到了拿着鱼竿的辛波斯卡。此外,伏沃基米日·马琼格说,他永远也想不到,这位没有运动精神的编辑同事,这位不滑雪也不打网球的同事,突然开始毫无怨言地忍受营地的不便和寒冷。在克拉科夫,人们也对辛波斯卡坐上了有"疯狂摩托车手"之称的扬·帕维乌·贾乌力克的摩托车一事感到惊讶。

菲利波维奇从没驾驶过汽车。不太令人意外的是,辛波斯卡也不想做司机。但他们经常邀请有驾照和汽车的朋友参加旅行。当时克拉科夫老剧院的院长扬·帕维乌·贾乌力克曾说服他们观看韦斯皮扬斯基的《解放》(该剧后来在电视上播放)。不久,院长收到他们的来信,说他们

对这部剧并不满意,所以:

一、作为对所受精神损害的补偿,受害方通过无记名投票和公开讨论的方式,决定惩罚扬·帕维乌·贾乌力克院长在1980年5月1日至10月15日期间与受害方一起进行为期两天的钓鱼活动。

二、贾乌力克院长应该为此提供自己行驶状态良好的汽车,并驾驶该车往返。

他们在信的最后补充说,这场惩罚性的出行"并不排除扬·帕维乌·贾乌力克院长出于自由意志和同享快乐的愿望而与受害方一起进行其他旅行的可能"。[9]

"通常我们在早上7点左右离开克拉科夫。"参与他们钓鱼之行的另一位同伴艾娃·利普斯卡回忆说,"我的丈夫瓦季奥在前排开车,旁边坐着菲利波维奇。我和辛波斯卡坐在后排,拿着蚯蚓。我们会在布热什科买好啤酒。当车驶到河岸边后,戴着金鱼图案帽子的菲利波维奇便默默地摆出他所有的小玩意儿:各种鱼钩和鱼漂。我和辛波斯卡总会带着《德国明星周刊》和《德国明镜周刊》,从中搜索令人感到惊悚的文章、丑闻和犯罪故事。辛波斯卡负责准备食物、采集蘑菇、做花束,或拿着网兜在河边等待。我们习惯叫她网兜女士,而她从前也在节日贺卡上签过这个名字。菲利波维奇的签名则是'鱼类博士尤斯塔奇·雷宾科',十年后,他在地下刊物中署上了这个笔名。"

"按照规定,如果钓到的鱼太小,"利普斯卡说,"菲利波维奇就会一边说'我赦免你',一边把鱼从鱼钩上取下来放回水中。在杀体型较大的鱼之前,他会人道地先击打它的头部,把它敲晕,然后亲自清洗、刮擦,准备煎炸。这就是我们每次出行的安排。"

"菲利波维奇钓鱼,而辛波斯卡则拿着煎锅坐在岸边。他认为没有必要带食物,因为总会有鱼的。"与菲利波维奇和辛波斯卡同行过的扬·彼什查霍维奇说,"如果钓到的是不到二十厘米的鱼,他就会做个可敬的渔夫,把它们扔回水里。当他把大多数鱼都放生后,往往就只剩下几条算不上数的鱼了,这时辛波斯卡会一边打开罐头一边说:'科尔内尔,像往常一样,我们还有鱼罐头呢。'"

"菲利波维奇给人一种身强力壮的感觉,"利普斯卡接着说,"而我的丈夫则总是忧郁、柔软,常常用钦佩的眼神看着他。作为双鱼座,瓦季奥不太喜欢钓鱼,但他非常喜欢我们的旅行,菲利波维奇甚至说服他参加了钓鱼协会的资格考试。菲利波维奇教他认识各种鱼类,并在考试前的某一天考他,辛波斯卡拿着一罐沙丁鱼说:'瓦季奥,看,你猜这是什么鱼?'瓦季奥最终通过了考试,菲利波维奇很高兴,因为根据钓鱼协会的规则,现在他们可以将四根鱼竿架在岸边了——比之前多了两根。"

"我会放生那些鱼,把它们从鱼钩上取下来,"辛波斯卡说,"但有时还是会有梭鱼因为闻到新鲜血液的味道而主动上钩。"

在《盐》的第一版出版后,同样热衷于钓鱼的作家兹比格涅夫·孟策尔提醒我们:相较于玩笑,我们更应该注意,对辛波斯卡来说,与菲利波维奇一起钓鱼一定是比我们想象中更深刻的体验。"安娜·比孔特和尤安娜·什琛斯纳盯着一个鱼罐头,"他写道,"她们忽略了,在辛波斯卡最美的一首诗《在赫拉克利特的河中》里,鱼成了一切的隐喻,并且是唯一的隐喻。这首诗有关消逝,正如诗人自己,我们可以感受到暗藏在文字表面的冷漠之下的强烈搏动。"[10]

> 在赫拉克利特的河中
> 一条鱼爱上另一条鱼,
> 你的眼睛——它说——明亮得就像天上的鱼,
> 我愿和你一起游到公海,
> 哦,鱼群里最美丽的鱼。
>
> ——《在赫拉克利特的河中》,出自《盐》(1962)

孟策尔接着说:"我只和科尔内尔·菲利波维奇说过一次话,内容是如何用重铅沉底,从而钓取鲃鱼。我们谈得津津有味。"

几乎可以说,辛波斯卡的许多诗都是以小波兰新松奇地区以及大波兰地区的自然风光为背景的:

> 结果,我坐在树下,
> 在河岸边,
> 在一个阳光明媚的早晨。
> 这是一件微不足道的事,
> 也不会被载入史册。
> 这不是战争和条约,
> 动机不会被研究,
> 也没有值得纪念的弑君行为。
> ……
> 这棵杨树已经生根多年。
> 这条拉巴河不是今天才开始流淌。
> 这条路不是前天
> 才开辟于灌木丛中。
> 风为了吹散乌云,
> 肯定之前就将云吹来了。
> ……
> 看到这样的景象时我总会怀疑,
> 重要的是否真的
> 比不重要的更重要。
>
> ——《或许无需题目》,出自《结束与开始》(1993)

与菲利波维奇通信多年的卡尔·戴德尤斯曾写过一篇关于菲利波维奇的回忆录，其中引用了他的几封信。在一封信里，菲利波维奇为回信迟了而对来信人表达了歉意，他写到自己在家中照顾因生病而虚弱的母亲："辛波斯卡帮了我很多忙，她帮我们买东西、排队（队伍逐渐长了起来），但我不能剥削她，毕竟她有更重要的职责——写作。"[11]

"辛波斯卡有自己小而舒适的生活圈子，"艾娃·利普斯卡对我们说，"她的生活安排简单朴素，因此她有时间写诗。她的姐姐纳沃亚还活着的时候，辛波斯卡喜欢去姐姐家吃饭，并把食物装在罐子里打包带回家吃，当然，纳沃亚也从不会让去她家做客的人空手而归。我们经常开车带着辛波斯卡从纳沃亚那里回家，一路上充满了罐子碰撞的声音。纳沃亚就好像一个完美的旧时家庭主妇——会做好吃的鲱鱼、腌蘑菇和炖牛肚，让人想起童年时宽敞的储藏室。"

> 当姐姐请吃午饭，
> 我知道，这不是为了读诗给我听。
> 她的汤很美味，无须精心调制，
> 她的咖啡也不会洒在手稿上
> ……
> 我姐姐的口头散文很好，
> 节假日的明信片就是她所有的作品。
> ——《赞颂我姐姐》，出自《巨大的数目》(1976)

所有的节庆活动总是维斯瓦娃·辛波斯卡的姐姐来组织。克拉科夫的传统是在平安夜煮甜菜汤，但纳沃亚家总有绝妙的美味——被邀请到那里的客人经常提到的蘑菇汤。纳沃亚还会在复活节组织比赛，看谁能做出最漂亮的复活节彩蛋。

科尔内尔·菲利波维奇和维斯瓦娃·辛波斯卡（右）在杜纳耶茨河边（摄于1975年7月10日）。

"雨突然下大了，"维斯瓦娃·辛波斯卡说，"这是大自然的一次即兴创作。"

塔戴乌什·诺瓦克，旁边是他的妻子佐菲亚和维斯瓦娃·辛波斯卡（1974年摄于莫特克维采）。

科尔内尔·菲利波维奇和维斯瓦娃·辛波斯卡（1971年摄于拉巴河边）。

伊丽莎白·平德尔和扬·平德尔夫妇是纳沃亚后来在拉齐维沃夫斯卡路的邻居。他们告诉我们，纳沃亚有为维斯瓦娃·辛波斯卡和亲朋好友们烹饪周四晚餐的习惯："辛波斯卡会拿回家一天所需的食物，她非常喜欢姐姐做的可口饭菜，尤其喜欢小茴香汤、芹菜萝卜汤、鸡肉清汤、黑麦酸汤、炸肉排、土豆块、形似橘子的圆白菜肉卷以及提前腌好的羊肉、炸脆猪皮、香料、多香果和月桂叶。纳沃亚去世后，我们试图烹饪圆白菜肉卷，尽管她留下了写有食谱的笔记本，我们还是做不出她做的那种味道。按照笔记中所写的做法，圆白菜是事先蒸好的，肉要用没煮熟的，然后用圆白菜包住肉炖煮。纳沃亚通常会在万灵节烹饪这道菜，耶稣受难日则会制作烤鲱鱼，佐料是面包糠和煎洋葱。她家里的桌子和圣餐餐桌的形状相似，总是整整齐齐地摆放着。"

"在纳沃亚家举办的节日庆典可以说是家庭聚会，"利普斯卡说，"辛波斯卡最初是和亚当·沃德克一起来，然后和扬·帕维乌·贾乌力克一起来，后来又和菲利波维奇一起来。我先是和亚当·沃德克一起来，然后和我丈夫瓦季奥一起来。"

20世纪70年代初，在阅读《房间的修修补补》一书的间隙，辛波斯卡写下了如下内容："我不喜欢'自己动手'这个词，但它所描述的人，是的，我非常喜欢……对他们来说，在街上看到的每一块金属和每一个螺丝钉都值得弯腰捡拾，因为就算今天不能，十年后它也一定能派上用场。其他人走进五金店是为了满足重要的需求，而他们走进五金店是为了休息，是为了花一小时用凿子修些东西并时不时嘀咕几句……他们强大的动手能力主要体现在能够把口袋里的东西转移到抽屉里。当一个善于动手的人搬进新的公寓，哪怕这间公寓里有翘起的地板或一大堆类似的问题，他们都有足够的经验应付。我得说，钳子和《房间的修修补补》这本书并没有太大的关联。动手能力强的人从不买这样的书，因为不需要，他们总会偶然学会一些技术，例如如何安装防撬夹。"[12]

读这段文字时你很难不这样想：辛波斯卡一定在生活中认识她所描

述的这类人。发表在《文学十年》上的一首诗解除了这个困惑。这首诗的注释如下:"为某人生日所作的诗,写于20世纪70年代的某一天。尊敬的寿星毫不犹豫地接受了它。"

辛波斯卡几乎没有为自己的诗(不仅是爱情诗)写过献词,尽管正如她自己说的,其中一部分应该写上献词。然而,每年的9月16日,她都会为"某位寿星"创作一首诗:[13]

> 他属于所有东西都想自己动手做的人。
> 爱他也要爱他的书架和抽屉。
> 爱柜子上的、柜子里的和柜子下的东西。
> 没有什么是永远无用的废品。
> ……
> 来自马姆里湖的三根水鸭羽毛,
> 一些被困在水泥中的香槟酒瓶塞,
> 两块在实验中被熏黑的玻璃,
> 一堆木棍和金属片、纸板箱和瓷砖,
> 已经派上用场或将会有用的物品,
> ……
> 如果——我问——把这个或那个扔了怎么办?
> 我爱的男人严厉地看向我。
>
> ——《男人的东西》,出自《〈真爱〉和其他诗》(2007)

在阅读克拉科夫某位知名裁缝写的书《男士时尚ABC》时,辛波斯卡敏感而带着怀疑地写下了她对"放弃打理自己的男人们"的看法(这本书的作者一定会"离他们远远的,仿佛在躲避一个不幸的意外"):

> 这家店的守护神可能是穿着宽大毛衣的爱因斯坦。伍迪·艾伦

就适合那里，他在电影中总是穿着紧袖口的宽松衣服到处转悠。我们的亚采克·库隆呢？不久前，他不得不穿着西装多次出现在公众面前。虽然他尽力用表情来弥补，但他的眼神在祈求同情。我承认我对这种人总是有一种奇怪的青睐。有一次我告诉心爱的男人，他穿的鞋子应该被扔掉，他避开我的眼神，只是打开窗户，忧郁地注视着远方。[14]

与我们交谈过的那些辛波斯卡的朋友和熟人都强调，菲利波维奇与辛波斯卡不同——他有着社会活动家的气质。辛波斯卡也会参与一些社会活动，但谁知道呢，这可能是受菲利波维奇的影响。在整个20世纪70年代，她都是波兰作家协会资格委员会的成员，并定期到华沙参加作协的会议。

"主导该会议的党内成员有：安杰伊·瓦西莱夫斯基、耶日·普特拉曼特、卡齐米日·科兹涅夫斯基、扬·科普罗斯基、扬·玛丽亚·吉斯。"乌尔舒拉·科齐奥乌说道，"但除了他们，还有安娜·卡勉斯卡、安杰伊·基尤斯基、扬·尤瑟夫·什切潘斯基。当时我们认为，诚实之人的存在可以改变一些事情。"

乌尔舒拉·科齐奥乌说，她和辛波斯卡通常会在会议前夕，于作家协会总部位于克拉科夫郊区街的一家酒店会面："我们在一个房间里聊这聊那，用卷发纸做发型，面无表情地抽烟，从一个话题跳到另一个话题。"[15]

辛波斯卡说："我在选举时总是有机会获得相当多的票数，因为我从不妨碍任何人。我总是被推举出来，好挡住那些他们不喜欢的人。例如他们会说：'如果不是你，那就会是他。'但我只参与资格委员会的工作。阅读和评判是我最擅长的技能，至于其他事务，我一般会通过观察别人怎么做，来了解要投什么票，投给谁，遵守道德并尊重传统。"

1975年秋天，辛波斯卡和菲利波维奇签署了一份致众议院的公开信，即所谓的"59封信"。他们在信中抗议，反对将波兰统一工人党的领导地位以及与苏联的同盟关系写入宪法。

亚当·扎加耶夫斯基回忆道："哈琳娜·米科瓦伊斯卡来克拉科夫收集签名。我安排她和辛波斯卡见了面，辛波斯卡非常喜欢身为演员的她，提出为她准备晚餐。当时菲利波维奇和斯坦尼斯瓦夫·莱姆也来了。"

签署过这封信的人立即成为内政部注意的对象。

我们可以从辛波斯卡的个人档案中了解到，安全局中止了一本她已经提交印刷的诗集的出版流程，取消了克拉科夫无线电台的相关广播并禁止她参加一次在格但斯克的作家聚会。或许因为工人保护委员会的活动越来越广泛，安全局也遇到了更多的麻烦。1977年，辛波斯卡的档案中有一句结语："此人对我们国家的体制建设抱有消极态度。"调查行动便宣告终止。

辛波斯卡是否知道这一切，我们并不清楚。大概是她的保守态度使她没有被过分怀疑。但她告诉我们，她注意到了寄给她的信件都有被拆过的痕迹，表明这些信件都经过了审查。

她并不经常在公开场合发言，但在重要时刻和重要问题上，她会保持一以贯之的态度。辛波斯卡的朋友说，这只是一个正直的人该有的姿态，政治对她不具有任何影响力。但这应该也受到了菲利波维奇的影响。

科尔内尔·菲利波维奇此时依然是国家安全局的关注对象。[16] 三十年前，即1946年，他曾被列入秘密联络人的名单。我们翻阅了国家记忆研究院收藏的上千页文件，而这是我们第一次遇到如此明显的造假，它可能正是怀旧、充满哲思及温柔遐想的菲利波维奇的短篇小说的主题。

我们的主人公斯坦尼斯瓦夫·加洛斯是一个来自农村的年轻男孩，上了几门课后，便在当地的安全局工作了。他是伟大的国家机器的一部分，为带来一个崭新的、更好的世界而努力。他要做的就是找出阻碍这一进程的敌人。在1946年3月"三个确定答案"的公投中，他在选举委员会认识了科尔内尔·菲利波维奇，认为他有望协助自己完成阶级斗争。

"请求确认招募科尔内尔·菲利波维奇为线人。……我将劝说他加入爱国者的行列。"随后，他表示："在与科尔内尔·菲利波维奇谈过话后，我认为他是线人的合适人选，因此，我向他提出合作建议，他立刻同意了。在选举时，他履行了合作所需的全部手续，并承诺将忠实地与省安全局合作。第五部门第四经济部，斯坦尼斯瓦夫·加洛斯。"好吧，我们的主人公此时已经拿到了菲利波维奇答应跟安全局合作的签名（所有的委员会成员都需要做出类似声明）。也许他确实在上级面前自我吹捧得有点过头了，可谁知道呢，万一他能成功呢？幸运的是，他最后发现——即便他想，也无法帮他的"线人"写下任何声明。到了需要交报告的时候，这个可怜的家伙什么也交不出来，只好无奈地承认了自己的失败："线人科尔内尔·菲利波维奇不适合完成接下来的工作，因为他有神经上的疾病，同时，他没有提交任何材料，仅在选举时做出了承诺。"

菲利波维奇还积极参加波兰作家协会的活动，担任克拉科夫分会的副主席。只有党员才能担任主席，所以当选主席的是符合要求的扬·彼什查霍维奇，他在多年后回忆起与菲利波维奇的合作时说："我欠他很多，从1976年担任作家协会克拉科夫分会的主席起，我就不得不面对写作界的深刻分歧。作为我的副手，菲利波维奇以自己的方式给我提了很多建议。当他认为我打算做的事不合适时，就会摇摇头，用他那双敏锐的淡蓝色眼睛看着我说：'敬畏上帝，扬。'"[17]

"菲利波维奇是将作品和生活相结合的作家，他的风格、生存方式和道德观是同根同源的。"特蕾莎·瓦拉斯如此写道，"他本人、他的作品和他的行为举止都带有贵族气质，他那敏锐的头脑，以及曾是生物学家的身份所带来的现实视角，都同他那和职业并不相关的道德本能相联系。他英俊且矜持，瘦削而诙谐，在毫无色彩可言的波兰人民共和国时期，他就像经典西部片中阳刚勇敢的正直警长，加上他还有些艺术天赋和幽默感，因此人们很尊重他、信任他，他乐于向他人伸出援手，但也令人生畏，使人保持距离。"[18]

"谁会不喜欢科尔内尔·菲利波维奇呢？谁会不喜欢这个友好亲切、正直可靠的人？谁会不喜欢他别具一格的幽默感？"乌尔舒拉·科齐奥乌回忆道。[19]

多年来，菲利波维奇一直以克拉科夫作家群体的名义，致力于创办一本克拉科夫文学月刊。在波兰作家协会的第二十届大会上，他总结了自己多年来的努力，后来这份演讲稿在《记录》杂志上刊登了出来："每当想起1936年，我总是饱含热泪，我们那份绝非政府喉舌的文艺杂志终于获得了政府许可，而我有幸成为年轻的联合编辑。当时合法化程序持续了三天，因为我们刚巧遇到了所谓的英国周六和周日，因此，我们是在周一获得许可的。"[20]

1978年，辛波斯卡和菲利波维奇的签名再次出现在教育课程协会成立时的宣言中。除了他们，还有克拉科夫其他知识分子和文艺创作者的名字，包括安东尼·戈乌比夫、汉娜·玛莱夫斯卡、扬·尤瑟夫·什切潘斯基、亚采克·沃兹尼亚科夫斯基、亚当·扎加耶夫斯基。他们签署宣言的目的是保护没有固定上课地点的移动大学独立讲座的组织者和听众免受警察袭扰。沃兹尼亚科夫斯基回忆道，辛波斯卡和菲利波维奇那时常到他家见面，共同商讨教学计划。

加入教育课程协会这个与工人保护委员会有关的协会，这一举动不仅意味着与当时的政府公开叫板，还意味着成为政治宣传里所说的"反社会主义极端分子"。没有多少人愿意签名，我们问辛波斯卡能否克服自己内心的恐惧。

"我完全不害怕。"她说，"谁知道呢，也可能是因为我曾接受过共产主义，在斯大林时期也没害怕过。尽管我经常感到恐惧，而且我也从未出于逞强而做出表面上看起来勇敢的事。"

科尔内尔·菲利波维奇那时还参与了波兰独立联盟的秘密工作。这是一个知识分子组织，他们编写各种主题的报告，目的是帮助社会大众以独立国家的视角思考波兰，并做好当波兰独立时要如何让国家正常运作的准备。1981年1月，他进入了联盟的四人领导小组，组织的结构直到波兰重新独立时才被部分披露。

一脚在官方机构，一脚在地下组织，这是后盖莱克[①]时期的普遍现象，这一特质在文学作品中体现得并不多，但我们能从菲利波维奇的作品中窥见时代的痕迹："而我从近处看见盖莱克 / 他把手递给我，我们毕竟是 / 同龄人。"（此处引用片段来自诗集《说出那个词》，首次出版于1984年。）这次会议举办于1979年，当时，波兰统一工人党第一书记爱德华·盖莱克正在为作家协会克拉科夫分会在卡诺尼查的新地址开幕仪式捧场。

当我们问辛波斯卡是否也曾与盖莱克见过面时，她回答说，她幸运地错过了，但她记得菲利波维奇的描述，说他伸出的手突然被双面夹击，因为立刻有大猩猩似的保镖包围了他。

我们也可以从菲利波维奇的短篇小说和辛波斯卡的专栏文章中发现他们共同阅读的蛛丝马迹。菲利波维奇的小说《恒定学习》和辛波斯卡讲述自己孩童时期一只害怕钟表报时声的鹦鹉佐霞的专栏都引用了里尔克的诗句："我们用于争斗的，如此渺小， / 与我们相争斗的，如此宏大。"

辛波斯卡告诉我们，有一次，在菲利波维奇的帮助下，她才明白诗人的记忆和小说家记忆的差别：

> 在某次共同拜访了某人后，我们开始比较彼此分别都记住了什么。我主要记得那个女主人，她吸引了我的全部注意。而科尔内尔首先记住了踩在脚下的波斯地毯和曾经摆放过抽屉柜的地方留下的痕迹。他知道墙上挂着什么，窗外又有什么。现在的人们常认为小说仅限于内心独白，而不能用来描述世界。而我不同，我喜欢那些

[①] 爱德华·盖莱克，波兰共产主义政治家。1970—1980年担任波兰统一工人党中央委员会第一书记。盖莱克执政时期被称为"盖莱克十年"。直至今日，盖莱克本人及其经济政策在波兰政治界和学术界仍然备受争议。——编者注

能够展现世界一角的小说，我喜欢那些能看、能听、能闻、能触摸的小说。

据扬·彼什查霍维奇说，辛波斯卡在获得诺贝尔文学奖后曾告诉他："太遗憾了，科尔内尔没能看到这一幕。这对我来说比官方授予的荣耀更重要，身为小说家，他比我更应该获得这个大奖。"

辛波斯卡不止将这句话告诉了彼什查霍维奇，因为耶日·皮尔赫告诉我们，他在很多地方都听到过这段话："陷入爱河的女人准备把诺贝尔文学奖让给她的爱人！我不在现场，不知道她说这些话时用的是怎样的语调。但我不认为这是幽默，恰恰相反，我认为她是很认真地这样想的。毕竟，为什么不呢？她认为菲利波维奇是个伟大的作家，她是对的。我至少可以说出几个成长速度赶不上他的诺贝尔文学奖得主。"

科尔内尔·菲利波维奇和维斯瓦娃·辛波斯卡（摄于 1985 年）。

第15章　尘封的纪念物、挚友与梦

本章记录的是维斯瓦娃·辛波斯卡认为比全是日期和事实的传记更重要的、更能代表她的东西,即"狗、猫和鸟,/尘封的纪念物、挚友与梦"。

虽然除了童年时的鹦鹉佐霞,辛波斯卡从没养过狗、猫或鸟,但她对它们的感情却有迹可循。辛波斯卡在评论《波兰的鸟》一书时写道:

> 我喜欢鸟,会飞的或是不会飞的,能在云端翱翔的或者会扎进水里的,我喜欢鸟爪间的空气,喜欢它们羽毛下的防水绒毛,喜欢它们退化了翅尾而保留的爪子,它们用来划水的蹼也很惹人喜爱。我喜欢它们细细的或弯曲的腿,上面覆盖着紫色、黄色或蓝色的鱼鳞状的皮;我喜欢它们典雅庄重或蹒跚跌撞的步伐,仿佛整个世界永远在它们脚下摇晃;我喜欢它们突出的眼睛,完全以自己的视角观察着我们;我喜欢它们的喙,针状的、剪刀状的,弯曲的、扁平的,长的或短的;我喜欢它们的羽毛领饰、羽冠、颈褶、尾羽、上身、长腿、扇子般的尾巴和喙。……我喜欢鸟类,还因为几个世纪以来,它们一直在波兰的诗歌中飞翔。[1]

她在为《当你的狗生病》一书撰写专栏文章时写道:

它们一生都在试图理解我们，遵循我们强加给它们的行为规范，从我们的言语和行为里捕捉和它们有关的信息。这是一种巨大的努力，无休止的紧张。每当我们离开家，狗就会感到失落，仿佛我们再也不会回来了一样；而当我们回到家时，它们喜出望外，仿佛我们因奇迹出现而大难不死。我们被它们的告别和迎接所感动，但它们所感受到的通常应该是害怕。[2]

此外，在评论《被符号化和神话了的动物》一书时，她也因人们使用"像狗一样撒谎"这样的表达而感到惊奇，毕竟狗是不会撒谎的，正相反，"它说真话，而且只会说真话，它用喉咙、眼睛、皮毛、爪子——所有它能用的方式来说真话，尤其是它的尾巴，这是它专用的诚实器官"。

她还在下面这首诗里共情了那只有着残暴主人的狗：

是命运，还是命运。我的命运却突然变了。
从某个春天开始，
我的主人就不在我身边了。
……
有人扯掉了我的银项圈。
有人踹翻了我空了好几天的碗。
最后有人，在出发之前
从驾驶室里探出身子
朝我开了两枪。

命运甚至不知道要去它应该去的地方，
因为我在苍蝇嚣张的嗡鸣声中
死了很长时间，很痛苦。

> 我，我主人的狗。
>
> ——《被困在历史里的狗的独白》，出自《冒号》（2006）

尤安娜·什琛斯纳说："有一次我带着我的腊肠狗奥菲莉亚去拜访辛波斯卡，并留下来吃了午饭。奥菲莉亚在饭店时一般会躲在桌子底下，根据工作人员的友善程度来决定是否应该假装自己不存在。而这次它立刻跳到了一张椅子上，显然，它认为同行的这位女士为它提供了某种保护。有趣的是，奥菲莉亚很明显地感受到了这位诺贝尔奖得主的气场，它没有感到害怕，还轻轻地嗅着送到辛波斯卡面前的食物，它明白不能把鼻子靠得太近。"

不过，要说到辛波斯卡生活中出现得最多的动物，那一定非猫莫属，因为科尔内尔·菲利波维奇是个"猫奴"，在他堆满文件的办公桌上总是躺着一只猫，准确地说，是一只母猫。一张照片上，辛波斯卡被猫簇拥着——有些猫是菲利波维奇的，它们的名字是琪霞和咪霞，有些猫则是他儿子亚历山大的，后者给我们寄来了一份特别的名单，这样我们就能分清和辛波斯卡合照的猫都是谁了：戴项圈的深灰色虎斑猫叫莎鲁霞，没戴项圈的叫沃尔科戈诺夫，花斑猫则叫查褚歇克，小名查秋。

辛波斯卡在其最富戏剧性的诗《无人公寓里的猫》中，借一只失去主人的猫，表达了自己失去至亲的悲怆：

> 所有的衣柜都翻看了。
>
> 跑过了书架。
>
> 地毯下面也检查了。
>
> 甚至违反了禁令
>
> 乱扔了文件。
>
> 还需要做什么。
>
> 睡觉和等待。

他要是回来,

他要是出现。

它就会让他明白

不能这样对待它。

它会走向他

就好像一点儿也不想走向他那样

一点一点地

踏着非常恼怒的爪子走向他。

没有任何跳跃尖叫做预兆。

——《无人公寓里的猫》,出自《结束与开始》(1993)

曾多次在电台、诗歌晚会和各种文学活动中朗读辛波斯卡诗作的女演员安娜·波洛尼告诉我们:"这首诗刊出时,我母亲刚刚去世。我在一段时间之后才能面对公众朗读这首诗。这是一首痛苦的诗,因为这只猫的样子就是我们每个人失去至亲后的样子。"

有一次,塔戴乌什·尼切克问辛波斯卡,是否想和谁交换人生,辛波斯卡回答道:"当然。我想成为克里斯蒂娜·克雷尼茨卡的猫。"[3] 每个克拉科夫人都知道克雷尼茨基夫妇家的猫活得很快乐。

西班牙《国家报》的记者想知道辛波斯卡是否认为动物也有灵魂,辛波斯卡提到了阿纳托尔·法朗士小说中的一个场景:一位牧师需要回答教区成员——一位养狗的富有女侯爵同样的问题。如果回答"有",他就是误用了教义;如果回答"没有",他就有可能失去女侯爵给教会的捐赠。于是他选择这样回答:"是的,侯爵夫人,动物是有灵魂的,尽管是较小的灵魂。"[4]

虽然辛波斯卡认为自己不需要养宠物,但她非常关注动物,在她的第一部诗集中,就有一首为动物而写的诗:

熊跟着节拍跺脚，

狮子跳过燃烧的铁环，

穿着黄色束腰外衣的猴子骑着自行车，

鞭子噼啪作响，音乐嗡嗡作响，

鞭子噼啪作响，动物的眼睛在摇晃，

大象头顶酒瓶，

狗在跳舞并细数步数。

生而为人，我感到羞耻。

——《马戏团的动物》，出自《我们为此而活着》(1952)

辛波斯卡一直对"尘封的纪念物"情有独钟，那都是些媚俗的小饰品，从国外带回的或是在古董市场上发现的奇特小玩意儿。

"切申的集市特别精彩，是一位友善的收藏家陪我去的，因为我们争相购物，都在紧盯对方的一举一动。"[5]她在《横截面》周刊中描述了自己在成年之后是如何发现古董店和跳蚤市场的魅力的。她与科尔内尔·菲利波维奇的关系不是什么秘密，尤其是在克拉科夫。但她很谨慎，从未在公开场合暴露过两人的关系。然而，1974年，藏在切申爱好者俱乐部的"线人"即刻披露了这位"友善的收藏家"的名字，其中出现了这样的说明：3月24日，维斯瓦娃·辛波斯卡在作家科尔内尔·菲利波维奇的陪同下来到市场，两人都加入了俱乐部并支付了会费。[6]

辛波斯卡告诉我们，旅行中让她印象最深刻的要数那些漂亮而久远的新教祈祷书和贴着旧明信片的毛绒相册。并不是每张照片都很吸引人，但她总能在其中找到几张特别棒的，值得为了它们买下整本册子。

虽然辛波斯卡没有参观过沃维奇的纽扣博物馆，但她对此很感兴趣。她给博物馆创始人寄去了从她不再穿的裙子上拆下的两颗扣子，还为博物馆出版的介绍纽扣的小册子写了专栏。博物馆的创始人最初从奶奶的店铺里收集了几百颗战前的纽扣，后来便越买越多，这些藏品中包括爱德华·雷兹–希米格维的扣子，正是他说过"我们连一颗扣子也不会放弃"。[7] 辛波斯卡主张再写一本有关纽扣的历史的书："还有古埃及女人穿的白色亚麻裙子呢？那些裙子非常贴身，根本不能套头穿，必须在背后某处设计一个隐秘的开口，再以某种方式扣起来。此时，那些常爱拍脑门的人一定想问我：'比起尼罗河畔裁缝们的烦恼，难道你就没有更重要的事要担忧吗？'自然是有的，但这不能成为我不能为小事担忧的理由。"她陷入沉思，然后说："路人看见'纽扣博物馆'的招牌一定会感到惊讶。他们要考虑一会儿才会走进去开始参观。他们甚至可能会想，或许在自己的出生地，或者先辈的出生地，也有一个有趣的博物馆。也许是旧明信片博物馆？古祈祷书博物馆？玩具、扑克牌或者国际象棋博物馆？"[8]

辛波斯卡收集旧明信片，这是唯一能在她狭小的公寓里进行的收藏。"我的藏品不多，但我自认可以称为收藏家。"她继续写道，自己一直在收集物品（"从我记事起，就在收集一些东西"），以证明自己达到了收藏家的标准。她不是什么东西都收集，而是有一个特定的标准（在她看来，最主要的标准是"媚俗"）。[9]

有一次，辛波斯卡的朋友们从菲利波维奇那里偷来了一些明信片，并将它们夹在辛波斯卡的明信片里，然后安排大家一起看这些收藏。

"我们仔细地听着，"芭芭拉·查钦斯卡说道，"菲利波维奇很不安地说：'有趣，真有趣，维斯瓦娃，你有和我一样的明信片……'"

在20世纪80年代末，克里斯蒂娜·莫楚尔斯卡与马莱克·洛斯特沃洛夫斯基合办了著名的"波兰的犹太人"展。莫楚尔斯卡告诉我们，辛波斯卡和菲利波维奇借给了她几十张与犹太人有关的明信片。

辛波斯卡的收藏是从她在父母的信件中找到明信片开始的：在从托伦和特鲁斯卡韦茨温泉镇寄来的风景明信片中，她发现了一张风景优美的拼贴画，上面画着没有飞行员的飞机、三只展翅的精灵和粉蓝色的云彩。之后，她的收藏很快便开始变得越来越多。"每一张（明信片）都很媚俗，但那是一种有些超常想象力的媚俗，天真与造作、悲苦与愚蠢，有些东西需要彼此碰撞。小说人物斯蒂凡卡·卢德茨卡大概会从女校同学那里收到这样的明信片。"[10]

《想要一无所知很简单……辛波斯卡与世界》的作者玛乌戈热塔·巴拉诺夫斯卡称自己和辛波斯卡的相处是"明信片式的"，因为她们仅仅见过几次面，却通信长达三十年。巴拉诺夫斯卡也收集了大量明信片，所以在1975年的波兹南作家大会上，她和辛波斯卡聊起了此事。

"辛波斯卡和科尔内尔·菲利波维奇站在会议厅里，菲利波维奇比她还要热衷于这个话题。"巴拉诺夫斯卡回忆道，"菲利波维奇的收藏品包括第一次世界大战时期画着齐柏林飞艇的明信片，而辛波斯卡更喜欢第一次世界大战以前的奇异明信片。菲利波维奇说自己有张明信片上画着第一军团从奥利安德勒出发的场景，而辛波斯卡要怎么说呢？说她的一张明信片上画着一只背着一袋糖果的甲虫吗？"

辛波斯卡收藏的明信片。

巴拉诺夫斯卡特意研究过，辛波斯卡的收藏是否对其诗歌创作产生了影响：

> 乌龟梦见了莴苣叶，
> 在叶子旁边——皇帝本人突然出现，
> 这个生活于一百多年前的人。
> 乌龟甚至不知道这是何等大事。
>
> 皇帝并不完全存在，
> 穿着黑色皮靴的他看着太阳，
> 再往上，是穿着白色长袜的匀称小腿。
> 乌龟甚至不知道这多么令人震惊。
> ……
> 通过身体的局部很难认出一个人：
> 譬如只看右脚或左脚。
> 小时候的事乌龟记不得太多，
> 至于它梦到了谁——它也不知道。
>
> ——《一只老乌龟的梦》，出自《巨大的数目》（1986）

"我个人不会怀疑这个场景的真实性，"巴拉诺夫斯卡在随笔《从脚跟到膝盖的皇帝片段》中写道，"我就是知道。这并不意味着辛波斯卡一定看见了它。"

巴拉诺夫斯卡接下来谈到一套包括十二张拿破仑形象的明信片系列，如果将它们摆对位置，就能拼成一幅相当大的皇帝肖像。而在明信片的底部，出现了老乌龟的梦：左脚、右脚、白色长袜和黑色皮靴。"也许辛波斯卡收藏了这样的明信片？不过在她想象的世界里，这毫无意义。她总是像拍摄特写一样将某个片段提取出来，仿佛在说，整体本来就是不可知的。"[11]

在辛波斯卡的住处欣赏她各式各样的奇特物品时,我们注意到了一个立在书架上的普通陶罐,它并不属于"尘封的纪念物"。

"这是我拥有的最古老的人类造物,"辛波斯卡说,"它的历史差不多可以追溯到柏拉图生活的年代,也就是我们的卢日茨文化时期。它原本应该是个骨灰盒。比它更古老的就只有我的石头了,它们有上百万年的历史。"

辛波斯卡在《非必要阅读》中写道:

> 我一直对意外和它难以估量的开端效应非常着迷。千万个世代的人,喜马拉雅山上的白骨都消失得无影无踪了。突然,在某时某刻,某个生物踏进泥土,泥土石化后留下了这个脚印,而为了这个脚印,人们将不断地开会研究。[12]

乌尔舒拉·科齐奥乌讲到,自己曾于战时状态期间去波什科夫看望辛波斯卡和菲利波维奇,当时他们正在那里度假。她在那里认识了一位考古学家,是辛波斯卡的朋友,在当地的考古发掘点工作。

"辛波斯卡一直很喜欢考古发掘,她喜欢石头,"科齐奥乌说,"她认为这是文明的印记,她的诗里到处都是这样的内容。"

上面提到辛波斯卡为《横截面》周刊撰写的有关切申的古董市场的故事,也是捍卫媚俗的声明。她写道:"一个人可以同时拥有好品位和坏品位,唯一的问题在于,你要知道在什么情况下使用哪一种。"[13]

巴拉诺夫斯卡甚至认为,辛波斯卡对媚俗的态度也影响了她的诗歌创作:

> 没有人在漂亮的衣柜里窒息而死,

当情人的丈夫突然归来！

——《相册》，出自《一百个笑声》（1967）

"媚俗就像一只老虎，"辛波斯卡在《非必要阅读》中写道，"只要活着，就会被无情地赶走。而在它死后，当它的皮成为客厅的装饰时，所有人都会抚摸着它的头，啧啧称赞——这是一只多棒的老虎啊！不久前出版的小说《麻风病人》就符合这种情况，这本书很快就被乔伊斯的粉丝们抢购一空了。一样东西越媚俗就越好，越有趣。"

她还提到了童年时读过的一本书，讲的是一个丈夫埋葬了自己的妻子，而妻子从棺材里爬出来，回到了他正在守灵的家里。"我一直不知道接下来会发生什么。除了未被满足的好奇心，我还从此爱上了对这类书的阅读。我越发确信，在杰作和媚俗之作间存在着强有力的联系，它们给彼此带来了生命力。如果一个时代将媚俗根除了，那这也将是一个杰作无法横空出世的时代。"[14]

应该也是受刚刚提到的那段记忆的影响，辛波斯卡在"文学信箱"中热情地回应道："亲爱的切修，我们都很好奇凶手是谁，而你让我们的心悬到了最后一刻。然后死者突然从棺材里站起来，开始指认凶手。我们理解这是一种惊奇。无论你寄给我们什么，我们都会愉快地阅读的。"[15] 辛波斯卡不会否认《麻风病人》的魅力，正是因为这本书，她才在20世纪70年代认识了特蕾莎·瓦拉斯。辛波斯卡对这个为通俗言情小说写下具有学术素养的序言的人很感兴趣，如她所说："（这篇序言）细致、精巧、诙谐，没有廉价的调侃。"

在辛波斯卡的住处，人们可以在不同的地方找到各式各样的奇特物品。有一次，她向我们展示了一个毛茸茸的小猪音乐盒，音乐盒的摇杆是小猪尾巴的形状。她还向我们展示了用扁桃仁膏做的女人的腿、一个老鹰形状的折叠烟灰缸、一个丑得出奇的枕头（在西班牙，这种枕头会被送给新婚夫妇），还有一把木扇，上面是手绘的奥地利皇帝弗朗茨·约瑟夫一世的将军们的肖像。另一次，我们看到一支手骨形状的笔和一个透明有机玻璃做的马桶盖，上面还嵌着铁丝网。

"这些通常都是偶然得来的礼物。我从来没收到过任何'体面的东西'，因为只有不认识我的人才会送我雅致的礼物。"辛波斯卡告诉我们，"我在克拉科夫的德萨买的扇子只花了一点钱。我想象着一位年轻女士在舞会上用它扇风，当然，舞会不是在维也纳，而是在加利西亚的某个驻军小镇上。我还带着它参加过作家协会的大会。"

我们也曾为辛波斯卡的收藏添砖加瓦：乳房造型的打火机（两个乳头都可以点火）、用来抽打的皮鞭（不是在情趣商店买的，而是在阿西西修道院的商店里买的），以及用充气橡胶制作的爱德华·蒙克的名画《呐喊》中的人物人偶，有真人大小，那是在纽约现代艺术博物馆买的。

这些藏品最终的结局是，在辛波斯卡把玩腻了以后，被当作抽奖的奖品。这个古老的游戏她玩了很多年，她请来的客人也把饭后抽奖当成了习惯。

米哈乌·鲁希涅克注意到，辛波斯卡收藏的小饰品可以分为三类：第一类是摆在书架上的；第二类是存放在某个柜子的角落或抽屉里的；第三类则是被当作抽奖奖品的，这样它们便可以名正言顺地离家了。但这并不意味着第三类比第一类或者第二类差，说实话，并没有任何客观的标准。

"我送给辛波斯卡的最后一份礼物，"艾娃·利普斯卡告诉我们，"是一套装胡椒或盐的调料罐，外观是歌德和席勒的迷你半身像。她非常喜欢，决定永远不把它们当作抽奖的奖品，而只是按照它们原本的用途，在接待客人时使用。"

辛波斯卡向我们讲了她发起抽奖活动的缘由。当她在国外旅行时，钱从来不够用，但又想给每个朋友都带点东西。因此，她可能会买一瓶好酒，再买一些小饰品，越奇特越好，然后哪个礼物会送到哪个朋友的手上，则要由命运来安排。

布罗尼斯瓦夫·马伊声称，他总是那个能抽到最好奖品的人。他提到了一个印着母狮子的丑杯子，他至今还在用它喝茶；还有一个 1995 年抽到的塑料球，他在上面收集了三个签名：一个来自诺贝尔奖得主切斯瓦夫·米沃什，还有两个来自未来的诺贝尔奖得主——谢默斯·希尼和维斯瓦娃·辛波斯卡。

"在辛波斯卡获得诺贝尔文学奖后，我非常想送她一份很棒的礼物，"玛乌戈热塔·姆谢罗维茨告诉我们，"我很幸运地走进一家相册店，突然发现了一件真正的珍品——1891 年波士顿百货邮购的衣品目录。我对自己说，这肯定能让她高兴。于是我坐下来给她写信：'亲爱的辛波斯卡，我知道，现在你肯定收到了很多关于如何处理那一百万美元的建议，我的提议是，全都用来买衣服。随信附上一份合适的目录。我特别建议你多买些衣架和赛璐珞衣领。'"

利普斯卡回忆说，自己在 20 世纪 70 年代第一次出国时，科尔内尔·菲利波维奇拜托她去找一家特殊的店铺，购买一些假大便。她有点不好意思问商店在哪儿，幸好尤利安·罗戈津斯基上一次出国时发现过这家店铺。他们到巴黎远郊选购了这种商品，它们竟然还有不同的颜色。利普斯卡买了三个，她不知道辛波斯卡和菲利波维奇把它们用来跟谁搞恶作剧了，但这两人拥有这些假大便的时间并不长，因为它们被偷了。从设计师纳沃亚的毛皮工厂定制的人造老鼠倒是被保留了很长时间，他们把老鼠放在不同人的浴缸里，看起来像真的一样。

"我对这一代人深表钦佩，"利普斯卡接着说，"他们就像约翰·赫伊津哈所说的'游戏的人'。他们可以兴高采烈地发送有趣的电报或者写出风趣的文字。在辛波斯卡举办的晚宴上，客人们会用包着玻璃纸的勺子吃腌蘑菇。我记得是在 1970 年左右，我们用文学出版社的信头纸给辛波斯卡写信，告诉她我们正在编一本列宁的诗选，问她是否同意对《未进行的喜马拉雅之旅》一诗进行微调：将'莎士比亚'替换成'列宁'，以'扩大社会影响力'。最后新版本的诗是这样的：'雪人，我们有列宁。/

雪人，我们演奏提琴。'还有一次，菲利波维奇从切申的杀猪场带着一大堆火腿、香肠和血肠返回后骄傲地请客，而辛波斯卡、芭芭拉·查钦斯卡和我约好绝不称赞他，于是我们一直漫不经心地重复说着'哼，我们吃过更好吃的'，菲利波维奇很是沮丧。"

"菲利波维奇和辛波斯卡一直在玩语言游戏，"利普斯卡继续说道，"他们把20世纪50年代的瓶装伏特加称为'内务人民委员伏特加'，有些瓶子会被写上'奥特维尼亚克'或'樱桃布兰迪斯'。去钓鱼的时候，他们会为沿途所有城镇的名字写打油诗。他们有自己的暗号：'Dżemajel'代表'午后小憩时间'，'Mobutu'意为'去找鞋匠'，'Bangladesh'则表示'突然变天'。"

他们经常玩一个游戏：先让一个人写一则不包含形容词的短故事，然后让其他参与者在不知道故事内容的情况下填写缺少的形容词——他们不知道这些形容词会用来修饰哪些内容，最后非常有喜剧效果。这个游戏叫"绿色尸体"，有时，辛波斯卡不会让客人们玩抽奖游戏，而是让他们玩这个游戏。

特蕾莎·瓦拉斯接着对我们讲述，菲利波维奇和辛波斯卡是如何让他们的火车旅行更加精彩的——他们会打赌，透过车窗最先看到的会是一头牛还是一匹马。在去维也纳（辛波斯卡曾在维也纳领过赫尔德奖）的路上，我们也打过这个赌，但一路上，我们什么动物都没有看到。

辛波斯卡和菲利波维奇都喜欢看游戏节目和电视连续剧。辛波斯卡特别喜欢看《神探可伦坡》，因为这个电视剧讲述了一起非常精彩的家庭谋杀案。克拉科夫的所有人几乎都知道，在电视剧《伊索尔的奴隶》播出的时间点，最好不要约他们两个。而在电视剧完结时，他们常常会说："生活已经失去了意义。"耶日·科尔察科是辛波斯卡在克鲁普尼察路时就认识的朋友。根据他的回忆，他的妻子有时会在家偷偷看《王朝》，还会因此背上很大的心理负罪感——直到他们在扎科帕内的阿斯托利亚遇到了辛波斯卡。辛波斯卡看这部电视剧的时候一点儿羞耻的阴影都没有，她喜欢在肥皂剧中寻找希腊神话的元素。

"编剧在希腊神话中搜寻可用的主题：安提戈涅、俄狄浦斯、分离的兄弟姐妹和乱伦情节，所有这些都可以在《王朝》中找到。"辛波斯卡告诉我们，"这种希腊神话中的秘密生活真的很有趣。"

辛波斯卡的最大爱好是制作拼贴明信片。当她因荣获诺贝尔文学奖而成名后，她的朋友有的带着这些作品上电视，有的把它们发表在报刊上，有的把它们放在小型展览上展出。辛波斯卡寄给佩塔尔·武吉契奇和比塞尔卡·拉契奇的拼贴明信片曾以放大照片的形式在贝尔格莱德展出，明信片的内容被翻译成了塞尔维亚-克罗地亚语。

虽然辛波斯卡是一位十分谦虚的诗人，但她很喜欢夸耀自己在拼贴明信片方面的成就。

"在制作拼贴明信片的时候，我觉得自己是一个'艺术家'。"辛波斯卡向我们解释道，"这并不是一件容易的事。有一次，作为回信，亚当·瓦热克给我寄来了他自己做的明信片。但他做的那张明信片皱皱巴巴的，鼓包了，贴纸还掉了。"

博古斯瓦娃·拉塔维茨还记得，辛波斯卡做拼贴明信片用的是当时在经济互助委员会能买到的最好的胶水：苏联管状胶水。可惜因为太容易变干，这种胶水不能囤货。

"辛波斯卡的拼贴明信片像诗歌，像一首首小诗。"在国家出版社和《读者》杂志担任了多年编辑的伊莲娜·什曼斯卡告诉我们，"当她想给朋友寄明信片时，会在旧物库中找些东西出来做拼贴画。为了可以有剪贴的素材，她会收集旧的杂志年鉴、世纪末的时尚杂志和名录。出于做拼贴画的需要而不惜毁坏一些收藏品，对此她并不后悔，这一点非常可爱。"

什曼斯卡的丈夫雷沙德·马图舍夫斯基出版了一本小册子——《来自维斯瓦娃·辛波斯卡的那些象征着友谊和玩笑的礼物》，里面都是辛波斯卡寄给他们夫妇的拼贴明信片。

辛波斯卡告诉我们，她会因为剪掉旧杂志而感到内疚，想着自己是不是毁坏了世上仅存的一本。她从《选举报》的头条新闻中剪下了很多内容，每隔几个月，她就会做一些拼贴明信片，一次几十张（"我就不用描述当时我的房子有多乱了"），然后把这些明信片寄给那些和她的幽默感相匹配的人。

"这些明信片是懒惰和审查制度的产物。在20世纪60年代后期，我开始寄拼贴明信片。那时候，人与人之间的通信开始减少，因为包裹都会被拆开审查，所以大家写的内容都尽可能简短，特别是那些可能会被送到警局去的信息。只要能收到信件，收信人就很开心了。"

辛波斯卡的朋友们也被她的这一爱好所吸引，除了给她寄送各种稀奇古怪的东西、小饰品和明信片，他们还给她提供来自世界各地的拼贴材料。当宛达·克罗敏科娃开始从瑞典给她带合适的纸板后，辛波斯卡就无须再用小刀裁纸板了。

杰莫维特·费德茨基记得，他有一次从布拉格带回了一种带着香味的小卡片，那些小卡片是第一次世界大战以前的物品，它们被剪出了蕾丝花边，装在小信封里。"六十年后，这些小卡片仍有香味！虽然用的香水确实很劣质，因为那就是普通平民——比如消防员寄给女仆的那种小便签。"

有一次，费德茨基收到了一位诗人朋友寄来的明信片，卡片是在伏罗茨瓦夫的一家古董店买的，上面印有希特勒位于贝希特斯加登的居所"鹰巢"。卡片上显示了鹰巢房间墙上的涂鸦、金丝雀鸟笼以及放着垫子的椅子，屋内的布置是体面的德国小资产阶级式的。他把这张最喜欢的明信片送给了辛波斯卡。辛波斯卡也回寄给他一张拼贴明信片，并附上了自己的感谢语。她还说："我总是为那些可怜而没有自由的椅子感到难过，它们必须为每一个坐在上面的屁股服务。"[16]

诗人耶日·菲措夫斯基告诉我们，他也经常收藏各种奇珍异宝，包括老旧明信片。他用这些东西同辛波斯卡保持联系。他曾给辛波斯卡寄送"来自科洛梅亚的问候"。"那是一张超现实主义的明信片，上面是科洛梅亚的鸟瞰图，"他讲道，"一栋栋小房子像长方形，城市上方翱翔着一艘齐柏林飞艇，锚上还挂着个人。"

辛波斯卡在得知自己获得了诺贝尔文学奖后十分吃惊，之后便一直很忙碌。由于缺乏闲暇时间，她也曾短暂放弃过制作拼贴明信片，但很快又重拾了这项爱好。

安杰伊·瓦伊达告诉我们，他特别喜欢辛波斯卡为文学出版社出版的《特里斯坦和伊索尔德的历史》所撰写的后记。辛波斯卡在后记中写道，爱情中的特里斯坦和伊索尔德是平等的，谁也不比谁强势。他们仿佛喝下了"精心计量过的等量的"神奇药水，希望对方拥有和自己一样的力量。而后来的文学作品都是围绕着"不稳定的、短暂的、不均衡的甚至是单相思的爱情"展开的。读完这篇后记，瓦伊达给辛波斯卡写了一封信，说他正考虑拍一部电影——一部始于 1939 年、终于 1945 年的《乱世佳人》式的史诗电影，现在只缺将所有元素串在一起的爱情故事。也许特里斯坦和伊索尔德的故事就挺适合的？

"我请教了她的意见，因为她本人曾见证一个时代的退场，又有着诗人对文学的敏感，拥有可以让一切重获新生的想象力。我收到的回信好像写在一张年代久远的污水处理公司的表格上，"安杰伊·瓦伊达跟我们说，他似乎并没有完全被辛波斯卡的拼贴明信片迷倒，"上面有一些管道，背面还有一个解释这张表格由来的故事。然后她说，见面的时候，我们可以好好谈谈。"

耶日·皮尔赫对这位诺贝尔文学奖得主作品中不严肃的一面也提不起兴趣。"请不要觉得她是一位杰出的拼贴艺术家或打油诗作家。她喜欢奇怪的东西，所以大家都会把这些奇怪的破烂儿拿到她家，或许她已经受够了呢？她喜欢拼贴，所以每个人都给她寄旧杂志，或许她也感到厌倦呢？对于大家出于好心而带给她的这些东西，我不确定她是否真的感到开心。"

不过，辛波斯卡本人总是倍加感激地收下这些拼贴材料。每个跨年夜，她都要制作几十张拼贴明信片。最受欢迎的样式由一长串古怪的人物组成（其中不只有人，也可能有动物），这种样式的拼贴明信片她每年都要做上几张。

拼贴明信片的尺寸要比正常尺寸的明信片大很多，在卡塔日娜·科伦达-扎勒斯卡的纪录片中，鲁希涅克就代表辛波斯卡将一张这样的明信片送给了伍迪·艾伦。受赠人回答道，对他来说，这是比奥斯卡小金人更具价值的奖杯。

对辛波斯卡的朋友们来说，2012年是近半个世纪以来第一个没有收到拼贴明信片和新年祝福的一年。

辛波斯卡的朋友都是一辈子的朋友。她会认真经营和老友的友情，特别是在她获得诺贝尔文学奖之后，她努力不让以前的老友感到被忽视。

友情对她来说意味着什么？要想搞明白这个问题，我们首先要品读她的文字。在《非指定阅读》中评论瓦乌日涅茨·茹瓦夫斯基的书《来自岩壁的信号》时，辛波斯卡坦言，她并不会因为有人喜欢登山和攀岩而感到惊讶。为什么？"为了很好地了解一个人，我们有两种方法，但都不是很健康：一是和他们吃一桶盐，二是和他们在一个单位上班。同样，在死亡的高峰上穿梭、被绑在同一根绳子上的登山者们，只要数个小时，就能熟知对方的一切。"[17]

芭芭拉·查钦斯卡谈到了辛波斯卡异于常人的忠诚："大多数人会出于私利而接受别人，过后便断绝了关系。这样的人交友就像在翻书，发现另一页没有自己需要的东西了就迅速翻过。辛波斯卡的朋友都是一辈子的朋友。这是一种友情，也是一种理性的选择。"[18]

"我是在1947年认识辛波斯卡的，"查钦斯卡说，"我们都非常欣赏对方，但我们的联系很快就中断了，因为我很怕克鲁普尼察路文学公寓楼里的那些人。1956年，我在街上遇到了辛波斯卡。我们有着不同的经历。我知道的情况更多一些：我的一些亲戚被投入监狱，父亲在英国；

而她那时相信共产主义，尽管如此，后来的事实也让她感到震惊。当我们看到对方时，立即就交谈了起来，就像是接上了多年前的谈话。"

出于对友情的忠诚，辛波斯卡在十月解冻时期写了一篇文章，为1953年关闭的狂想曲剧院辩护，[19]她的同窗达努塔·米哈沃夫斯卡曾在该剧院演出。还是出于对友情的忠诚，1980年，当时任老剧院院长的扬·帕维乌·贾乌力克因加入团结工会而被解雇时，正如贾乌力克所说，辛波斯卡给《政治》杂志写了一封辩护信。

"最重要的是我珍视友情，"辛波斯卡这样说道，"这是最强烈且最美丽的感情之一。当然，有人会说：好吧，但爱情呢？是的，爱情很重要，但友情拥有其他特点。它或许不那么容易受到时间变化的影响。爱情所带来的伤害也许反而增加了它的魅力，但友情会给人以更大的安全感。"[20]

除了朋友，辛波斯卡认为，另一个必须出现在真实传记中的主题是"梦境"。

"那些美好而幸福的梦境我记得很清晰。有时，我会笑着醒来。"

辛波斯卡在寄给艾娃·利普斯卡的一张明信片上写着"关照积极的梦境"，利普斯卡称其为"人生指南"。她随后又补充了一些简单的建议："留意和你交谈的人，注意你的想法，穿着适度，只饲养警犬，牢记公共利益。"[21]

"我也做过美妙而富有戏剧性的梦，但我不会说出来。"辛波斯卡接着说，"我也做过说了很多话的梦，醒来后我能记住某些句子。显然，这种情况发生得并不多。有时一觉醒来，我会想起梦中一句让我眼花缭乱的句子，那句子还挺傻的。我想起一个这样的梦——四周被雾气笼罩着，两个老妇人坐在长椅上，其中一个对另一个说：'你想象一下，在和谐生活了三百年后，他为了某个七十岁的女人离开了她。'总之，我在关于荣格的专栏中写下了我对梦境的看法。"

我们在专栏里读到，在辛波斯卡看来，转述的困难是解读梦境需要面临的基本问题。如果连最好的翻译家都觉得将一种语言翻译成另一种语言是困难的，那就更不用说清晰地转述一个梦境了。"想象一下现在有三个人，一个中国人、一个阿拉伯人和一个巴布亚人，他们在晚上做了同一个梦，但他们醒来后对梦境的描述肯定是截然不同的。"[22]

从第一部诗集到最后一部，辛波斯卡写到过很多关于梦的诗，却没有对梦境进行过解读：

梦中
我像约翰内斯·维米尔一样画画。
我会说流利的希腊语，
不只同生者聊天。

我开着，
听话的车。

我很有能力，
写出了长篇史诗。
……
我不抱怨：
我成功地发现了亚特兰蒂斯。

我很高兴在我死之前
总能醒来。

战争一爆发
我就会翻个身更舒服地睡去。

——《梦之赞》，出自《可能》(1972)

辛波斯卡曾多次说过，自己很喜欢维米尔的作品。"语言不足以描述维米尔的画作。"尽管如此，她还是执着于描述《古键琴旁的女人》。她想为这幅画辩护，因为有人批评它是画家"灵感缺失"的表现，画面散发着"僵硬、冷漠和干巴巴的算计感"。"我一点儿也不认同这种评论。我看见的是光线洒落在不同材料上的奇迹：人的皮肤上、长袍的丝缎上、椅子的软垫上、粉刷过的墙壁上——维米尔能不停地创造奇迹，且异彩纷呈。……女人把手放在古键琴上，装作要少给我们弹一个和弦转折的样子。这是在开玩笑，也是为我们提个醒。她将头转向我们，在并不勾人的脸上露出了可爱的浅笑，透出一丝心机和与生俱来的放纵。画中这个三百岁的人就这样看着我们，也看着批评家。"[23]

米哈乌·鲁希涅克知道自己的老板钟情于维米尔的作品，便从荷兰为她寄来了维米尔的展览图录。

我们给辛波斯卡寄去了劳伦斯·魏施勒在《纽约时报》上发表的一篇文章。文章里提到，辛波斯卡有一首诗中的女主角不是别人，正是维米尔画中的花边女工：

> 也许我们是一代实验品？
>
> 从一个容器倒入另一个容器，
>
> 被摇晃于曲颈瓶，
>
> 不仅被眼睛观察，
>
> 还分别
>
> 被镊子尖夹取？
>
> ……
>
> 也许正相反：
>
> 他们只是喜欢剧集？
>
> 大屏幕上有个小女孩

给自己的袖子缝了一个纽扣。

传感器在鸣哨,

工作人员汇聚一堂。

啊,什么生物

里面有颗跳动的心脏!

多么令人着迷的专注

在穿针引线的过程中!

有人欣喜若狂地喊道:

通知领导,

让他自己过来看看!

——《也许这一切》,出自《结束与开始》(1993)

虽然辛波斯卡很喜欢这篇文章,但她否认诗中的女主角来自维米尔的画作。

后来的批评家们依旧执着于探寻辛波斯卡的诗作和维米尔画作之间的联系。安杰伊·奥森卡认为,辛波斯卡的诗《清晨醒来的时刻》充满了维米尔精神,因为"光线在物体表面的排列方式"颇为相似,而且他们都把"最常见的事物描绘得出神入化"。[24] 辛波斯卡诗作中的梦境时而愉悦,时而被无法醒来的黑暗现实所吞噬:

我还在睡觉,

事实同时接踵而来。

窗户变白,

黑暗变灰,

房间被昏暗的空间所释放,

摇摇欲坠的惨白光线在其中寻求支持。

一个接一个，不慌不忙，
因为这是一个仪式，
天花板和墙壁的平面在变亮，
形状在分离，
……
物体之间的距离慢慢显现，
第一束光在啾鸣，
在玻璃杯上，在门把手上。
它不仅看起来像，而且就是
昨天被推至一旁，
掉在地上，
困在相框里的东西。
只是还有细节
没有进入视野。

——《清晨醒来的时刻》，出自《瞬间》(2002)

辛波斯卡的每一部诗集都不乏关于梦境的诗。有时是关于梦境理论的诗意论述，有时则是对具体梦境的描述：

现实不会逃跑
像梦那样。
……
梦里还活着
不久前逝去的人，
他甚至身体健康
并重获青春。
现实在我们面前

放下他的尸体。

现实毫不退让。

——《现实》,出自《结束与开始》(1993)

很难说这些作品是如何写成的:辛波斯卡真的做了这些梦吗?还是说,这些都是她想象出来的诗意形象?

我从梦中醒来,
因为听见了电话声。

梦里我肯定
打电话的是一名死者。

梦里我的手
伸向听筒。

只有这个听筒
不像以前那样,
它变得沉重,
就好像在紧紧巴着什么,
好像已经成长为某种东西,
里面裹了石头的东西。
我必须把它扯掉
连带整个地球。

——《听筒》,出自《瞬间》(2002)

"这首诗中没有任何想象,"辛波斯卡告诉我们,"那是真实的梦,我也确实知道打电话的是谁。"

在辛波斯卡生前出版的最后两部诗集中,依然出现了关于梦境的诗:

想象一下我梦见了什么。
表面上看,一切都和这里一样。
……
然而,他们说的不是地球上的语言。

句子没有假设句。
名字紧密联系着事物。
不用添加、表述、更改和转换。
……
世界清晰了,
即使在深深的黑暗中。

——《诗人的噩梦》,出自《冒号》(2005)

而我们不用羽毛也能飞,
马戏团的魔术师、魔法师、
奇迹创造者和催眠师根本做不到,
在黑色的隧道里我们的眼睛在发光,
我们用未知的语言热情地交谈,
不是随便同谁,而是同死者。

——《梦》,出自《这里》(2007)

是的,在梦中,事实一文不值,所以梦境是一种福祉。辛波斯卡并没有告诉我们,她是否真的有与死者交谈的体验。在一次关于菲利波维奇作品的会议上,辛波斯卡讲道:"随着时间的推移,梦境在他的故事中占据了越来越多的篇幅。因为科尔内尔认为，梦境是我们内心深处的另一种生活。从前只有现实生活。"[25]

左起：艾娃·利普斯卡、维斯瓦娃·辛波斯卡、科尔内尔·菲利波维奇和亚当·沃德克。"20世纪70年代，我们创立了一个名叫'BIPROSTAL'的团体，"芭芭拉·查钦斯卡告诉我们，"成员只能是那些住在BIPROSTAL大楼附近的人。沃德克不住在那附近，他只是靠关系才出现在这张照片上的。后来有人搬走了，有人离开了，这个团体就没有留下任何痕迹。"而辛波斯卡说："有一段时间，我们的团体引起了安全局的注意。"

第 16 章　地下诗歌

辛波斯卡并未加入团结工会。

"我没有集体感,"她向我们解释道,"所有人都不会在集体中见到我的身影。也许是因为我曾经吃过教训,导致后来的我不愿归属于任何地方。我只有同情心。归属感对作家来说是一种障碍,作家应该有自己的信仰,并遵循这些信仰而活。"

"我害怕人群,我觉得在这一点上我和辛波斯卡是一样的。"艾娃·利普斯卡说道,"一个曾在过去加入某个集体却失败了的人,会变得麻木而谨慎,害怕随波逐流。在其他人全力支持团结工会的情况下,辛波斯卡只是站在一旁,充当观众。"

在团结工会依然合法的时期,辛波斯卡的名字仍能出现在《文学生活》上,但她与刊物的关系越来越淡。1981年,她的专栏"非必要阅读"只刊登过四次。

克拉科夫的作家们多年来一直在努力争取自己独立于官方的文学杂志,但这个愿望直到八月罢工①和独立工会成立后的解冻时期才得以实现。辛波斯卡和当时创立的《写作》月刊有着特别密切的联系,这可能是菲利波维奇在那里担任副主编的缘故,而且她的朋友艾娃·利普斯卡、玛尔塔·维卡、耶日·科维亚特科夫斯基和塔戴乌什·尼切克都在那里

---

① 波兰在1980年夏天的一次因食物价格上涨而引发的罢工行动。——译者注

工作。

辛波斯卡不仅把诗作放在《写作》上发表，还同意在杂志的最后一页开设自己的专栏。专栏名"被抛弃的文本"向我们暗示，这个专栏所关注的不一定是实事或最重要的问题。每篇专栏文章都会附上一个"编者按"（有时是辛波斯卡自己写的），来解释这些内容为什么会出现在这样一个不起眼的地方。

1981年5月，杂志的第一期主要介绍了切斯瓦夫·米沃什。在诺贝尔文学奖的加持和团结工会的努力下，时隔多年，米沃什的名字终于重新出现在了波兰杂志上。

在专栏中，辛波斯卡写下导语，解释为何这个专栏会排在杂志的最后一页："我们认为，在如此庄严的时刻，这篇文章缺乏其应有的严肃性。"然后她继续写道，"亲爱的读者，这是《写作》的第一期。不得不说，这个名字取得很差劲儿。但幸运的是它出现在第一期——作为第一期，它不会比上一期差，因为没有可比较的对象。"

"经过三十年的殷切期盼和九年的不懈努力"，《写作》终于创刊了，它并不是"清算某本杂志的结果，也不是由两本知名杂志合并而成，即双重清算的结果"——辛波斯卡在此指的是波兰人民共和国时期的常见情况——这是一本全新的杂志，因为"它的摇篮并非改造自别人的棺材"。[1]这里的最后一句话出自总编辑扬·彼什查霍维奇之口，后来成了团队的座右铭。

在《写作》的第二期，辛波斯卡在自己的专栏上发表了一篇文章。正如"编者按"中所说的那样——"它散发着悲观主义的气息，就像被夸大的编辑品位"：

> 我对加尔·无名氏几乎一无所知，但可以肯定的是，他没有在队列中。卡德乌贝克、德乌戈什、雷伊和科哈诺夫斯基也没有在队列中。莫德热夫斯基·弗雷赤、沙仁斯基·森普、克罗诺维奇、什莫诺

维茨、科洛梅尔和斯卡尔加也是如此。无法推断莫尔什廷兄弟、科霍夫斯基、特瓦洛夫斯基和波托茨基是否身处其中。帕塞克的记忆力很好，如果他没有提起这件事，就意味着他没有机会加入其中。[2]

上述这一长串名字出现在辛波斯卡唯一一篇公开评论波兰人民共和国时期全民运动（排队买物资）的文章中，如果不算上收录于《非必要阅读》里的送给伊莲娜·什曼斯卡和雷沙德·马图舍夫斯基的私人献词的话——"我把这本可怜的小书寄给你们，尽管我知道你们更需要的是灯泡、火柴、火腿、保暖内衣、美极鲜味露、柠檬和黄奶酪。"

辛波斯卡对"队列文学"[①]时期的作品质量深感担忧，因为"很少有人能在排队时沉思"，而且"在队伍中站着也不代表你能做别的事"：

> 一个人可以站在窗口沉思，可以站在花园的树下或森林里沉思，也可以站在一望无际而清澈的水边沉思，但绝不会站在队伍里沉思。在排队时，头脑必须保持敏锐，以便随机应变，同时也要有原始渔猎部落成员必备的警觉。思维需集中在具体问题上：商品是否充足，那位女士是否应该站在我们前面，我们是否还有时间排邮局和药店的队。更糟糕的是，回到家后，因为排队而浪费的时间是无法弥补的。跟随我们一起回来的，是某种哀伤而低落的情绪，是成功领到一点生活物资的悲伤的凯旋。[3]

与此同时，队伍越排越长，政府和团结工会之间的冲突也在加剧。1981年12月初，《文学生活》的主编伏瓦迪斯瓦夫·马赫耶克谴责了"工人保护委员会借亚采克·库隆之口引发的反革命"和"团结工会内部的

[①] "队列文学"于20世纪70年代末出现在波兰语词典中，在绘画中，用排队的场景来表达人类存在的意义，被动排队等候可以解读为对绝对命运的隐喻。队列作为人类命运的隐喻也被运用到了文学与文化中。——译者注

'法西斯特质'"。12月13日出刊的杂志上刊登了一封由十一名员工和与周刊有合作关系的作家共同执笔的来信，他们在信中表示要与主编脱离关系，因为主编试图通过文章"挑起社会内部自相残杀的仇恨"。但在这十一个名字中，只有两个名字自此从杂志上消失了，即维斯瓦娃·辛波斯卡和耶日·苏勒迪科夫斯基。就这样，在宣布进入战时状态时期前夕，辛波斯卡与《文学生活》三十年的合作关系彻底结束了。

1981年12月13日清晨，克拉科夫的街道看起来不同寻常，一群群人聚集在人行道上，但辛波斯卡并没有注意到这些，她没有停下脚步，反倒走得很快，因为她感到了不安。"因为爱，"她告诉我们，"为爱人感到不安。"多年来，她和菲利波维奇每天早上都会打电话互道早安，但那天电话没有响。从辛波斯卡所住的斯蒂奇尼亚路（今王室路）到菲利波维奇所住的吉尔仁斯基大街（今尤利乌什·莱阿大街）约有一百米，菲利波维奇住在那条街上一间大而杂乱的公寓里，小猫咪琪霞躺在桌子上的报纸堆中。"你的收音机也坏了吗？"她问道。"可能吧。"他回答。随后他们打开了收音机，听到："国家委员会……于今日凌晨宣布全国进入战时状态……"

在1982年2月的纪念照中，《写作》的团队成员站在墙边，高举双手。直到一年半后，《写作》才被允许继续出刊。辛波斯卡加入《写作》团队后，名字列入了编辑栏中。她还将自己的专栏"非指定阅读"迁移至此。

好景不长，出版了几期之后，政府要求扬·彼什查霍维奇裁掉几名编辑。彼什查霍维奇拒绝了这一要求——他后来被免职了。团队随后罢工，《写作》迎来了新主编，迅速扼杀了反叛的苗头。这次，《写作》真的是从棺材改造而来的了。

进入战时状态后，辛波斯卡便不再在官方报刊上发表作品，她只在1982年的杂志内容中，以法国巴洛克诗人泰奥多尔·阿格里帕·多比涅的译者身份出现过。

"耶日·利索夫斯基是我的朋友，他来克拉科夫找过我。"她告诉我

《写作》团队成员合影。左起：副总编耶日·科维亚特科夫斯基、支持者扬·尤瑟夫·什切潘斯基和维斯瓦娃·辛波斯卡、副总编科尔内尔·菲利波维奇、总编扬·彼什查霍维奇和玛尔塔·维卡、秘书塔戴乌什·尼切克、美编布罗尼斯瓦夫·库杰尔和尤利安·科恩豪斯。在另一个版本的照片中，团队成员们背对相机，举起双手（1982年2月摄于克拉科夫）。

们，"他希望我给《创作》投稿。起初我拒绝了，但后来我思索了一下，我可以把泰奥多尔·阿格里帕·多比涅的诗歌《悲剧》的节选投给他们，那一段写的是'圣巴托洛缪之夜'。当然，1981年12月13日的夜晚不能与那场大屠杀相比，但这两件事都发生得出乎意料，都是对熟睡且毫无防备的人们发起的突然袭击。我得问他能否保证这个片段不会被毙掉。"

利索夫斯基告诉我们，审查员对此没有意见。就这样，在战时状态期间，《创作》月刊就刊登了这样一首诗：

突然出人意料地，在寂静的夜里，
当城市沉醉在喘息的深梦中
——就好像地狱在他身下一分为二

> 吐出熊熊烈火和在其中煎熬的罪人!
> ……
> 没有敌人的战争;身上都没有盔甲,
> 只赤身裸体或者穿着白色宽长裙站在剑前。
> 他不拿铁器打仗,而是用微弱的声音,
> 还挺胸迎接重击。

"如果说要刊登我自己的诗,我暂且什么都不能保证(尽管我很愿意)。"她在给《创作》的编辑杰莫维特·费德茨基的信中写道,并请他给自己邮寄了刊登泰奥多尔·阿格里帕·多比涅诗作的那期刊物,因为在克拉科夫买不到,"但我还在搬家和装修,各种木匠、钳工、电工都在消磨我的创作激情。"[4]

1983年,辛波斯卡将《悲剧》的另一段节选寄给了乌尔舒拉·科齐奥乌——《奥得河》的编辑。1969年,他们在布鲁日参观了两个小型博物馆。"我们被其中一幅画吸引住了,"科齐奥乌说,"从远处看,那幅画就像伦勃朗的《杜普教授的解剖课》。靠近一看才发现,原来是15、16世纪之交弗兰德斯画家杰拉德·大卫的作品。在这幅画中,一个被钉在台面上的人被活剥,在场的人包括当地的财阀、红衣主教和其他达官显贵,他们身着长袍,头戴四角帽,傲慢地看着异教徒遭受折磨。我记得辛波斯卡发表过自己翻译的泰奥多尔·阿格里帕·多比涅的作品。泰奥多尔·阿格里帕·多比涅来自信奉新教的家庭,是当时丑恶的宗教斗争的疯狂揭露者。"乌尔舒拉·科齐奥乌请求辛波斯卡将泰奥多尔·阿格里帕·多比涅的新译作投到《奥得河》,这次她没有拒绝。但她拖了十四年。[5]

乌尔舒拉·科齐奥乌回忆起当时波兰文学圈的一个优良传统:他们一般不住酒店,因为作家朋友们都特别热情好客。来克拉科夫的时候,她会住在辛波斯卡位于霍奇姆斯卡大街的家里。

1982年秋，辛波斯卡搬去了那里。那是一座盖莱克式的公寓楼，她住在四层，没有电梯，每套公寓由两个房间和一个厨房组成。大房间里有一张沙发、一台电视机、一张玻璃台面的桌子、一面电视柜墙，还有一张长椅和艺术家斯泰凡·帕普为她制作的不能久坐的椅子。这里离菲利波维奇住的地方和之前一样近。

"我在战时状态时期非常沮丧，多亏辛波斯卡和菲利波维奇的陪伴，我才没有崩溃。"莱赫·修达说，他是他们度假时认识的朋友，住在波兹南附近，"我曾经跟女儿玛丽亚一起去克拉科夫拜访他们。他们的幽默能给人特别的鼓励，以至于都不再担心波兰的下一次分裂了。"

1983年，波兰作家协会被强制解散，在此基础上成立了同名的新的作家协会。针对这种暴力行径，反对派作家们以不加入新的组织来表明自己的态度，他们已经不在意自己被排除在文学界的编制之外了。

新成立的波兰作家协会在解散了旧的组织后，立即接管了扎科帕内阿斯托里亚的文学创作之家。因此，直到1989年，辛波斯卡和菲利波维奇都在抵制阿斯托里亚的这家旅馆——与写作界的其他反对派一样。当他们去扎科帕内时，就住在属于波兰创作者协会的哈拉玛民宿。

菲利波维奇是一个桥牌爱好者，而且总会赌钱。

"我也打牌，而且从不认同用豆子或者火柴当赌注，而是寻求真正的刺激。"辛波斯卡告诉我们，"但我从来没有掌握过桥牌的技巧，桥牌太依赖其他人了。"

在哈拉玛，他们玩的主要是另一种复杂的纸牌游戏，叫作"尾巴"。当《电视日报》的晚间新闻开播时，他们就会起身去另一个房间，开始玩牌。瓦茨瓦夫·特瓦尔基克任职于波兰科学院克拉科夫古波兰语研究室，他对这种常年不变的习惯记忆犹新，辛波斯卡有一天晚上甚至邀请他加入。他把这种传统带去了古波兰语言中心，于是那里的一些员工也开始整夜地玩"尾巴"。

塔戴乌什·赫沙诺夫斯基认为，正是那个爱玩"纸牌游戏"的菲利波维奇发明了"'尾巴'这个世界上最愚蠢的游戏"。艾娃·利普斯卡记得，他们会在跨年夜玩"尾巴"，菲利波维奇常常是赢家。有一次，他们在利普斯卡家玩"尾巴"的时候，电话响了。辛波斯卡接了电话说："主人没在家，只有我和司机两个人。"

"尾巴"是一种三至七人玩的纸牌游戏，是拉米牌的一种，需要两副带大小王的牌。游戏目的是积累尽可能多的分数，直到有人拿到500分为止。

"我们所有的游戏，无论是社交游戏还是写打油诗，"艾娃·利普斯卡说，"都是一种面对周遭现实的自我防卫形式，抵抗日常生活的荒谬、审查制度，以及《电视日报》的无聊和卑劣。我们才不是那种愚蠢到只会享乐的人。"

每周一次，可能是在周三，那些没有加入新成立的波兰作家协会的人会涌入新作协所在的卡诺尼察街。耶日·苏勒迪科夫斯基回忆说，他们就坐在桌子旁，以此吸引新作协成员的注意，也是故意惹那些人生气。同时，他们也通过这样的会面继续开展原先具有社交性质的组织活动。这种准地下活动的核心人物之一就是科尔内尔·菲利波维奇（还有辛波斯卡）。菲利波维奇参与了许多形式的地下活动，比如奖助金委员会的活动，将从笔会或巴黎《文化》杂志的耶日·盖德罗伊茨那里搞到的钱分给大家。他还参与了《小波兰月刊》的出版工作，试图启动地下诗集的出版活动。

伏沃基米日·马琼格回忆说："菲利波维奇自然而然地聚集起了几乎所有公开反叛政府的作家。作家向来倾向以自我为中心，菲利波维奇是如何在这样一群人中成了权威，这实在是一件令人费解的事情……菲利波维奇以他惯有的与事情保持距离的态度接受了这些非正式的荣誉。他没有领导者的倾向，这可能就是我们那时如此信任他的原因。有一半甚至更多的地下活动是在菲利波维奇住的地方进行的。……'菲利波维奇是这样认为的'，或者'菲利波维奇如此建议'——这决定了许多事情。

真的，我活了这么多年，从来没有遇到过能获得如此多尊重的人——必须说的是，他最后还赢得了身旁同事的爱，而他甚至没有做出过任何明显的努力。"[6]

布罗尼斯瓦夫·马伊说："我们想知道我们在这里能做什么。我们的老同事——辛波斯卡、菲利波维奇、耶日·科维亚特科夫斯基、伏沃基米日·马琼格提议说，在德国占领期间，人们曾用口语杂志的形式进行反抗活动。于是《响亮》这份杂志就这样诞生了。我们的忘年交就始于那时。菲利波维奇是我们的'教父'柯里昂。如果年轻人有疑虑或者担心，就会去找他。为了防止别人偷听，他会用枕头盖住电话，然后认真听我们讲。"

1983年12月14日，在克拉科夫的天主教知识分子俱乐部总部，辛波斯卡秘密赞扬了这次地下活动，《响亮》的第一期诞生了：

> 没有比思考更糟糕的放纵。
> 这种放纵像随风繁衍的杂草一样蔓延
> 在雏菊花丛下的田垄上。
> ……
> 令人恐惧，以什么样的姿势，
> 带着如此放荡的直白，
> 思想设法使思想受孕！
> 连欲经都不知道这样的姿势。
>
> 幽会的时间里湿润的只有蒸煮的茶。
> 人们坐在椅子上，动着嘴唇。
> ……
> 只是偶尔有人会起身
> 靠近窗户，

透过窗帘的缝隙

窥视街道。

——《对色情文学的看法》，出自《桥上的人们》(1986)

这份口语杂志的聚会一共举行了二十五期。组织者们说，辛波斯卡只要在克拉科夫，就总会到这里来。有时她会读一首诗，但大多数时候只是安静地坐在大厅里。通常，会议在锡耶纳街的天主教知识分子俱乐部的画像室举行。有一次聚会，刚刚出狱的亚当·米赫尼克来到现场。他吸引了很多人，于是聚会地址不得不改到了附近更大的多米尼加神父修道院。

文学评论家马利安·斯塔拉说："天主教知识分子俱乐部和《普世周刊》对辛波斯卡来说是新的、陌生的。"她本人参与了《普世周刊》的工作。"更重要的是，那时甚至可以在教堂组织的活动中碰到她。比如，她就在加尔默罗会修道院朗读过自己的诗歌。"

耶日·图洛维奇告诉我们："在战时状态期间，《普世周刊》成了民主反对派的组织机构，许多与天主教毫无瓜葛的人也会向其投稿。我绝不会称辛波斯卡为无神论者，更准确的说法或许是，她是不可知论者。"

1983年，辛波斯卡在《普世周刊》上发表了进入战时状态后她写的第一首诗：

> 我们的二十世纪理应比之前的世纪要好。
>
> 但已来不及证明，
>
> 它垂垂老矣，
>
> 步履蹒跚，
>
> 呼吸短促。
>
> ……
>
> 无助的人的无助，

信任以及种种

　　本应该得到尊重。

　　谁想享受这个世界

　　谁就会面临

　　不可能完成的任务。

　　　　　　——《世纪的没落》，出自《桥上的人们》（1986）

"我都没有注意到，2000年要来了。"辛波斯卡在1997年的时候告诉我们。"每个世纪的结束和开启方式都完全不同。19世纪随着第一次世界大战的爆发而结束。有些人认为，20世纪随着苏联的解体而结束，尽管我认为一切已发生的事都证明现在仍是共产主义时期，这个时期还会在下个世纪持续几十个年头。我觉得登月是20世纪最重要的事，现在又听说有克隆技术，但我还没时间思索这个问题。"

在谈到团结工会的地下活动时，她说："那时候的人总是忙东忙西的。这里有签名活动，那里有募捐活动，人们总是处于一种神经质的状态。我不是什么活动家，但我非常清楚地表明了自己的立场。"

耶日·图洛维奇的女儿马格达莲娜·斯莫钦斯卡告诉我们，她曾经把辛波斯卡的诗偷偷带到了巴黎。到了巴黎，她立即给耶日·盖德罗伊茨打电话，而盖德罗伊茨早就知道她要来，正在等她。他们见面的地点不是迈松拉斐特，而是巴黎的一家印刷厂，盖德罗伊茨大概立刻就把这首诗刊登出来了。

辛波斯卡在这首诗上署了化名斯坦赤库夫娜，她还把这首诗投给了克拉科夫的地下杂志《方舟》：

　　如果你说"是"，

　　出版商不敢

说"不",

如果你说"不",

你难道就没听说

纸张供应

印刷贩卖

纱线和燃料

劳动力和肉类生产

灯泡里根饲料和气候

都出现问题了吗?

——《辩证法与艺术》,出自《文化》(1985)

辛波斯卡没有把这首诗收入此后的任何一部诗集。在她看来,这首诗太政治化了。

"这是对人、对时代、对境况的致敬。"她告诉我们。

事实上,在她的诗歌中,很少能看见她提到战时状态时期发生的事情:

他仍然在信中吐露心声,

没想到信会在路上被打开。

他还写了一本详细而真诚的日记,

不担心在搜查中将它丢失。

——《伟人故居》,出自《桥上的人们》(1986)

辛波斯卡因《桥上的人们》获得了文化部的奖励,但她拒绝领奖。"《奥得河》每年给我的奖对我来说已经足够了。"[7]她在《普世周刊》中为自己的决定辩护道。然而,她与其他作家以及社会运动团体"橙色另类"的创办者瓦尔德玛尔·费德列少校一起接受了团结工会秘密颁发的文化奖。

乌尔舒拉·科齐奥乌告诉我们,当作家秘密会议要在蒂涅茨的本笃会修道院举行时,辛波斯卡反对出席:"不,不,我不会去蒂涅茨,那里对待妇女的态度很奇怪。"但塔戴乌什·赫沙诺夫斯基记得:"辛波斯卡不愿参加那次大会是因为她不信天主教。"

"我没去那里,是因为我得了流感。"辛波斯卡告诉我们,"我待在家里,担心着大家能否平安回来。我只去过一次蒂涅茨,是去参加汉娜·玛莱夫斯卡的葬礼。"

辛波斯卡从不热衷于参加公共活动和聚会,但她非常看重友谊中的忠诚和奉献。当前夫亚当·沃德克生病时,她会去照顾。她会去医院看望沃德克,在他回家后,还会给他带去些生活用品和煮好的汤。在婚姻存续期和后来的友谊期,沃德克都是辛波斯卡诗作的第一读者。

有一次,沃德克送给辛波斯卡一份精心装订的手稿,里面有她在1944—1948年写下的所有诗作,有的在杂志上发表过,也有未发表的,还有曾修订多次但始终未出版的诗集《缝制旗帜》。沃德克小心翼翼地把打字稿整理、装订好,每首诗都附有细致的"编者按",包含首次印刷、重印、标题变更、版本等信息。在目录下方有这样一条信息:"重订版为珍藏版,一式两份,作者和编辑各一份。"对研究辛波斯卡早期作品的人来说,这是一份非常宝贵的资料。

沃德克于1986年1月19日去世,辛波斯卡邀请人们到葬礼吊唁。她提议每个人都讲讲他们是在什么时间、什么情况下认识沃德克的。在这之后的二十五年里,每到沃德克的忌日,朋友们都会聚在辛波斯卡那里,一起回忆沃德克。

辛波斯卡清点了沃德克的藏书,并将这些书捐赠给了雅盖隆大学的图书馆。正是在她的提议下,《献给亚当的时刻:回忆、诗歌与译作》一书才得以出版。虽然在去世前的半个多世纪,辛波斯卡就与他离婚了,但她从未更改过自己的第二姓氏,保留了"维斯瓦娃·辛波斯卡·沃德克"这个名字。顺带一提，在获得诺贝尔文学奖后，她还常用沃德克这个姓氏来隐藏身份，比如去洗衣店和点比萨的时候，她就会用维斯瓦娃·沃德克这个名字。

亚当·沃德克是一位优秀的翻译家，但他的朋友们坚持认为，他也是一位被低估的优秀诗人。辛波斯卡亲自为《献给亚当的时刻：回忆、诗歌与译作》挑选诗作，并在书中温情地回忆沃德克。在她心中，沃德克热情好客，家中大门从不紧闭，永远认为别人的事比自己的事重要。辛波斯卡回忆道：

> 但当客人离去，大门关上，留下主人独自思考时，会发生什么？我知道他肯定不会有什么开心的念头，毕竟我很了解他。生活流逝得越来越快，而他仍没有写出最好的诗作。时光在他面前飞逝，就像消失在地平线上的光。没有哪个作家能摆脱这种痛苦，这是一种无法表达出心中最重要、最美好之物的痛苦感觉。人生在世可能就是这般无奈，因为事实上，最好的诗作已经在我们身后了。[8]

科尔内尔·菲利波维奇也十分关心有志于从事文学事业的年轻人。他一生中的大部分时间都在克拉科夫度过。在那里，他十分有名，受人尊敬，也被视作年轻作家的权威。

"他是我的导师、朋友和引导者，"比他年轻两代的耶日·皮尔赫回忆道，"当我还是一个三十出头的小辈时，会把文字初稿拿给他评估——只拿给他看。'带了什么东西来吗？'他点燃一支香烟，问道。'一部短篇小说。''有多少页？''十二页。'菲利波维奇皱起了眉头，本就明亮的眼睛变得更亮了些；他深深地吸了口气，说道：'不错的长度。'……一位高大、消瘦、年迈、纯粹的小说家就应该是这样的。"[9]透过眼镜，菲利波维奇向世界发出了聪明、睿智，有时甚至有些毒辣的讽刺目光。

1989年1月的圆桌会议之前，反对派作家们成立了一个新的作家组织,以替代受政府控制的波兰作家协会。菲利波维奇、辛波斯卡与其他作家共同创立了"波兰作家联盟"。该组织正式成立之前,新成员招待会于克拉科夫举办。特蕾莎·瓦拉斯和布罗尼斯瓦夫·马伊告诉我们,具体的地点是辛波斯卡的住处。

"新成员招待会是怎样的?就像其他宴会一样,没有任何铺张,摆的是科内洛乌卡牌的伏特加酒。就在某个时刻,扬·尤瑟夫·什切潘斯基,那个一副老年高山印第安人长相的男人宣布:'你们成为联盟的成员了。'"

当菲利波维奇被选为波兰作家联盟克拉科夫分会的主席时,他和塔戴乌什·赫沙诺夫斯基发起了位于卡诺尼察街作联总部的装修工作。他跑到跳蚤市场和家具店,买了一些年代久远但价格低廉的家具。

耶日·皮尔赫记得,1989年,菲利波维奇的公寓里有了一台他总在看的小型黑白电视机,就放在接待客人的书房里:"对于波兰发生的一切,菲利波维奇都特别关注,他的积极似乎和他的怀疑一样多。20世纪60年代,他曾收到过一瓶干邑白兰地,他说要等波兰重新独立后再打开它。之后,这瓶酒就在某个角落里放着,一直没动过。"[10]

"菲利波维奇总觉得自己是社会主义者,但他从来没有加入过共产党。"辛波斯卡告诉我们,"当他病重到时日无多的时候,扬·尤瑟夫·利普斯基来找他,给了他一张波兰社会党的党员证,上面的编号是一个个位数。这是他最后的快乐。"

艾娃·利普斯卡告诉我们,1989年的跨年夜,科尔内尔·菲利波维奇和辛波斯卡一起来看她,他们一起玩了拼字游戏。

"菲利波维奇那时看起来和往常一样,很健康。他的病来得很急,1990年2月28日便去世了。"

在菲利波维奇死后,辛波斯卡再也没有玩过"尾巴"。她写了一首诗——《无人公寓里的猫》,但她从未在"作家之夜"上读过这首诗。她还写了几首告别诗。那只猫就像她本人的性格一样——谨慎、克制,并夹杂着绝望。

  我不得不承认
  ——就好像承认你还活着——
  某个湖的岸边
  依然美丽如初。

  我没有怨恨,
  对眼前的景象
  闪着耀眼阳光的海湾。

  我甚至可以想象,
  某两个不是我们的人
  此刻正坐在
  倒下的桦树树干上。
  ……
  只有一件事我不同意。
  不同意自己回到那里。
  存在的特权——
  我放弃了它。

  我比你活得久,
  但那多出的时间也仅仅
  只够站在远处思考。
    ——《告别风景》,出自《结束与开始》(1993)

把这些悲伤的挽歌整理成卷时,辛波斯卡向博古斯瓦娃·拉塔维茨

坦白，自己觉得这些诗太悲伤了，她不喜欢阴郁，所以为了平衡，她正在努力写积极向上的诗。[11]可能她最后并没有成功，但显然已经很努力地去改变了：

> 这个可怕的世界并非没有魅力，
>
> 并非没有值得
>
> 为它而醒来的清晨。
>
> ——《现实在要求》，出自《结束与开始》（1993）

"一个了不起的人，一位杰出的作家。"多年前，辛波斯卡在德国电视台拍摄的纪录片中这样评价菲利波维奇，"我们在一起二十三年，但我们没有住在一起，也没有互相打扰。一个人在机器上打字，另一个人也在打字——这真的很好笑。我们是并肩驰骋的马匹。有时三天都不会见面。"[12]

以前，霍奇姆斯卡大街上有一棵繁盛的榆树，就在辛波斯卡住处的窗外。据乌尔舒拉·科齐奥乌说，这棵树直达四层的阳台，犹如一块生机盎然的绿色幕布，用茂密的枝叶将辛波斯卡与世界隔开，这是辛波斯卡决定搬到这间公寓的原因之一。

"那可能是1991年，"科齐奥乌说，"我从伏罗茨瓦夫带回了一株植物，和辛波斯卡一起把它种在了菲利波维奇的墓旁。当我们从墓园回来的时候，发现窗下的榆树已经被砍掉了，阳台前面变得光秃秃的。大概是那棵树打扰了谁，之前好像也出过政府公告，但辛波斯卡并没有注意到这件事。突然间，她被迫直面所有的丑陋和平庸，面对窗外的一切。当辛波斯卡看到以前榆树生长的地方只剩一个可怜的树桩时，她哭了。我觉得有些事是不能对诗人做的，就好比砍掉扬·科哈诺夫斯基的椴树。"

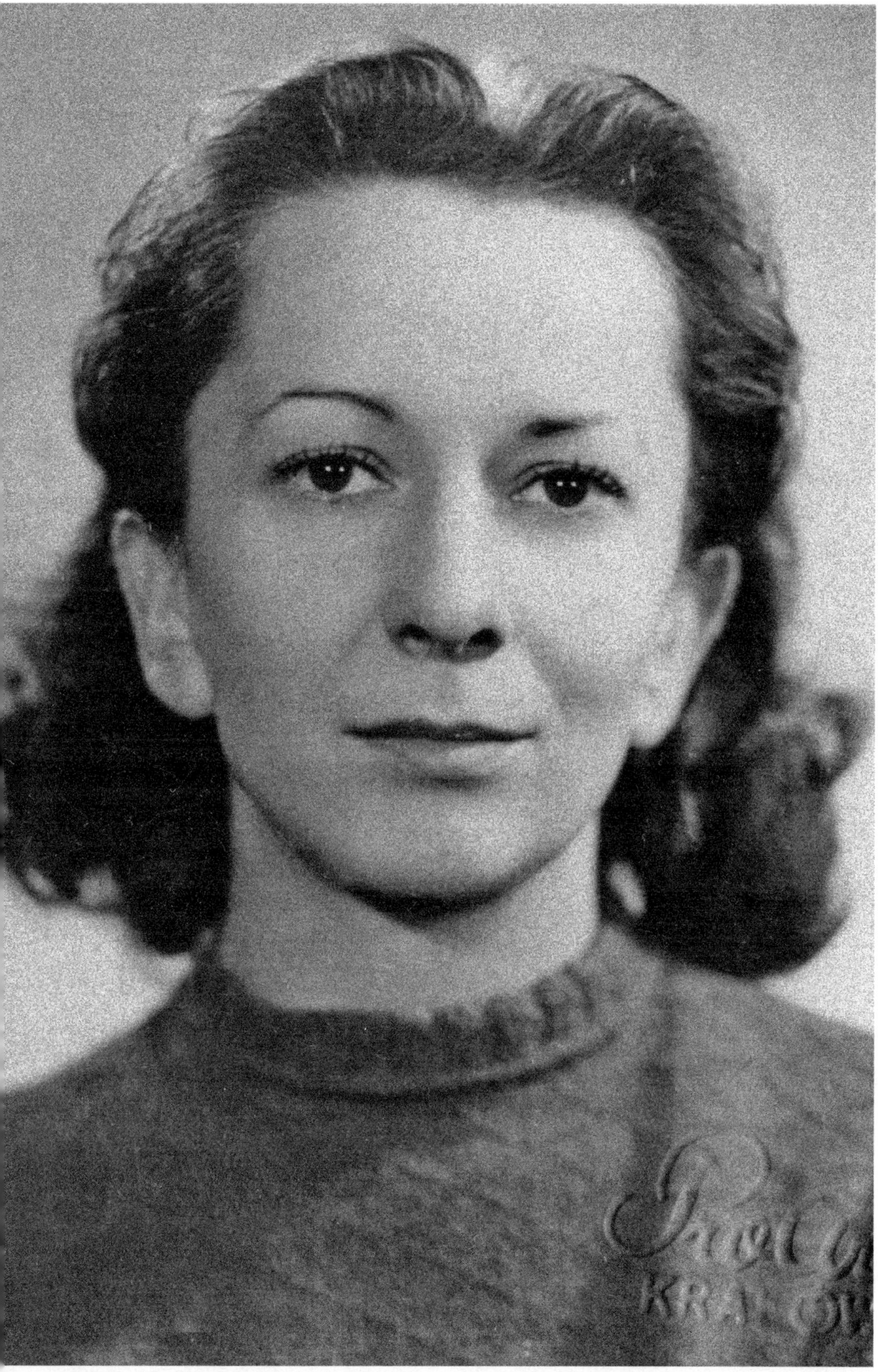

第 17 章　诗歌的翻译

《呼唤雪人》出版后，德国人卡尔·戴德尤斯注意到了辛波斯卡。戴德尤斯生于罗兹，战前在那里完成了中学学业。他试图通过电话与辛波斯卡取得联系，以获取其诗歌的翻译权。他回忆道："辛波斯卡很酷，取得她的信任是个漫长的过程。"[1]

戴德尤斯于 20 世纪 60 年代初开始翻译辛波斯卡的诗。多亏了他的译介，辛波斯卡的诗才得以在德国的报刊发表，甚至被写进德国教科书。

"我用德语翻译、出版了一百六十六首辛波斯卡的诗，不过她写了二百多首。"戴德尤斯在信中告诉我们他在辛波斯卡获得诺贝尔文学奖之前的译介情况，"翻译每首诗都会遇到问题，而且是不同的问题。但我发现，困难吸引着我，而并非将我推开。诗歌在被译成另一种语言时常常需要注解，由于我不喜欢给诗作注，便会采取一些本地化策略，比如离经叛道地把'诺尔维德'译成'博纳'①。"[2]

> 不当拳击手，当个诗人，
> 要对沉重的诺尔维德②做出判决，
> 为了弥补肌肉的缺失而向世界展示
> 未来的学校课文——如果足够幸运。

---

① "博纳"是德语名，方便德国读者理解。——编者注
② 隐喻波兰诗人齐普里扬·诺尔维德，他生前没有得过奖。——译者注

哦缪斯。哦帕伽索斯,

哦天马。

——《诗歌朗读》,出自《盐》(1962)

辛波斯卡拿下了两个重量级的德语文学奖项,不可否认其中有戴德尤斯的功劳,因为正是他把辛波斯卡的作品译成了德语。

西格蒙德·弗洛伊德、赫尔曼·黑塞、卡尔·雅斯贝尔斯、托马斯·曼、阿尔伯特·施韦策都是歌德奖得主。"当我看到之前的获奖名单时,"辛波斯卡1991年在法兰克福举行的颁奖典礼上说道,"我很是困惑。我只能寄希望于这些大咖得主的理解和幽默感。"3

戴德尤斯在颁奖词中说道:

在辛波斯卡的作品中,我们看不见风暴大作的深渊,不会被作家的疑问深度诱导,也不会摇摆不定。远眺时,她的岛屿看似神秘;近观时,她的岛屿则会带来快乐和幸福。岛上的动植物资源十分丰富,不管是物质、语言还是空气,都未受任何污染。诗歌体现的精神群落有利于我们的健康。辛波斯卡向我们展示的是一面透明的镜子,而非今日那种时髦且扭曲的镜子。4

戴德尤斯接着讲道,一家专门研究古代语言的杂志刊登了她的诗作《声音》:

马尔库斯·埃米利乌斯啊。
你的脚勉强能动,就好像刚出土的阿波里吉尼人①。
……

---

① 阿波里吉尼人是传说中生活在古意大利部落的人。——译者注

昆图斯·德西乌斯啊。
这些小国多到饱和，多到恶心。
……
塞克斯图斯·奥比乌斯啊。
来自四方的塔尔奎尼亚人，来自各地的伊特鲁里亚人。
除此之外的沃尔辛切克人。还有维爱人。
无法被定义的奥莱克人。以及让人类失去耐心的萨皮亚纳奇人。
——《声音》，出自《可能》(1972)

戴德尤斯继续说道，《与死者密谈》这首诗被刊登在了一本老年学杂志上，不久后，许多医生和医院将感谢信寄到了编辑部：

什么情况下会梦见死人？
你是否经常在入睡前想起他们？
……
他们想提起什么？
旧日情谊？血缘关系？祖国母亲？
他们说他们来自哪里了吗？
他们的背后是谁？
除了你，谁还梦到了他们？
——《与死者密谈》，出自《桥上的人们》(1986)

有趣的是，辛波斯卡的诗还常常得到自然科学或理科专家的专业答复。
《数学爱好者杂志》刊登了辛波斯卡的诗《π》并做了一期专题，面向读者提问："这是一个深奥的数学假说，作者对其进行了诗意表达。你体会到了吗？"奖品是一本带签名的辛波斯卡诗集。

令人钦佩的数字 π，

三点一四一。

它所有的后续数字也算是排在了前排

五九二，因为它永远不会结束。

……

地上最长的蛇会在十几米之后断掉。

童话里的蛇也迟早会断，虽然要再长一点。

组成 π 的一串数字

不会停在纸张的边缘，

它可以在桌子上延伸，穿过空气，

穿过墙，树叶，鸟巢，云朵，直冲云霄。

——《π》，出自《巨大的数目》（1976）

数字 π 表示圆的周长与直径的比值，它在西方于 17 世纪被人发现，当时的人们已经可以将其精确到小数点后 35 位。但是，数字序列是否存在某种真实性？是否所有数字出现的频率都相同？是否每个数字都会无穷尽地出现？许多关于 π 的问题，人们至今仍未解开。《数学爱好者杂志》认为：辛波斯卡的诗是对这类问题的解答，因为她的诗里包含了一个假设，即在小数点后的第十位之后，所有自然数都出现了，根据这种假设可以给读者提出许多问题。比如：如果我们将"辛波斯卡数"设定为 0.123456789101112131415……，那么小数点之后的这些数字总共出现的次数，是否会是一样的？[5]

接下来，波兰科学院古生物系的卡罗尔·萨巴斯教授在一次考试中使用了辛波斯卡的诗。在古人类学课程中，他要求学生读《失物招领处的谈话》的片段，并完成"抒情主题的问答"。

他之后写信给辛波斯卡说："我给您看看最为荒谬或者错误的回答。"他举了如下例子：

岛屿坠入海洋，第一座岛，第二座岛……

问：人们通过岛屿和路桥得以抵达和居住于世界各地，又是什么过程致使这些岛屿和路桥坠入海洋？

答：遗传漂变。

我甚至都不清楚我的爪子放在了哪里。

问：我们于何时、何处丢弃了爪子？

答：爬行动物舍弃爪子，进化成了哺乳动物。

谁穿着我的皮毛，谁住在我的壳里。

问：谁穿着我的皮毛？

答：直立人。

当我爬上岸时，我的兄弟姐妹都死了。

问：这位女诗人可能想到了哪种爬上岸的脊椎动物和它们死亡的兄弟姐妹？

答：恐龙。

只有某块骨头在我体内庆祝这一纪念日。

问：哪块听骨会庆祝爬上岸的纪念日？具体是哪一年？（确切地说，是五千万年中的哪一年？）

答：鼓膜。五周年。①

---

① 引自卡罗尔·萨巴斯于1997年5月13日通过我们寄给辛波斯卡的一封信。信中说："我对你诗中非常有价值的自然底蕴感到钦佩。我不是一个狂热的诗歌爱好者，但你的诗确实给我留下了深刻的印象。"

布瓦佳·迪米特洛娃于1996年春翻译完了辛波斯卡的诗集《结束与开始》。她告诉我们，在被身为副主席的繁忙工作吞噬之前，她成功赶在1989年出版了诗集《我思考世界》。在翻译过程中，给她带来最大麻烦的是那些简单、破碎的句子，它们常常被分为简短的好几行。

"不把句子加长的话，很难译好它们。幸运的是，保加利亚语词汇量大，并且我野心勃勃，所以我毫不畏惧翻译每一首诗。"

捷克女诗人弗拉斯塔·德沃拉奇科娃翻译了辛波斯卡的诗集《盐》，后来她来到波兰并认识了辛波斯卡。1968年的时候，就如许多创作者一样，她毫不妥协于"布拉格之春"带来的文艺管控，于是被"部分"列于审查名单之中：她的翻译作品被批准出版，但她自己写的诗不行。不过多亏了亚当·沃德克的努力，德沃拉奇科娃的作品最终得以被翻译成波兰语在波兰出版，她是通过辛波斯卡认识沃德克的。

"翻译辛波斯卡的诗最难的是，"德沃拉奇科娃说，"保留她诗中的韵律和语调。如果不留心这一点的话，就会埋下隐患，最后她的诗可能变得不像诗，反倒更像散文。对，有些诗需要花非常非常多的心思，比方说《流浪汉》，我翻译得很吃力，不断地创造辛波斯卡笔下名词的捷克语同义词，比如那些怪物，那些飞禽、爬怪、猴怪、飞虫怪。"

在南斯拉夫，佩塔尔·武吉契奇翻译了辛波斯卡的诗，之后比塞尔卡·拉契奇也加入了翻译工作。著名的独立电台"贝尔格莱德B92"负责辛波斯卡诗作的首发仪式。这些诗本该在诺贝尔文学奖公布之前就发表的，但那时的电台压力重重。政府试图关闭广播站，这造成了首发仪式的推迟。

"任何国家的诗歌宝库都有其欠缺之处，"阿萨尔·埃佩尔告诉我们，他是一位作家，也是辛波斯卡诗作的俄语译者，"我们俄罗斯有自己的利奥波德·斯塔夫、图维姆、布洛涅夫斯基，以及与诺尔维德、莱希米安、加乌琴斯基类似的作家。但是我们没有比亚沃舍夫斯基和辛波斯卡。我翻译辛波斯卡的诗，为的就是弥补这种欠缺。但是翻译了不代表就能发表。那时有本叫'我们的朋友'的名册,里面都是会应邀参加苏联驻华沙大使馆举办的宴会的波兰人,这本名册会告诉我们谁的作品可以出版,而辛波斯卡不在名册里。但是我一见到她,就被她迷住了。我们俄罗斯有个说法,就是女诗人必须是被诅咒的、不幸的、精神生活过剩的,因为她们总是有很多配不上自己才华的情人。但辛波斯卡不是这样,她如此伟大,却又如此普通。"

"他把我的诗完美地用俄文再现了。"辛波斯卡这么评价埃佩尔的译作,"在俄罗斯,无韵诗并不流行,尽管如此,我也无须提醒他那些沉静而隐晦的规则,它们控制着诗歌,在翻译时理应留意。"

"辛波斯卡是位幸福的诗人,她的想法充满甜蜜的感觉。"埃佩尔接着谈道,"她说:'我在想象中思考世界,第二版的世界。'她写诗时会从现成的隐喻起笔,而对很多诗人来说,这是他们创作的终点。可能作为一名严谨的德国人,戴德尤斯会在翻译的过程中计算一行诗有几个音节,或者译文的格律是否与原文相符,但我不这么做,我仅会沉浸于阅读的愉悦中。要翻译辛波斯卡的诗,你必须先理解它,然后找到一些美好的东西与之相对应,但不要太多,要让它看起来简单易懂一些。"

在埃佩尔之前,安娜·阿赫玛托娃也曾将辛波斯卡的诗译成俄语。这位靠翻译维持生计的女诗人在20世纪60年代初得到了翻译三首诗的机会,分别是《雅斯沃附近的饥饿营》《歌谣》《共饮葡萄酒》。这三首诗于1964年5月刊登于《波兰》杂志上。三首诗的译者署名都是阿赫玛托娃,但事实上她只翻译了最后一首。其余两首诗的实际译者是安纳托利·纳伊曼,他写信告诉我们:"对当时还是年轻诗人的我来说,唯一能挣到钱的途径就是翻译。但是想要获得翻译机会不是一般地困难,因为那时的我很年轻,并且按当时的官方说法——有反社会思想。于是,这位伟大的俄罗斯女诗人分了一些翻译机会给我,用这种方式,我和一些年轻的诗人共同渡过了难关,其中包括后来的诺贝尔文学奖得主约瑟夫·布罗茨基。"[6]

埃佩尔还记得，布罗茨基是怎么一再重复辛波斯卡应该获得诺贝尔文学奖这件事的。布罗茨基本来要在纽约举办"辛波斯卡诗歌之夜"，但死亡突然来袭，阻碍了他的计划。

音乐学家彼德·卡明斯基讲述了自己成为辛波斯卡作品的法语版译者的过程。简单说来，事情是这样的——他的一位好友遭遇了情感危机，他便通过翻译诗歌来抚慰他：

> 对我不爱的人，
> 我亏欠了很多。
> ……
> 我祈愿他们安定，
> 也祈愿他们自由，
> 而这是爱不能给予的，
> 人们也无法索求的。
>
> ——《致谢函》，出自《巨大的数目》（1976）

卡明斯基的那位朋友很喜欢这首诗，心情也因而变好，所以卡明斯基开始满怀爱意地翻译辛波斯卡的下一首诗，他的译作直到诺贝尔奖公布后才出版。

辛波斯卡的两位希伯来语译者拉斐·维切特和大卫·温菲尔德告诉我们，她的诗与希伯来世界十分相配。维切特早在辛波斯卡获得诺贝尔文学奖之前就翻译了她的诗并出版了两部诗集，其中第一部因为找不到出版补助，还是自费出版的。文学评论家们如此写道："从本质上来说，辛波斯卡的诗是建立在怀疑和假象之上的乐观主义书写，以色列特别需要这种乐观精神。"

"在把握了她的语调以及温暖的讽刺后，便可以体会到她诗作中的音乐性。"出生在以色列的拉斐·维切特说，他的父母在1956年移居于此，

"我们国家受过教育的人都会读辛波斯卡的作品。她在以色列已经具有了国民性。当她在诺贝尔文学奖获奖演说中提到《圣经》和教会时,我们犹太人太感动了。《恐怖分子,他在注视》这首诗还入选了大学课本。"

> 十三点十七分四十秒。
> 女孩,她走着,头戴一条绿色的丝带。
> 只是这辆公共汽车突然挡住了她。
>
> 十三点十八分。
> 女孩消失了。
> 至于她会不会那么傻,有没有上车,
> 之后才能见分晓。
>
> ——《恐怖分子,他在注视》,出自《巨大的数目》(1976)

2004年12月,辛波斯卡受邀前往以色列,参加克拉科夫犹太人区建立七百周年的纪念活动。和读者在特拉维夫的贝阿列尔图书馆见面时,她朗读了自己的诗,拉斐·维切特则朗读了她诗作的希伯来语译作。维切特当时坦言,他一共翻译了二十八种不同版本的《还有》,直至自己觉得满意。[7]

亚尼纳·卡茨是辛波斯卡诗作的丹麦语版本的译者。她于1969年离开波兰,还在克拉科夫的时候,她就认识辛波斯卡。她翻译的第一部诗集译作《洛特的妻子和其他女人》("我觉得有点不是滋味,我起的名字太商业化了")于1982年出版,第二部译作《无人公寓里的猫》("辛波斯卡女士同意了这个标题")正巧在宣布辛波斯卡获得诺贝尔文学奖的当天出版。

"我在翻译《还有》的时候遇到了最大的麻烦。"卡茨说,"我很惭愧,也为丹麦语的损失而感到遗憾,但我和丹麦语无法完成这项挑战。

这首关于'犹太人大屠杀'的诗的丹麦语版本是否存在完全取决于我。但我最后还是失败了。"

"诗越好，就越难找到通向它的桥。辛波斯卡的诗就如坚固的顽石，完全不需要柔软的韵律。"诗人、歌手格热高什·图尔那乌向我们解释道，这就是为什么辛波斯卡的诗很少被演唱。图尔那乌在自己的专辑《亚特兰蒂斯》中收录了一首改编自辛波斯卡诗作的歌曲，辛波斯卡同意了他的改编，"因为，"图尔那乌这么说道，"辛波斯卡和我的祖父、父亲和阿姨都有交情，她来卢波米日的时候经常拜访他们。"

图尔那乌的这种说法也许能解释为什么辛波斯卡的诗那么难翻译。如果辛波斯卡的诗真像第一眼看上去的那么简单，译者们就不会碰到这么多问题了。

在讲述翻译过程中碰到的麻烦时，不止一位译者提到了《花腔》这首诗：

> 唱着高音C调，
> 她爱着并一直想要爱一个人，
> 她为了他在喉咙里有一面镜子，
> 三次平均地四分一个单词，
> 并把面包块揉碎放入稀奶油，
> 爱开玩笑满身金银花做成的女子
> 拿着精致的茶杯给羊羔喂食。
>
> ——《花腔》，出自《盐》（1962）

1996年11月，在格但斯克举办的"波罗的海文学译者研讨会"的辛波斯卡专场上，辛波斯卡诗作的另一位俄语译者列奥尼德·茨维安说："《花腔》里的'C'调，不仅代表音乐里的符号'C'大调，同时还让人联想到高尔基的文章——《大写字母C》。翻译是一门抛弃与改变的艺术，对于它，我必须选择抛弃。"

关于这首诗，斯坦尼斯瓦夫·巴兰恰克写信告诉我们："我和同我合作的美国译者克拉尔·卡瓦纳碰到的最大麻烦，以及体会到的最强的愉悦感都来自这首诗，它驱动我们探索性地运用构词、俗语和语调音韵。《花腔》就是巧妙运用语音的范例，尽管这首诗很深奥，它涉及对艺术实质的反思、美和传统的关系等。这是一首诗，同时也是一则玩笑、一束烟花。它听起来像是用意大利语写的，甚至还会让人觉得，这首诗是为了歌剧传播的需要，从意大利语翻译成波兰语的。在《花腔》这首诗的翻译上，辛波斯卡在译者最终确定译稿之前，已经让他们眩晕了好几十次。"[8]

巴兰恰克借机提醒我们，辛波斯卡年轻时在音乐出版社工作过，负责润色一些戏剧手册的旧波兰语译本，以提高它们的可读性并赋予其一些基本的诗意。辛波斯卡告诉巴兰恰克，那时她找到了一些精美的句子，比如："一长排灯塔耸立 / 它们无论如何都会发光。"

"我将这种神奇的书写风格转变成了寻常的语言。"辛波斯卡向我们讲述 20 世纪 50 年代在波兰音乐出版社的工作经历时说道。她那时将许多作品以这种方式进行了加工出版，其中包括把米哈乌·克莱奥法斯·奥津斯基的爱情歌剧《浪漫史》由音符转变成了文字。[9]"直到我意识到，工作不是我想象的那样，我就不干了。有些时候我对自己说：'不，我不会糟蹋这些珍宝的。'"

辛波斯卡诗作的瑞典语译者安德斯·波德嘉尔德告诉我们，他在《非必要阅读》中看到辛波斯卡对亚当·瓦热克翻译的贺拉斯诗作所做的评论给他造成了巨大的影响：

> 这就是贺拉斯让我们觉得具有现代感的原因，因为译者尊重他的古典性……译者并没有强求押韵，因为在贺拉斯生活的年代，人们还不知韵脚是什么。译者也没有给他的诗加上逗号或句号，保留

了诗中普遍存在的字与字之间的流动性。在这些没有标点的诗句中，这种流动性贯穿始终，因为那时还不使用标点符号……他没有破坏诗的节奏，诗节朗读起来非常悦耳。贺拉斯诗中繁复的句子不可能在波兰语中找到完全的对应，可译者巧妙地暗示了这种句法的复杂性，恰到好处地使波兰语的语序别致却不产生歧义。[10]

"当我读到这段评论时，我意识到，这是辛波斯卡对翻译的认识。"波德嘉尔德告诉我们，"我开始后悔没有更多地和她讨论关于翻译的问题了。"

辛波斯卡在20世纪60年代初也尝试翻译过一些法语诗，主要是巴洛克诗人的诗，也有查尔斯·波德莱尔、阿尔弗雷德·德·缪塞等人的诗。她也曾和耶日·利索夫斯基合作编译了《当代法国诗选》。

"我向辛波斯卡推荐了一些诗，我不记得她拒绝过。"耶日·利索夫斯基说，"我挑的都是些比较难的诗，因为辛波斯卡是位优秀的译者。"

辛波斯卡还翻译过诗人伊茨克·蒙吉的作品，他在战争开始之前离开了波兰。1968年，她翻译的《犹太诗选》都快要付印了，但当时反犹主义高涨，当局决定销毁这部作品。幸运的是，一位工人悄悄把底稿藏在了地下室，一藏就是十几年，这本书最终在1983年得以出版。

"除了我和阿诺尔德·斯乌茨克，"罗伯特·斯蒂尔说，"没有人能够完美地翻译意地绪语：他们主要是直译。尽管如此，还是能从辛波斯卡的译文中看出她的水准。"

她翻译的蒙吉的诗有一种轻盈、优雅的感觉："已经拥有水壶的女孩/她们在轻敲我窗/带着像丁香一样的笑声与枝条/在空气中摩擦。"[11]

安德斯·波德嘉尔德在1983年结识了辛波斯卡。那时他在雅盖隆大学教授瑞典语，并且是学校合唱团的成员。不久之后，波德嘉尔德开始翻译辛波斯卡的诗。回到瑞典后，他成了聚焦波兰文学和政治的瑞典刊物《白鹰旅馆》的创始人之一。在这本刊物上，他发表了几篇早先翻译的辛波斯卡的作品。

"《乌托邦》令我倍感亲切，我用它命名了辛波斯卡一部诗集的译作，"波德嘉尔德告诉我们，"和辛波斯卡一样，我也曾经相信乌托邦，只不过是在另一个时空。那是1968年5月，作为左翼分子的我从法国回到了瑞典。这首诗是用政治术语的陈词滥调描绘的风景，一方面是对乌托邦的讽刺，但另一方面也体现了它是多么诱人。"

> 一切都可自明的岛屿。
> 在这里你可站立于证据的土地，
> 除了到达之路，没有任何其他的路。
> 答案甚至压弯了灌木丛
> ……
> 越深入森林，当然之谷
> 就越开阔于面前。
>
> 如有疑问，风自将其消散。
> ——《乌托邦》，出自《巨大的数目》（1976）

"波德嘉尔德向自己的波兰朋友们抱怨过'瑞典语的失败'，因为'通过瑞典语无法侵入乌托邦'。据我们所知，这是辛波斯卡这首诗的主要观点。"斯坦尼斯瓦夫·巴尔布斯写道。[12]

波德嘉尔德回忆道："我有一次要朗读《乌托邦》——这首反乌托邦，但又如乌托邦般美妙的诗。我问辛波斯卡：'你觉得我该怎么读它？'她回答我：'安德斯，你知道，我的诗就如自然而然的呼吸。'在我翻译她的诗时，这句话一直引导着我。"[13]

"死亡，憎恨，清醒。"波德嘉尔德接着告诉我们，"在波兰语中，这些怪兽般的词语都是阴性的：她——死亡，她——憎恨，她——清醒。

瑞典语中根本没有性别之分，而且瑞典人受德国文化的影响，会联想到德语的'死亡'是阳性的。这就是为什么在《毫不夸张地谈论死亡》中我赋予'死亡'以男性的性别。《仇恨》也是如此，在以此为标题的诗中，我使用了阳性词语，因为这个单词在瑞典语中听起来很生硬。我一直碰到类似的词语，它们在波兰语里的力度和瑞典语中完全不同。'救赎'是波兰文学的重要主题，但在瑞典语中，这个词没有很大的能量。当我开始翻译辛波斯卡最新创作的诗《巨变中》时，她给我寄来一张明信片，为这首诗的标题致歉。事实上，给这首诗取标题的确很麻烦，因为它不但要有震撼意味，还得有范围很大的意思。最终，我解决了这个麻烦。"

如果无法翻译诗的标题，波德嘉尔德就会选择放弃这首诗。这就是为什么他没有翻译《一百个笑声》和《巨大的数目》这两首诗，尽管辛波斯卡将这两首诗的标题用作了诗集的书名。在翻译成瑞典语时，"巨大的数目"会用到单词"tal"（数字）。这个单词一词多义，除了代表数字，还可以表示演讲，而且读者更倾向于把它理解为后者。他还放弃了《花腔》的翻译。

"辛波斯卡于1993年春季在特蕾莎·瓦拉斯的陪伴下来到瑞典，那时正是樱桃花绽放和丁香花盛开的时候。"波德嘉尔德说，"她们住在'作家之屋'，那里有一座漂亮的花园，弥漫着樱桃花和丁香花的芬芳，那一年，这两种花同时开放。在皇家大剧院，我第一次听到辛波斯卡朗读自己的诗。她像个伟大的作家般朗读着。这是我生命中最美的时刻之一。整整一个小时，观众席里没有一个人咳嗽。可惜磁带录音机没被打开，什么都没录下来。或许这样更好，人们会因此而更想念她。"

《选举报》的斯德哥尔摩分社记录了那晚波德嘉尔德的话：

> 如果一定要我简短地评价一下维斯瓦娃·辛波斯卡的诗，我会选择三个词——魔术、成语、讽刺。正如切斯瓦夫·米沃什所言，她是一位魔术师：她的每首诗中都会出现始料未及的、从魔术帽中

钻出的兔子。关于魔术是这样的，辛波斯卡抓住兔子的尾巴，将它抱起来，优雅而轻巧地在手里不停翻转、摇晃，接着又把它放回原处，就这样，一切永远地改变了。[14]

辛波斯卡在诺贝尔文学奖结果公布后的第一场新闻发布会上说："波德嘉尔德是一位杰出的译者，我们今天有机会在这里见面，很可能都是他的功劳。否则，现在我很可能正在安静地写作下一首诗。"她在斯德哥尔摩也说了类似的话——如果波德嘉尔德不是这么有才华的话，自己很可能永远也得不到这个奖。

但是安德斯·波德嘉尔德谦虚地说，他认为诺贝尔文学奖评委会首先读的是戴德尤斯翻译的德语译本，以及巴兰恰克翻译的英语译本。

事实上，斯坦尼斯瓦夫·巴兰恰克和他的合作译者克拉尔·卡瓦纳在诺贝尔文学奖公布之前翻译了辛波斯卡的两部诗集，分别是《桥上的人们》和《结束与开始》。"在阅读的过程中要一直提醒自己，辛波斯卡的这些诗并不是用英语写的。"[15] 美国评论界如此称赞两位译者。

在《辛波斯卡的美国化，或者关于如何与一位年轻的加利福尼亚女孩一同翻译〈对色情文学的看法〉》一文中，巴兰恰克逻辑清晰地描述了自己遇到的问题和困难，他们并不仅仅是将这首诗翻译成另一种语言，让其融入另一种文化，更是将其放置于另一种习俗环境之中。令他们感到头疼的，一方面是诗中出现了颇多与性相关的词汇（特别是相较波兰语而言），另一方面是与波兰截然不同的政治环境。还有一个方面是——甚至辛波斯卡一生的创作都是如此——诗中异常多的双关语类文字游戏：

没有比思考更糟糕的放纵。
这种放纵像随风繁衍的杂草一样蔓延
在雏菊花丛下的田垄上。

对那些思考的人来说，没有什么是神圣的。

胆大妄为地直呼物的名字，

荒淫的分析，败坏的综合，

对赤裸裸的事实野蛮又流氓的追寻，

对敏感话题淫荡的摸索，

观点碰撞——他们就喜欢这样。

……

幽会的时间里湿润的只有蒸煮的茶。

人们坐在椅子上，动着嘴唇。

……

只是偶尔有人会起身

靠近窗户，

透过窗帘的缝隙

窥视街道。

——《对色情文学的看法》，出自《桥上的人们》(1986)

    巴兰恰克描述道，当他惊讶地发现把最后一句"窥视街道"翻译成英文"takes a peep out at the street"会有同样模棱两可的效果时，他感到幸福极了。他很惭愧，自己很长时间里都不知道"该怎么翻译那句'幽会的时间里湿润的只有蒸煮的茶'"。为了能够在英语中表达出类似的效果，他们一直在寻找关于茶、关于性的双关语，直至他们意识到，形容词"steamy"（蒸汽的）在英语口语中还具有另一种意思，和性放纵的意思相近，这就是为什么带有色情场面的电影会被称为"steamy movie"（蒸汽电影）。这样的暗示效果不错，于是就有了"During these trysts of theirs, the only thing that's steamy is the tea"（幽会的时间里湿润的只有蒸煮的茶）这句诗。

    "如果改动辛波斯卡诗中的任何一部分，从如微乎其微的原子般细小的语言风格直至诗歌整体的风格,抒情也好、主题也罢,那么撼动的将是整首诗在琐碎与独特、日常与别致、口头与诗意等方面的微妙平衡,"巴兰恰克向我们倾诉翻译的难度,"后果可能就是破坏整首诗的意境。"但是,他也以诗人的方式评价了完成翻译工作时的喜悦:"伟大的诗人或许可以被比作热带雨林,他们用一种无法抗拒的力量,呼唤译者进入丛林深处。这种吸引力让译者甘心跋涉,穿过倒下的树干,穿过文化、传统、社会和语言的差异。有时在路的尽头,译者可能会认为自己完全迷失了,但他们有时也会坦言,这样的远足并非全无意义。"[16]

辛波斯卡的诗选集在意大利出版之后,皮耶特洛·马尔切萨尼在接受《选举报》的采访时说:"这是一项十分艰难的工作。比如那首《生日》,几乎花了我五个月的时间。我记得,那时出版社一直抱怨:'缺了一首诗!其他的都准备好了,都在这儿了!'翻译《森林道德》时也遇到了类似的情况。辛波斯卡两次警告我:'小心,因为这是一首无法翻译的诗。'辛波斯卡热衷于和自己的译者们交流,商讨诗选集的内容和书名。有些语言,比如英语、德语、瑞典语,她能听懂一些对译作的反馈。但是现在,她的作品也开始被翻译成韩语、日语,这下她彻底没法子了。"[17]

诚然,即使不懂意大利语,我们也能听出来,这些读音颇为相似的单词排列起来是多么优美:

> 刹那间,如此之多的事物填满了世界:
> 冰川、海鳗、海洋和极光,
> ……
> 蝴蝶、螃蟹、绿铁和月夜——
> 谢谢你,有点多到不能再多了。
>
> ——《生日》,出自《可能》(1972)

这部出版于2008年的诗选集收录了辛波斯卡选自十一部诗集的二百

二十三首诗。马尔切萨尼去世于辛波斯卡与世长辞前不久,他还成功地完成了辛波斯卡最后一部诗集《这里》的翻译。

辛波斯卡的诗流淌进了意大利鲜活的语言血脉中。这样的情况也在荷兰上演。她的作品被报刊文章引用,在政治家的演说中有迹可循,甚至还出现在了讣告上。一位荷兰友人在悬挂于牛奶农场围栏的横幅上看到"奶牛是真正的奇迹",署名:维斯瓦娃·辛波斯卡。这必定是译者的功劳,尽管和我们相交甚好的荷兰记者萨沙·马尔科向我们解释,辛波斯卡的诗"有点荷兰性":荷兰画家们也喜欢从各种角度、在各种光线下观察小物件。

在西班牙,辛波斯卡的诗集登上了畅销书榜单。2009 年,巴斯克自治区总理在宣誓就职的时候,引用了辛波斯卡的诗,这首诗由耶日·沃伊切赫·斯瓦沃米尔斯基和安娜·玛丽亚·莫伊翻译:

> 没有哪天会重演,
> 没有两个相同的夜晚,
> 没有两个一模一样的吻
> 和一模一样的四目相对。
> ——《任何事情都不可能发生两次》,出自《呼唤雪人》(1957)

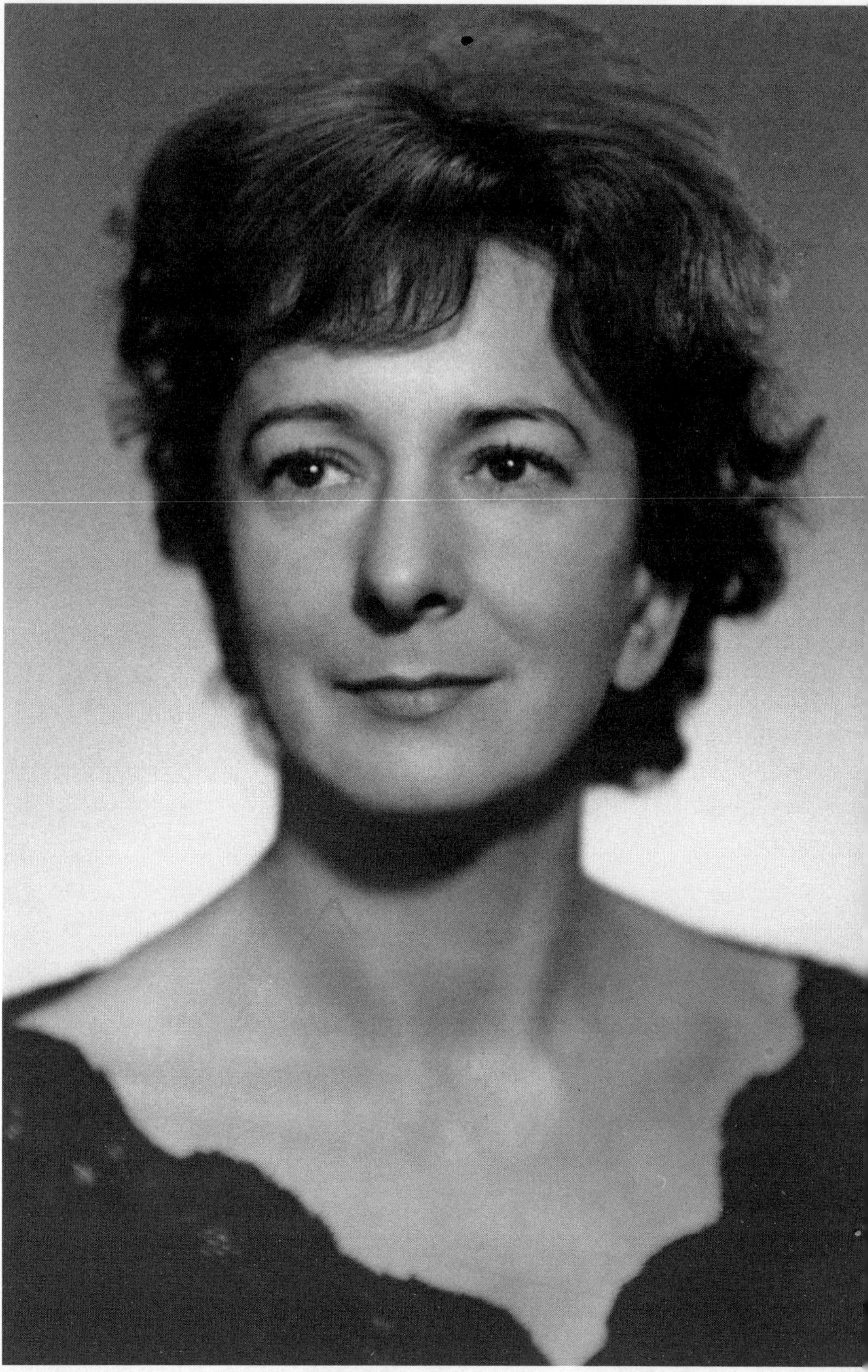

第18章　诺贝尔文学奖获奖前夜

在20世纪90年代，大大小小的奖项和荣誉如雨点般砸向了辛波斯卡：齐格蒙特·卡伦巴赫奖、歌德奖、荷尔德林奖以及荣誉博士的头衔。在诺贝尔文学奖颁布的几天前，辛波斯卡还凭借其毕生创作获得了波兰作家俱乐部奖。

在前往法兰克福领取歌德奖之前，辛波斯卡抱怨自己生活在可怕的压力之中："他们要求我做一个二十分钟的演讲，我之前从未这么做过。对于上电视节目，我一直能躲就躲。至于采访，我一直以来都不接受。"她引用了阿道夫·鲁德尼茨基的话："你不那么想要的东西，就会降临到你身上。"[1]

正是在法兰克福，辛波斯卡尝试从当下的视角回顾年轻时的经历："当时我似乎觉得，我知道并且理解一切，但实际上，我那时比今天更无助，内心也更波动。我在那时真切了解的东西，现在看来用一只手都数得过来。"她说，作家"应当独自与世界搏斗。这并不意味着不能拥有理想——但最好是对其作品而言，并且这些理想永远都不会让作家陷入一个复杂的、无法预料的系统"。她也提示道："人生的戏剧永远不会在超越人间百态的虚无中上演，但是在试图掩盖平庸的镜头前，这些道具并非全无意义。"[2]

自从"十月事件"之后，辛波斯卡的诗就不再涉及任何政治事件了。尽管她对其所处的地点和时代有着清醒的认识：

我们是这个时代的孩子
这个时代是政治的时代。

所有你的，我们的，你们的
白天的事，晚上的事
都是政治问题。
……
是生，还是死——问题就在这儿。
什么问题，回答我亲爱的。
政治问题。
　　　　　　——《时代之子》，出自《桥上的人们》(1986)

本以为这个时代结束之后，情况会有所改变。但这仅仅是一种幻觉。突然，她的一首诗被卷入政治博弈：

你们看它运作如常，
仇恨在我们的世纪
保留得如此之好。
它多么轻而易举地挪开了高耸的障碍。
对它来说是如此简单——跳跃，追捕。
……
宗教不再是宗教——
只要跪在起跑线上。
祖国不再是祖国——
只要已在赛途。
刚开始还有公平公正在领先。

但之后就只有它一往无前。

仇恨。仇恨。

它的脸扭曲成

狂热的模样。

啊，那些其他的感觉——

病病恹恹行动迟缓。

英雄主义从什么时候开始

可以依靠众人？

同情有过

第一个冲向终点的时候吗？

怀疑带走了多少追随者？

只有它在掠夺，它知道自己的人在哪里。

……

让我们面对现实：它可以创造美。

它的光芒在黑夜中显得格外耀眼。

爆炸形成的滚滚浓烟制造出玫瑰色的晨曦。

——《仇恨》，出自《结束与开始》（1993）

《仇恨》于1992年6月5日发表在《选举报》的首页，诗旁就是主编亚当·米赫尼克的评论："当政治语言过于无力和肤浅时，就到了文学发声的时候。维斯瓦娃·辛波斯卡，这位代表波兰文学的伟大女性，向我们发来了最新的作品。就让它的含义显现，让我们的心灵同邪恶与仇恨斗争。"

在扬·奥尔舍夫斯基政府倒台后的第一天，米赫尼克对时任内政部部长的安东尼·马切莱维奇列出的所谓安全局线人名单进行了评价。

五年后，维斯瓦娃·辛波斯卡告诉我们："憎恨是如此容易，现在是，永远是；在这里是，在那里也是。这首诗我是在刊登的十天前才发给他们的，那时我已经做好准备，《选举报》可能不会刊登它，这是情理之中的，因为它并没有刊登诗歌的传统。"

伏沃基米日·马琼格从20世纪50年代起就与辛波斯卡熟识，他告诉我们："不论是在投身共产主义时期，还是在离开之后，辛波斯卡总是那么诚实率真。"

"我刚从乌拉圭回来，"米赫尼克向我们讲述道，"在邮箱中发现了一封辛波斯卡写来的信，还有一首未曾发表过的诗。她想让更多的人看到这首诗。同样是那一天，我在电视机前坐到很晚，一直在看一个关于马切莱维奇名单①的可怕节目。我边读这首诗边想，这里面没有任何内容不宜刊载。"

很快，文学评论家安杰伊·别尔纳茨基在巴黎的《文化》杂志上发表了评论。他指出，辛波斯卡也是靠仇恨活着的，她抨击在朝鲜战斗的美军上校而不是安全局的尤瑟夫·鲁然斯基。而《选举报》将《仇恨》这首诗故意刊登在波兰的白鹰国徽和扬·奥尔舍夫斯基的照片之下，这是"充满邪恶的亵渎"。

"当然，辛波斯卡创作这首诗的初衷与扬·奥尔舍夫斯基无关。"米赫尼克接着说，"尽管它诞生于当时充满审查和到处都是间谍的政治环境中。"

辛波斯卡在《非必要阅读》中再次回到了仇恨的主题，她这样描述那些被仇恨裹挟的人：

> 仇恨的威胁性一般，如果只在个人身上出现，那不会持续太久，但它具有传染性……被仇恨裹挟的人完全没有幽默感，但当他开起玩笑，那可是相当令人毛骨悚然……他对自己没有怀疑，也不允许别人产生怀疑。他的专长在于分化，很热衷于参与民族主义、反犹

---

① 马切莱维奇名单：波兰内政部就执行议会1992年5月28日的清理决议准备的两封信函。——译者注

主义、宗教极端主义以及各种带有私人恐惧感的阵营。他的头骨里虽然也有一颗脑子，但这颗脑子不会妨碍他做出仇恨的行为。[3]

尽管始料未及地被卷入了政治旋涡，但辛波斯卡依然淡定自若：她对时事不作任何评论，也不作任何解释。另外，她一直认为解释不具有任何意义。数年前，在《贝纽夫斯基回忆录》这本书页面的空白处，她写道："谎言长腿了，并且一点儿也不短。它奔跑迅猛如羚羊。反而是事实真相，用乌龟般短而迟缓的腿跟在它后面缓慢地爬行，何况背上还要驮着所有文件、辩白和精确的解释。"[4]

在波兰第三共和国时期，辛波斯卡依然独善其身。她避开媒体，很少公开露面。

博古斯瓦娃·拉塔维茨曾表示，邀请辛波斯卡参加波兹南的"作家之夜"极为困难："我们从很久之前就开始商议这件事，商议的人都换过一批了。冬天的时候，她说春天会过来，因为那时更暖和，何况路途遥远。4月时，她写信说：'我秋天的时候过去，因为木匠的活儿还没干完，除此之外我还得努力工作，时间紧迫。'于是我们在她的诗中看到：'我未能到达N市/准时地。'"[5]

然而最终，她还是在1992年9月10日来到佳文斯基宫参加了"文学星期四"的讲座。在活动之后她向博古斯瓦娃·拉塔维茨及其丈夫爱德华·巴尔切然解释道，她之所以不喜欢讲座活动，不是因为藐视公众，而是因为她无法接受讲座中的自己。

后来辛波斯卡告诉我们，在这种活动中，她总会有种哗众取宠的感觉："我非常不喜欢这样的自己。另外，在这种情境下，想做到自然流露很难，总是要扮演某种角色。这是一种为了不让自己袒露过多而做出的自我保护。"

"让辛波斯卡同意采访不是一件易事。"《选举报》的克拉科夫专刊记者于1993年如是抱怨道，"需要做好等待半年的准备，要不时打电话提醒她还有个人想采访她。然而这位女诗人不等你说完就会转移话题,努力将你的问题用她事先准备好的回复进行回答。"

"在我们这个时代,"辛波斯卡告诉那位记者,"人们说得太多了,从未有过的巨量信息、电台、电视、话筒、录音机、思想和发明导致了这种现象。不久之前,地球还在星云中静静地转动。如今,我们在这茫茫苍穹中聆听这嘈杂的巨响,这宇宙的轰鸣……然而有些事情是需要专注和平静的内心才能去做的。但是,当一些作家在写书之前、写书期间、写书之后接受采访,误解便产生了。如果他们说一些重要的东西,那还好,但是突然堵到他们嘴边的麦克风很少能挖掘出真正有价值的东西。"

"我对记者敬而远之。"她接着说,"因为他们总是想跟我谈一些我本能地感到无趣的东西,比如他们会问到我的同事,问到诗歌,问到我的工作室里有什么东西,我选择不回答。当意大利导演费里尼去世的时候,没人能想到,我想说些关于他的事,他对我来说具有非常重要的意义。采访诗人就问跟诗歌有关的事情,关于费里尼的事则应该找电影人去问,可是为什么不能反过来呢?"

"所以您为什么同意接受我的采访呢?"记者迫不及待地追问。

"因为我会回答那些我想回答的问题。如果我们的对谈最终被刊登出来了,我就会拷贝一份,以后再收到采访邀请就把它拿出来。谢谢您成全了我的想法。"[6]

虽然辛波斯卡并不乐于履行社会义务,但她还是同意加入波兰作家协会克拉科夫分会所属的判决争议的决议小组。这些人一定是成功地让她相信了,这里没有太多工作需要她做。事实上,在她任职期间,没有任何争议被送入小组。

"这是辛波斯卡熟悉的圈子。"塔戴乌什·尼切克说,"她从来没加入过羊头地窖①或者《普世周刊》的团体。可能他们选择辛波斯卡也是出于

---

① 羊头地窖:克拉科夫的一个地下酒吧,是许多名人聚集打卡的地方。——译者注

现实的考虑？当时克拉科夫分会遇到了一些财政困难，辛波斯卡把奖金捐给了协会。对于协会的生死存亡，她的看法和敏锐的洞察无疑来自菲利波维奇，他是'社会工作者'这个词最好的诠释。"

相同的情况也发生在已提及的、和辛波斯卡颇为亲近的《响亮》杂志上。这解释了她于1994年10月17日前往波兹南的原因，她在那里的佳文斯基宫举办了"响亮之夜"。那次活动是为斯坦尼斯瓦夫·巴兰恰克而办的，他也特地从海外回到了故乡。在"响亮之夜"，除了传统的读诗活动，还出现了著名的打油诗大赛。大赛是由辛波斯卡发起的："曼尼托巴有一个人 / 他各方面都很平庸。"但是她承认，自己也不知道该怎么写下去。巴兰恰克信手拈来地写出了结尾，克雷尼茨基则把这些诗句记录在了报纸的一角："即便把他的两颗头算上 / 他也仍然平平无奇 / 因为别人和他一样拥有两颗。"

"把辛波斯卡拽入打油诗诗人的行列也是有好处的。"亚采克·巴鲁赫告诉我们，"因为传统的打油诗必须有点儿世俗感，但是在她的处理下，那种粗俗的感觉被文学的精致和时髦的才智替代了。"

写诗，她总是不费吹灰之力：

> 莫扎特曾在布拉格逗留，
> 烟囱喷出的煤烟沾在他身上，
> 事实上，在那之后的半小时内，
> 他蹭黑了四位伯爵夫人，
> 不知何故，这逃脱了传记作者的注意。

> 某个已去世的中国人来自广州，
> 晚上出现在他的妻子面前。
> 在他的配偶身旁
> 只有帆船水手在沉睡，

夜晚就流逝在他们几人之间。

　　在波兹南的那次活动之后，巴兰恰克的妹妹玛乌戈热塔·姆谢罗维茨举办了一场有三十人参加的庞大聚会。吃完饭后，辛波斯卡拿出遮阳帽，把写有号码的卡片放进帽子里，然后让每个人抽一张。奖品只有一个——迪士尼电影《阿拉丁》中酋长角色的塑料模型，刚好就是女主人自己抽到了它，她似乎并不感到意外。

　　这样的抽奖游戏事实上并不常见，通常有多少客人就有多少个奖品，没人会空手而归。

　　玛乌戈热塔·姆谢罗维茨没有那次聚会的照片，对此她并不感到遗憾："我理解，因为我明白，辛波斯卡不喜欢拍照，某些时刻是如此值得记录，于是我拿出相机。但是每次她都会说：'不，不行，摄影师会偷走人们的脸。有些非洲部落就不喜欢这么做，我很能理解他们。'"

　　辛波斯卡反对拍照，因为这"将肖像画艺术判了死刑，但它在我们这个时代如此盛行，就像个要将面容永恒定格的独裁者"，这些论调我们可以在《非必要阅读》中找到。辛波斯卡还写道，以前人们在摆好姿势做肖像画模特之前，总会穿得优雅得体，这展现出对自己和后代的尊重。现在的摄影师则认为，"捕捉人像不过是几秒的问题，拍摄者只须突然按下快门，最好不要让对方知道，也无须征得对方同意……人们深信，我们并不知道莎斯姬亚[①]的真实容貌，因为只有在闪光灯前表情古怪的照片才能证明她的样子"。[7]

　　斯坦尼斯瓦夫·巴兰恰克、爱德华·巴尔切然、尤利安·科恩豪斯、雷沙德·克雷尼茨基、博古斯瓦娃·拉塔维茨、布罗尼斯瓦夫·马伊、彼德·索默尔以及维斯瓦娃·辛波斯卡等人参加了那次聚会。客人们不仅陶醉于美食，还陶醉于颇具创意的餐盘摆设——每一份餐具旁都放着

[①] 荷兰画家伦勃朗的妻子，她曾在一些著名的油画作品中担当模特。——编者注

写有客人名字的粉色明信片和树叶（人们将这种做汤时会用到的叶子称为"尾叶"，辛波斯卡则偏爱叫它"月桂"）。女主人花费很多时间亲手制作的美食也给客人们留下了深刻的印象，比如她亲自烘焙的酵母面包，里面有枯茗、黑孜然、芥末、百里香、洋葱、大蒜等食材，而且每种食物都准备了三十份。

伊丽莎白·平德尔和扬·平德尔声称，辛波斯卡的烹饪技术很好，他们特别称赞了她做的酸汤配豆子、白煮蛋和火腿，还有意面配香蒜。"她喜欢在厨房钻研。"扬·平德尔说，他想了想，然后开始举例，"她会给速冻饺子配上自己特制的番茄汁；从超市买来熟猪肚后，她还要再烹调两小时；她还自创了往荞麦饭上浇冰冻炖牛肉的菜品。"

尽管非常喜欢姐姐纳沃亚做的传统美食，但辛波斯卡并不反感半成品。可能对她来说，做饭有点浪费时间。传说和她共进晚餐的时候，芭芭拉·查钦斯卡大呼："天哪，我喝了多少汤啊！"因为那段时间辛波斯卡迷恋上了奥地利汤包（芦笋汤最好喝），当客人们到场后，她便把开水和一托盘各种各样的汤包摆在桌上。每位客人挑好想喝的口味后自己来冲。他们还喝了"科内洛夫卡"，这是菲利波维奇想出来的一种柠檬饮料，辛波斯卡也学会了制作方法。按照惯例，咖啡和甜点总是伴随着抽奖游戏。

根据耶日·皮尔赫的回忆，他在20世纪80年代开始参加辛波斯卡的抽奖游戏："她把一些稀奇古怪的东西摆在桌上，顺便提一句，我不理解为什么有人会在家里摆一堆这种东西。之后每位客人开始抽奖，最后把自己得到的东西带回家。有一次我抽到了彩色面条。我能想起来，因为即使光阴荏苒，这种东西也会给你留下印象。当然，我肯定没吃，那些面渐渐失去了光泽，如今我不清楚它们怎么样了。"[8]

"汤包时代"之后是"比萨时代"，后来又有"肯德基鸡翅时代"，不过那些鸡翅并不用来待客。米哈乌·鲁希涅克面露惧色地说："辛波斯卡把那些鸡翅放在冰箱里保存着。"鲁希涅克的儿子也尝过那些鸡翅，并且经常抗议去辛波斯卡女士家吃鸡翅。

乌尔舒拉·科齐奥乌回忆道,有一次她去辛波斯卡家吃晚饭,客人们得到了一份手写菜单,上面的精致菜肴都被画掉了,只剩下一些非常普通、简单的菜式。

"她的诗将她真实的另一面遮蔽了。"马利安·斯塔拉告诉我们,"如果有人因为和她保持友好联系而觉得自己了解她的话,那就是异想天开。我确实受邀参加过抽奖游戏,但我从来不敢说是她的朋友。辛波斯卡创建了一个空间,一方面,她鼓励你接近;但是另一方面,她又让你感受到距离。尽管有晚餐和抽奖游戏,但是她诗里的情绪,特别是在她生命的最后几年,变得越来越黑暗了。"

在拉尔斯·赫兰德拍摄的纪录片中,辛波斯卡讲述道,当她还是一个孩子的时候,悲伤总是转瞬即逝,比起忧虑,她高兴的时刻要更多。接着,生命来到了某一时期,这些情感开始均分。"而现在,"她说,"我总是在担心,因为我很少感到高兴,但至少这也肯定了,我有时是高兴的。"

"有些时候,我为这个世界上发生的一些事情感到极度、极度的悲痛。"她告诉安娜·鲁德尼茨卡和塔戴乌什·尼切克,"莱姆在《普世周刊》的专栏中也写过这个世界。我得承认,有时我有意识地不去读它们,因为我知道,一旦我读了,就会赞同他的说法。然后我就会生病。"[9]

辛波斯卡讲述了自己的忧虑,她认为21世纪将会是充斥着封建主义、全面清算和大规模战争的世纪。事实上她已经无法躲避这些坏消息了。打开电视机,相关信息蜂拥而至:

> 每次战争过后
> 必须有人清扫。
> 如此这般的秩序
> 肯定不是自然形成。
> ……

> 这些一点儿也不符合镜头审美，
> 并且需要数年时间的等待。
> 而所有的相机都去了
> 另一个战场。
>
> ——《结束与开始》，出自《结束与开始》（1993）

在诗歌《天空》中，辛波斯卡写道："我的符号 / 它们是快乐和绝望的。"

1995 年，辛波斯卡加入了波兰艺术与科学学院。事实上，在前一年她就收到了邀请，当时学院刚成立了艺术创作系。但是在一次一般性的集会上，一位教授在投票前提到了她在斯大林时期创作的作品，辛波斯卡因此落选。然而，当她再度成为候选人时，获得了绝大多数选票。

1995 年 5 月，辛波斯卡到过一次波兹南，为的是接受波兹南密茨凯维奇大学的荣誉博士学位。波兹南密茨凯维奇大学本打算在前一年——也就是波兰文学系成立七十周年之际向她颁发学位，但那时辛波斯卡没有接受。"目前我深深地觉得，人们对我过度嘉奖、过度赞誉，捧高了我，这是一种令我非常不适的感觉。"她向爱德华·巴尔切然建议，既然他们这么愿意授予她荣誉学位，那么用见面会和采访来代替就足够了。她请求道："巴尔切然，别给我这个，我在自传中可不打算写这个。"最终她说："不。我为自己的七十岁感到疲倦。"

巴尔切然认为，辛波斯卡或许希望让备受尊崇的教授们感觉受到了侮辱，他们就不会再提起这回事了，但学院的理事会又提议将颁发仪式推迟到第二年。

穿着教授袍的辛波斯卡说："究竟是所有诗人，还是只有我一个人获得了这样的嘉奖？几乎每首诗，当然我的也不例外，都会有一个不太明晰的能量源头，这包括了生活中的阴差阳错、犹疑不定和无法超越的愚蠢，也包括了不断积攒的、需要整理的凌乱信息。"[10]

辛波斯卡在获颁荣誉博士学位的典礼上（1995年摄于波兹南）。

瓦茨瓦夫·特瓦尔基克给辛波斯卡送上了富有寓意的祝贺："根据历年获奖情况分析，/诺贝尔奖时分即将来临，/在您获奖之前，/我和太太预先送上祝福。"①

风声很可能已经走漏了，因为阿尔图尔·勉泽热茨基也提到了诺贝尔奖，他在诺贝尔奖公布前三天给辛波斯卡颁发了作家俱乐部奖。从另一个角度思考，如果辛波斯卡没有获得诺贝尔文学奖的话，所有人便会忘记那些提示和预感了。

五十多年来，辛波斯卡的10月总是在扎科帕内度过的。当她知道自己获奖，并且是每位作家一生中可能获得的最高荣誉时，她就在离自己出生地不远的地方，或许这是"偶然"精心布下的诡计？

空间在偶然的手指之间

---

① 这首四行诗的作者其实是维托尔德·图尔扎，由瓦茨瓦夫·特瓦尔基克委托他创作。

舒展和蜷缩,

扩张和收缩。

刚才还像桌布,

现在又像手帕。

……

偶然深深地注视着我们的眼睛。

……

我们想呐喊,

世界那么小,

抓住它是多么容易,

在张开的双臂之间。

还有片刻喜悦会填满我们

明亮又迷惑。

——《通灵占卜》,出自《结束与开始》(1993)

偶然,奇迹的一种更加难忘的形式,在辛波斯卡的诗中经常出场。她也写过关于"偶然"的散文。

她偶然发现了于1985年修订的三卷蒙田的《随笔集》,想到它们很可能根本就不会存在。于是在惊喜之余,她写下了对偶然的赞颂。是偶然让蒙田活到了花甲之年,令他得以完成自己的杰作。辛波斯卡写道:"这种情况并不少见,名叫米歇尔的男孩在出生后不久便夭折,毕竟在当时,新生儿早夭的情况随处可见,人们甚至已经见怪不怪,不愿追究原因了……致命疾病也可能找上他,光是这些疾病的名字就能写上好几页纸。还有哪些不幸?小蒙田可能从树上、马上、楼梯上跌落,被开水烫伤,被鱼刺卡住或者在河里游泳时溺水……成长的路上依然布满陷阱,比如他可能面临决斗、酒馆斗殴、野外露宿时有人不小心点了火。"她记得,这还是宗教战争时期发生的事情,蒙田甚至参加了几场针对胡格诺派的保卫战，他还可能战死沙场。

辛波斯卡对这位自己挚爱的作家可能会碰到的危险早已熟稔于心，它们就如电影一般在她心中一幕幕地上演着：

> 秋末，太阳已经下山了。两位远行的人——行者和他的随从——沿着林间小路往家走。看不太清他们的长相，因为有雾，黄昏也在迅速弥漫。从灌木丛中射出几支箭，尖叫声响起，还有惊马的嘶鸣、枝丫的颤响，以及遁入深林的凶手的脚步声。马上的行者肩膀垮下，晃悠着头无力地摔到地上。好吧，这是一个愚蠢的错误：事实上，这条路在这个时段会有别人经过，但根本不应该是好心人米歇尔·德·蒙田。现在，受惊的随从正摇着他的身子，徒劳地想让他苏醒过来。他在三十多岁的时候被杀，那时他刚刚开始构思伟大的作品。[11]

辛波斯卡设想，这时就会有其他作品代替他的作品获得荣耀。

每位《非必要阅读》的读者都会在书中找到小寓言、历史片段、可能发生的或尚未发生的故事、某人的另类传记，或是以自己的方式讲述的一些过去的回忆或对未来的憧憬。

卡塔日娜·科伦达-扎勒斯卡描述了自己在阿姆斯特丹拍摄关于辛波斯卡的纪录片的经过。大家坐在旅行船上。导游说，他们正经过贵族区，那里的每栋房屋都属于一个家庭，仆人则住在楼梯间。辛波斯卡即刻便构思了一个故事：一位香料（或者布料）商人，他有能干的仆人和两个女儿，一个年轻又漂亮，另一个又老又驼背。有一天，仆人向貌美的女儿求婚，但是最终只得到了另一个女儿。"在我们的船靠岸之前，"科伦达-扎勒斯卡边回忆辛波斯卡的故事边说，"仆人挥霍掉了商人的财产，后来他和巴鲁赫·德·斯宾诺莎共事，为保卫城市而战，最终爱上了驼背女。我们下了船，在人群里搜寻着主角们的踪影，惊奇于自己这么快就回到了 21 世纪。"[12]

这很可能是事实,辛波斯卡步入花甲之年后,写诗的意愿逐渐褪去,或许从一开始,她便可能从事散文、虚构文学或者剧本创作?这样的话,其他诗人就会更容易获得诺贝尔文学奖了。

> 我就是我。
> 难以理解的巧合,
> 就像每个巧合一样。
> ……
> 命运对我来说
> 到目前为止都很友好。
>
> 美好时刻的记忆,
> 我并不是生来就有。
>
> 攀比的倾向
> 可以从我身上摘除。
>
> 我可以成为自己——但是不必惊奇,
> 而这也意味着,
> 我是个完全不同的人。
>
> ——《巨变中》,出自《瞬间》(2002)

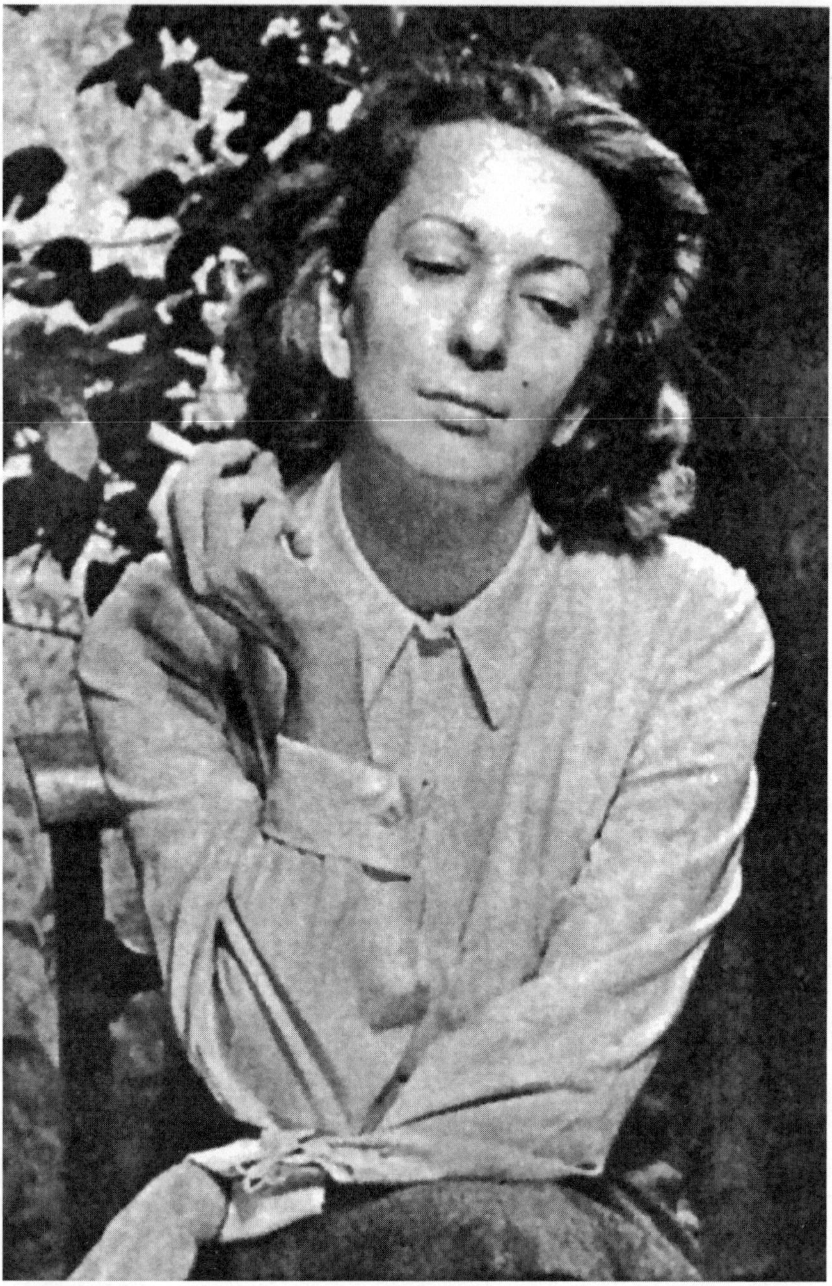

第19章 在斯德哥尔摩与国王抽烟

1996年10月3日，一个电话打给了维斯瓦娃·辛波斯卡，当时她正在扎科帕内的阿斯托里亚文学创作之家的房间里写诗。来电的是瑞典学院的工作人员，为的是正式告知她获得了诺贝尔文学奖的消息。她回复说，自己并不知道在这可怕的情况下该怎么办："我甚至不能逃向塔特拉山，因为那里太冷了，还下着雨。"[1] 门边突然出现了两个从布拉迪斯拉夫赶来的记者，手捧一大束红玫瑰。

辛波斯卡首先想和自己的姐姐分享这个消息。

"辛波斯卡打电话给我们，为的是不打扰姐姐睡觉。"伊丽莎白·平德尔告诉我们，她是纳沃亚的邻居和朋友。辛波斯卡是这么说的："伊丽莎白，我获得了诺贝尔文学奖，纳沃亚还在睡觉吗？那就别吵醒她了，我之后再打过来。"后来，直到晚上很晚的时候，她才再次给姐姐打了电话。

三年后，辛波斯卡才续写了那首被电话打断的诗。

消息公布后，记者们立即蜂拥而至，阿斯托里亚被围得水泄不通，辛波斯卡对他们说的第一句话是，她现在的感觉五味杂陈：既有惶恐和惊讶，也有兴奋和喜悦，无法接受这个事实。

"惊慌包围了我，我害怕去应付那种场面，我的整个人格都反对这样的交流形式，可我又不能总是拒绝。我多想有个分身啊！她比我年轻大概二十岁，非常上相，总之比我漂亮就对了。她可以代替我接受采访，这样我就可以专注写作了。"

"诺贝尔奖奖金丰厚，超过一百万美元，您是否偶尔会想，有了这么多的钱，根本就不必再写作了？"

"多少钱都无法取代写作的魔力，以及它带给我的折磨和喜悦。"辛波斯卡笑着回答。[2]

阿斯托里亚文学创作之家主管的房间被临时改造成了录音室，正是在那里，这位新晋诺贝尔文学奖得主回复听众说："我根本没想过自己能拿诺贝尔奖。那些认识我的人都知道，我说的是事实。"

"切斯瓦娃女士，这个意义重大的奖项是否会改变什么？"紧张的记者问道。

"维斯瓦娃，维斯瓦娃！"辛波斯卡纠正，"我必须接受这样的现实了，现在我只有几秒的时间来服用一颗镇静药，喝一口水。"[3]

当新闻发布会在大厅匆忙举办时，她说："我期望自己不会变成别的样子。"

"我天生是一个怀疑论者，特别是对自己而言。我试着不过多地考虑自己的事，但这并不是我在读者面前的自谦或是讨好。在众多我感兴趣的事面前，'我'真的不是我最关心的。世界是如此有趣，人们也很有意思，所以不值得聚焦在自己身上。"

她去吃午饭，下楼来到食堂，给自己盛了些莳萝汤，此时电话又响了。这回是切斯瓦夫·米沃什，他在表示祝贺的同时说，他能体会辛波斯卡的感受，因为他自己也经历过成名带来的困扰，现在轮到她了。

在辛波斯卡离开阿斯托里亚之前，电话铃一直响个不停，她已经无法喝上一碗热汤了。

在阿斯托里亚文学创作之家的客厅里，作家、诗人们围坐在一起看电视，在圆弧形的阳台上喝着咖啡或茶，每四人一桌坐在食堂吃饭。唯一的电话在接待处，一般来说，饭点儿的时候电话来得最勤，因为众所周知，这时所有人都在。这些年里，辛波斯卡在下楼吃饭时曾无数次被叫去接电话。那些打来电话的人的名字,会不会被她列为一份"在场名单"?或者以她的思维方式,列为一份"不在场名单"?无论答案是什么,如果她不来阿斯托里亚——这个见到任何作家或诗人都不奇怪的地方,那么那首关于克日什托夫·卡米尔·巴钦斯基的诗很可能就不会问世了:

> 他会去山上的客栈,
> 会下楼去餐厅吃晚饭,
> 他会从靠窗的桌子后面看着
> 四棵云杉,从树枝到树枝,
> 不抖落它们枝丫上新鲜的雪。
> ……
> 至于差一点被子弹击穿的耳软骨
> ——当最后一刻低下头时——
> 他会说"我真他×走了运"。
> ……
> 有时门前有人会呼喊:
> "巴钦斯基先生,您的电话。"
> 这没什么好奇怪的,
> 就是他,他起身拉紧自己的毛衣
> 慢慢地朝门口走去。
>
> 即便看到这个景象人们也不会中止谈话,
> 也不会半路定住或呼吸到一半时僵住,
> 因为这是稀松平常的事——可惜,可惜——
> 经常被看作稀松平常的事。
>
> ——《白天》,出自《桥上的人们》(1986)

安杰伊·克罗米奈克在回忆亚当·沃德克的时候揭开了一小段事实，最终成了一首诗："关于这个沃德克 / 他的脸颊上有一道微弱的痕迹 / 德国子弹在顺利刺穿他的耳廓之前擦过那里 / 留下了一块小而清晰的疤痕。"[4]

"我和我的同事们完全隐没在背景中——这对我个人来说很合适，一次美丽的经历，如果摄像机的闪光灯开始追逐我们，那真的很可怕……看吧，目前还没有任何征兆会如此，感谢上帝。追星的人，那些携带摄像机和闪光灯的人，他们的大脑中装着更重要的事情和更重要的人……我认为，诗歌已经不再和这些曝光在大众面前、吸引着目光和掌声的人产生联系了。"[5]辛波斯卡告诉亚力克山德尔·叶穆尼，她那时还不知道，自己错得有多离谱。

辛波斯卡的名字几年前就已经出现在诺贝尔文学奖的提名名单上了，当1995年爱尔兰诗人谢默斯·希尼获得诺贝尔文学奖的时候，女诗人长舒了一口气。

"她很满意自己没拿奖。"扬·尤瑟夫·什切潘斯基告诉我们，"她还获得了一种安全感。谁会料到，诺贝尔文学奖会连续两年颁发给欧洲诗人？"

"在所有可能的候选人中，瑞典新闻社最青睐辛波斯卡。"在诺贝尔奖公布的前一天，《选举报》斯德哥尔摩分社的记者彼德·赛戈尔斯基这样写道，"上一年的得主是希尼，这实际上让她获奖的概率降低了。尽管如此，她获奖的概率还是很大，因为已经连续两年都是男性作家获奖了。"[6]

"连续两年的得主都来自天主教国家的概率其实很低。"斯坦尼斯瓦夫·巴兰恰克说，"此外，这两个国家都有悲惨的历史，主要食物都是土豆（以及土豆加工品）。"[7]

第二天，辛波斯卡便已经不堪媒体之扰了。她在10月5日给波兰通讯社发去了一份声明：

所有我的朋友、熟人以及我本人，都没有预料到我会获得诺贝尔文学奖,这就是为什么伴随着快乐而来的还有麻烦……我知道,至少还有两位杰出的波兰诗人有机会得到这个奖,因此我情愿将这个奖项视作对整个波兰诗坛的肯定,我认为我们国家的诗歌值得世界投来关注的目光。发布这个声明没有特别的理由。从瑞典学院公布决定的那一刻开始,我已经做出了上百次的回复、声明、冗长或简短的演讲,但由于我的声带天生并不适应为此发声,我怀着希望写下这篇声明,请容许我的声带休息一段时间。希望我的这份手写声明能够让大家满意。非常感谢。"

即使在如此平淡无奇的声明中也可以发现她诗中的一些细节,只须将"我们毫无准备地来到这个世上"与"我没有准备获得诺贝尔文学奖"做个比较便知。

两天后,也就是10月7日,辛波斯卡在扎科帕内写信给亚采克·库隆:

> 亲爱的亚采克先生,抱歉我使用了这么肉麻的开场白,但这也是出于我对您不断的思念。有件事我非常需要您的帮助。您也知道,诺贝尔奖的奖金很丰厚,而我想好好利用这笔钱。我想将一半的钱,或者比一半少一点儿,放入自己的个人账户,同时加入我的遗嘱,用在各种不同的地方,但现在我还没有一个详尽的计划。另一半的钱我已经做好了打算……除了您,还有谁更明白什么人需要这笔钱、哪个机构需要资助呢?我不想让这些捐助被用在购买新地毯、圣像或者饮料上。

接着,辛波斯卡开始履行与诺贝尔文学奖得主相关的职责:她必须发表演讲,并敲定邀请去斯德哥尔摩参加颁奖典礼的客人名单。女诗人兼文学月刊《方片》的主编博古斯瓦娃·拉塔维茨写道:"辛波斯卡需要在一众文学评论家和诗人好友中进行选择,最终艰难地选出了十位好友,她只能带这么多人。这整个过程让我想起了诗歌《玫瑰》中的游戏:'院子里有一朵玫瑰,/它戴着红色的帽子。/玫瑰戴着红色的帽子游走/她会向谁鞠躬。'"[8]

为了保护自己的隐私,辛波斯卡紧急雇用了米哈乌·鲁希涅克做自己的秘书。鲁希涅克很有修养,并且坚定忠诚。辛波斯卡还决定,既然自己必须抛头露面,那么她将展示一个不那么严肃、不那么私人化的自己。她深深知道,在克拉科夫这座因为她的得奖而倍感荣耀的社交城市,完全避免和公众接触是不可能的。这就是为什么她接受了标志出版社主编耶日·伊尔格的邀请(他以其在文学领域擅长举办有趣的活动而闻名)。11月18日,辛波斯卡在克拉科夫大剧院参加了几百人的见面会,那些没机会进场的人可以在大厅的屏幕上看直播。[①] 在见面会上,辛波斯卡朗读了自己的六首诗,接着又非常认真地回答了特蕾莎·瓦拉斯提出的几个问题:她从来没有梦想过成名,所以无法将自己从"普通"塑造成"人人赞赏"的"重要人士"。她非常清楚该用自己的哪些侧面面对公众。

接着,游戏环节开始了。活动策划者耶日·伊尔格朗读了为辛波斯卡而写的打油诗:"一位获得诺贝尔奖的诗人/把公寓的门锁上了/但不是去斯德哥尔摩,/她藏在博恩霍尔姆的岬角/低声说:'这不关我的事。'"

接下来,维斯瓦娃·辛波斯卡的朋友们轮番登场,按照和伊尔格事先商量好的那样,朗读了自己为这次活动准备的打油诗。

布罗尼斯瓦夫·马伊读道:"维塞乌克——著名的环球旅行家/一生都梦想着到埃乌克旅行。/最后——她收拾好行李箱,锁上挂在门上的钥匙。/然后看到——聪明的瑞典人授予了她诺贝尔奖。/所以她必须去斯德哥尔摩。那埃乌克呢?整个埃乌克都为此哭泣。"

亚采克·沃兹尼亚科夫斯基读道:"克拉科夫有一个美丽的女子/她

[①] 这是一场新书推广活动,新出版的两本书分别是 a5 出版社出版的辛波斯卡诗选集《一粒沙看世界》,以及标志出版社出版的几十篇关于辛波斯卡诗作的评论文章的结集。

不爱给人签名/当幸运来临时/她明白了其中的道理/甚至愿意让人拍照。"

辛波斯卡也朗读了几首自己创作的打油诗，其中一首是为伊尔格而写的：

> 标志出版社的编辑耶日·伊尔格先生，
> 工作的时候把自己吊上钩子，
> 在桌子后面他放了一件皱巴巴的风衣，
> 为了让吓坏的作者惊呼：
> 可怜的人，一年后我会拿着手稿重返此地。

通过这种辛波斯卡和朋友们玩了许多年的文学游戏，她首次在公众面前散发了魅力。在不久的将来，这次见面会也将推动在波兰诗坛处于边缘地位的非严肃诗歌和荒谬诗歌的发展。

同时，诺贝尔奖也让一些右派人士嗅到了机会，他们重提辛波斯卡在斯大林时期创作的几首诗。《团结周刊》刊载了文章《引人深思的奖项》，作者是卢布林天主教大学的克日什托夫·迪布恰克。他声称，作为一个赞颂过斯大林和波兰统一工人党的诗人，辛波斯卡不可以成为道德楷模，若是仅评判她的作品，那么"她并未在文学创作领域引领任何新的潮流或者美学倾向，没有引发任何文艺界的讨论"。

文学评论家亚采克·特什那德尔写道，如果诺贝尔奖颁给了这些属于次等品的诗歌，那么这个评选背后一定存在着什么"游说团"，参与其中的则是"权贵群体"。"该如何处置辛波斯卡第一本诗集中那些关于斯大林的诗？"他关切地问，"通过书写美国军官的形象来宣扬对美帝国主义的憎恶（诗歌《来自朝鲜》）：'刺伤朝鲜男孩眼睛的可耻的、资本的折磨者的快乐。'我记得，人们在这首诗问世后还取笑过它。"有趣的是，这位特什那德尔也写过《国耻》，呼吁不要抹除过去，不过他好像并不愿意提及自己在1953年和1954年创作的两篇关于辛波斯卡的社会主义诗集的诗评。对辛波斯卡在诗中表达对朝鲜战争中美军军官形象的憎恶,他那时似乎大为感动。[9]

在辛波斯卡获得诺贝尔文学奖之后,《我们波兰》《波兰思想》等刊物中出现的标题均表达了他们的态度,这些标题包括"快乐好像少了点儿""如果赫贝特是女人……""特殊年代的诺贝尔奖""道德楷模?""诺贝尔奖得主的第二面""诺贝尔奖是否还有含金量?"等。

一些最为著名的文坛右翼人士也相应表达了质疑。如果波兰女诗人获得了诺贝尔文学奖,便意味着作为一个国家的波兰获得了这个奖项。既然奖项属于国家,那么就应该考虑,该给谁颁发这个奖。所以没什么值得多说的,事情很简单。"这是一个厌恶兹比格涅夫·赫贝特的奖。"他们如此评判。

这就是读者所获知的情况。据透露,瑞典学者最推崇的是辛波斯卡每月在《选举报》发表的专栏文章,以及她在《普世周刊》《奥得河》《响亮》等"不太爱国"的媒体上发表的诗歌。

而在一本名为《双面辛波斯卡》的怪书中,作者扭曲了这位诺贝尔文学奖得主身上被普遍认同的事实,书中写道:她的诗有"不太喜欢上帝"之嫌,且当诗中提到《圣经》时,她指的是《旧约》。

《仇恨》这首诗的事又被重新拎了出来。有观点认为《选举报》的主编向辛波斯卡约稿,希望她写一首反对"背景调查"的诗。

"这种攻击是一种潜在的赞扬。毕竟有人异想天开地认为,我有能力在几个小时内写出一首诗,并且这首诗还可以那么长。"辛波斯卡惊异地说道。与此同时,她还与几十名知识分子一起写了一封给政客们的信:"为了大众的利益,我们呼吁政府人员端正自己的言行举止,公共服务的理念不可磨灭。"[10]

1996年秋,我们与辛波斯卡亲朋好友们的主要聊天内容都是表达对她的同情,这位一夜成名的诺贝尔文学奖得主因媒体的关注和右翼的攻击而饱受折磨。"可怜的辛波斯卡。"他们以各种可能的方式为她感到难过,布罗尼斯瓦夫·马伊将诺贝尔文学奖的授予描述为"斯德哥尔摩悲剧"。只有塔戴乌什·赫沙诺夫斯基教授严厉地表示:"当你写出这么好的诗时,就得考虑获得诺贝尔文学奖的可能性,那么各种义务也会随之而来。"

"希尼先生给我写过一封信,信中谈到他在获得诺贝尔文学奖之后的生活:朋友们纷至沓来,你甚至很难记起他们是谁,以前从未听说过的亲戚也来拜访。而有些人会出乎意料地成为你的敌人,还有不胜其烦的出行和讲座等活动。他说:'可怜啊,可怜的辛波斯卡。'"她这样告诉美国《新闻周刊》的安德鲁·纳戈尔斯基,"对我来说,做讲座是一件很累人的事,我宁愿不做。我一生也就做过三次这样的讲座,每一次对我来说都是折磨。"[11]

辛波斯卡还这样告诉博古斯瓦娃·拉塔维茨:"在克拉科夫,我已经不再给任何人开门了,我只通过对讲机告诉他们——我姐姐不在家。家里的地上堆满了要钱的信,但其实我也没有钱。"[12]

从华沙机场出发前往斯德哥尔摩的时候,一位记者问辛波斯卡:"跻身世界最高文学殿堂是什么感觉呢?"

"时间会说明一切,我们一百年后再谈这个事吧。"她和记者这般约定。

当媒体还在报道她穿的是特里梅纳时装店定制的服装时,辛波斯卡已经抵达斯德哥尔摩了。她的手提箱里装着三件衣服,一件是灰色的,一件是千鸟格的,一件是酒红色的。另外还有两件晚礼服和两件外套。颁奖的时候,她身着一袭缀有莱卡配饰的法缎烟褐色长裙;[13]而在国王的舞会上,她则穿着一件有旧银色花边的钴蓝色连衣裙。

至于团队中的其他成员——她的秘书以及十位同行的朋友则不得不自己解决衣着问题。塔戴乌什·赫沙诺夫斯基教授告诉我们,他从斯洛伐克剧院借来了饰演奥涅金的演员所穿的燕尾服,仓促地将其修改成适合自己的尺寸,还在胸前别上了白鹰勋章。他告诉自己,如果别人问起,就说那是为了遮住子弹的痕迹。

在飞机上的时候，辛波斯卡的朋友们发现北欧航空出版的杂志上有很多彩色猴子的照片格外显眼。辛波斯卡十分喜欢猴子，于是随行人员便将相关页面撕了下来，送给她做拼贴明信片的材料（从瑞典回来后，鲁希涅克果然从辛波斯卡那里收到了一张带有签名的拼贴明信片，下面有一行字："克拉科夫已经有十二只猴子了"）。辛波斯卡和特蕾莎·瓦拉斯被邀请至驾驶舱参观，一路上，她们在想要不要恐吓机组人员，让飞机掉头向南飞，这样她们便可以在地中海沿岸的某个地方一直躲到诺贝尔奖颁奖典礼结束。

在华沙逗留期间，辛波斯卡被问及最让她害怕的东西是什么，她回答说是记者。但在斯德哥尔摩机场，等待她的正是一群记者和摄影师。这一切的确开始了。

"您觉得教皇的诗怎么样？"

"圣父只有在信仰方面是绝对正确的。"她说。

但她也会试图轻描淡写地回应。

"我并不避人，我非常喜欢见他们，但仅限于十二个人，超过这个数量就太多了。两个月里，围绕我的除了人，还是人。相较于那些享受被人群簇拥的人，我感受到的更多是压力，我是不太喜欢的。"

"您写了一篇诺贝尔奖颁奖史上最短的演讲稿，是真的吗？"

"我对此非常担心。这是因为我喜欢使用格言警句和缩写，在这方面我可能没法儿改变了。我不会写演讲稿，完全没有这方面的天赋。就像这样，我在这么小的一张纸上写稿，还画掉了一些，我也不知道自己到底写了多少，所以有那么几天，我一直害怕将稿子在电脑上打出来。修改后的演讲稿一共有六页半，一行都不多。如果组织者允许的话，我也会读三首和我的演讲内容相关的诗。"[14]

"艾娃·利普斯卡忘了带上她的长裙，爱德华·巴尔切然弄丢了一个装饰扣，塔戴乌什·赫沙诺夫斯基教授将白鹰勋章别在了自己的燕尾服上,雷沙德·克雷尼茨基在'世界笔会'的欢迎宴上没穿他的黑外套,而是穿了一件破旧的夹克,彼德·索默尔在还有十分钟就要出发前往音乐厅的时候找不到领结了。辛波斯卡在最后一刻对本来要穿的华丽礼服心生厌恶,迅速换上了一件烟褐色的连衣裙。事实上,在这次'女装比赛'中,她获得了第二名,她的衣服仅次于瑞典女王的长裙。"博古斯瓦娃·拉塔维茨讲述着他们在斯德哥尔摩时的小灾难。[15]

在官方计划中,一共有二十二项活动,这可能是辛波斯卡几个月甚至几年的活动数量。

12月6日,他们要在所住的斯德哥尔摩大酒店与其他获奖者及其家人进行私人会面。

12月7日,除了参加在音乐厅举办的诺贝尔奖颁奖典礼,在瑞典学院进行演讲是重中之重。之后,瑞典学院会举办晚宴,给获奖者接风。

辛波斯卡的演讲是这样开场的:

> 据说,开口的第一句话对任何演讲来说都是最难的,现在这对我已不成问题了。我是如此珍视"我不知道"这短短的一句话,它虽然简短,却有着丰满的羽翼,足以振翅飞翔。它扩大了我们生活的领域、我们身处的空间,也扩大了我们渺小地球所飘浮着的广袤宇宙。如果牛顿不曾对自己说"我不知道",掉落在小小果园地面上的那些苹果或许和冰雹没什么区别,他顶多弯下身子捡取,然后大快朵颐。倘若我的同胞居里夫人不曾对自己说"我不知道",或许她会在一所私立中学教化学,教那些家世良好的年轻姑娘,以这一份也称得上尊贵的职业了此一生……
>
> 譬如说,我会厚颜地想象,自己会有幸与《旧约·传道书》的作者聊天,他曾对人类徒劳的努力发出动人的噫叹。我会在他面前深深地鞠上一躬,因为至少对我而言,他是世界上最伟大的诗人之一。然后我会抓住他的手说:"传道者,您曾经写道,太阳底下没有

新鲜事。但是您本人就是诞生于太阳底下的新鲜事,您所创作的诗也是太阳底下的新鲜事,因为您前无古人。您所有的读者也是太阳底下的新鲜事……传道者,我还想问您,目前打算做些什么太阳底下的新鲜事?将您表达过的思想做进一步的补充,还是驳斥其中的一些观点?您曾在早期的作品中讨论过喜悦——它稍纵即逝,怎么办?说不定您会将喜悦写成太阳底下的新鲜诗?您做笔记吗?打草稿吗?我不相信您会说:'我已写下一切,再也没有任何需要补充的了。'这样的话世上没有一个诗人说得出口,像您这样伟大的诗人更是不会这么说。"

　　无论我们如何看待这个世界,它都是令人惊异的。但是"令人惊异"这个词暗藏着一个逻辑陷阱。毕竟这种"惊异"背离了众所周知的规范和我们生活中的耳濡目染。然而显而易见的世界并不存在。我们这种惊异是自发的,并非建立在与其他事物相比较的基础之上。

辛波斯卡用许多诗来表达这种不确定和惊异,但她以前从未写过与《传道书》的作者对话。后来当我们问她是不是在演讲中用到了一首她未完成之诗时,她点头表示肯定。

　　作为补充,她还在演讲中读了三首诗,瑞典学院的秘书斯图尔·艾伦说,辛波斯卡的演讲是他一生中听过的最长的诗。正如辛波斯卡宣称的那样,她用波兰语读了三首诗,分别是《赞美诗》《某些人》《事件的另一种说法》,而她的翻译安德斯·波德嘉尔德则用瑞典语又读了一遍。

　　　　可能我们已经考虑了很久,
　　　　如果我们可以选择置换身体。

　　　　已有的身体并不舒服,

衰老的时候也很丑陋。

……

我们同意了死亡，

但不是以任何姿态。

我们被爱情吸引了，

很好，但这只是

履行某些承诺的爱。

……

每个人都希望祖国没有邻国，

并在战争间歇的时间里

度过人生。

我们谁都不想掌权，

也不想受它的约束，

没有人想成为妄想的受害者，

无论这妄想的主人是自己，还是他人，

没有志愿者

加入人群、开始游行，

更不用说加入即将消亡的部落了

——然而如果没有这些，历史

就不能以任何方式

走过预料中的年岁。

——《事件的另一种说法》，出自《结束和开始》(1993)

12月8日，他们在波兰驻瑞典大使馆享用午餐。辛波斯卡与诗人托马斯·特朗斯特罗姆会面，后者在十五年后也获得了诺贝尔文学奖。

12月9日，辛波斯卡上午签售，结束后与瑞典以及国际文化的代表们共进午餐，而后参加由诺贝尔奖基金会为本年度所有奖项的获得者举办的招待会，晚上则参加作者见面会。

"每隔几个小时，她的脸、手以及整个身心就会置于世界各地电视台的镜头之下，"博古斯瓦娃·拉塔维茨写道，"这种状态要持续多长时间呢？吃早餐时，她满脸憔悴。她相信总有那么一秒，人们关注的不是她。'我完全没睡着，哪怕一秒。'辛波斯卡像一个疲倦的孩子一样轻声地向我抱怨，然后深深地吸了口气，眯缝着眼睛，片刻后，抽了第三支烟。"

诺贝尔奖颁奖典礼的前一天，会场精心布置的装饰物摇曳着，闪烁着，在蓝宝石色的花束球、豪华轿车和亮眼的镁光灯后面，露出了辛波斯卡疲惫的脸庞。大家没有预料到，毕竟新科得主应该真诚地散发出喜悦的光芒啊。

"直到现在我才理解了关于奥菲斯的神话，他最终被爱上他歌声的酒神女信徒们撕成了碎片。"辛波斯卡边用手抚摸脸颊边说，仿佛希望能从脸上摘下那张沉闷而厚重的面具，"原来这根本不是寓言……在这几个小时内，我不想见任何人，不想与任何人说话，也不想听任何人说话，否则我明天会崩溃的。"16

辛波斯卡放弃了原定于12月9日的行程。她没有去斯德哥尔摩最大的书店签售，那里有成群的民众。尽管大多数人都理解她的缺席，但也有很多人感到愤愤不平。《选举报》的一名记者听到一位女士抱怨："我们都期待诺贝尔奖得主能来给我们签名。这可真是孩子们的好榜样！"一位书店员工告诉他："我们从来没有遇到过诺贝尔奖得主缺席的情况。去年，尽管发着高烧，谢默斯·希尼还是参加了书店的签售活动。"17

辛波斯卡也没有去吃午餐，只在学院大礼堂宴会的庆祝仪式上露了几十秒的面，留下了合影。晚上的作者见面会她也没有去。

"医生刚才对她进行了检查，"博古斯瓦娃·拉塔维茨说，"她只是得了瑞典人常说的'诺贝尔奖病'，并不严重。每年都有人患这个病，医生建议她放平心态。"

第二天，辛波斯卡心情好多了，还去吃了早餐。"今天国王会向我求婚，因为我已经有嫁妆了。"她说道，随后便回到了繁忙的日程中。[18]

上午在音乐厅进行主要仪式的彩排。"这倒是一次观看获奖者接受宫廷礼仪训练的机会。"她说。

"十位诺贝尔奖得主、三把镀金的蓝色软垫扶手椅、八千朵黄色和橙色的康乃馨、一千二百朵百合花、一千朵剑兰和二百朵非洲菊——光是气味都会让你头晕目眩，尽管在彩排时，所有的花还被包在锡箔纸中。"《选举报》的一名记者这样描述道。[19]

瑞典国王担任诺贝尔基金会主席。因此，每位获奖者都要练习用左手领奖，用右手与君主握手，然后还要了解鞠躬的顺序：先向国王，再是学院，最后是观众。耶日·伊尔格讲述了因为只有一套拍照用的证书和奖章，国王是如何在不同的获奖人中间跑来跑去的。[20]下午颁奖的时候，辛波斯卡鞠的第一个躬面向的是观众，而不是国王。尽管这的确略显失礼，但她凭借这不合规矩的做法，逗乐了同时也打动了每个人。由国王卡尔十六世·古斯塔夫亲自颁发奖项的颁奖仪式于下午4点进行，晚上9点则在市政大厅举办招待晚宴。

现场有一千二百五十位客人、六百五十张桌子和三百零五名服务员。前菜是果冻龙虾配花椰菜奶油、鱼子酱和一种名叫"诺贝尔"的面包，面包里配有四种坚果；主菜是珍珠鸡配拉普兰土豆和柠檬酱煮蔬菜。"尽管菜品的名字听起来不错，但吃起来很糟糕，甚至都没有搭配咖啡的白兰地，而且现场还上演了一场伪东方风格的话剧表演。"记者这样写道。[21]

宴会上，辛波斯卡坐在国王卡尔十六世右侧的贵宾席上。她后来告诉瑞典电视台，她觉得这一切都是那么不同寻常，而且她以前从未在国王旁边坐过。

辛波斯卡是一个"老烟枪"，多年来她一直避免参加禁烟的官方庆祝活动，但她却设法拉着国王一起离开了宴会，并成功地抽起了烟。通过一张照片，我们可以看到诗人吐烟圈时的喜悦，但这张照片被虚化处理了，因为照片中也出现了瑞典国王，他不应该给人民做出这种"表率"。反对吸烟的人对瑞典图书馆张贴的海报发起了抗议，这张海报上印着由尤安娜·赫兰德拍摄的辛波斯卡正在吸烟的照片。

爱德华·巴尔切然当时也在斯德哥尔摩，他告诉我们，辛波斯卡曾这样问他："您戒烟了吗？哦，我的意思是，您不想死吗？"

辛波斯卡曾写道："《人间喜剧》徜徉于咖啡之海中，《匹克威克外传》浸淫在茶之湖的滋润中，《塔杜施先生》《黑暗之心》《魔山》等作品则诞生于烟草的氤氲之中。"[22] 在拉尔斯·赫兰德拍摄的纪录片中，辛波斯卡着重强调了这句话："当我获得诺贝尔文学奖的时候，我意识到那些杰出前辈的作品，比如托马斯·曼和黑塞的作品，也是在烟雾缭绕的环境中创作出来的。我十分怀疑，戒烟口香糖是不是也能推动文学创作的发展呢？"

留给辛波斯卡的活动议程还剩下：到斯德哥尔摩大学斯拉夫研究学院参加会议、参加瑞典国王夫妇在皇家城堡为诺贝尔奖得主举办的宴会（12月11日），参观诺贝尔基金会并参加在哥德堡举行的大学会议（12月12日），访问乌普萨拉大学（12月13日），在瑞典学院大楼内与住在斯德哥尔摩的波兰侨民见面并签售诗集（12月14日）。

在与波兰侨民见面的过程中，莱昂纳多·内奥格对辛波斯卡不吝夸赞，辛波斯卡打断了他："内奥格，我才没有你说的那么夸张。米沃什也写过，生活在我的世界里并不是没有可能的。"[23]

在为诺贝尔奖举办的一场宴会中，辛波斯卡遇见了因在生理学、医学和免疫学领域的成就而获得诺贝尔奖的罗夫·辛克纳吉教授。辛波斯卡向对方坦白，自己更愿意在他工作的领域获得诺贝尔奖。他回答道："如果您这么说的话，您已经可以在我这里获得一份工作了。""好呀，需要我去做什么呢？""最开始的话，您会在我的实验室里清洗玻璃用品。"[24]

对于那些受邀前往斯德哥尔摩参加诺贝尔奖庆祝活动的客人，辛波斯卡鼓励他们参观她上次来访时参观过的、已经变成了博物馆的瓦萨号轮船。它本是17世纪瑞典海军的骄傲，但未能成功抵达波兰，首次出海后四十分钟内就沉没了。博古斯瓦娃·拉塔维茨记录了辛波斯卡当时说的一句话："如果国家之间发生军事冲突，冲突过后留下的只有博物馆的展览，那就太美了。"[25]

几年后，当波德嘉尔德用瑞典语翻译的另一部辛波斯卡诗作的大型选集出版时，辛波斯卡和米哈乌·鲁希涅克一起来到斯德哥尔摩参加"作家之夜"。"导游带我们去了一家餐厅，诺贝尔奖委员会就在那家餐厅的楼上办公。"鲁希涅克告诉我们，"导游告诉服务员，我们没有提前预订位置，但是这位女士获得了诺贝尔奖。""哪年的？"服务员问道。"1996年。"她回答说。"什么奖？""文学奖。""好的，那么请坐靠窗的座位吧。"

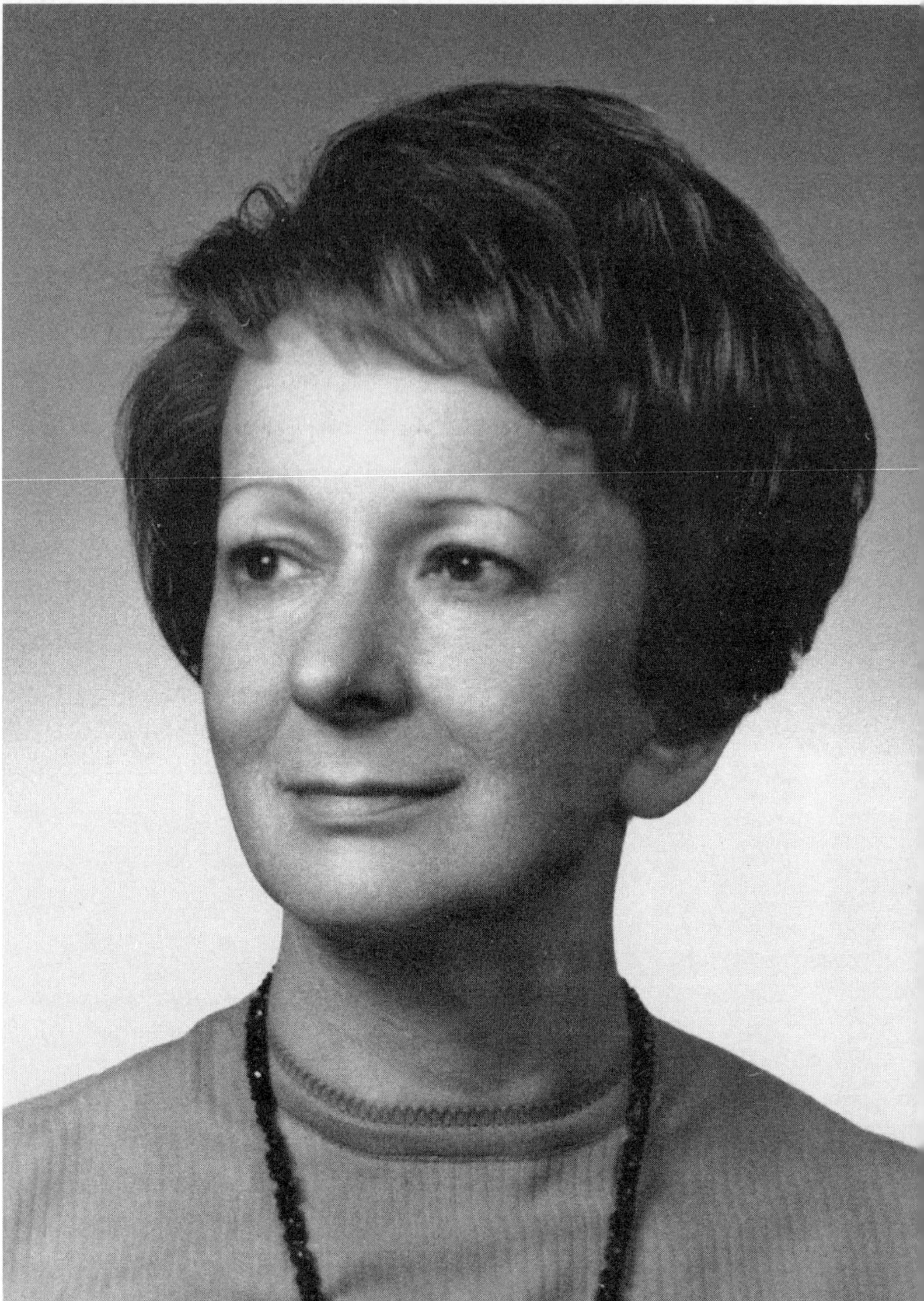

第20章 女诗人的秘书

辛波斯卡公寓里的电话铃声几乎从未停止过,她也越来越恐慌。她害怕接电话,害怕和来自世界各地的人交谈,而这些人大多是陌生人,他们用不同的语言祝贺辛波斯卡获得了诺贝尔文学奖,邀请她参加"作家之夜"、庆祝活动或者到国外访问,也请求她接受采访,向她索要签名或者诗歌翻译的许可。

辛波斯卡之前也想过雇个秘书,因为她厌倦了处理政府事务和往来信件,讨厌经常往邮局跑以及付账单等琐事,但现在这些事情都变得更加紧急了。特蕾莎·瓦拉斯向她推荐了自己的学生米哈乌·鲁希涅克,辛波斯卡绝望地向鲁希涅克展示了自己那部一直在响的电话。

鲁希涅克俯身看了看这部电话,表示电话没法儿关掉,因为插座在衣柜后面,而衣柜紧贴在墙上。他要来一把剪刀,把电话线剪断了,电话安静了,辛波斯卡很高兴。然后,鲁希涅克跑到商店买来一台答录机并安装好。他在答录机上录下一段听上去不太客气的语音留言,正是这段语音留言让辛波斯卡在未来的几年里重获安宁。有一段时间,语音留言是这样的:"电话号码是×××,要么留下简短的信息,要么请咨询您的医生或药剂师。"——这段语音留言在辛波斯卡的朋友和熟人中激起了不小的反应,所以被换掉了。

特蕾莎·瓦拉斯告诉我们,从一开始她就很清楚,辛波斯卡的秘书一定得是一位年轻男性,因为这能在秘书和辛波斯卡之间创造一种天然的距离。这个人还得是一个忠诚而幽默、聪明而礼貌,并且口齿伶俐的年轻人……她认为鲁希涅克十分符合这个标准,他那时刚在瓦拉斯这里完成题为《古代的毁灭》的论文答辩,内容是探讨马切伊·卡齐米日·萨尔别夫斯基《万国之神》中的文本关系。而这次电话紧急事件也是一次考验,最终他被辛波斯卡选中了。

然而鲁希涅克谦虚地强调,自己能够得到这个职位是别人举荐的结果,这在波兰很常见。不过毕竟有好几个人前来应征这份工作,而他剪断电话线的做法确实令人惊艳。遗憾的是,几乎就在接受这份工作的同时,他和新婚妻子开始了一场计划已久的旅行。

"我向辛波斯卡隐瞒了这件事,因为如果她知道在这段风暴最强、压力最大的时段,鲁希涅克不能在身边,一定会惊慌失措。"特蕾莎·瓦拉斯告诉我们,"我让她相信,鲁希涅克只是短暂地离开,随时都会回来,我可以先替他工作。事实证明,我帮他保住这份工作的决定是正确的。辛波斯卡经常念叨:'如果我真的欠你什么,那就是你将鲁希涅克带到了我身边。'我了解她,知道她并不想要一个功能性的秘书,就像秘书处或办公室里的那种官员,她需要的是一个对自己有用的人,毕竟有关诺贝尔奖的热度已经过去了,而鲁希涅克满足了这一需求。他们之间没有虚假的合作关系,辛波斯卡经常用'你'来称呼别人,但和鲁希涅克在一起时,两个人却常用'先生'和'女士'相称。他们倒是有着相似的幽默感。"

因此,当鲁希涅克通过对讲机告诉辛波斯卡,他将要乘车归来,车里满载着想要和辛波斯卡在院子里合影的日本人时,她并没有吓得把自己关在公寓里,因为她知道这只是个玩笑。但鲁希涅克成功地骗到了别人。比如有一次,乌尔舒拉·科齐奥乌在获得一个重要奖项时邀请辛波斯卡与她同去,她们二人住在一起,而鲁希涅克则被安排住在酒店里。第二天,鲁希涅克告诉科齐奥乌,当他晚上回到酒店时,不知为什么,房间里出现了一个陌生女人,手里还拿着一根鞭子。"这家酒店叫什么名字?"科齐奥乌惊恐地问道。"阿佛洛狄忒。"他回答的时候连眼睛都没眨一下。辛波斯卡从一开始就知道他在编故事,但科齐奥乌却极力解释道,安排酒店的不是她,她只知道一家"便宜又体面"的酒店。

甚至有的时候,辛波斯卡也会上当。有一次,鲁希涅克在愚人节模仿伏瓦迪斯瓦夫·巴尔托舍夫斯基的声音给辛波斯卡打电话。后来辛波斯卡打电话询问他:"你知道巴尔托舍夫斯基在哪里吗?他没有说他住在克拉科夫的什么地方,但他说有重要的事情找我。"这可把鲁希涅克乐坏了。

鲁希涅克旅行回来,直接参加了辛波斯卡在老剧院举办的第一场获得诺贝尔文学奖之后的"作家之夜",并立即为她写了一首诗:"当克拉科夫的一位诗人获得诺贝尔奖时,/一半的波兰人开始阅读诗歌。/只有普沃茨克附近的人民/他们以为是维斯沃茨卡获得了诺贝尔奖。/哦,典型的弗洛伊德式错误行为。"

"他就是那个你一眼就认定的秘书?"几年后,我们这样问辛波斯卡。

"是的,他是瓦拉斯的学生,这意味着我有机会了解他最坏的一面。如果没有鲁希涅克先生,我绝对应付不了获得诺贝尔文学奖之后的这些事儿。我知道他还有其他几个工作机会,幸亏我及时见到了他。三个月后,我打电话给他的母亲,感谢她把儿子养得这么好。"

鲁希涅克也喜欢讲笑话,这些笑话正如他声称的那样,是他亲耳所闻,而不是编造出来的。有一个笑话是这样的:渔夫钓到了一条金色的鱼,作为放生它的回报,鱼答应渔夫帮他实现一个愿望。渔夫说想要一位善良、谦逊、勤劳、富有的女性。他回到家,看见了辛波斯卡。

在获得诺贝尔文学奖后的一年里,也就是从1996年10月到1997年10月,辛波斯卡接受了十多次采访,比她之前接受的所有采访还要多。她还给自己照了一些照片,在两部纪录片(分别在瑞典和德国的电视台播放)中出镜,参加了数十次签售会,回答了智利、中国、韩国、埃及等国提出的有关翻译授权的问题,处理了资助白血病儿童的手续,与亚采克·库隆多次会面。她还将部分诺贝尔奖奖金捐赠给了慈善机构,将诺贝尔奖章捐给了雅盖隆大学(她在斯德哥尔摩的时候拿到了奖章的复制品,两个奖章几乎一模一样,以至于在去雅盖隆大学之前,她甚至无法判断应该捐出哪一个)。她还决定换一套公寓,看了几家,最后选了一个面积大一点儿的。那是一栋比较新的公寓楼,她终于不用住在没有电梯的四层了,搬家工作也就此开始。

"我喜欢她在霍奇姆斯卡大街的那套公寓,"伊丽莎白·泽亨特尔说,"但辛波斯卡告诉我,她是毫无遗憾地搬走的,因为她的所爱之人——亚当、科尔内尔、纳沃亚的死讯,都是在那所老房子里收到的。"

"搬家工作始终进展缓慢,因为辛波斯卡女士喜欢零零散散地搬东西:两个花瓶,四个碗,一个地球仪——它很大,所以一次只能搬这一个东西。一整周都是如此。"1997年11月8日,鲁希涅克在给尤安娜·什琛斯纳的电子邮件中写道。

在姐夫的帮助下,鲁希涅克用自己的车亲自搬运了辛波斯卡的藏书。

"鲁希涅克先生帮我整理书。"辛波斯卡说道,毕竟她的书房相对较小,"他非常清楚这些东西该放在哪里,也能立刻找到所有东西。而且想要将书房布置得有条理并不是件容易事。我与同样拥有很多书的亨利克·马尔凯维奇讨论过这个问题,我们一致认为,有些书不属于任何类别,你不知道该把它们放在哪里;有些书则分属好几个类别,你也不知道该把它们放在哪里。"

鲁希涅克说:"我问辛波斯卡女士勒内·吉拉德的《替罪羊》应该放在哪里,而她说:'放在乌尔舒拉·科齐奥乌的书旁边吧。'"

虽然聘请了室内设计师来装修公寓,但针对公寓的风格,辛波斯卡还是提出了"简约普通"的要求("我说过,我绝对不会住在任何风景或装饰中")。尽管设计师坚决反对,她还是在屋里放了几张坚硬的凳子。正如艾娃·利普斯卡所说,辛波斯卡家的凳子就不是用来让客人久坐的。

在辛波斯卡获得诺贝尔文学奖后收到的一些奇怪的请求中,最引人注目的是一份邀请，来自时任文化部部长的波兰人民党党员兹齐斯瓦夫·波德坎斯基。部长希望辛波斯卡能够来众议院，向议员们介绍"几首自己的诗"。其他几个奇怪的请求也不相上下：在盐节[①]的时候，盐矿之乡维利奇卡邀请她参加小组讨论，如果不愿讨论，至少也要朗读一首《盐》中的诗；歌手埃蒂塔·盖尔尼亚克和"提词人的盒子"乐队都曾邀请辛波斯卡为他们的歌作词；一个皮划艇团队也曾请求她为他们创办俱乐部想办法。

旅游观光画册的出版商经常询问辛波斯卡是否写过与某个城市有关的诗，如果答案是否定的，就会问她是否可以创作一首。克拉科夫市政府的一位女士刚刚发起反色情作品的活动，便打电话给鲁希涅克，说她知道辛波斯卡女士曾就此方面发表过看法。我们问："他们是想引用'再没有比思想更淫荡的事物了。/这类放浪的行径嚣狂如随风飘送的野草'这一段吗？""他们不知道自己究竟想引用什么。"鲁希涅克说，"我建议他们阅读《对色情文学的看法》，看看它究竟是关于什么的，但我听说他们手里都没有这首诗。"

小波兰地区森济舒夫镇以维斯瓦娃·辛波斯卡的名字命名了一条街。必须说明的是，在辛波斯卡看来，人在活着的时候不应该被竖立在纪念碑上。这件事说起来十分微妙，毕竟命名的意图是好的。正如鲁希涅克所说，辛波斯卡也是教育改革的受害者之一，新的学校、新的体育馆成立后，许多人决定以她的名字命名。甚至有人希望她成为某校的教母。有一次鲁希涅克放纵了一把，写了一封发自内心的信，信中是那种他很想用来回复各式各样提议的话，那封信是这么结尾的："要是没得严重痢疾 / 就不要让学校叫作'辛波斯卡'。"

"应该注意小地方邀请者的感受。"辛波斯卡说，"我说'不'的话，他们可能会认为，要是他们来自大城市，我就不会拒绝了。实际上，

[①] 由位于克拉科夫的维利奇卡盐场博物馆组织的一项周期性露天活动。——译者注

我不会去像纽约这样的大城市，就连伊斯坦布尔这样的古城我也不会去——即使他们邀请了我。"

鲁希涅克说："有一次，土耳其出版商的邀请函里承诺说可以提供商务舱航班和豪华酒店。在回信时，我用套话礼貌性地回复了他们，但我犯了个错误，我本应该写'辛波斯卡女士接下来的三个月都去不了'，结果我写成了'辛波斯卡女士接下来会去三个月'。结果他们也礼貌地回答说他们很高兴，但在这种情况下，他们可以定一个便宜些的酒店吗？"

辛波斯卡向我们坦白道，她的秘书想出了一个用来回绝邀请的更好的模板，但遗憾的是，她没办法用，因为她不能保证对方是否也具有同样的幽默感，这个回复是这样的："如果我年轻一点的话，一定会接受这个邀请。"然而，如何礼貌地拒绝一定是她经常关心的问题。在她为《爱因斯坦必读语录》所写的评论文章中，辛波斯卡讲述了爱因斯坦经常收到大量学术论文希望他评估，并得到他的肯定。"如果全部读完，他就没有时间做其他事情了。最终，他耐心耗尽，对秘书说，应该这么回复：'至于你寄来的论文，爱因斯坦教授执意希望别人假装他已经死了一段时间了。'"[1]

"各类事情很多，你要同时应付上千个问题，想想如何将其程式化，礼貌且巧妙地拒绝，以免得罪任何人。遗憾的是，我总会遇到一些让我无话可说的事情。有一次，我收到了维护波兰卫生活动的邀请，活动目的是清理城镇和村庄的垃圾。这想法是正确且崇高的，但我又能做什么呢？"

"我们想到的回复方式是：'我倒是有一把扫帚，但我只把它当成交通工具。'"鲁希涅克补充道，"辛波斯卡女士还思考了信件的结尾，例如'我会亲吻我秘书的脚'①。"

"鲁希涅克只是一个执行者，还是一个幕后掌权人？"我们问辛波

---

① 老辈波兰人在写信时会在结尾写"吻你的手"，这来自波兰人亲吻女士的手以表示尊重的习惯。在这里，辛波斯卡用这句话对此做了一个玩笑式的颠覆。——编者注

斯卡。

辛波斯卡回答："有些事他不会替我做，但有些事他会在没有询问我的情况下决定和回复，主要是有关授予荣誉称号、加入各种委员会、参加剪彩活动等的事。他会帮我回复那些关于开会、授予荣誉和签名的事。至于其他的，反正他有分寸，不用问我。"鲁希涅克说："我在任何情况下都不能决定某件事，我不去打扰辛波斯卡女士的原因是有些事我们早就达成了共识，她同意我针对这类事统统说'不'，而有些事我也知道要用'乌龟'的方式处理，也就是等着。但是面对各种各样的邀请，我还是要询问她的意见，即使只是走个形式……"

"如果我接受所有邀请，那我就会一直在路上：四天在玻利维亚，五天在日本，七天在澳大利亚……鲁希涅克先生，有人邀请我去澳大利亚吗？"

"还没有。"

一般来说，辛波斯卡是通过鲁希涅克来接触世界的（当然，这不适用于她的朋友）。鲁希涅克是一名"守门员"，所以必须阻止各种邀请。"否则，"他向我们解释说，"辛波斯卡女士就要一直与某位操着东方口音的神秘作家纠缠不清，这人自称耶稣，还说：'您竟然不知道我是谁！'我经常左右为难：有人哭着求我，说全都指望我了，可辛波斯卡女士还是拒绝了。我知道如果辛波斯卡女士以'大局'为重，在这样那样的场合出现，那很棒，但我要怎么跟人们解释，辛波斯卡女士其实没办法为公众服务。我想很多人都很讨厌我这个秘书，因为在我来之前，他们和辛波斯卡的沟通十分顺畅，现在却出现了一个'从中作梗'的人。这很难，我想我的角色应该是一个坏警察，这样才能烘托出辛波斯卡女士好警察的身份。我会第一个站出来说'不'，然后她会说：'但在这种情况下，可以有特例……'"

辛波斯卡经常被邀请为上诉、请愿或抗议活动提供签名或支持。鲁希涅克说他没有做过任何甄选。辛波斯卡一共签了几十封这样的信。去除可识别身份的信息后,我们将这些信交给政治学家亚历山大·斯莫拉尔博士,让他描述作者的政治面貌。他回信说:"这些都是自由主义的观点,但并不是经济或政治意义上的,我并没有看到针对这些话题的明确看法,只是凸显了道德和文化上的自由主义。这些观点忠于十年前的自由联盟和波兰第三共和国。辛波斯卡不喜欢激进主义,无论是宗教方面的还是政治方面的。但她避免发表果决的声明,可以说,这是支持自由联盟的知识分子的典型做法。当涉及人权问题时,这种类型的人会在外交事务中表达自己的想法。我认为她从来不是发起人,而是收集了由她信任的人转交给她的信件,并为这些有着高尚思想的信签名。"

没错,但辛波斯卡其实认真甄别了要她签名的信的内容,有时候她也会被说服。

尤安娜·什琛斯纳说:"我亲耳听到了马莱克·埃德尔曼博士与辛波斯卡的谈话,当时他想为自己身为前自由联盟议员的朋友求取辛波斯卡的签名支持。我当时在埃德尔曼旁边,听着他给辛波斯卡打电话。他的慷慨陈词就仿佛此时波兰民主的命运就掌握在辛波斯卡的手中。我想辛波斯卡那时的态度仍是拒绝,但埃德尔曼突然大声说道:'您心爱的托马斯·曼就是个不食人间烟火的人,获得诺贝尔文学奖后他就去了瑞士,把德国人民留给了希特勒。您不能丢下我们!'当他把听筒递给我的时候,对面先是片刻的沉默,然后辛波斯卡说道:'好吧,我答应他。让埃德尔曼博士在需要的时候,把东西交给我签名吧。'"

在签名这件事上,辛波斯卡秉持的是她这辈子一贯的信念——对朋友的忠诚、对政治运动的厌恶以及她个人深刻的信念。"在堕胎问题上,我毫无疑问要发表自己的看法。"她告诉我们,"堕胎是一个糟糕的解决方案,但把婴儿扔进垃圾箱、埋在树林里或塞进木桶里,就更糟糕了。"所以,她为三封有关支持堕胎的联名信签了名。

她在"背景调查"方面的立场同样坚定。她永远不会去国家纪念研究所查看自己的档案,即使这些东西被寄到了家里。"不,我肯定不会看。

就让人们自然消亡吧,过一段时间再由历史学家去收集这些资料,展开研究。即使是最凶恶的谋杀犯、恐怖分子和强奸犯也不会被公然暴露在公众面前,他们的身份通常只由名字和姓氏的第一个字母代表。被调查的人也不会想让自己的资料被太多人翻阅。电视上时不时播放国家纪念研究所走廊的片段,里面到处都是安全局的官员们'热火朝天'地工作的景象——公文包、盒子、包裹散落在各个角落。想象一下,把任何东西从任何一个架子上拿下来,都会激起一阵烟尘,而整个社会则必须呼吸这些'烟尘'。这样的情况要持续多久?究竟又是为了什么?我认为那些热衷于指责和评判他人的人是危险的。他们的眼神飘忽不定,脸上堆满得意的假笑,搓着那双永远干净的手……在某部印度古籍中有这样一句话:'法官不会在审判中体验到快乐。'是的,无论是职业法官还是比喻意义上的法官,都应该在此过程中感到难过。在这种心态下判案,正义才会来得轻松一些。"

辛波斯卡公开的办公室位于卡诺尼察街波兰作家协会的办公区,但事实上,她真正的"办公室"是鲁希涅克的电脑、手机和传真机。每天上午10点,他们互通电话,讨论正在发生的事和将要做的事。他们通常每周会面两次,辛波斯卡管这叫"洗牌"。

"我的工作随着技术的发展而进步,"鲁希涅克告诉我们,"十五年前,我在跑邮局和买传真卷纸上花了很多时间。对辛波斯卡女士来说,传真完全是外来物。让她感到好笑的是,这些字母一个接一个地从那台机器中打出来,就像中世纪慢慢打开的卷轴。"

辛波斯卡说她的秘书一直在劝她使用一些现代设备,以此来改善生活。但她始终在为自己辩解,认为自己不需要。然而她最终还是屈服了,决定使用手机。但久而久之,这也给她带来了麻烦。当她第一次用手机给鲁希涅克打电话时,鲁希涅克张口就说:"早上好,辛波斯卡女士!"她很惊讶:"你怎么知道是我?"鲁希涅克回答说他能看到。她害怕地说:"哎呀,我都没穿衣服。"

尽管辛波斯卡尽了最大的努力，但电话还是响个不停，信件、短信、传真如流水般源源不断地涌来。一个务实的德国人在信封里塞了很多空白纸张，希望获得辛波斯卡的签名。"我非常好奇，多少个我的亲笔签名能换来一个安杰伊·戈洛塔的签名。"辛波斯卡这样想着。不久之后，也就是1997年3月，这位波兰重量级拳击冠军和辛波斯卡并排出现在了流行文化杂志《机械》的同一页，杂志说他们二人都"凭借自己的成就俘获了波兰人的心"，因而给他们颁发了奖项。

在这些信中，大家给她的称谓是"维斯瓦娃·辛波斯卡教授""波兰作家协会主席""波兰诗歌女王""波兰母亲"。信件如此之多，米哈乌·鲁希涅克不得不放弃代替她回复每一封信的大胆想法。他将粗略挑选后的信件带过来，为了便于在混乱中精准定位，他按照以下类别整理出信件清单：1. 祝贺信；2. 读者提议信；3. 出版意见信；4. 无法归类的信；5. 疯子写的信。他们一起讨论要给谁回信。

他们按照一定的格式回复了大部分信件，但有时有些信件的回复不得不考虑一段时间。辛波斯卡给众议院议长马莱克·博罗夫斯基回信，后者曾在她过生日时发来祝贺。辛波斯卡在信中说支持公众关注她的生活，但出生日期除外。

"鲁希涅克先生所做的工作非常辛苦。"辛波斯卡说，"我们道别的时候，我总会说：'你看，我们又做了很多不错却无用的工作。'"

在获得诺贝尔文学奖后的头三年里，辛波斯卡没有写过一首诗。当鲁希涅克终于收到辛波斯卡的新作《舞会》和《谈谈灵魂》时，他非常兴奋，开始在辛波斯卡面前朗读起来。然后他听到辛波斯卡说："鲁希涅克先生，不要在我面前读了。如果您想一会儿再读的话，读完后也不要谈论诗中的任何内容。你夸我，我不会相信，你批评我，我会伤心遗憾。"有一次，鲁希涅克向她表达对某首诗的喜爱时，被辛波斯卡责备道："我们有约定的，你必须遵守。"

"什么约定？"我们问。

"约定很简单：我不能谈论她的诗歌。我可以做的只是提一些小建议，比如在这里或那里加入逗号。通常她会接受我的建议。在新诗集中出现的大约一半逗号都是我的功劳。所以我计划未来某天出版一本《逗号选》，也可以说是我对波兰文学所做的贡献。"鲁希涅克说。

　　遗憾的是，当辛波斯卡不写诗的时候，似乎有人"取而代之"了。在此期间，一首名为《我的感受》的诗开始在波兰国内外流传，这首诗讨论了年老时如何有尊严地忍受苍老，不管疾病如何折磨身体："他们说年老是一个黄金时代／当我上床睡觉时，我总是想着它……"这首诗首次刊登于某本国家退伍军人杂志上。辛波斯卡在《选举报》上写下了一篇绝望的否认声明："有些读者毫无怀疑地认为这首诗是我写的，这让我很痛苦。难道我已经又傻又没能力写诗了吗？"她还引用了这首诗里的一句话："'哮喘，心脏病惊扰着我，我喘不过气来。'我的情况并非如此，我还没有病得那么严重。"①

　　然而这首伪作却在出版界出奇地活跃。我们知道这首诗已经从法语译成了希伯来语，我们试图在最后一刻阻止它的出版，但没有成功。一位上了年纪的物理学教授、著名的科学推广人在接受巴黎的《历史笔记》采访时引用了这首诗中的一句话，并认为自己是在引用辛波斯卡的原话。

　　鲁希涅克说："我们总会听说这首伪作被挂在了某个诊所或医院的老年病房里。这件事让辛波斯卡女士非常担心，所以当有人要求将其翻译成葡萄牙语或日语时，我并没有告诉她。"

　　2011年秋天，克里斯蒂娜·克雷尼茨卡在布斯科疗养院的保健室见到了这首诗。她试图说服管理层相信这首诗不是辛波斯卡写的，然而并没有成功。

　　当下一位诺贝尔文学奖得主出现时，辛波斯卡才松了口气。1997年，

---

① 《维斯瓦娃·辛波斯卡书信》，载《选举报》。之后，真正的作者现身并在给《选举报》的一封信中解释说，这是一种文学挑衅，目的在于"嘲笑不加评判的评论家和读者，因为他们评价作品的唯一标准就是作家的名字"。

意大利作家达里奥·福获得了诺贝尔文学奖，古斯塔夫·赫林·格鲁津斯基对于将这一最严肃的文学奖项授予像达里奥·福这样轻浮的人而感到愤慨，因为达里奥·福是反教会的左翼倡导者，常在意大利城市的街头上演闹剧。他要求维斯瓦娃·辛波斯卡和切斯瓦夫·米沃什放弃诺贝尔奖，以示抗议。但辛波斯卡不同意这种意见。她说自己从来没有读过达里奥·福的作品，但按照惯例，她给这位新晋的诺贝尔文学奖得主写了一封祝贺信，并提醒他即将迎来艰难的一年。而后她再次重复说，自己很羡慕达里奥·福的简短名字，因为她签名会签到手抽筋，而"福"只有两个字母，可以在几分钟内签完她一个小时才能签完的名。

虽然辛波斯卡抱怨自己获得诺贝尔文学奖后职责太多（很长一段时间里，她收到了几十本书、诗集和厚厚的复印稿，请她阅读并给予书面评论，但实际上她只读了其中的大约百分之一），诺贝尔奖并没有真正改变她的习惯。和以前一样，她在读朋友的诗时，会遇到自己也不知道的东西，例如从《软体动物进化的道路和荒野》这首诗中，她了解到软体动物在可怕但同时令人赞叹的进化过程中生存了近五亿年，还了解了美丽的维纳斯站在贝壳上的那幅画，画家并没有将贝壳放大，因为实际上还能找到更大的贝壳。[2]

这些阅读的痕迹可以在《非必要阅读》中找到，在获得诺贝尔文学奖一段时间后，她恢复了阅读的习惯，并在《选举报》上持续发表评论直至2002年。

曾在《选举报》工作的编辑扬·慈温斯基说："那是在1999年或2000年。每个月，我们都在周日副刊的编辑部里等待维斯瓦娃·辛波斯卡的专栏文章。我需要向她的秘书米哈乌·鲁希涅克索稿。委托我做这件事的部门负责人斩钉截铁地说：'你只能打电话给鲁希涅克，这里有他的电话号码。上帝禁止辛波斯卡被打扰。'于是我打了过去，另一边有人拿起电话，我听到了辛波斯卡的声音：'喂？'我想既然我只能找鲁希涅克，那我就只能这么说了：'我是来自《选举报》的某某，我想和米哈乌·鲁希涅克谈谈。'结果听筒里的这个声音说:'我就是。'然后停顿了一下继续说,'有什么我能效劳的吗?'我说:'我想请您转告辛波斯卡女士,我们正在等待她的专栏文章。'对方回答说:'当然,我会告诉辛波斯卡女士的。'两天后,报社就收到了辛波斯卡的文章。"[3]

鲁希涅克告诉我们,辛波斯卡不愿意看畅销书,如果她想读小说,便会去看托马斯·曼或普鲁斯特的书。她经常浏览的杂志有《奥得河》《艺术季刊》《世界文学》《文学笔记》《国家地理》《政治》,在每周的周四、周五和周六会看《选举报》。此外,她还看电视。她喜欢看探索频道和纪实频道,也在梅佐频道[①]看歌剧。在看每周播一次的电视节目时,她会记下想看的内容,例如一些有关阿加莎·克里斯蒂的小说或福尔摩斯侦探小说的节目。

当我们问起,辛波斯卡是否迷恋过某部电视剧,比如《伊索拉的奴隶》时,鲁希涅克表示,辛波斯卡不会提这些事,因为对她而言,那种需要强烈表达的爱似乎是一种玩笑、一场骗局,就好比人们所谓的对拳击手戈洛塔的爱,而这种观点反映在了一首诗中:

> 缪斯啊,不要成为拳击手,那根本就不算活着。
> 你吝啬给予我们咆哮的观众。
> 大厅里有十二个人,
> 我们是时候要开始了。
> 只来了一半人,因为下雨了,
> 其余都是亲戚。缪斯啊。
>
> ——《诗歌朗读》,出自《盐》(1962)

她参加"作家之夜"和读者见面会的频率并未改变,只是被她拒绝

---

① 法国古典音乐频道。——编者注

的邀请数量增多了。她大概平均每年参加一次会议。她无法拒绝出版商的邀请（由 a5 出版社和标志出版社轮番出版她的诗集），于是参与了自己的新书推广活动，不仅是自己的诗集，还包括诗选集和合集，以及《非指定阅读》和《文学信箱——如何成为 / 不成为一名作家》，甚至是《动荡的命运：1831—1881 年的回忆录》这本有关她祖父的回忆录。

"在克拉科夫曼哈博物馆举行一些少有的见面会时，她会朗读自己的诗。"鲁希涅克说，"我们通常会在经过朝着一个方向涌动的人群后，于最后一刻到达现场。看到此景，她会说：'一定是哪里有比赛。'而且这不是出于调侃，她是真的不相信自己会吸引这么多人。反正她也近视，有时她完全不知道到场观众的数量。"[4]

"有时她接受邀请完全是因为想见见朋友和熟人，"鲁希涅克告诉我们，"但她事后总会抱怨，说每次见面都以签售活动结束，而当她签完最后一本书时，朋友们早就回家了。除了'作家之夜'，她总会在以下这些公共场合露面：作协和其他作家举行的秘密会议。她肯定更喜欢参加那些不是专门为自己准备的会议。"

在获得诺贝尔文学奖的当年，辛波斯卡参加了几场在克拉科夫举办的活动（通常是应朋友之邀），例如在《利默里克之书》发布之际，有人组织了"打油诗之夜"，这是一场秘密诗会，辛波斯卡也是受邀成员之一。也就是在获得诺贝尔文学奖前几个月的一次见面会上，鲁希涅克遇到了维斯瓦娃·辛波斯卡。

"我记得她来时的样子。那时我刚结婚，我想我其实也可以娶她的，但做她的秘书实际上和这也没有什么差别。"鲁希涅克说。[5]

辛波斯卡还参加了艾娃·利普斯卡的乔迁派对。利普斯卡从维也纳回来后换了公寓，但新的公寓容纳不下她的所有朋友，因此文学出版社将其总社的梅霍夫大厅借给她举办派对。辛波斯卡还出现在《响亮》杂志社的晚会上，从这本杂志创刊起，她就与其联系在了一起。她还参加了本书第一版在克拉科夫举办的新书发布会。"我是来做陪衬的，"她说，

"这本书其实几个月前就出版了,我甚至可以说是以一种再生原材料的身份出现的。"

我们第一次和鲁希涅克接触,也是为了本书的出版。辛波斯卡承诺会通读、补充并授权出版她陈述的内容。由于出版商不断向我们施压,催我们快一点儿完成书稿,所以我们用快递一部分一部分地把书稿寄了过去。鲁希涅克取回包裹后交给自己的老板,然后再从辛波斯卡那里取回修改过的稿子寄回给我们。有一次为了方便,我们把稿子里一章的内容通过电子邮件发给了鲁希涅克。他在回信中写道:"来信收到了 / 附件中的邮票丢失了 / 我把它们手动放回了原处 / 该死的。落款:你们的节奏先生 [①],M.R.。"

自 1997 年 3 月起,我们中的一个——尤安娜·什琛斯纳开始与鲁希涅克通信,互发信件超过一千封。这些信中时不时会出现他的"女老板"。正因如此,我们得到了一份辛波斯卡的国内外旅行报告,也得以了解她生活和工作中的各种细节。

鲁希涅克给我们发邮件说:

> 女老板让我告诉你们,她一生的梦想成真了,她在尼安德特的路标下拍了一张自己的照片。她说如果将这张照片排在你们要出版的书的结尾效果可能不错。(1997 年 4 月 30 日)

> 我和巴霞送给辛波斯卡女士的圣诞节礼物是一只假手,它看起来像真的一样(还是有点儿假,毕竟是一只断手)。她喜出望外,开始研究将它放在哪里比较好。事实证明,这只假手是农场必不可少的物品。能送一个这么实用的礼物真好。(1997 年 12 月 23 日)

[①] 因为回信中的每句话中间都有停顿,鲁希涅克在此幽默地称自己为"节奏先生"。——编者注

这是辛波斯卡女士特地为您写的一首打油诗：当诗人维斯瓦娃·辛波斯卡/游到马格尼托哥斯卡时/她看到了所有的鱼/都像晕船了一般/在水中扭动。（1998年11月30日）

以下是鲁希涅克从普齐姆和卢波米日发来的特别任务报告：

女老板在电话中说："鲁希涅克先生，我们要去普齐姆。那里有一家卖花园饰品的商店，在那里我看到了一个真人大小的服务员，是用石膏做的，我在卢波米日的邻居琴佐姆夫妇很喜欢。所以我们必须买下它，不仅如此，我还要偷偷把它放在他们家的后院。"不幸的是，这个假服务员出事了，他的手断掉了。太可惜了，毕竟他那么可爱——有着一副罪犯的嘴脸：头顶是秃的，后脑勺有几根油腻的头发；穿着紧身短款燕尾服，手里拿着一个托盘，胳膊上搭着一块布（标价：500兹罗提）。这是最后一个了，已经停产了，因为生产商倒闭了。幸运的是，女老板的目光落在了一只和真羊一般大小的假羔羊身上，满脸忧伤地看着它（标价：114兹罗提）。我们买下了这只假羔羊，并把它带到了卢波米日。在车上时，老板随时准备躲到椅子底下。而我则戴着墨镜，越过栅栏，把它放进了邻居家的后院。后来我听说，这只羊把房主吓了一跳。（2000年8月17日）

我的女老板创作了一种新形式的打油诗，就是所谓的墓地打油诗。它是根据城里墓碑上的姓氏排列而作成的："西蒙·珀什夫沙长眠于此/旁边就是他的前妻/比较日期可以看出/两个人的死亡相隔数年/女性活得更久。"（2001年9月2日）

辛波斯卡女士在卢波米日。她想到了好几个呼应"采到松乳菇总比没采到要好"的句子："嫁给疯子总比嫁给普罗大众要好""被骨

头卡死总比有个阳痿的情夫要好"。（2002 年 7 月 13 日）

有一次，由于《选举报》的宣传部门忘记按时向辛波斯卡请求授权，就将她的诗用在了报纸的广告中，他们写信给鲁希涅克，请求辛波斯卡补签授权同意书，鲁希涅克在回信中这样写道：

我不认为辛波斯卡女士会起诉您。最多，她会派她的秘书在墙上写下："即使用刀割伤自己，也不要和米赫尼克打交道。"（2003 年 5 月 14 日）

今天，她在扎科帕内创造了一种全新的打油诗，跟塔特拉山毫无关系："一位来自卡尔科诺什的病理学家 / 他是女性穿戴胸罩的反对者 / 这就是他潜伏在大门口的原因 / 他热衷于扯掉每个女人的胸罩 / 除非有人把他吓跑。"（2003 年 10 月 7 日）

尤安娜，辛波斯卡女士让我把这首诗寄给您："夜晚在梅斯的广场 / 很多堵街女郎都将宿醉 / 她们必须上工 / 就像卡齐米日·库茨所说 / 她们会哼着歌说：'傻子，玩得高兴。'"（2004 年 9 月 18 日）

我刚从我的女老板那里回来，她过了很久才给我开门，尽管我们早就约好了。最后她打开门说："对不起，我没有听到你的电话，因为我正在看一部默剧。"（2005 年 11 月 14 日）

我告诉辛波斯卡女士，我知道她和迈克尔·杰克逊有什么共同点了，我发现杰克逊也喜欢肯德基的炸鸡翅。她回答说："你看，面对每个人我们都能说出些好话。"（2009 年 8 月 26 日）

"我不想用'朋友'这个词来描述我与老板的关系,我更喜欢用'相识相知'来形容,"鲁希涅克告诉我们,"我认为辛波斯卡女士越来越信任我,她知道我会保护她,不会让她在任何情况下感到不愉快。有好几次,出于友情,她同意去某个地方进行私人会面。结果到了现场,她发现和期待的完全不同,但她不得不尽力展现自己,释放光芒。这真的让她身心俱疲,回到家后,她要将自己隔绝一周,以恢复状态。当我与维斯瓦娃·辛波斯卡相处时,不仅要处理诗歌的修改事宜,还要应对没有什么实际意义的玩笑。有一天我来看她,她刚刚用吸尘器吸完地。我问她我是应该脱鞋,还是飞进房间。她说:'要飞的话,您就留到上天堂时再说吧。'"

我们问鲁希涅克,他收到过的最奇怪的指示是什么。

"辛波斯卡女士派我去帮她买鞋,她给了我一根木棍代表她脚的长度,还要求这双鞋必须穿着舒服。"

"有没有更实质性的,与文学相关的事情呢?"

"请记住,我从来都不是一个负责文学事务的秘书。我没有替她去图书馆检索过书目,也没有负责收集过材料,这也许对小说作家来说更需要。我只做了几次真正实质性的事情,例如核对一首诗需要用到的希腊词语。有一次,辛波斯卡女士打电话询问我汽车有几挡,这样的问题让我感到有些奇怪,直到读到《无法阅读》这首诗我才明白,因为诗的最后写道:'我们活得就像在第五挡上全速前进,/并且,老天保佑,还很健康。'"

对辛波斯卡来说,更重要的是,鲁希涅克不仅仅是她的秘书,他还有自己的生活和事业。

"每个人都会想让鲁希涅克先生做自己的秘书。"她说,并且自豪地强调,"在为我工作的同时,他获得了博士学位,还出版了《修辞与修辞性之间》一书,这意味着我的事情并没有占用他太多时间。"

由于得奖后身陷混乱而无法写诗,辛波斯卡更加热切地投身于非严肃文学的创作之中。多年以来，她和她那群朋友之间的文学游戏一直都在私下进行着，但现在它被曝光了，倒也催生了许多创作的动力。《选举报》也在其中起到了推动作用，因为它曾刊登过几首辛波斯卡的五行打油诗。

在我们的一次会面中，维斯瓦娃·辛波斯卡从公文包中取出几张泛黄的卡片，卡片上有好玩儿的文字游戏，那是根据哥穆尔卡时代早期的某个广告标语改编的："要拯救妻子的工作／就吃煮好的意大利面。"

"这种游戏可以永远持续下去，"她说道。她给我们读了十几句这类诗句，正如她解释的那样，与其说这是一种广告，不如说，它们激发了暗藏在我们身上的利他主义心理：

> 不让情人受累／就用那个脏玻璃杯喝茶吧。
> 与其从奶牛那里偷奶／不如从亲近之人那里挤奶。
> 让短命的老鼠多活几年／把放在角落里有毒的食物挨个吃了吧。
> 别麻烦药店和医生／你自己找去墓地的路吧。

她还说："有一次，我们在《选举报》中提到了一个游戏，这个游戏与19世纪诗人拉杰蒙德·苏乔多尔斯基的四行诗有关：'谁说莫斯科人／是我们莱希特人的兄弟／我会先在他头上点火／就在加尔默罗教堂的门前。'游戏是对此诗进行改写，换了国籍，改了信仰，也修改了报复别人的方式。这就是生活在克拉科夫克鲁普尼察路文学公寓楼里的人们在20世纪40、50年代之交时的娱乐方式，但那个时代，什么东西都没能保存下来。"

作为多年前的游戏参与者，辛波斯卡告诉我们："遗憾的是，我们没有把那些诗记录下来，那时我们以为生命永远不会终结，我们的时间永无尽头。而现在已经没有人记得它们了。很可惜，那时人们还没有录音机。"

在我们的文章发表后不久,辛波斯卡给我们寄来一首诗,名为"一首押韵诗,关于萨尔马提亚人认为自己优于其他国族的人,以及对不同意这种观点的强硬者如何公正处罚",并附注:"为安娜·比孔特和尤安娜·什琛斯纳而写,但仅供私人使用,因为我的生活依然美好。"我们设法说服她发表了这首诗,她在标志出版社的周年纪念活动中朗读了其中的几个小节。

在这首诗最后一节(也就是第17节)的下面,辛波斯卡写道:"到此结束,但只是因为没了可押韵的词,因为我不是巴兰恰克……"于是我们把文本传真给了斯坦尼斯瓦夫·巴兰恰克,他接受了任务,又续写了十几节。

这场诗歌对决的出版掀起了一场真正的热潮。《选举报》的编辑部里每天都会通过传真或电子邮件收到数十首趣味小诗。之前,当我们在杂志上提到克拉科夫的诗人对打油诗的热情时,也发生过类似的情况。作为两个都很热衷于收藏的人,尤安娜·什琛斯纳曾经建议辛波斯卡买一件带抽屉的特殊家具,用以存放那些对文学游戏感兴趣的读者发来的趣味打油诗。

"哦,我看得出您也很喜欢抽屉。"辛波斯卡高兴地说道,"对我来说,这是人类最重要的发明之一。必须给抽屉的发明者立一座无名纪念碑。我家里现在有五十六个抽屉。你可以检查一下(确实有五十六个)。请写下我为抽屉的发明者建造纪念碑的要求。政权更迭后,至少现在没有人能设计出新的东西,替代或改换重要的抽屉了。"

过了一会儿,她又补充说,她会为给贵宾犬设计出狮子发型的人也建一座纪念碑。

在获得诺贝尔文学奖后的最初几年,写趣味打油诗已经成了辛波斯卡的替代性创作方式。然而,当她重新开始写诗的时候,她也并没有放弃那种快乐。有一次我们在讨论《瞬间》这部诗集时,问她最近还有没有创作趣味打油诗,结果辛波斯卡从抽屉里拿出了一摞卡片。

"有的，例如与酒相关的名词富有谚语的含义，伏特加对应的是'丧失理智'，家酿白酒对应的是'平衡感完蛋'，威士忌对应的是'弱智'，苦艾酒对应的是'天赋消失'。[①]"辛波斯卡研究着卡片，并接着说，"我必须舍弃一些句子，改得精简一点。我有一个颇具幽默感的朋友，尽管他很少笑。我要把这些句子读给他听，如果他不笑，我就把它画掉。他是我的试金石，这些五花八门的小诗还是要通过微笑考验的。"

这些小诗显然通过了考验，并作为警示性诗歌，于 2009 年印在了《上瘾：起源、治疗和康复》一书中。作为关于酒精对女性身体有害的文章说明，我们也在女性媒体的相关栏目中见到了它们。

> 喝了帕林卡会有恶心的举动。
> 喝了黑樱桃酒家就散了吧。
> 喝了斯利沃威茨地下室会有呕吐物。
> 喝了鸡尾酒就会有黑色一小时。
> 喝了雪利酒腿会变成四条。

"哦，例如还有这里，我与朋友在克拉科夫郊外的一家餐馆见面时，也激发了这类游戏的灵感，"辛波斯卡继续说，"当我看菜单的时候，你猜我看到了什么？在牛肚汤旁有人歪歪扭扭地写下了'难吃'二字，因而我决定在我的小诗中加入这位消费者的警告，因此，最好听听这首简短的押韵诗。"

> 两条腿断了，/ 也比吃当地饺子好。
> 被杆子打头，/ 也比在这儿吃鳟鱼强。
> 历史啊，奴隶，/ 总比展柜里油泡的鲱鱼好。

[①] 波兰语中一些关于酒的说法，对应着后面的俚语意思。——译者注

辛波斯卡决定在《给大孩子们的童谣》一书中出版这些打油诗、押韵诗、关于喝酒的荒诞童谣和利他主义诗歌。在新书发布会上，鲁希涅克准备了一场名为"冒号"的演讲。在这次演讲中，他以辛波斯卡的作品为例，证明了"严肃与通俗的对立从根本上是错误的"，并呼吁大家既要读辛波斯卡的严肃诗歌，也要读她的通俗诗歌（因而建议出版社以双册的方式出版），这样她诗中的内在连贯性就会展现出来。最后鲁希涅克宣称："嚼烤焦了的吐司，/ 比只知道《给大孩子们的童谣》要好。快速吞下氰化物，/ 总比不知道《给大孩子们的童谣》要好。"

"辛波斯卡女士允许我批评她的趣味打油诗。"鲁希涅克说，"例如，我不喜欢她打油诗的最后一行比其他行短，这不符合这类体裁的规范，我跟她说过。她回答说，她就是想这样写。"

这位秘书是辛波斯卡文学游戏的忠实支持者，他们甚至会一起创作打油诗。

当辛波斯卡邀请克拉尔·卡瓦纳（她与斯坦尼斯瓦夫·巴兰恰克一起将辛波斯卡的诗翻译成了英语）共进晚餐时，大西洋彼岸正在上演由克林顿总统和莫妮卡·莱温斯基担任主角的新闻媒体界"大戏"。这是一个非常适合打油诗的话题，因而一首新诗诞生了，卡瓦纳对此十分满意。除了鲁希涅克，到场的客人玛尔塔·维卡教授和尤利安·科恩豪斯教授也为其创作做出了贡献：

> 某个来自华盛顿的莫妮卡
> 没有良好的教养。
> 因此在椭圆形的房间里，
> 在留声机的伴奏下，

以口头交流的方式行动[1]。

辛波斯卡不仅支持自己的秘书创作,还帮助他宣传。有一次在"作家之夜",她朗读了三首自己写的打油诗和一首鲁希涅克写的打油诗。

在押韵诗的领域,鲁希涅克最引人注目的成就是在英国石油公司举办的比赛中获得了大奖,奖品是一辆西方汽车。

如果你仔细算一下鲁希涅克的一行诗值多少钱,就会发现,他的酬劳比诺贝尔奖得主的更高。但他坚持认为伍迪·艾伦是对的——唯一真正值得重视的文学体裁是索要赎金的勒索信。

各种文学游戏,包括已经存在多年的老游戏和主要由维斯瓦娃·辛波斯卡发明的新游戏,已成为标志出版社主编耶日·伊尔格组织的喜剧表演、推广活动、读者晚会、周年庆祝等各类活动的保留节目。克拉科夫另一个文学娱乐中心是布拉卡街上一家名叫"新省会"的咖啡馆,玛丽娜·图尔那乌常在那里组织欢乐的诗会,而她以这些活动为基础出版的三本书在藏书界可谓独树一帜。

虽然辛波斯卡经常找借口拒绝参加一些严肃活动,但她并没有回避文学游戏。在新省会咖啡馆举办的"万灵之夜",她笑着听格热高什·图尔那乌朗读自己的墓志铭。

而当人们批评当时波兰国家银行总裁莱舍克·巴尔采罗维奇的经济改革政策时,新省会咖啡馆举办了一场支持巴尔采罗维奇的活动叫"巴尔采罗维奇称赞大赛",他本人也出席了这次活动。辛波斯卡以"巴尔采罗维奇恐惧症"为主题写了几首打油诗。

"请原谅,先生,我们是常驻克拉科夫新省会咖啡馆的文学家,想要庆祝维斯瓦娃·辛波斯卡女士八十周岁的生日。"米哈乌·鲁希涅克这样对来自《选举报》的体育记者拉多斯瓦夫·列宁斯基说,"她虽然也会庆

---

[1] 口交的委婉表达。——译者注

祝生日，不过仍对此保持距离，所以也不需要准备什么盛大的典礼。我们想出了一个恶作剧，谎称我们找到了一本安杰伊·戈洛塔的书，刚巧最近他在擂台上经历了一系列戏剧性的失败。诗人布罗尼斯瓦夫·马伊正在克拉科夫四处宣传这一发现，说读了这本书，就能知道戈洛塔先生输掉拳击比赛的原因了。好吧，因为他是一个心思缜密的词作家，而不是一个没有灵魂的斗士。马伊甚至还成功骗到了一些人。我们写了这本名叫'我和瓦砾'的集子，确实挺难写的，我们只少量发行了一些，还组织了一场新书发布会。沃伊切赫·马拉杰卡特负责朗读正文，马伊负责前言，而我则负责介绍这本书的历史和语言背景。只是我们在戈洛塔的姓中多加了一个'ł'。以防万一，我们还咨询了律师。从法律的角度来看，这位拳击手不能对我们做任何事，尽管他总还是可以狠狠揍我们一拳。"

《我和瓦砾》一书中的二十多首诗都是对他人诗作模仿的杰作。在咖啡馆第一次听到这些诗的辛波斯卡时而微笑，时而咯咯笑，时而开怀大笑，时而挠头……

她最喜欢的是布罗尼斯瓦夫·马伊系列诗作中的《在卢波米日的灌木丛中》。

尤安娜·什琛斯纳讲述道：

2009年夏天，编辑部派我到卢波米日。与往年一样，维斯瓦娃·辛波斯卡在那里度过她的夏季假期。她的诗集《这里》刚刚获得了尼克奖的提名，《选举报》希望我能采访辛波斯卡。"我认为每个人获得荣誉和奖项的数量都是有限的，"她向我解释了她拒绝采访的原因，"而我显然已经达到了这个极限。我很遗憾我成了尼克奖的二十位候选人之一，因为我占了一个更应获得此奖的人的位置。我希望评审团能接受我的建议，不要让我进入下一轮的评选。"

因此我没能成功采访到辛波斯卡，只能讲述此次拜访的经历。

我和米哈乌·鲁希涅克一起去了卢波米日，和辛波斯卡关系很好的邻居朋友伊丽莎白·图尔那乌和她的妹妹玛丽亚、妹夫维耶斯瓦夫·齐日给我们准备了欢迎晚宴。精心准备的菜单让我们提前体验了一把诗人常在卢波米日玩的文学游戏：菜肴的名称如此复杂，大部分我都没听说过，幸运的是，这些都从菜单上被画掉了，所以我们只好点了自制的培根豌豆汤、烤牛肉配饺子和甜菜根，甜点是蛋糕和自摘草莓。辛波斯卡拿起叉子，讲述了附近小镇上一个没牙的停车场员工爱上玛丽亚的故事。玛丽亚脸红了，从抽屉里取出一封标有"停车场来信"的信，开始阅读。我透过她的肩膀看过去，认出了辛波斯卡的笔迹。于是我笑了起来，辛波斯卡严肃地叫我收敛，并说："单相思才是真正的悲剧。"

后来，图尔那乌给我看了一本叫作"出席名单"的笔记本，上面记着到访卢波米日的客人写下的感想。其中有几段是辛波斯卡写的：

"一位记者在广播中发布了一条很明显会引起轰动的新闻：辛波斯卡在乡下度过了夏天，离群索居。显而易见的结论是，与我一起住在卢波米日的都不是人类。那他们是谁呢？是以下这些人：维耶斯瓦夫·齐日，调酒大师；玛丽亚·齐日娃，维耶斯瓦夫身体上的伴侣；伊丽莎白·图尔那乌，玛丽亚的姐姐、所谓的知识分子；格热高什·图尔那乌，充满生活活力的人；玛丽娜，格热高什的妻子；安托西亚，二人的女儿；耶日·伊尔格，宙斯一样的人物，但不想和我们说希腊语；耶日·伊尔格的妻子尤安娜，历经风霜的圣母；克拉尔·卡瓦纳，波兰裔美国翻译；布罗尼斯瓦夫·马伊，无所不能的人；他的妻子博古夏，非常有耐心的人；克里斯蒂娜·克雷尼茨卡和雷沙德·克雷尼茨基，他们与猫一起蜗居；还有秘书先生米哈乌·鲁希涅克……我郑重声明，我和这些人在一起感觉很好，我对我必须回到克拉科夫，也就是回到所谓的人群中表示遗憾。"

看起来辛波斯卡在卢波米日玩得很愉快，但鲁希涅克后来让我们意识到，最后几年中，辛波斯卡的大部分诗歌都是在卢波米日（也许有的是在扎科帕内）完成的。她在那里度过夏季假期，并像往常一样，在秋天去扎科帕内。

当辛波斯卡在 2011 年 11 月病倒时，米哈乌·鲁希涅克是得到允许去医院探望的少数几人之一。后来她回到家中，鲁希涅克还成了她的遗嘱执行人，并成为根据该遗嘱成立的基金会的主席和管理委员会成员。

第21章　克拉科夫的两位诺贝尔奖得主

1998年8月1日，辛波斯卡和米沃什租车前往华沙参加兹比格涅夫·赫贝特的葬礼。行车途中，他们在凯尔采郊区的森林中停留了片刻。辛波斯卡下车欣赏着拔地而起、苍劲挺拔的松树，而米沃什却说："松树不是树，橡树或山毛榉才是。"

"往返大约十个小时车程。"米哈乌·鲁希涅克还记得当时的情形，他告诉我们，"辛波斯卡一直试图谈论些轻松有趣的事情，而米沃什则相反，一直在同她讨论诸如'波兰与白俄罗斯的关系'之类的话题或者发表'白俄罗斯之于波兰就像爱尔兰之于英国'之类的观点。然后他说，自己曾进过一家给'真正的波兰人'[①]开的书店，买了几本书，读完后又感慨道：'辛波斯卡啊，我们没救了。'"

1945年1月31日，辛波斯卡在刚解放的克拉科夫举行的首届晨间诗会上第一次见到了切斯瓦夫·米沃什。"米沃什给我留下了最深刻的印象，"她告诉我们，"到场的诗人都用糟糕的发音凝重地读着诗，还会读错或者结巴，现场也没有麦克风，几乎听不到他们在说什么。米沃什突然站起来，像一个愤怒的小天使一样上了台。他的声线很完美。我记得自己当时在想——他真是一位伟大的诗人。当然，那个时候我还不敢靠近他。"

[①] 指的是极右派，他们会自称为"真正的波兰人"。——编者注

辛波斯卡在专栏文章《胆怯》中描述了与米沃什及其诗歌的邂逅：

> 没人告诉我出席者的名字。我那时候小说读得不少，但对诗歌的了解几乎为零。我边看边听。并非所有人都能将诗歌成功地朗读出来，有的人带着悲怆的语调朗读，有的人声音嘶哑，拿着书页的手都在颤抖。然后在某个时刻有人说，下面将由一个名叫米沃什的人朗读。这个人读自己的诗时毫不怯场，也不矫揉造作。好像他是在用大声朗读的方式思考，并邀请我们进入这种思考。"嗯，"我告诉自己，"这才是真正的诗歌，真正的诗人。"我这么说肯定不公平，除了他还有两三个诗人也值得注意，但优秀是有层级的，直觉告诉我，我必须抬起头来仰视米沃什。[1]

米沃什当然记得那个清晨。"我当时完全没在想自己是否给人留下了深刻印象，"当被问及是否意识到自己当时的表现如此突出时，他回答道，"我们都是从洞穴里走出来，穿着奇装异服的奇怪生物。"

米沃什很少到克拉科夫去，1945年11月，他便前往纽约任职了。不过辛波斯卡和米沃什还有一次会面，那次经历深深地烙在了辛波斯卡的记忆里，因为那次会面让她对米沃什的钦佩经受了严峻考验。会面的地点是一家餐厅，她也是第一次去。环顾房间，她看到了未曾想过的一幕。

"米沃什作为陪同者坐在隔壁桌子旁，服务员给他端来了一块卷心菜猪排，他正在大快朵颐。我记得那个画面：一个深情的诗人，一个小天使，嘴里却叼着猪排，这真的吓坏我了。我知道诗人也是要吃饭的，但他会吃这么普通、这么接地气的东西吗？我一时无法接受。很快我就成了一个勤奋的诗歌朗读者，当我在报刊上读了《拯救》和他的其他诗后，我对他的崇敬之感更加强烈了。"

当被问到是什么时候得知辛波斯卡的存在时，米沃什说："那是1945年春天，我听说克鲁普尼察路文学公寓楼的青年一代里有个最有才华的诗人，我认为可能就是她。"

但这可能吗？尽管当时辛波斯卡已经在《波兰日报》上发表了处女作，但她并未从战后的新秀中脱颖而出。

辛波斯卡从来不敢公开谈论或者写文章探讨米沃什的诗。她在专栏中只写过一次关于米沃什的文章："在《非必要阅读》中谈论米沃什的诗吗？毕竟对那些习惯思考的人来说，他的诗是必读的，或者至少应该读几首。所以我不打算在这里谈论他的诗。我有一个更糟糕的想法：我会写写我自己，或者更准确地说，写我在面对他和他的作品时的羞怯。"

所以在1957年秋天，当她在巴黎的一家咖啡馆偶然遇见米沃什时，辛波斯卡仍没有勇气和他交谈，她用局外人的眼光写道："他正从桌子之间经过，可能是约了什么人见面。我其实有机会走过去和他说——那个时候他肯定也想听——他的书在波兰虽然被禁了，但大家还是都在读，我们从国外买一本回去，然后大家就会自己抄写传阅。真正想读到的那些人，早晚都是能读到的。"[2] 那时的辛波斯卡已经出版了三部诗集，其中包括在解冻后出版的《呼唤雪人》。

1981年6月，已经是诺贝尔文学奖获得者的米沃什到访波兰时，访问了克拉科夫。在与波兰作家协会的成员会面时，辛波斯卡还是没能成功地和米沃什搭上话："在克鲁普尼察路等待他的是乌泱泱的人群，他在抵达后就被手持闪光灯和话筒的记者们淹没了。当他终于从现场逃离后，他浑身疲倦，又被追着索要签名的人群团团围住。我没有勇气打扰人群中的他，上前进行自我介绍并索要一个签名。"[3]

辛波斯卡补充说，抛开文学成就不提，她对米沃什感到同情，因为他看起来就像捅到了马蜂窝。

他们是在1989年认识的。彼时，米沃什回到波兰，准备接受雅盖隆大学授予的荣誉博士学位。在接受《响亮》杂志的采访时，他说："波兰文学目前已经是世界文学了。"他同时提到了一些作家的名字，如比亚沃舍夫斯基、赫贝特、鲁热维奇、亚历山大·瓦特、扎加耶夫斯基和辛波斯卡。

辛波斯卡立即将米沃什列入了邮寄拼贴明信片的名单之中。米沃什对于她夸张的拼贴狂热作何反应呢？是认为她很有趣，还是感到开心、感动或厌烦？没有人知道，米沃什也不想对此做出任何评论。关于二人之间的联系，米沃什回应道："几年来，我一直给辛波斯卡寄一些小玩意儿，比如塑料昆虫、动物照片，但我不知道她是否将它们做成了拼贴明信片。"[4]

米沃什很晚才注意到辛波斯卡的诗，他不记得是哪部诗集引起了他的注意，但他第一次对辛波斯卡的诗感兴趣是在1965年。当时在米沃什编辑的《战后波兰诗歌》选集中，他将一首辛波斯卡的诗翻译成了英文：

> 我与他走得太近，不会出现在他的梦里。
> 我不会在他的上方盘旋，我不会躲避他
> 在树根之下。我与他走得太近……
> 我绝不会再这么轻易地死去
> 如此脱离身体，如此不知不觉，
> 就像曾经在他梦里的那样。
>
> ——《无题》，出自《盐》(1962)

之前在加州大学伯克利分校举办的翻译研讨会上，米沃什与学生讨论过这种令人不安的、形而上学的情诗。

"这本选集不能略过辛波斯卡，"他对我们说，"我已经读了她的几部诗集，也明白她在波兰诗歌界的地位。然而这本奇怪的诗选集却表现出了编撰者的性别偏见，整本选集只选了两位女诗人的诗，辛波斯卡的《无题》和乌尔舒拉·科齐奥乌的《警报》。来自波兰的诗集总要延误一段时间才能到我手里，这可能也算是我为自己辩解的一个合理借口。"

米沃什补充说，他对诗歌优劣排序的观点也会随着时间的推移而发生很大的改变。在1983年出版的第三版诗选集里，已经出现了八首辛波斯卡的诗。"我的观点改变了，"他说道，"我正在摆脱丑陋的男性思维。我不知道诺贝尔文学奖是否对我观点的改变产生了影响，不过从诗选集就能看出，早在获奖之前，辛波斯卡在我心中的地位就已经提升了。"

众所周知，在美国的很多"诗歌之夜"上，米沃什都会用英语朗读辛波斯卡的诗。"将严肃内容藏于诗中的智慧能够被大多数年轻观众体会到，他们为之报以掌声。"在辛波斯卡获得诺贝尔文学奖的前几年，在一次举办于伯克利的读者见面会上，听众最喜欢的一首诗是《赞颂我姐姐》。当听到"我的姐姐不写诗，也许也不会开始写诗"时，他们大笑着，米沃什也受到感染笑了起来。"我怀疑在场至少半数观众都会写诗，所以他们才会发笑。"他在《普世周刊》里回忆道。[5]

"我对辛波斯卡诗歌的态度也可以从我把她的作品收入《发光事物录：一本国际诗选》一书中的比重看出来。"米沃什这样对我们说道。除了辛波斯卡，他还选录了尤瑟夫·切霍维奇、雷沙德·克雷尼茨基、兹比格涅夫·马切伊、布罗尼斯瓦夫·马伊、塔戴乌什·鲁热维奇、安娜·希维尔什琴斯卡、亚历山大·瓦特和亚当·扎加耶夫斯基的诗。

1993年，米沃什被授予克拉科夫市荣誉公民的称号，他开始在那里度过夏季假期。那个夏天，他也会去辛波斯卡家里吃晚餐或者玩抽奖游戏。有时他会带一些物品来（例如一个微型五斗柜），有时他会赢得一些抽奖游戏的奖品（例如洒水器）。

辛波斯卡获得诺贝尔文学奖时，米沃什还居住在美国加利福尼亚州的伯克利（虽然克拉科夫人宁愿认为，瑞典学院是将诺贝尔文学奖授予了两位克拉科夫诗人）。正是从那里，米沃什打电话到阿斯托利亚文学创作之家，向辛波斯卡表示了祝贺。

辛波斯卡记得米沃什是最早祝贺她获奖的人之一，那是1996年10月。"他笑得很开心，"辛波斯卡讲道，"他说他和我感同身受，因为他知道我现在要承受的重担。"

"我觉得米沃什像是波兰诗歌的赞助人和宣传者,"伊尔格告诉我们,"他为波兰诗歌在美国的传播做了很多工作。"米沃什本人在《发光事物录:一本国际诗选》的序言中也表示:"我一直有种积极参与波兰诗歌事务的感觉。"所以他才会在辛波斯卡获得诺贝尔文学奖后如此自豪,这种自豪感也见于他发表在《普世周刊》上的文章。他为这篇文章取了个响亮的名字——"我不是早就说过了吗?"

"我曾经说过,波兰诗歌势头强劲,和世界上其他国家的文学相比有着自身的特点。这些特点可以从一些最杰出的波兰诗人的作品里找到,其中就包括维斯瓦娃·辛波斯卡。她获得诺贝尔文学奖既是个人的胜利,也是对'波兰学派'地位的肯定……对我来说,辛波斯卡首先是一位对诗歌有意识的诗人。"6

当被问及她和切斯瓦夫·米沃什走向诺贝尔文学奖的道路有何区别时,辛波斯卡回答说:"米沃什的道路极其艰难,而我的道路则完全出乎意料。"7

在加利福尼亚的时候,米沃什曾劝说辛波斯卡与他一起,成为1997年——波兰"诗歌之年"的宣传大使。这是"克拉科夫2000"项目[①]框架下的一项倡议。起初,辛波斯卡提了一个条件——正如我们从亚采克·沃兹尼亚科夫斯基那里得知的那样——她想要一个公证文件,证明她不需要隶属于任何组织或者代表任何人。1997年1月,当这项活动在德西乌斯别墅举行开幕仪式时,辛波斯卡强调她宣传大使的身份只是象征性的,主要是精神上的支持。"他们选择了两个巨蟹座的人当活动的宣传大使。我从来没有听说过任何巨蟹座的人成为杰出的组织者。"辛波斯卡解释道。安杰伊·瓦伊达将她的讲话与亚采克·马尔切夫斯基在克拉科夫美术学院对学生做的演讲相提并论,后者以一句"也许这次演讲将是我在这所学校进行的唯一教学活动"结束。

---

① "克拉科夫2000"项目是波兰政府官方组织的一次国际保护会议,旨在引导与会人员意识到与文化遗产相关的深刻含义。——译者注

1997年5月9日，两位诺贝尔文学奖获得者在华沙皇家城堡的金色大厅首次一同公开亮相。我们也参加了那场盛会。城堡里充满了守旧僵化的气息，还有一群摄影记者和一个用拉丁语演唱的合唱团。"辛波斯卡羞愧得无地自容，而米沃什则维护着自己的尊严。"托马什·雅斯特伦描述道。之后两位获奖者要在由古董装饰的桌子旁就座时，又为谁坐在哪边而犯了难。这个无法抉择的状况既不像米沃什也不像辛波斯卡，反倒是像米龙·比亚沃舍夫斯基诗中的场景：我在这儿，你在那儿；而不是我在那儿，你在这儿。[8]

实际上，当时的音响效果很差，米沃什所坐的位置让他很难听清发言者的问题，而辛波斯卡则试图以某种方式解决这个问题。主持谈话的特蕾莎·瓦拉斯和马莱克·扎莱斯基最终挽救了局面，为了让米沃什感到舒服些，他们特别为他重复了某些问题，并尝试消解这次会议的官方气氛。

"我认为诗人首先是活在传统和语言里的。"米沃什说道，"约瑟夫·布罗茨基告诉我们，他不是为我们的后代而写作，而是为了让前辈愉悦。所以波兰诗人写作是为了取悦伊格纳奇·克拉西茨基、斯坦尼斯瓦夫·特雷姆贝茨基和亚当·密茨凯维奇等人。"

"我的创作也是为了扬·科哈诺夫斯基，"辛波斯卡补充道，"他创造了波兰诗歌中的新词组……读起来粗犷又流畅。"[9]

到了读诗的环节，考虑到米沃什的伟大成就和自己为数不多的诗作，辛波斯卡建议二人的朗读数量要和他们的作品数量成正比。但是米沃什坚决反对比她多读一首诗。

"米沃什和辛波斯卡很自然地成了'一对儿'，这种关系是由米沃什创造的，因为辛波斯卡没有这种胆量。"特蕾莎·瓦拉斯向我们解释道。辛波斯卡的全部行为都在强调这种情感关系的不对称：他是一位伟大的诗人，而自己则略显卑微。这种不对称也与诺贝尔奖人为评估的结果相契合。辛波斯卡曾经称呼米沃什为"先知"——这听起来像在开玩笑，却恰恰印证了两人之间的关系。关于克拉科夫的作家朋友们，辛波斯卡曾写过一则两行诗献给其中的代表米沃什："这是切斯瓦夫·米沃什——阴沉的脸／请屈膝向他致意：'诗歌之父'。"

耶日·伊尔格向我们证实，米沃什听到这句诗的时候一点儿也不开心。

这应该是认识辛波斯卡之后，两人第一次也是最后一次在公开场合共同露面。但这两位住在同一座城市的诺贝尔文学奖得主，无论自愿与否，都会被各类活动组织者，以及各种公开信、请愿书、抗议和上诉的发起人频频想起。这种情况不仅发生在波兰。

2004年5月4日，英国欧洲事务大臣在威斯敏斯特地铁站公布了一张海报，上面印有米沃什《不过是书》一诗的英文版。四周后，米沃什的诗就变成了辛波斯卡的诗，她的《布鲁格的两只猴子》的英文版没有贴在地铁站，而是贴在了地铁车厢里。这一举动属于"地下诗歌"倡议的一部分，该倡议的目标是在英国普及诗歌。

的确，米沃什实际上是辛波斯卡参与活动的唯一原因，辛波斯卡自己也承认这是她无法拒绝的理由。应米沃什的请求，辛波斯卡在于1997年10月组织的东西方诗人会议期间，在圣殿会堂朗读了自己的诗，这次会议也是"克拉科夫2000"项目倡议的一部分。

"当她和米沃什、扎加耶夫斯基一起签售自己的诗集时，后面排起了近两千人的长队。"鲁希涅克说道，"主办方雇用的保安剃着光头，戴着耳机。当辛波斯卡受够了这一切的时候，保安非常专业地将她从渴望签名的诗歌爱好者中拯救出来，护送她上了出租车，然后把自己的诗集拿出来让她签名。"

1994年6月15日，在标志出版社的所在地沃维奇庄园，辛波斯卡参与了米沃什主编的诗歌选集《发光事物录：一本国际诗选》的新书发布会，并朗读了《颂扬自我贬抑》，这首诗也被米沃什摘录在了"自然"一章里：

> 欧亚鸳从不指摘自己的任何地方。
> 自责对黑豹来说是陌生的。
> 食人鱼不怀疑自己行为的正确性。
> 响尾蛇毫无保留地对自己表示赞同。
> ——《颂扬自我贬抑》,出自《巨大的数目》(1976)

在这一章中,米沃什还选录了辛波斯卡的《俯视》,并附有他的评论:"辛波斯卡的诗略带讽刺,她揭露了我们对周围小动物们的死亡的漠不关心和无所作为。""我们接受了将世界划分为人类和其他动物的传统,从而借这传统保护自己,就像躲在盾牌后面一样。"[10]

> 乡间土路上有一只死掉的金龟子。
> 三对脚努力地蜷缩在肚子上。
> 整洁而有序,不似死亡的混乱。
> 这种恐怖程度适中的景象,
> 严格限制在沙发草和薄荷之间。
> 悲伤不会传递。
> 天空是蓝色的。
>
> 我们不用担心,人不会
> 以更浅薄的死亡去世,但动物会。
> ——《俯视》,出自《巨大的数目》(1976)

"这场会议结束后,我找到了辛波斯卡,"布景设计师克里斯蒂娜·扎赫瓦托维奇-瓦伊达回忆道,"我对她讲,我们的狗不久之前停止了呼吸。她对此的回应是——您能这样说非常好,只有在波兰语中,表达动物死亡时会粗鲁地说它们'嗝屁'了,而在其他语言里,对动物死去的表达方式与人的离世大同小异。她非常了解动物。每当我读到她那首《无人公寓里的猫》时,都会感到伤感。我们养过很多猫,但据我所知,辛波斯卡从来没有养过猫,却对它们了如指掌。当你旅行回来的时候,猫不会像狗一样兴奋地和你打招呼,它只会因你离开它而感到被冒犯和伤害。"

在这次会议上,伊丽莎白·泽亨特尔见证了米沃什和辛波斯卡两人喝交杯酒的情形。①

"米沃什喜欢讨论严肃的东西,比如政治和诗歌。而辛波斯卡从不谈论自己的创作,当人们在她面前谈论她的诗时,她会感到尴尬。"特蕾莎·瓦拉斯告诉我们,"我记得有一次,他们在布翁斯基夫妇家吃晚餐。米沃什拿出一个黑色油布封面的笔记本,朗读了自己写在里面的一首诗,然后等待客人们评价。我无法想象辛波斯卡会做这样的事。对她而言,谈论诗就像是《匹克威克外传》中所说的,属于很私人的谈话。不过我记得有一次在去维也纳的火车上,她发表了一番有关小说的言论,说得很棒。我很后悔没有把它记录下来,但像这样亲密友人间的对话又怎么能被记录下来呢?"

有一次在辛波斯卡家吃晚餐,在场的还有米沃什和他的爱人卡洛尔。他们谈到了辛波斯卡最近发表在《文学笔记》上的一首诗,讲的是一个小女孩拽桌布从而发现万有引力定律的事情。

米沃什说,这首诗讨论了哲学家列夫·舍斯托夫和费奥多尔·陀思妥耶夫斯基试图解决的各种基本问题。辛波斯卡则坚持认为,这只是一个关于发现万有引力定律的女孩的故事。米沃什并未反驳,只是挥了挥手。后来在辛波斯卡生日的时候,米沃什在刊登于《文学十年》上的《辛波斯卡与大审判官》一文中,继续论证着自己未能被采信的观点。他

---

① 在波兰文化中,交杯酒可以是朋友之间表达感情时的一种行为。——译者注

尝试证明，诗中小女孩的实验暗含着关于支配我们生活的上帝旨意的必要性和局限性问题。这首诗绝不像乍看之下那样天真无邪："在一首天真无邪的诗歌下，隐藏着的是永无终止的深渊。无论自愿与否，这都是我们的人生终将走进的黑暗迷宫。"[11]

在提到辛波斯卡的诗时，米沃什在《发光事物录：一本国际诗选》中写道："我想说的是，20世纪下半叶的诗和前辈们的诗的区别是什么？比如莱希米安写作的时代，那时的诗人往往把诗当作哲学散文来写。"但辛波斯卡则坚持践行她在20世纪70年代对克里斯蒂娜·娜斯图兰卡说过的话："我不研究伟大的哲学，只书写朴素的诗歌。"

雷沙德·克雷尼茨基也认为，这两人都对形而上的哲学问题十分敏感——只是米沃什直截了当地讨论它，而辛波斯卡假装这完全与她无关。

耶日·伊尔格称米沃什为"本质的探路者"，说他只渴望严肃的谈话，轻松的对话会让他感到厌倦。"在克拉科夫，我们沉浸在组织轻松愉快的活动中，比如新书发布会或者歌舞表演等。米沃什对此表示很惊讶，因为对他来说，这是一种无法理解的懒惰表现。他是一个非常严肃的人，喜欢研究有意义的话题。而辛波斯卡在谈到严肃事物时总是漫不经心，仿佛开玩笑似的。"

对于在克拉科夫文学社交圈流行的写有趣打油诗等活动，米沃什从来没有参与过。他确实做过尝试，在特蕾莎·瓦拉斯的朋友们撰写的打油诗集《五行打油诗诗集》里就有他尝试过的痕迹。那部诗集里有很多辛波斯卡的作品，而米沃什的只有一首，但他最终没有同意出版。"米沃什创作的这种类型的诗只可能出现在口头版本中，"书里这样写道，"我们不想扰乱这种状态，也不想让这个自前荷马时代以来自成一派、独一无二的口语诗杰作纠缠在写作本体论的陷阱里。"

"辛波斯卡写诙谐诗的能力往往令我嫉妒，"米沃什向我们解释道，"我就是不会写这种诗，当然这应该不代表我没有幽默感。"

他还强调，在他和辛波斯卡的关系中，有趣的一部分总是由辛波斯卡主导的。

诗歌有义务拯救人类,这一点对米沃什而言毋庸置疑。他在1945年出版的诗集《拯救》中,在《前言》这首诗里这样写道:

> 不救国救民的诗
> 是什么?
> 官方谎言的领地,
> 下一刻就要被割喉的酒鬼唱的歌,
> 从闺房传出的读物。

有一次,辛波斯卡被问及诗人能否修复世界,她回答说自己不知道,这个问题还是应该让别人来回答。"我的诗是为具体的个人而写的,是为那些抽出时间、兴趣和一些宁静来阅读诗歌的仁慈的读者而写的。"她说,"接收方是单独的个体。那最终是否能够让这个世界变得更好呢?我也不知道。"[12]

还有一次她这样说道:"我不相信诗能改变世界。当然,我们应该竭尽所能为实现这个目标而努力,但是宇宙自有它的规律,诗人的创作往往于事无补。真正恶的创造者,他们从不读诗,也会一直存活于这片土地上。"[13]

"你有没有过这样一种希望,即使我们的物质世界被带入地狱,文学也会保留它原本的一些价值和意义?"安娜·鲁德尼茨卡和塔戴乌什·尼切克曾这样问辛波斯卡。

"我们要尽力这样做。我觉得我只能拯救这个世界的一小部分。但世界上还有别人,每个人都应该拯救一小部分。"[14]

"有一次我陪辛波斯卡女士去米沃什家,"鲁希涅克讲道,"米沃什拿着一个笔记本,上面写着几首新诗。他读了几首,然后询问辛波斯卡的意见。米沃什一直需要同伴对他所写的诗做出评价。"

两人的秘书阿格涅什卡·科辛斯卡和米哈乌·鲁希涅克一直保持着联系。不止一次，当有人想拍摄一部关于波兰诺贝尔文学奖获得者的电影时，便打电话给鲁希涅克，说已经征得了米沃什的同意，然后再打给科辛斯卡，说辛波斯卡已经同意了这件事。

"涉及在公开场合露面的问题时，"米沃什说，"我的秘书通常会询问辛波斯卡的秘书，看看她要如何行动。"

有时他们需要出现在公共场合，或者对某些事进行投票，这些事情包括图书增值税的征收问题、车臣战争或克拉科夫支持同性恋者的游行。

"对米沃什而言，这是应当做的事。他是一位伟大的诗人，理应承担这种责任。与之相反，辛波斯卡往往会逃避这种纷扰。但是在对世界保持好奇这方面，两人却有着相似的想法。他们乍看之下并没有什么不同，毕竟都是巨蟹座的诗人。"同样是巨蟹座的雷沙德·克雷尼茨基告诉我们，"听起来有些奇怪，对诗的喜好往往和星座挂钩。米沃什非常赞赏米龙·比亚沃舍夫斯基，在他去世时写了一篇文笔优美的纪念文章；辛波斯卡也在很多场合提起过他。比亚沃舍夫斯基正是巨蟹座。"

辛波斯卡喜欢和米沃什统一口径。"米沃什是为数不多可以对辛波斯卡产生有效影响的人。"米哈乌·鲁希涅克告诉我们，"他所说的话对辛波斯卡而言往往非常重要，但不一定是决定性的。在一次总统选举中，米沃什和其他克拉科夫知识分子一样，支持安杰伊·奥莱霍夫斯基[①]，但辛波斯卡坚决支持自由联盟。"

辛波斯卡曾经想拒绝到维尔诺参加"过去的未来"辩论，但是当她听到米沃什在话筒里对她说"辛波斯卡，我想让你看看我的维尔诺"后，立马同意了。

"立陶宛人想组织一次由三位诺贝尔文学奖获得者组成的大会，这三个人是君特·格拉斯、辛波斯卡和我，"米沃什说道，"我的任务是迫使

---

① 波兰政治家，曾任波兰财政部部长（1992年）和外交部部长（1993—1995年），2001年成立的波兰自由保守党的联合创始人之一。曾多次参与总统竞选，均未当选。——编者注

辛波斯卡参会。我们住在同一家酒店,当然我也给辛波斯卡展示了我曾住过的文学巷里的那栋房子。"

辛波斯卡告诉我们:"这是一次民族共存视野下的诺贝尔文学奖获得者的聚会,格拉斯、米沃什和托马斯·温茨洛瓦都是这么认为的。我没有像他们那样的经历,于是我读了《仇恨》这首诗。之后在某个实验剧场,我看到了由我的诗改编的表演。演员们穿着破布、橡胶靴,背着背包——像难民一样走上舞台,用立陶宛语唱着我的诗《有些人》。真恐怖。"

> 有些人在逃避有些人。
> 在某个国家的阳光
> 和一些云之下。
>
> 他们抛下了熟悉的一切,
> 播种的田地,一些鸡、狗,
> 映着火焰的镜子。
> 他们背着水壶和行囊,
> 越是空空如也,越是日渐沉重。
>
> 有人悄无声息地撒手人寰,
> 有人在喧闹中夺过他人的面包,
> 有人摇晃着死去的婴儿。
> ……
> 或许隐身术——
> 变成深灰色石块的变身术,
> 还有更厉害的消失术
> 在某一小段时间,或更长的时间里,可以派上用场。

> 有些事情还会发生，只是在何处，是什么。
>
> 有些人会扑向他们，只是在何时，什么人，
>
> 会以多少种面貌出现，又有着怎样的意图。
>
> 如果他有选择，
>
> 也许不想成为敌人，
>
> 也许会放他们一条生路。
>
> ——《有些人》，出自《瞬间》（2002）

耶日·伊尔格这样描述在波哈伦卡实验剧场的这次表演："演员们用立陶宛语表演了一部独幕剧。辛波斯卡对我们大发雷霆并发出鄙夷之声：'我的诗不是为了教人唱歌，不是为了教人跳舞，不是为了制作独幕剧，而是为了倾听和思考。'之后她有些尴尬地说道：'看来我得去更衣室说声谢谢。'后来我问她：'你说了什么？'她回答：'我从未想象过我的诗可以生发出这样精彩的表演。'"[15]

"有一次，辛波斯卡和米沃什两个人去散步，"鲁希涅克告诉我们，"没有人敢加入他们，甚至连负责拍照的亚当·布亚克都不敢。"

米沃什谈起了他在童年和青年时期的很多神奇记忆。当有人提到从维尔诺到维莱克每天有两班轮船通行时，他便回想起了它们的名字——信使号和快速号。辛波斯卡的记忆则属于一种完全不同的类型，不是史诗般的、线性的，而是充满细节的。

"他们到底是友人还是泛泛之交？"艾娃·利普斯卡有时会思考这个问题，"'朋友'不是形容他们两人之间关系的恰当词语，但是'熟人'也不合适，因为这个词太冷漠了。自从获得诺贝尔文学奖以来，米沃什就仿佛一座会说话的纪念碑，无数人前来朝圣。而辛波斯卡不是一座雕像。"

"我不知道他们是否会把友情当作联结的纽带，但这一定是命运带来

的美好礼物。"特蕾莎·瓦拉斯说道。

"至于我们的私人关系,"米沃什告诉我们,"我们关系很好,但谈话几乎从不涉及世俗事务。在这方面我们俩都持审慎态度。有时我们也会就一些诗的质量展开谈论,但这种情况比较少。"

当被问及他们的这段诗歌情谊时,米沃什告诉伊莲娜·戈鲁基斯卡-格罗斯,年轻的诗人最需要这种情谊,而他在维尔诺的青年岁月已经体验过了:"当诗人年纪渐长,往往也就不那么需要这种情谊了,因为发展的道路会逐渐远离。年轻人之间则非常相似,因为他们跟随的是同一群人。但之后他们也会分开,每个人都有属于自己的王国。"[16]

当我们询问辛波斯卡是否与米沃什交好时,她有点惊慌失措。

"不,不,我不能这么说,"她回答道,生怕有人怀疑她想吹嘘自己与名人关系匪浅,"但我们大部分时间都喜欢对方。我的意思是,我希望他是喜欢我的。"

辛波斯卡将她与米沃什多年的相交总结如下:

> (这些年)很多东西都变了,但从某种角度看,其实什么也没有变。我获得了很多和他交谈的机会,能在朋友聚会中与他相识,甚至与他一同出席各种聚会,在官方活动中与他一起经受折磨,但我至今仍然不知道如何与这位伟大的诗人交流。我面对他时的羞怯感和以前一样强烈。尽管我们有时会一起开玩笑,用冰镇伏特加碰杯,甚至在餐馆点过相同的食物——卷心菜猪排。[17]

的确,米沃什和辛波斯卡都赞同他们实际上并没有谈论过诗,但有时他们的谈话中会涉及一些东西。有一次,米沃什向辛波斯卡透露,他总是从头开始写一首诗,从第一行开始,之后便"自然而然地写下去"。作为回报,辛波斯卡告诉他,有时她会先想好最后一行,然后"努力攀上诗的开头"。

特蕾莎·瓦拉斯这样说道:"有一次我们去拜访米沃什,那时他的《神学协定》刚刚发表。他说道:'辛波斯卡,告诉我,你觉得这首诗到底怎么样?'辛波斯卡不习惯这种对话,她从来不问别人这样的问题,最后她深吸了一口气说:'你知道,我真的认为最后献给圣母的那部分,应该放在中间。这样的结束破坏了这首伟大诗作的效果。'米沃什靠在椅子上想了想,过了一会儿说:'不。'后来我们出去了,关上门后,辛波斯卡对我说:'纽扣!圣母哪有什么纽扣?'在诗的最后一部分,米沃什讲述了一个孩子的幻想,他看见非物质形态的圣母从物质中显现出来,只有她衣服上的纽扣清晰可辨。辛波斯卡说道:'但是圣母根本没有纽扣!'我不清楚她是否了解神学,但她显然已经掌握了纽扣的历史。"[18]

米哈乌·鲁希涅克说道:"有一次,我开了个愚蠢的玩笑,说米沃什做得更好,因为恶魔会在他耳边低语这些诗,所以他不需要费多大力气就能写诗。辛波斯卡没有笑,你知道,这确实是有关诗的愚蠢笑话。她只是说,她会做奇怪的梦,梦见声音,也梦见文字。"

当米沃什前来拜访辛波斯卡的时候,辛波斯卡通常会端上蔬菜卷猪肉和荞麦。通常她并不喜欢在厨房大展拳脚,但在米沃什到访的情况下,她也会做些女主人该做的事。这个传统始于以前米沃什从加利福尼亚来克拉科夫做客的时候,那时辛波斯卡就会做波兰菜给他吃。

"我们最后一次见面时,"辛波斯卡告诉彼德·纳伊什图布,"他还衣着整齐地坐着。后来当他陷入沉睡,无法与人进行深入交流之后,我便不想去看望他了,因为我认为他也不希望人们看到这样的自己。所以我最后一次看到他的时候,他的状态很好,我便记住了那样的他。那时我们谁也没有想到和道别有关的事。"[19]

同样在这次采访中,当被问及对围绕米沃什过世出现的种种声音有何反应时,辛波斯卡回答道:"我很震惊人们竟然会说出这么恶毒的言论。病毒在复活,所有属于旧波兰时期的反犹主义、民族主义、教权主义都是实实在在的病毒,潜伏在我们的身体中。"

想起米沃什死后发生的纷扰,①辛波斯卡留下了明确的指示:她的葬礼应当是世俗的,她的遗体要火化并放在拉科维奇墓园的家族墓地中——就在她父母的旁边。

辛波斯卡的最后一次公开露面也与米沃什有关。耶日·伊尔格说服她参加第二届切斯瓦夫·米沃什文学节("你不能拒绝他")。即使在米沃什死后,辛波斯卡也无法拒绝与他相关的邀约。

于是,2011年5月14日,辛波斯卡在克拉科夫神圣之体教堂朗读了两首当时尚未发表的诗——《镜子》和《手》。

---

① 米沃什死后,波兰文学界开始重新议论这位伟大的作家。有些人认为米沃什对波兰和波兰人是厌恶的,他们称米沃什自1951年在外流亡以来出版的所有作品都表达了这一点。——译者注

第 22 章　毫不夸张地谈论死亡

在获得诺贝尔文学奖后的十五年里，维斯瓦娃·辛波斯卡出版了三部诗集——《瞬间》《冒号》《这里》。她还设法完成了最后的十三首诗，将其放在了死后出版的诗集《足够》里。这样算下来，得奖后她总共发表了七十二首诗，平均一年六首，甚至可能更多（考虑到1996—1999年她没有写诗的情况）。

我们在这些诗中发现了辛波斯卡半个多世纪以来一直在思考的主题和问题，以及她写诗的动机和线索，其中就包括死亡。她没有特别严肃地对待它，而是以一贯的克制进行了书写，仿佛这写作不是以她的名义：

> 将死之时
> 我不召唤回忆，
> 我召唤自己
> 遗失的东西。
>
> 雨伞、手提箱、手套、大衣，
> 穿过门窗，
> 这样我就可以说：
> 我要这一切干什么？
> ……

> 还有被风掳走的
>
> 气球,
>
> 这样我就可以说:
>
> 这里没有孩子。
>
> ——《有玩具气球的静物画》,出自《呼唤雪人》(1957)

在她看似平静的诗句下往往有绝望在沸腾,而黑暗的主题往往被讽刺、充满修辞的人物和手法所包围。"如果是喜悦,那么就一定夹杂着恐惧,/ 如果是绝望,那么永远会有无声的希望。"这句诗就是她的感受。早在多年前,她就在一首幽默的《墓志铭》中预示了自己生命的终结。几个世纪以来,死亡一直被这种体裁所驯服。

> 这里躺着像逗号一样老派的
>
> 写了几首诗的作者。土地屈尊降贵
>
> 给了她永恒的安息,尽管死者生前
>
> 不属于任何文学团体。
>
> 但坟墓里没有什么好东西,
>
> 除了这首韵脚诗、牛蒡和猫头鹰。
>
> ——《墓志铭》,出自《盐》(1962)

辛波斯卡的很多诗显示,她从不同的角度观察了死亡,并对它进行了各种形式的塑造。正如贺拉斯对这个问题的关注——"不是所有的我都会死去"。她会写道:"不必过早地担心。""我会死在翅膀里,我会活在实用的爪子里。/ 不是所有的我都死于爱情。""一边是喉咙,一边是笑声,/ 轻快的,迅速沉默的。/ 这里有一颗沉重的心,而那里则是'不是所有的我都会死去'。"

实际上,辛波斯卡所有的诗集都会触碰这个问题,如果不是在醒着的时候，那就是在梦中：

我很高兴在我死之前
总能醒来。

——《梦之赞》，出自《可能》（1972）

我的梦——哪怕它们并不像本应该的那样熙熙攘攘。
梦中的人群和喧闹不如孤独来得多。
有时，早已死去的人会闯入。
用一只手转动门把。

——《巨大的数目》，出自《巨大的数目》（1976）

尤利安·科恩豪斯如是评价辛波斯卡的《桥上的人们》："辛波斯卡新诗集的主题是死亡。"[1]科恩豪斯对诗集中的每首相关的诗都做了分析，首先是那些明确提到死亡的诗，例如《我们祖先短暂的一生》《葬礼》《与死者密谈》，当然还有《毫不夸张地谈论死亡》。法国人是在辛波斯卡获得诺贝尔文学奖之后才开始出版她的作品的，法亚尔出版社曾提议将"毫不夸张地谈论死亡"作为整部诗集的书名。最初辛波斯卡反对，因为她不想让"死"字出现在书名里，但最后她还是屈服了，因为这个书名完美地反映了她诗歌的本质，一切都没有被夸张。

它不懂笑话
不懂星星，桥，
编织，采矿，农业，
造船和面点烘焙。
……
它甚至都不会，

与其职业直接相关的东西:
不会挖坟,
不会打棺材,
走后也不会清理痕迹。

它忙着杀戮,
它干得笨拙,
既不系统也不熟练。
好像它不久前才拿我们每个人练手。
……
谁称它是万能的,
谁就是活生生的例子,
证明它并不是万能的。

没有一个人的人生
会有一瞬间
是不朽的。

死亡
总是迟来这么一瞬。

徒劳地拉扯
看不见的门的把手。
谁多活了几天,
就从死亡手里赚到了几天。
　　——《毫不夸张地谈论死亡》,出自《桥上的人们》(1986)

为了得出结论，科恩豪斯继续列举那些出现在背景中的死亡，或者将死亡作为插曲、作为对逝去的反思、作为生存和生存意志的反面、作为无名的恐惧、作为生物学和历史必然性而出现的诗歌。在收录于《桥上的人们》的二十二首诗里，只有一首没有涉及死亡，那是一首"和人们对辛波斯卡的印象唱反调的可爱小诗"，里面充满了对魔法、悲剧和预言未来的能力的期待。然而，辛波斯卡不想知道未来，无论是在诗歌中还是在生活中。

> 但愿他的心还能坚持，
> 理性是清醒的，可以到达很远的地方。
>
> 但也没能远到
> 预见未来。
> 这个天赋
> 就不必给他了，上帝的力量。
>
> ——《有了个开头的故事》，出自《桥上的人们》（1986）

当辛波斯卡向我们讲述自己的家庭时，想起了舅姥爷莫里西·罗特蒙德的身影。她在斯扎法拉瑞的教区度过童年的假期。"1931年夏天，我得知舅姥爷得了癌症，这是他在神学院的朋友告诉他的，他们在年轻时互相承诺，会告知对方自己真实的健康状况，以便生病的那位能够为死亡做好准备。舅姥爷在得知真相时精神崩溃，不久便去世了。"

她不希望这样，并在一首诗中写道：

> 我更愿意同医生们聊些别的。
> ……

我更愿意敲敲木头①

我更愿意不问还有多久，什么时候。

——《种种可能》，出自《桥上的人们》(1986)

我认识的有多少

（如果我真的认识他们）

男人，女人

（如果这个划分仍然有效）

跨过了那个门槛

（如果它是门槛）

跑过了那座桥

（如果称它为桥）——

……

身在彼岸

（如果确实身在

而彼岸也存在）——

那我也不确定

他们接下来的命运。

——《悲哀的计算》，出自《结束与开始》(1993)

《结束与开始》中有好几首诗都是对科尔内尔·菲利波维奇的告别之作，比如《无人公寓里的猫》《告别风景》等。出于低调和守密，辛波斯卡没有提及菲利波维奇的名字，但直到她的最后一部诗集，菲利波维奇的身影仍然会出现在她的诗中：

---

① 迷信的说法，代表能赶走坏运气。——译者注

一切似乎都是正确的。

头型，面部轮廓，身高，身形。

但并非如此。

也许不是这个姿势？

不同的颜色？

也许更像从侧面，

好像他在寻找什么？

如果他手里拿着什么东西呢？

自己的书？别人的书？

地图？望远镜？渔线轮？

要么是穿的衣服不对？

九月革命的制服？营地的条纹制服？

——《记忆里的画像》，出自《这里》（2009）

很难想象辛波斯卡扮演了绝望寡妇的角色，这不是她的风格。在收到一张写有"孤儿—寡妇"字样的旧邮票做成的礼物时，她颇具奉献精神地把它印在了诗集上，分享给她的朋友。菲利波维奇是她的灵魂伴侣，在讲到其创作时，辛波斯卡说："他不喜欢在小说中对着月亮号叫，也不喜欢撕破上衣。在写下自己的感受之前，他宁愿三思而后行……他是一个坚强而矜持的人。在经历了被占时期和大屠杀之后，有些人开始从他的视线中消失，取而代之的是一些没能成功的人，他们没能挑起生活的重担。他的故事里总会出现衰老、疾病和死亡。"[2]

辛波斯卡编了两部菲利波维奇的小说选，还为它们写了序言。在《珍稀蝴蝶》的序言中她写道："情节在这里起着微不足道的作用。多年来，作家越来越急切于摆脱'经典'情节，想要直接坦白自己的感受、想法和精神上的冒险。"而在《阴影》的序言中，她写道："主题是犹太人——作者自己认识的犹太人，他与他们的友谊十分长久，或者至少有一刻，它存在于自己或别人的记忆里。他们都在只有文学才能进入的'影之国'长期逗留。"

辛波斯卡曾到访过菲利波维奇的故乡切申。在他诞辰九十周年之际，当地举办了关于菲利波维奇的纪念活动，期间举行了其纪念牌匾的揭幕仪式。就在辛波斯卡去世的前一年，她还去那里参加活动，观看了根据菲利波维奇的小说改编的电影。

在沃德克和菲利波维奇的祭日，辛波斯卡总会以组织朋友聚会的形式来纪念他们。就是在组织聚会的过程中，她萌生了专门为他们写一本书的想法。在《献给亚当的时刻：回忆、诗歌与译作》一书里，辛波斯卡记录了很多美好的回忆，同时选取了沃德克的一些诗。她还参与了《我们在科尔内尔家》的准备工作，从菲利波维奇的日记和诗歌中摘录了部分内容，并为大多数照片留下了简介。这本书于菲利波维奇逝世二十周年之际出版。

1997 年，当我们向辛波斯卡借全家福照片时，发现她的大部分照片上都没有标注。现在，当我们再翻看装有照片的盒子和信封时会注意到，大多数照片，尤其是父辈们收藏的那些，上面都有她整洁、清晰的笔迹。米哈乌·鲁希涅克说，当他认识辛波斯卡时，她实际上已经没有家人了（姐姐纳沃亚在她获得诺贝尔文学奖后几个月便去世了）。除此之外，辛波斯卡总是一个人度过假期，"那是她的选择。孤单，但并不孤独"。她不庆祝生日，也不会打电话给朋友送生日祝福。"亲人好友的生日和命名日，她总是会选择遥祝的方式，我认为这就是不需要永恒意义的人会做的事情。"[3]

辛波斯卡曾在诗里这样写道："我偏爱不重复的纪念日／可以每天庆祝。"

从某种意义上讲，鲁希涅克是辛波斯卡的代替版家庭成员，但这并不代表他有固定的角色。鲁希涅克表示："有时有人会说：'啊，（辛波斯卡）就像你妈妈一样。'但其实完全不是……她比我的父母还要年长，或许更像我的祖母，但我永远不会如此描述我们的关系。"有人曾经对辛波斯卡说："我希望自己有一个像您这样的祖母。"她回答道："我不认为你真的这么想。"

《瞬间》出版时，距离她上一部诗集的出版已经过去了九年，距离她获得诺贝尔文学奖也已经过去了六年。一些文学评论家认为，这部诗集中一些令人惊叹的诗与亚当·密茨凯维奇晚期的几首诗有相似之处。不知道那些已经完成、准备出版的诗是否会被冠以"洛桑抒情诗"[①]的名号，其实更适合这些诗的名字是"洛桑的沉思"，但人们不想接受这个名字。不过幸好，辛波斯卡将它们视为杰作，尤其是那首《当我的尸体在这里》。

在《云朵》这首诗中，辛波斯卡直接向密茨凯维奇"洛桑抒情诗"中的《伟大而干净的水》的最后几句致敬："必须站立并威胁岩石，/雨水带走云朵，/闪电隆隆作响与死亡；/将我流动，流动，流动！……"

> 要描述云
> 我得抓紧时间——
> 片刻之后
> 它们便不再是这样，它们会变得不同。
> ……
> 如果人类愿意，那就让他们存在，
> 然后一个一个地死去，
> 对它们，对云来说，这
> 非常奇怪的一切
> 都无所谓。

[①] 波兰作家、诗人亚当·密茨凯维奇的一组诗歌，写于1839—1840年，密茨凯维奇在洛桑逗留期间。——译者注

在你的一生
和我的并不完整的一生，之上，
它们像以往游行那样盛装出席。

它们没有义务与我们共存亡，
它们不必为了被看到而飘浮。

——《云朵》，出自《瞬间》（2002）

在谈到云时，辛波斯卡说："云是如此神奇的事物，如此美妙的现象，应该把它们写下来。毕竟云是天上永恒的发生，绝对的演出；是在形状和想法上取之不尽、用之不竭的东西，大自然的惊人发明。"[4] 之前她就曾提到过云（"多少云肆无忌惮地掠过我们"），现在她让这些云成了人类生活的沉默和冷漠的见证。

米哈乌·格沃文斯基也在一篇文章里提到了辛波斯卡另一首与洛桑抒情诗有关的诗。在田园诗般的假日画面下，可以看到暗流的涌动：

我们在闲聊，
突然沉默。
一个女孩走上阳台，
哦，美丽，
对于我们在此平静的逗留来说。
太美丽了
……
我想：我会打电话给你，
然而现在——我会说——不要来，
预报说未来几天有雨。

> 只有寡妇阿格涅诗卡，
>
> 带着美丽的微笑相迎。
>
> ——《一段回忆》，出自《瞬间》（2002）

这首诗看似简单，但在深入分析的过程中，格沃文斯基发现，那位突然中断假日休闲田园气氛的美女，其实是死亡。[5]

在《瞬间》与《冒号》两部诗集的出版时间之间，辛波斯卡立下了遗嘱。从获得诺贝尔文学奖的那一刻起，她就知道这件事在等待着她，她必须安排好钱财的用途——在审慎地支持了各种行动、资助了各种文化活动之后。她的生活方式没有改变，她仍然是一个低调的人，不喜欢奢华的生活。

"我认为奖金对她来说是个天文数字，她从没想过自己有一天会得到这笔钱。相反，她希望在这份奖项的加持下，其他好事也会随之而来。"鲁希涅克说道。

2004年，辛波斯卡前往以色列，那里正爆发第二次起义[①]，这也成了她去公证处立遗嘱的好理由。

"尽管遗嘱不是辛波斯卡最喜欢的文学体裁，但我发现了好几份遗嘱，"鲁希涅克对我们说道，"至少有三份遗嘱来自不同时期，从文学层面来讲，写得非常优美，但最后都作废了，因为它们是在机器上打出来的，不是手稿。"

在遗嘱中，辛波斯卡向鲁希涅克道歉，她感觉这样与他说话有些愚蠢，但她别无选择，必须这样做。"你知道，我一直觉得自己是个波兹南人，这一点很重要。"[②]她与律师准备了一份遗嘱和基金会的章程。作为一

---

① 针对美国与以色列关于"退回1949年停火协议划定的边界线"协议爆发的以色列民众起义。——译者注

② 波兹南人有"固执刻板"的名声。——译者注

个一向厌恶公事的人,她很为自己的秘书担心,因为在她死后,还有很多类似的工作需要处理。

"在她生病的时候,"鲁希涅克继续说,"她请公证人去医院对遗嘱做了一些小改动。她想在自己死后,由朋友们组织一次抽奖活动,由命运决定谁会从她那里得到什么样的遗物作为纪念物。但后来发现,继承法没有关于抽奖制度的规定,所以最终遗嘱中没有添加这一项。"

关于辛波斯卡的诗集《冒号》,玛乌戈热塔·巴拉诺夫斯卡这样写道:"在整部诗集中,死亡离我们越来越近了,别人的、我们的、不曾被命名的,死亡继续在诗句中盘旋。"[6]塔戴乌什·尼切克则认为这一部诗集中,许多诗的主题是时间:"辛波斯卡温和地谈论死亡,就好像在远处围着它转,而不是直接呼唤它,毕竟她清楚自己没有这样的机会。她更喜欢专注于具体而生动的时刻,因为只有这样才能保证死亡夫人不会看向这里。"[7]

在诗中,她已经为死亡做好了准备。她写了很多关于死亡的诗。

清晨预计凉爽多雾。

雨云,从西方

开始移动。

能见度会很低。

路滑。

……

第二天

天气会晴朗,

尽管对那些还活着的人来说,

雨伞或许还会派上用场。

——《第二天——没有我们》,出自《冒号》(2005)

诗集《这里》在《冒号》出版三年后付梓，共收录了十九首诗。"辛波斯卡在创作中已经有过太多诗意的发现，因此很难要求她有更多的发现了。更重要的是，这些发现的每个后续变体：行、节，甚至每个脚注都值得仔细关注。"耶日·皮尔赫这样评价道，"当被称为生命的现象失去了意义，当桌子、椅子、杯子，更不用说悲伤或温柔这样的深渊，突然变成怪异的现象，当最简单的事情变得令人恐惧时——人们便疯了。当这样的疯狂抓住一个在排列词汇上极有天赋的人，一个能够在文学艺术的手中捕捉恐惧和混乱的人，地球上就会出现一份可信的、关于存在的协议。"[8]

《这里》的开篇便记录了地球上的存在（"地球上有一切实物。/椅子和悲伤都在这里制造"），并一直延续到结尾的诗《形而上学》（"存在过，消逝了。/存在过，所以消逝了。/以永远不可逆的顺序，/因为这是这场失败游戏的规则"）。辛波斯卡用这部诗集向我们说了再见——正如精神分析师所说的——"完形"。以下是它们在诗集中按顺序进行的（不完整）排列：

- 关注自然的实践（"也许厌倦了永无止境的工作/重复自己之前的旧想法/给我们戴上面孔/曾经戴过的"）和对它最为奇怪的创造的钦佩（"可怜的墓地/永恒的休息/即/令人愉快，从大海而出，/蔚蓝的大海，白色的岩石"）；
- 像往常一样的梦境（"我们可以不借助羽毛飞翔，/在黑色的隧道中闪耀我们的眼睛，/我们用一种未知的语言与热情交谈/不是与任何人交谈，因为这是与死者的交谈"）；
- 与过去的自己相遇（"我们是如此不同"）；
- 再次展示恐怖主义的普遍性（"我整天想/如何杀戮才能导致灭亡"）；
- 像往常一样，从意想不到的角度看待离婚等显而易见的事情（"对于家具，楼梯，噪声和马车。/对于墙壁，照片后的明亮广场。/ 对于一楼的邻居，话题，无聊的休息"）；
- 与未被命名的老年生活共存（"我的记忆力很差。/ 它希望我经常听听它的声音"）。

辛波斯卡几乎一直按照自己的节奏生活、工作、结识朋友、抽烟、喝伏特加。当然，还有写诗。

"文学在引起惊奇方面并没有垄断权，"她在《这里》一书出版后接受采访时说，"毕竟是平凡的生活在不断地为它们的产生创造着机会。科学和技术领域总有一些令人惊奇的新事情发生。源源不断的新发现如此之多，我们甚至来不及更新，对每个新发现感到惊奇的时间也越来越短，没有给予足够的欣赏和珍惜。我觉得，以前蒙特哥菲尔兄弟发明的热气球所引起的轰动远比人类登上月球引起轰动的范围更大，留在人们记忆里的时间也更长。惊奇是短暂的，但恐惧却会长存。"[9]

> 她一直在寻找什么安慰。
> 每个人都有亲人过世的时候，
> 在活着还是死去之间
> 被迫选择后者。
> ……
> 这是大自然的右和左。
> ……
> 只是偶尔
> 它会表示一点礼貌——
> 将死去的亲人扔进我们的梦里。
>
> ——《每个人都曾经历》，出自《足够》（2012）

"维斯瓦娃·辛波斯卡和她的姐姐纳沃亚，她们都拥有伟大女性的教养，"伊丽莎白·平德尔和扬·平德尔告诉我们，"辛波斯卡几年前就知道自己患有主动脉瘤，但她不想手术，宁愿让它自己破裂，因为正如她所说，这是一个快速、简单的结束方法。她想让自己的死亡变得无痛且迅速。"

2011年10月，辛波斯卡一如既往地去了扎科帕内。克里斯蒂娜·克雷尼茨卡、雷沙德·克雷尼茨基和安德斯·波德嘉尔德前来拜访，并一起到科斯切利斯卡山谷旁的酒吧共进午餐。那里的主人认出了辛波斯卡，出去和她打招呼，还告诉她这个地方是自己的祖父从她的父亲那里买来的。

平德尔夫妇也来到了扎科帕内，以便将辛波斯卡接回克拉科夫。自从纳沃亚死后，他们便经常担任辛波斯卡的司机。每月至少有那么一次，他们会为辛波斯卡带来自制的食物并放进罐子里储存。在辛波斯卡不在的时候，他们还会帮忙照看她的公寓，并在她即将回来前在冰箱里装满食物。这一次，在路上，他们还一同去了辛波斯卡的舅姥爷莫里西·罗特蒙德的墓地。

2011年11月24日，波兰广播电台宣布："两天前，维斯瓦娃·辛波斯卡在克拉科夫的一家医院接受了手术，并在医生的照料下逐渐康复。目前尚不清楚克拉科夫的医生采取了什么治疗，也不知晓辛波斯卡在哪家医院休养。诺贝尔文学奖得主的秘书米哈乌·鲁希涅克拒绝提供更多细节，他表示，这是患者本人的要求。鲁希涅克只说手术进展顺利，辛波斯卡的健康状况正在好转。"

"她不想谈论她的病，"鲁希涅克告诉我们，"想到即将从医院回家，可以整理一些东西，她的积极性就被调动起来了。我担心她可能想扔掉一些年轻时的图画或诗作，但她最终没有这样做。""是有一些过去的东西和信件。"她说，不过她最终没有来得及收拾。

辛波斯卡的最后一次旅行是在2011年9月前往伏罗茨瓦夫。波格丹·兹德罗耶夫斯基邀请她在欧洲文化大会召开期间共进晚餐。鲁希涅克开车送她。辛波斯卡先去拜访了乌尔舒拉·科齐奥乌，之后两人一同前往科齐奥乌的丈夫菲利克斯·普日贝拉克的墓地。后来出现在晚宴上的还有克里斯蒂娜·扎赫瓦托维奇-瓦伊达、安杰伊·瓦伊达、齐格蒙特·鲍曼，当然也少不了酸黑麦汤和美味的红酒。晚宴结束后，辛波斯卡和鲁希涅克在午夜过后一起返回了克拉科夫。

在特蕾莎·瓦拉斯的陪同下，辛波斯卡看了人生中最后一部电影——伍迪·艾伦的《午夜巴黎》。

辛波斯卡的笔记本上最后一条有关诗的记录出现在 2011 年秋天。这是一句有关尼安德特人的诗："当他死去 / 便已相信来世。"以及："写死亡很容易，写生活则很难。生活有更多的细节，泛泛而谈是不会有趣的。""当她手写的小纸条从笔记本里掉落时，我快要哭出来了，"鲁希涅克回忆道，"那可能是她从一位体育评论员那儿听到的内容：他是那种连球都不会妨碍他比赛的球员。"[10]

辛波斯卡的最后一个签名出现在 2011 年 11 月。当时在场的还有马里奥·巴尔加斯·略萨、小野洋子、斯汀、吉米·卡特和莱赫·瓦文萨，他们聚集的目的是呼吁世界改变有关毒品的政策："是时候去惩罚、治疗和预防了。"

辛波斯卡写的最后一段文字是评论爱德华·戈里的《奇异的客人》，这是一本由米哈乌·鲁希涅克翻译的风格阴郁的书，她在书的勒口上写道："总有些人沉迷于忧郁。幸好有戈里的帮助，这些人可以戒掉这个瘾。"当然，在此之前，她已经读过秘书的翻译，并提出了一些修改建议。

辛波斯卡写的最后一首幽默四行诗，与她的手术有关。她将这份手稿交给了鲁希涅克："荷兰人是聪明的民族 / 因为他们知道当自然呼吸停止时 / 该做些什么。"

2012 年 1 月，辛波斯卡将最后一首诗寄给了《选举报》：

> 最好的情况是，
> 我的诗啊，你将会被仔细阅读，
> 评论并背诵。

糟糕一点的情况是，
你只会被阅读。

第三种可能——
诚然被书写下来，
但过一会儿就被扔进了垃圾桶。

还有第四个选项——
还没被写下时你就消失了，
同时高兴地对自己说了些什么。
——《写给自己的诗的诗》，出自《足够》（2012）

2012年2月1日，辛波斯卡在家里于睡梦中去世。

2月9日，葬礼当天的中午，号手没有吹响一般的葬礼曲，而是演奏了用她最著名的诗谱写的歌曲。这首歌曾经被歌手乌茨亚·普鲁斯以及曼那乐队的科拉唱过。路过集市广场的居民纷纷将头转向圣母玛利亚大教堂的钟楼，那里正播放着《任何事情都不可能发生两次》：

任何事情都不可能发生两次，
即使重现也不会完全相同。因此
我们不会生来就游刃有余，
死时一个接一个没有规律。
——《任何事情都不可能发生两次》，出自《呼唤雪人》（1957）

"我当时在想，辛波斯卡会对这一切说些什么呢？"在拉科维奇墓地举办的世俗性葬礼上，鲁希涅克手捧她的骨灰盒说道，"她说不定会怀疑,所有的人都是偶然来到这里的,他们也许正要去看比赛,只不过在路上被什么东西拦住了。"

扩音器里传来艾拉·费兹杰拉的歌曲《黑咖啡》,辛波斯卡早就想为费兹杰拉写一首诗,但直到最后一部诗集,她才将这首诗完成:

> 她向上帝祈祷,
> 热切地祈祷,
> 望上帝将她变成
> 一个幸福的白人女孩。
>
> ——《天堂里的艾拉》,出自《这里》(2009)

"美妙的、无与伦比的费兹杰拉,"辛波斯卡告诉我们,"如果她真的去了天堂,我想天使合唱团大概会试图让她消失。"

她在拉尔斯·赫兰德的纪录片里也提到了艾拉·费兹杰拉:"简直是被上帝赐福的声音。她唱歌如同呼吸一样自然。不论是高兴的还是悲伤的,她总是保持一段距离,没有将灵魂全部投入。我非常欣赏这一点。我不想高攀,与如此伟大的歌手相提并论,但我觉得我也是这样——不管发生了多么戏剧性的事情,我都会试图与其保持距离,然后从旁观看。她在唱歌时也是如此。或许我从她身上学到了一些东西。"

"辛波斯卡女士去世不久前说,她和朋友们一起度过了漫长、美好、有趣、幸福的一生,"鲁希涅克继续说道,站在墓地里的所有人身上都落满了雪,"她对命运抱有感激,并且坦然接受接下来将要发生的事。我很好奇,您现在在做什么。我猜想悲观世界里的您可能正坐在桌子旁的某个地方写着献词。那乐观世界里的您呢?好吧,显然您最喜欢的艾拉·费兹杰拉在天堂,所以您现在可能正在听她说话,一边抽着烟,喝着咖啡。但同时——对我们来说幸运的是,您仍然可以和我们在一起。您给我们留下了很多诗歌作品,有待我们阅读和思考。"

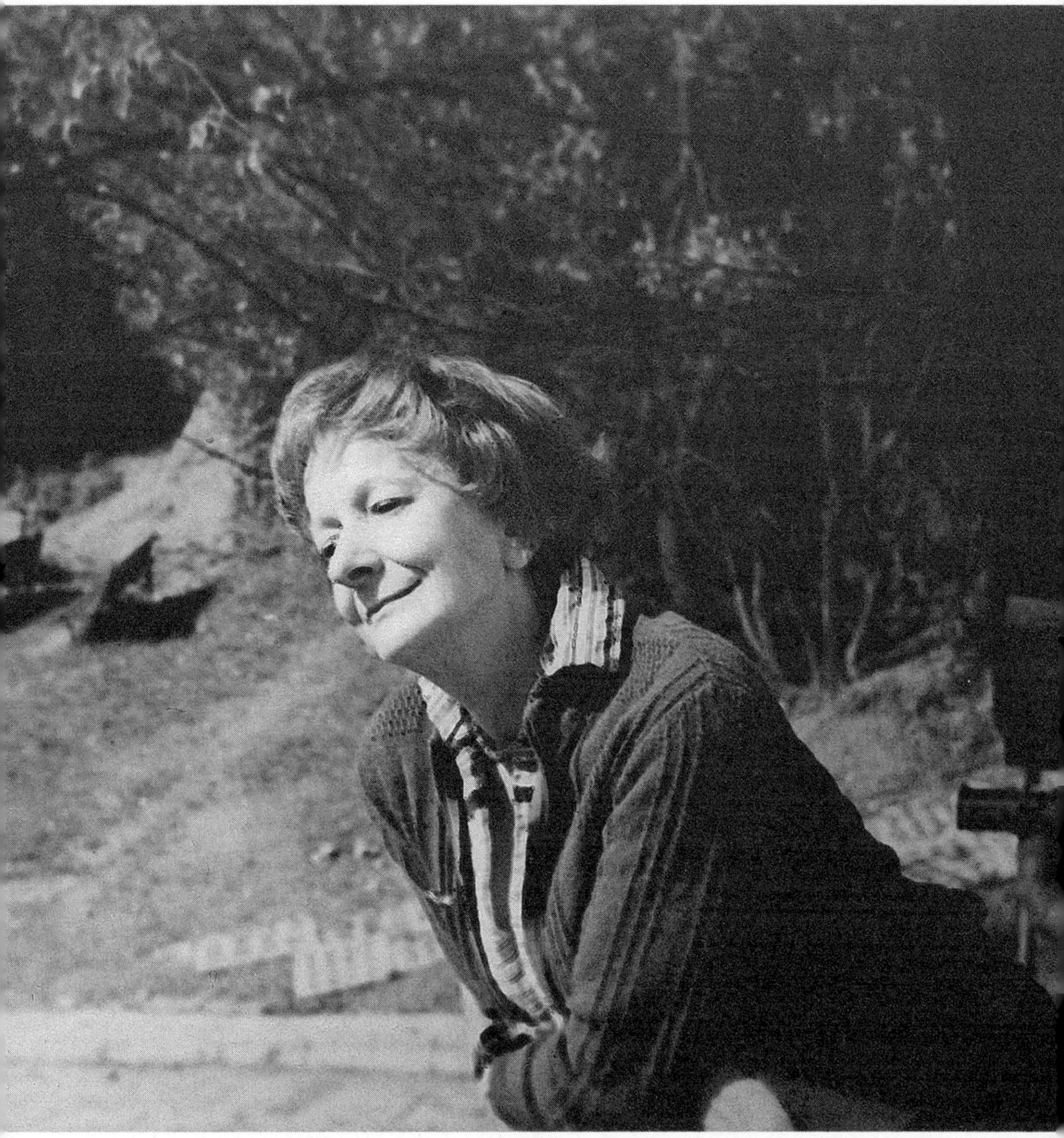

参考文献与人名译名对照表

尊敬的读者，由于《尘封的纪念物、挚友与梦》一书资料详尽，涉及大量参考文献，篇幅较长。为了节省印张，也出于环保的考虑，特此制作了参考文献与人名译名对照表的电子版，请用微信扫描下方二维码查阅。

大事记

1923 年

7月2日,罗特蒙德家族的安娜·玛丽亚·罗特蒙德和扎莫伊斯基伯爵的管家文森特·辛波斯基在波兹南附近的库尔尼克生下他们的二女儿。

9月2日,辛波斯基夫妇的二女儿在受洗时被取名为玛丽亚·维斯瓦娃·安娜。

1924 年

文森特·辛波斯基退休后和他的妻子及女儿们——姐姐玛丽亚·纳沃亚和妹妹玛丽亚·维斯瓦娃搬到托伦。

1929 年

辛波斯基一家定居于克拉科夫的拉齐维沃夫斯基路,住在文森特·辛波斯基买下的一栋房子里。

1930 年

小名叫伊赫娜的维斯瓦娃·辛波斯卡在波德瓦莱路的尤瑟夫·尤泰伊科小学就读,上二年级。

1935 年

开始在斯塔罗维希尔纳街的乌尔舒兰卡女子中学接受教育。

1936 年

辛波斯卡的父亲文森特·辛波斯基去世,享年六十六岁。

1941 年

春天,秘密参加高中毕业考试。

1942 年

2月28日,写下了其被保存下来的最早的诗歌——《溺水者》。

1943 年

受雇为铁路部门的公务员,以避免被送往德国当劳工。

1944 年

写了一些诗歌。战后,辛波斯卡认为这些诗中的一部分值得出版。

1945 年

3月14日,其诗作首次在《战争》杂志亮相,标题为"寻词",编辑们认为这首诗太过冗长,于是进行了删减。

秋天,开始在雅盖隆大学学习,先专攻波兰语言文学,后转向社会学,两个专业均未毕业。

1947—1948 年

担任双周刊《克拉科夫活动室》的编辑部秘书,为书籍制作插画。

1948 年

4月,与诗人、翻译家、文学评论家亚当·沃德克结婚,搬到克鲁普尼察路22号的文学公寓楼。战后,许多作家在那里聚集。

1950 年

加入波兰统一工人党。

1952 年

诗集《我们为此而活着》在读者出版社出版,发行1140册,辛波斯卡凭借此书成为波兰作家协会成员,但她未在之后出版的任何诗集中收录本书中的任何一首诗。

这部诗集中的《人民宪法产生时一个老女工的回忆》一诗在波兰文化和艺术部的竞赛中获奖。

1953 年

1月,成为《文学生活》周刊诗歌版面的负责人。

2月,在波兰作家协会关于谴责克拉科夫教廷的神职人员从事间谍活动的决议上签名。

约瑟夫·斯大林去世后,《文学生活》特刊中出现了辛波斯卡的诗《这一天》,多年后,她因为这首诗被猛烈攻击。回忆那段岁月,辛波斯卡说:"写那首诗时我是发自真心的,但放在今天没人能够理解。"

1954 年

与亚当·沃德克离婚。始终与他保持友谊,直到沃德克去世。

春天,出于文化交流的目的,辛波斯卡有生以来第一次出国,去了保加利亚。在两周的逗留期内,她的导游兼翻译是曾在20世纪90年代出任保加利亚副总统的布瓦佳·迪米特洛娃。

第二部诗集《向自己提问题》在文学出版社出版，发行 1175 册。

《我们为此而活着》再版，发行 2101 册。

凭借这两部诗集获得了克拉科夫市文学奖。

1955 年

凭借《向自己提问题》获得国家奖。

秋天，出于文化交流的目的前往斯洛伐克与当地作家会面。

因在"文学和艺术领域的成就"而获得波兰政府颁发的金十字勋章。

1957 年

秋天，因获得巴黎的奖助金，辛波斯卡第一次到访西方。

诗集《呼唤雪人》在文学出版社出版，发行 1135 册。

1958 年

1 月 10 日，辛波斯卡决定迈出勇敢的一步，与扬·尤瑟夫·什切潘斯基和斯瓦沃米尔·姆罗热克在巴黎附近的迈松拉斐特拜访了巴黎《文化》杂志的总编耶日·盖德罗伊茨。

1960 年

与伏沃基米日·马琼格一起在《文学生活》主办"文学信箱"栏目，给渴望成为作家的年轻人回信。

随波兰作家代表团出访莫斯科、列宁格勒和格鲁吉亚的苏呼米。

辛波斯卡的母亲安娜·玛丽亚·辛波斯卡去世，享年七十一岁。

1962 年

诗集《盐》在国家出版社出版，发行 1750 册。

1963 年

8月14—17日，参加波兰和丹麦作家交流会，地点为哥本哈根附近的克罗格鲁普的人民大学。

秋天，离开克鲁普尼察路22号的文学公寓楼，搬到斯蒂奇尼亚路（今王室路）18号，一栋位于斯蒂奇尼亚路和诺沃维耶斯基街交叉拐角处的六层公寓中。由于屋子很小，辛波斯卡称其为"抽屉"。

11月，与一群作家出访南斯拉夫，访问了达尔马提亚，前往马其顿参观了在不久前被地震摧毁的斯科普里。

凭借诗集《盐》获得波兰文化和艺术部颁发的文学奖（二等奖）。

1964 年

波兰三十四名作家和学者发表公开信，抗议审查制度和对言论自由的限制，辛波斯卡与波兰作家协会的数百名成员共同签署了一封反对抗议的公开信。那是辛波斯卡最后一次站在权威一边。

国家出版社出版辛波斯卡的《诗选》，发行4290册。

1965 年

在索波特举行的国际歌曲节上，乌茨亚·普鲁斯演唱了《任何事情都不可能发生两次》，以维斯瓦娃·辛波斯卡的诗为歌词。这是辛波斯卡第一次允许别人用她的诗改编歌曲，甚至允许歌手改动了她的文字。原诗是："任何事情都不可能发生两次/即使重现也不会完全相同。因此……"，乌茨亚·普鲁斯唱的是："任何事情都不可能发生两次/一定是因为如此……"

1966 年

退出波兰统一工人党，以此声援被驱逐者莱舍克·科瓦科夫斯基，辛波斯卡也因此失去了《文学生活》诗歌版面负责人的职位。

1967 年

6 月 11 日，开始在《文学生活》刊登"非必要阅读"专栏。

秋天，前往法国的巴黎和南部地区，以及西班牙。

诗集《一百个笑声》在国家出版社出版，发行 3225 册。

人民合作出版社出版辛波斯卡的《诗选》（"20 世纪诗人"系列），发行 10320 册，辛波斯卡亲自撰写了序言。

1968 年

夏天和秋天，由于罹患肺部疾病，辛波斯卡花了几个月的时间在结核疗养院治疗。

1969 年

辛波斯卡的照片开始出现在科尔内尔·菲利波维奇收集毕生照片的相册里。他们一直在一起，直至菲利波维奇逝世。

6 月 12 日，在雷沙德·克雷尼茨基的邀请下，辛波斯卡自 1924 年以来首次重返故乡库尔尼克，看望那里的家人。当时，克雷尼茨基在当地的图书馆工作。

1970 年

前往比利时奥斯坦德附近的克诺克参加诗歌双年庆。

国家出版社出版辛波斯卡的《诗选》（"诗人图书馆"系列），发行 5260 册，由耶日·科维亚特科夫斯基作序。

读者出版社出版辛波斯卡的《诗选》（"波兰诗人"系列），发行 15290 册。

1972 年

诗集《可能》在读者出版社出版，发行 8280 册。

与科尔内尔·菲利波维奇前往德国美因河畔的法兰克福书展。

1973 年

4 月，与科尔内尔·菲利波维奇前往德国和荷兰参加"作家之夜"。

5 月 16 日，"一九七三年五月十六日"成为诗集《结束与开始》中一首诗的标题。

"非必要阅读"专栏首次结集成书出版。

国家出版社出版辛波斯卡的《诗选》（"30 年文学图书馆"系列），发行 20290 册。

1974 年

获得波兰复兴勋章。

1975 年

在给波兰人民共和国议会的公开信上签字，即所谓的"59 封信"。

诗集《可能》再版，发行 10265 册。

1976 年

作为对签署"59 封信"的镇压，安全局通知签证机构"限制参与者（辛波斯卡）前往资本主义国家，不管是私人旅行还是因公前往"。

诗集《巨大的数目》在读者出版社出版，发行 10280 册。

国家出版社出版辛波斯卡的小众诗选集《眼镜猴》，发行 860 册。这部诗集中出现了许多动物。

1977 年

诗集《巨大的数目》再版，发行 10290 册。

国家出版社出版的《诗选》（"诗人图书馆"系列）再版，发行 10290 册。

1978 年

在教育课程协会的成立宣言上签名,该机构与工人保护委员会相关,开设有关历史、文学、经济学的讲座。

1979 年

国家出版社出版的《诗选》("30 年文学图书馆"系列)再版,发行 30315 册。

1980 年

没有加入团结工会(辛波斯卡后来表示——"我没有集体感")。

11 月,签署致国务委员会的倡议信,呼吁政府对雷沙德·科瓦尔赤克和耶日·科瓦尔赤克兄弟减刑,此前他们因炸毁奥波莱高等教育学院的礼堂而被判处多年监禁。

1981 年

与新成立的克拉科夫文学月刊《写作》建立合作关系,其副主编是科尔内尔·菲利波维奇。

12 月,战时状态时期开始后,与《文学生活》断绝了合作关系,从此辛波斯卡的名字在这本杂志中消失。

1982 年

秋天,搬到霍奇姆斯卡大街一栋公寓楼的两室公寓。

1983 年

《世纪的没落》在《普世周刊》上发表,自此开始与这份刊物建立合作关系。

12 月 4 日,在克拉科夫天主教知识分子俱乐部总部,以《对色情文学的看法》一诗开启了独立于审查制度的《响亮》杂志第 1 期。

人民合作出版社出版的《诗选》("20 世纪诗人"系列)再版,发行 10330 册。

1985 年

5月，在巴黎的《文化》杂志和地下杂志《方舟》上以笔名斯坦赤库夫娜发表诗歌《辩证法与艺术》，这首诗没有收录于任何一部诗集中。

1986 年

1月27日，前夫亚当·沃德克去世，他也是维斯瓦娃·辛波斯卡最亲密的朋友之一。

经过十年的沉淀，新诗集《桥上的人们》在读者出版社出版，发行20320册。这部诗集获得了团结工会颁发的文化奖项和《奥得河》月刊颁发的奖项。辛波斯卡拒绝了波兰文化部颁发的奖项。

1987 年

国家出版社出版的《诗选》（"诗人图书馆"系列）第二次再版，发行50200册。

1988 年

成为波兰作家联盟的创始成员之一，这个组织是为与官方的波兰作家协会分庭抗礼而成立的。

成为波兰笔会的成员。

诗集《桥上的人们》再版，发行20000册。

1989 年

文学出版社出版辛波斯卡的《诗选》（波兰语–英语双语版）。

1990 年

2月28日，科尔内尔·菲利波维奇去世。

凭借《桥上的人们》获得齐格蒙特·卡伦巴赫奖，被公认为十年来最杰出的书籍。

1991 年

8月28日，在法兰克福圣保罗教堂领取著名的歌德奖。之前的获奖者包括西格蒙德·弗洛伊德、卡尔·雅斯贝尔斯、赫尔曼·黑塞、托马斯·曼等。

前往布拉格参加由当地的波兰文化中心和大使馆举办的作家会谈。在坐汽车从克拉科夫到布拉迪斯拉夫的途中，这场和波兰驻捷克大使馆秘书（兼诗人）兹比格涅夫·马切伊的旅行成了一次"神奇的打油诗之旅"，因为两人一路上都在构思打油诗。

1992 年

9月10日，到波兹南参加在佳文斯基宫举办的"文学星期四"讲座活动，并到访了家乡库尔尼克。

10月21日，在克拉科夫普吉特宫参加《响亮》杂志举办的致敬切斯瓦夫·米沃什的座谈活动。

1993 年

5月，前往斯德哥尔摩，在皇家戏剧院参加"作家之夜"。

10月27日，参加《响亮》杂志于波兹南举办的致敬斯坦尼斯瓦夫·巴兰恰克的座谈活动。

去伦敦参加由波兰文化中心组织的作者见面会。

诗集《结束与开始》在 a5 出版社出版，其中，《无人公寓里的猫》是在菲利波维奇去世后为纪念他而写的。

1995 年

5月，荣获波兹南密茨凯维奇大学的荣誉博士学位。爱德华·巴尔切然教授在授予仪式上赞美辛波斯卡："维斯瓦娃·辛波斯卡的诗歌是关于伟大问题的诗歌。批评家从中找到了哲学灵感，并视它为一种没有限制的宏大哲学。它不能归结为对语言的阐释，不能简化为解释或定义，而是对形而上学敞开了大门，对现实存在进行了论证。"

成为波兰艺术与科学学院的成员（曾经因政治原因落选）。

获得奥地利赫尔德奖。莱因哈德·劳尔教授在致辞中说："辛波斯卡的诗歌是神秘的，你无法窥见所有。而在阅读时，心灵会焕然一新，会发现波兰精神是女性化的。"

1996 年

1月，由辛波斯卡编选的科尔内尔·菲利波维奇的短篇小说集《珍稀蝴蝶》出版，书中附有辛波斯卡撰写的序言。

9月30日，获得波兰笔会颁发的诗歌终身成就奖。

诗选集《一粒沙看世界》在 a5 出版社出版。

10月3日，被瑞典学院授予诺贝尔文学奖。理由是辛波斯卡"通过精确的反讽将生物法则和历史活动展示在人类现实的片段中"。

11月18日，在克拉科夫参加新书发布会，宣传其诗选集《一粒沙看世界》和标志出版社出版的关于辛波斯卡诗歌最重要的批评文集《阅读辛波斯卡》。

12月6日，前往斯德哥尔摩，参加为期一周的诺贝尔奖授予活动（12月10日举办）。辛波斯卡在诺贝尔奖获奖演说中说："我是如此珍视'我不知道'这短短的一句话，它虽然简短，却有着丰满的羽翼，足以振翅飞翔。"

1997 年

4月，在达姆施塔特拜访她的德语翻译卡尔·戴德尤斯。他们一同去了法兰克福和柏林与读者见面。

5月9日，与切斯瓦夫·米沃什一起参加"华沙文学日"活动。两位诺贝尔奖获得者与观众在皇家城堡见面。

6月18日，辛波斯卡的姐姐纳沃亚去世。

10月4—6日，与切斯瓦夫·米沃什一起参加了克拉科夫东西方诗人会议。

10月5日，在坦佩尔犹太教堂组织"诗歌之夜"，与来自世界各地的诗人一起朗读诗作。在读诗的休息间隙，由小号手托马什·斯坦科进行即兴表演。从那之后，辛波斯卡经常邀请斯坦科为自己的"作家之夜"演奏。

10月6日，参加在斯沃瓦茨基剧院举办的"诗歌之年"活动的闭幕式，并朗读了自己的打油诗。

11月，搬到皮亚斯托夫斯卡街一座现代化居民楼的三室公寓。

1998年

1月31日，在《选举报》上发表声明，澄清在波兰流传的诗《我的感受》并不是她的作品。

3月11日，在市议会特别会议上，因其为发展波兰语言之美和传播克拉科夫及波兰文化做出的贡献，被授予"克拉科夫市荣誉公民"称号。

10月27—29日，参加在克拉科夫高等师范学校举办的"科尔内尔·菲利波维奇的生活与工作"研讨会。

1999年

10月22日，参加在犹太文化中心举办的尤安娜·赫兰德的摄影集《如果这个波兰女人在瑞典》的新书发布会，这本摄影集记录了辛波斯卡参加诺贝尔奖授予活动期间在瑞典的照片。

2000年

5月，《辛波斯卡诗选》在a5出版社出版，辛波斯卡亲自选编了其中的诗作。在之后的许多年里，这本诗选集陆续增订、再版。

与尤安娜·伊尔格、耶日·伊尔格和玛丽娜·马库赫到威尼斯进行了为期一周的访问。

10月，关于祖父安东尼·辛波斯基的回忆录《动荡的命运：1831—1881年的回忆录》出版——安东尼祖父十几岁时参加过波兹南起义，后在贝姆将军的指挥下于匈牙利锻炼出了军官的素质。他在"一月起义"中指挥了一支部队。后来他到欧洲各地游荡，甚至还去了美国加利福尼亚州，在那里成为一名淘金者。

10月3日，与另外两位诺贝尔奖获得者在维尔诺参加座谈会。切斯瓦夫·米沃什、君特·格拉斯以及托马斯·温茨洛瓦在会议上讨论了关于中欧和东欧民族关系的问题，辛波斯卡则在会上朗读了诗歌《仇恨》。

10月17日，与切斯瓦夫·米沃什、时任波兰外交部部长的伏瓦迪斯瓦夫·巴尔托舍夫斯基以及时任德国副总理兼外交部部长的约瑟夫·菲舍尔一起，在法兰克福国际书展上开展"波兰年"的活动。

10月27日，在克拉科夫国立高等戏剧学院参加《动荡的命运：1831—1881年的回忆录》一书的新书发布会（"我没有机会见到他，因为在他去世四十年后我才出生"）。

11月，文学出版社出版《文学信箱——如何成为/不成为一名作家》，由特蕾莎·瓦拉斯从辛波斯卡在《文学生活》写了近十年的专栏中选取有趣的回答结集成书。

11月10—13日，与切斯瓦夫·米沃什共同担任第二届"歌与祈祷之间的诗歌"诗人大会的活动大使。

11月10日，参加圣凯瑟琳教堂的诗歌晚会并朗读自己的诗歌。

12月10日，在文学出版社的梅霍夫大厅参加《文学信箱——如何成为/不成为一名作家》的新书发布会。

在其倡议下，《献给亚当的时刻：回忆、诗歌与译作》于文学出版社出版。这是一本关于亚当·沃德克的回忆录。维斯瓦娃·辛波斯卡除了记录下关于沃德克的回忆，还在书中收录了他的部分诗作。

2001年

成为美国艺术与文学学院荣誉会员。辛波斯卡在授予仪式上表示："我通常试图避免所有的荣誉和头衔，因为这会让我感到尴尬。但这一次，虚荣心战胜了尴尬。"

2002 年

8月，诗集《瞬间》在标志出版社出版，这是辛波斯卡获得诺贝尔文学奖后出版的第一部诗集。

9月14日，到华沙参加《瞬间》的新书发布会。

9月，《非必要阅读（第六卷）》由文学出版社出版。

9月18日，参加在文学出版社的梅霍夫大厅举办的《非必要阅读（第六卷）》的新书发布会，到场的有很多文学评论家。

10月24日，在克拉科夫国立高等戏剧学院参加"作家之夜"并朗读《瞬间》中的诗歌。

2003 年

5月，前往斯德哥尔摩，参加安德斯·波德嘉尔德翻译的辛波斯卡诗集的新书发布会。

凭借《瞬间》获得尼刻文学奖提名，是进入最终决选的七部提名作品之一。

幽默诗集《给大孩子们的童谣》在 a5 出版社出版，其中收录了用传统体裁创作的诗，如打油诗和墓志铭，也有辛波斯卡自创体裁的诗。

6月9日，参加在克拉科夫的曼哈日本艺术与技术博物馆举办的"维斯瓦娃·辛波斯卡诗歌之夜"，为 a5 出版社出版的《给大孩子们的童谣》和《辛波斯卡诗选》做宣传推广。

10月27日，前往切申参加科尔内尔·菲利波维奇诞辰九十周年纪念揭牌仪式。

11月7日，前往意大利，参加由罗马波兰文化中心负责人雅罗斯瓦夫·米科瓦耶夫斯基组织的"作家之夜"。

小众诗选集《植物标本室》在波西出版社出版，其中收录了辛波斯卡的诗作，以及艾尔卡·霍沃文科-马图舍夫斯卡的插画。

2004 年

12月9—16日，因受邀参加克拉科夫犹太人区成立七百周年的庆祝活动，辛波斯卡在以色列度过了一周。

2005 年

5月，前往都灵和热那亚参加"作家之夜"。

9月14日，作为"永恒诗歌"研讨会的一部分，耶日·伊尔格在犹太教堂组织了一场诗歌晚会，约瑟夫·科穆尼亚卡、爱德华·赫希、雷沙德·克雷尼茨基受邀参加。维斯瓦娃·辛波斯卡朗读了自己最新完成的诗歌，这些诗歌将被收录在诗集《冒号》中。当晚的背景音乐由雅努什·穆尼亚克演奏。

10月，被授予"艺术光荣文化功勋奖"金质奖章。

11月，诗集《冒号》在a5出版社出版。

12月17日，在克拉科夫的曼哈日本艺术与技术博物馆举行维斯瓦娃·辛波斯卡的"作家之夜"，同时宣传《冒号》与塔戴乌什·尼切克的著作《刹那间的世界：辛波斯卡的27首诗》（a5出版社出版）两本书。

2006 年

5月，凭借《冒号》获得尼刻文学奖提名。

9月，经《选举报》读者投票，《冒号》赢得尼刻文学奖。

2007 年

5月，前往意大利参加"作家之夜"。游览了托斯卡纳的锡耶纳和比萨，还去了罗马。

由辛波斯卡编选的科尔内尔·菲利波维奇关于犹太主题的短篇小说集《阴影》出版，书中附有辛波斯卡撰写的序言。

文学出版社出版辛波斯卡的诗选集《一百首诗，一百个孩子》（波兰语–德语双语版）。

2008 年

主题诗选集《〈真爱〉和其他诗》在 a5 出版社出版。

2月14日，情人节，参加了在克拉科夫的曼哈日本艺术与技术博物馆举办的《〈真爱〉和其他诗》新书发布会，并朗读了自己的诗歌。

4月，应罗马波兰文化中心的邀请，前往西西里岛的巴勒莫和卡塔尼亚参加在那里举办的"作家之夜"。

7月，访问了爱尔兰的利默里克，还去了荷兰的阿姆斯特丹和海牙，并在当地的博物馆看到了其喜爱的维米尔的画作，这一切被卡塔日娜·科伦达-扎勒斯卡拍摄的纪录片所记录。

11月，文学评论家雷沙德·马图舍夫斯基出版了纪念小册子《来自维斯瓦娃·辛波斯卡的那些象征着友谊和玩笑的礼物》，发行 4000 册。里面全是辛波斯卡寄给他和他妻子的拼贴明信片。

2009 年

1月，诗集《这里》在标志出版社出版。

1月27日，参加在克拉科夫歌剧院的大楼里举办的《这里》的新书发布会。由小号手托马什·斯坦科负责现场的音乐演奏。

3、4月，参加在博洛尼亚和乌迪内举办的"作家之夜"。

10月23日，与谢默斯·希尼和托马斯·温茨洛瓦一起参加了"诗歌之夜"，宣布第一届切斯瓦夫·米沃什文学节开幕。

2010 年

5月，前往布拉格参加书展。

5月4日，到切申参加电影《边境电影院》的放映会，这部电影根据科尔内尔·菲利波维奇的短篇小说改编而成。

凭借《这里》获得尼刻文学奖提名，辛波斯卡向评审团提议不要颁奖给她。

9月，集市出版社发行了一张四碟专辑，其中收录了辛波斯卡本人朗读的四十一首诗、九位歌手演唱的由她的诗作改编的歌曲，以及卡塔日娜·科伦达–扎勒斯卡拍摄的纪录片《生活有时也可以忍受——维斯瓦娃·辛波斯卡的另一面》。

10月27日，参加在华沙波兰电视台的阿格涅什卡·奥谢兹卡音乐厅举办的"作家之夜"，这场活动由波兰电视台3频道现场直播。

在辛波斯卡的倡议下，《我们与科尔内尔同在——关于科尔内尔·菲利波维奇》于文学出版社出版，书中收录了她的诗歌《记忆里的画像》。

2011年

1月，荣获国家最高荣誉——白鹰勋章。

5月14日，最后一次公开亮相——在第二届切斯瓦夫·米沃什文学节与朱莉娅·哈特维格、拉尔斯·古斯塔夫森和阿肖克·瓦杰佩一起在克拉科夫神圣之体教堂朗读诗歌。

9月，主题诗选集《植物的静默》在标志出版社出版，书中附有尤安娜·伊尔格的摄影照片。

2012年

2月1日，于睡梦中在家中与世长辞。

4月，诗集《足够》在a5出版社出版。

鸣谢

在创作本书的过程中,我们与维斯瓦娃·辛波斯卡的众多熟人、朋友聊天、交谈,他们给我们提供了许多珍贵的收藏照片和拼贴明信片,为本书的创作做出了贡献。在此,我们向他们表达诚挚的感谢:

Stanisław Balbus, Edward Balcerzan, Jacek Baluch, Małgorzata Baranowska, Stanisław Barańczak, Jacek Bocheński, Anders Bodegård, Tamara Fizek-Borkowicz, Wiktor Borisow, Tadeusz Chrzanowski, Michał Cichy, Barbara Czałczyńska, Karl Dedecius, Vlasta Dvořáčkova, Błaga Dimitrowa, Asar Eppel, Ziemowit Fedecki, Jerzy Ficowski, Maria i Aleksander Filipowiczowie, Maria Fizek, Jan Paweł Gawlik, Jerzy Giedroyc, Anna Godzicka, Zygmunt Greń, Irena Grudzińska-Gross, Julia Hartwig, Joanna Gromek-Illg i Jerzy Illg, Joanna Helander, Lars Helander, Tomasz Jastrun, Hanna Jedlicka, Maria Kalota-Szymańska, Piotr Kamiński, Ryszard Kapuściński, Janina Katz, Wanda Klominkowa, Leszek Kołakowski, Teresa Korczaki Jerzy Korczak, Jan Kosiński, Andrzej Koszyk, Aniela Kott, Urszula Kozioł, Hanna Krall, Kazimierz Krawiarz, Krystyna i Ryszard Kryniccy, Tadeusz Kwiatkowski, Bogusława Latawiec, Stanisław Lem, Ewa Lipska, Jerzy Lisowski, Krzysztof Lisowski, Włodzimierz Maciąg, Bronisław Maj, Tomasz Majeran, Henryk Markiewicz, Gabriela Matuszek, Ryszard Matuszewski, Izabella Michalska, Danuta Michałowska, Adam Michnik, Artur Międzyrzecki, Teresa Miętta-Mikołajewicz, Czesław Miłosz, Krystyna i Leszek A. Moczulscy, Małgorzata Musierowicz, Anatolij Najman, Leon Neuger, Zdzisława Noskowiak i Jerzy Noskowiak, Danuta Nowakowska-Kowal, Grzegorz Nurek, Tadeusz Nyczek, Anna Otrębska, Antoni Pawlak, Jan Pieszczachowicz, Jerzy Pilch, Elżbieta i Jan Pindlowie, Anna Polony, Irena Ptak, Michał Radgowski, Biserka Rajčić, Joanna Ronikier, Andrzej Rottermund, Tadeusz Rottermund, Stanisław Różewicz, Anna Rudnicka, Michał Rusinek, Michał Rymsza, Joanna Salamon, Lech Siuda, Maciej Słomczyński, Magdalena Smoczyńska, Marian Stala, Robert Stiller, Jerzy Surdykowski, Jan Józef Szczepański, Małgorzata Szerchowa, Irena Szymańska, Witold Turdza, Grzegorz Turnau, Jerzy Turowicz, Wacław Twardzik, Andrzej Wajda, Teresa Walas, Rafi Weichert, Dawid Weinfeld, Janina Woroszylska, Jacek Woźniakowski, Marta Wyka, Krystyna Zachwatowicz, Adam Zagajewski, Elżbieta Zagórska, Krystyna Zaleska, Elżbieta Zechenter, Aleksander Ziemny, Katarzyna Zimmerer

我们还要感谢编辑尤安娜·伊尔格，如果没有她的承诺和帮助，本书也不会如此迅速地出版。同时，还要感谢安娜·舒尔钦丝卡、伊莱娜·雅高什和阿尔图尔·柴萨克的大力帮助。

我们还要感谢安娜·杜久克和彼德·比孔特，他们编辑了本书的第一版。

最后要特别感谢米哈乌·鲁希涅克对整本书的大力支持。

Copyright © by Anna Bikont & Joanna Szczęsna

"This translation is published by arrangement with Społeczny Instytut Wydawniczy Znak Sp. z o.o., Kraków, Poland. through BIG APPLE AGENCY, INC., LABUAN, MALAYSIA."

All Poems and Collages by Wisława Szymborska © The Wisława Szymborska Foundation; Photos on the pages 011, 014, 021, 024, 027, 036, 039, 045, 047, 052, 055, 056, 065, 068, 073, 076, 090, 096, 098, 099, 101, 108, 115, 118, 121, 140, 152, 156, 165, 170, 174, 178, 181, 184, 185, 198, 202, 225, 227, 241, 242, 250, 257, 275, 280, 293, 312, 324, 328, 346, 372, 390, 409 come from the Foundation's archives, www.szymborska.org.pl

| w.s. |

FUNDACJA WISŁAWY SZYMBORSKIEJ

著作权合同登记号 图字：01-2021-4364号

图书在版编目（CIP）数据

尘封的纪念物、挚友与梦：维斯瓦娃·辛波斯卡诗传 /（波）安娜·比孔特，（波）尤安娜·什琛斯纳 著；赵祯，许湘健 译.—北京：东方出版社，2024.4
ISBN 978-7-5207-3844-6

Ⅰ.①尘… Ⅱ.①安… ②尤… ③赵… ④许… Ⅲ.①辛波斯卡—传记 Ⅳ.①K835.135.6

中国国家版本馆 CIP 数据核字（2024）第 036105 号

尘封的纪念物、挚友与梦：维斯瓦娃·辛波斯卡诗传
（CHENFENG DE JINIANWU、ZHIYOU YU MENG: WEISIWAWA·XINBOSIKA SHIZHUAN）

作　　者：	［波］安娜·比孔特（Anna Bikont）
	尤安娜·什琛斯纳（Joanna Szczęsna）
译　　者：	赵　祯　许湘健
责任编辑：	王若菡
装帧设计：	广岛·UN_LOOK
出　　版：	东方出版社
发　　行：	人民东方出版传媒有限公司
地　　址：	北京市东城区朝阳门内大街 166 号
邮　　编：	100010
印　　刷：	北京文昌阁彩色印刷有限责任公司
版　　次：	2024 年 4 月第 1 版
印　　次：	2024 年 4 月第 1 次印刷
开　　本：	660 毫米 ×960 毫米　1/16
印　　张：	28
字　　数：	373 千字
书　　号：	ISBN 978-7-5207-3844-6
定　　价：	108.00 元

发行电话：（010）85924663　85924644　85924641

版权所有，违者必究

如有印装质量问题，我社负责调换，请拨打电话：（010）85924602　85924603